中國人口老齡化高峰期
養老金缺口的測算與應對研究

張運剛·冉立 著

財經錢線

前言

　　自20世紀60年代末70年代初中國開始人口老齡化進程以來，中國人口老齡化程度不斷加深，目前已進入高速發展時期，幾年後就會進入老齡化發展速度高峰期，之後中國人口老齡化程度還將繼續加深，大約在21世紀後期迎來人口老齡化水準的高峰期，那時60週歲人口老齡化系數將在40%附近波動、65週歲老齡化系數將在35%附近波動。預計在中國老年人口規模達到高峰期時，60週歲及以上人口將超過5億人，而65週歲及以上老年人口將超過4.2億人，中國人口老齡化形勢非常嚴峻。

　　同時，中國社會養老保險制度改革歷程比較短，採用先試點後推廣的方式由國家政策強力推動並在人口老齡化程度比較低的環境下發展起來；而且，儘管中國也在大力發展企業（職業）年金與商業養老保險，但目前退休人員的養老金大約97%來自國家基本養老保險，這意味著未來國家的養老責任非常巨大，也意味著發展第二、三支柱的養老保險有著極大的潛力與發展空間。為了確保養老金待遇穩中有升，我們必須發展第二、三支柱的養老保險。

　　雖然我們面臨不少挑戰，但也有許多機遇。

　　一是距人口老齡化發展速度高峰期、人口老齡化水準高峰期、老年人口規模高峰期還有或長或短的一段時間，我們加緊改革還來得及，但必須盡快付諸實施。

　　二是中國經濟由於「調結構、去槓桿」而正在順利轉型，有利於中國國民經濟質量與效益的提升和可持續發展，為中國解決養老保險問題提供了物質保障。

　　三是有人口老齡化走在我們前面的發達國家應對人口老齡化、應對養老金缺口的經驗和教訓，這為中國養老保險制度的改革與完善提供了可以參考的範例。

　　四是中國學術界、實務界、政府已充分意識到中國人口老齡化的嚴峻性，已在逐步加大財政補貼力度，已出抬的個人稅收遞延型商業養老保險政策必將有利於發展企業（職業）年金與商業養老保險，已全面放開「二孩政策」以提高總和生育率，已建立了全國社會保障基金，已實施精準扶貧，已出抬劃撥部分國有資產補充社會保障基金政策，等等。上述這些措施都有利於我們應對人口老齡化加速發展所

帶來的挑戰。

　　近年來有關中國養老金缺口的新聞報導、學術論文越來越多，有關人口老齡化的形勢、有關養老金缺口的測算結果也很多，令人眼花繚亂。以上研究及測算儘管各有千秋，但也有一定的局限性。正是在這樣的背景下，我們選擇研究課題「中國人口老齡化高峰期養老金缺口的測算與應對研究」，旨在系統而全面地分析中國人口老齡化形勢，正確認識中國養老金的缺口及其影響因素，消除恐慌情緒，增強積極應對人口老齡化挑戰的信心；並梳理出發達國家的多次養老金制度改革以應對人口老齡化挑戰的經驗，汲取歐盟國家福利政策引發的「歐債危機」的教訓，從而提出了更有針對性與可操作性的建議。

　　本書一方面充分利用權威性很高的聯合國人口預測數據進行世界人口發展演變趨勢的分析，將中國人口老齡化與其他典型國家人口老齡化進行對比研究；另一方面結合中國國情，運用最權威的研究方法預測未來中國人口的發展演變規律，如運用 Lee-Carter 模型對中國人口死亡率的預測結果去測算中國養老保險基金或養老金缺口的發展變化趨勢，並進行敏感性分析，以觀察政策調整對養老金缺口的改善情況。

　　本書採用定量分析與定性分析、理論分析與實踐驗證相結合的方法。這將有助於對中國人口老齡化形勢有一個總體的把握與認識，對中國養老金缺口狀況有一個較為準確的認知，更為重要的是讓我們能夠瞭解所採取的應對措施對於縮小養老金缺口的政策效果。

張運剛

內容摘要

2017年末，中國大陸總人口①139,008萬人②，比2016年末增加737萬人，其中60週歲及以上人口有24,090萬人，占比為17.3%；65週歲及以上人口有15,831萬人，占比為11.4%。2000年末中國剛成為老年型國家，第五次全國人口普查數據顯示，當時中國大陸總人口有126,583萬人，其中60週歲及以上人口有12,998萬人，占總人口的10.27%；65週歲及以上的人口有8,811萬人，占總人口的6.96%。這充分表明，中國老年人口規模大、增長快，人口老齡化程度在持續加深，由此引發了人們對有關中國養老保險基金（簡稱養老金）收支缺口等諸多問題的關注與研究。

近年來，有關中國養老金缺口的新聞報導、學術論文越來越多。世界銀行養老保險基金收支缺口研究報告指出，2001—2075年，中國基本養老保險基金的收支缺口將達到9.15萬億元；曹遠徵（2012）在《化解國家資產負債中長期風險》研究報告中提到，2013年中國養老保險基金缺口有可能達到18.3萬億元；在目前養老保險制度不變的情況下，後續年份的缺口將逐年放大，假設GDP年增長率為6%，到2033年時養老金缺口將達到68.2萬億元，占當年GDP的38.7%；從2017年起，養老金所要求的財政補貼將持續上升，至2050年時養老金缺口將達到當年財政支出的20%以上。與GDP的規模相比較，今後38年累積的養老金總缺口的現值（用名義GDP增長率作為折現率來計算）相當於目前GDP的75%。養老保險基金的儲備缺口確實非常大，也曾被清華大學五道口金融學院理事週日延禮（2017）提及，他預計在未來5~10年中，中國養老保險基金缺口大約10萬億元；張聰（2014）通過測算社會統籌和個人帳戶得出2060年分擔和不分擔隱性債務的養老金缺口將分別達到45.82萬億元和64.73萬億元。岳公正與王俊停（2016）根據影響養老保險基金收支的因素，如養老金繳費率、替代率、職工工資收入、工資增長率、退休年齡，建立了中國城鎮職工養老保險基金統籌帳戶的收支預測模型，預測在2035年養老保險基金缺口規模達12,675.1億元。劉學良（2014）通過建立養老保險收支預測模型，分析了中國全口徑的養老保險收支缺口和隱性債務問題，結果表明

---

① 特別說明：本書未做特別聲明時，關於中國人口均指中國大陸地區人口，即未包括中國港、澳、臺地區人口。
② http://www.gov.cn/xinwen/2018-02/28/content_5269506.htm.

中國養老保險基金缺口到 2050 年將形成的隱性債務占 2010 年 GDP 的 143%，其中，城鎮職工養老保險制度形成的隱性債務占絕大部分。Sin（2005）採用世界銀行的養老金改革模擬軟件對中國 2001—2075 年這 75 年間的社會養老保險的缺口進行了測算，得出的結論是：這 75 年間的總缺口將達到 2001 年 GDP 的 95%[①]。《中國勞動保障發展報告（2016）》顯示：2007 年末中國養老金個人帳戶「空帳」規模首次破萬億元，到 2014 年末已達到 35,973 億元，接近 3.6 萬億元。只考慮徵繳收入的情況下，養老保險基金缺口 1,321 億元[②]。2017 年第十一屆夏季達沃斯論壇的一份報告顯示，到 2050 年，美國、英國、日本、荷蘭、加拿大和澳大利亞這六個國家再加上中國和印度這兩個人口大國，養老金儲蓄額缺口預計將達到 400 萬億美元，是目前全球經濟總量的 500%。2015—2050 年，中國養老金缺口年度增速為 7%[③]。中國社會科學院世界社保研究中心發布的《中國養老金發展報告 2013》數據顯示，如果沒有財政補助，2012 年，中國 19 個省份的城鎮職工基本養老保險基金當期「收不抵支」；2012 年城鎮職工基本養老保險個人帳戶「空帳」達到 2.95 萬億元，與 2011 年相比，「空帳」的缺口擴大了約 240 億元[④]。人力資源和社會保障部的公開數據顯示：2014 年，出現缺口的省份為 3 個；2014 年財政補助在內的收支缺口，黑龍江有 105 億元的缺口，河北的缺口為 9 億元，寧夏的缺口為 1 億元。人力資源和社會保障部部長尹蔚民 2016 年 2 月 29 日在國家新聞辦公室新聞發布會上表示，根據 2015 年的數據，受到人口結構等多重因素的影響，全國有 7 個省份養老保險基金當期收不抵支。他並沒有具體點明是哪 7 個省份，且認為這 7 個省份可動用歷年結餘，也不存在硬缺口[⑤]。根據鄭秉文等執筆的《中國養老金發展報告 2016》的數據，2015 年城鎮職工基本養老保險個人帳戶「空帳」達到 4.71 萬億元[⑥]。

上述有關中國養老金缺口的新聞報導、專題研究報告、學術論文從不同角度、用不同方法進行研究而獲得的結果，具有一定的合理性，但是採用的數據都較為陳舊，不能反應新形勢新變化。預測結果差異也很大，有關缺口結果總體上偏小，需要更系統、更可靠的預測。這也正是本課題研究的最基本目的。

之所以說以上研究及預測具有一定的合理性，主要是因為：一是有逐年加大並持續的財政補貼；二是近年來中國社會養老保險擴面很成功，即使臨近退休的人也可補費參保；三是中國人口老齡化剛經過快速增長期，正處於高速增長前期，老年人口還不是太多，養老金支付的壓力還不是太大，因而目前尚未出現養老金支付的壓力。應該注意的是，中國人口老齡化存在很大的地域差異，人口向大城市流動、向沿海經濟發達地區流

---

① SIN Y. Pension liabilities and reform options for old age insurance [R]. World Bank Working Paper, 2005 (1).
② 劉燕斌，等. 中國勞動保障發展報告（2016）[M]. 北京：社會科學文獻出版社，2016.
③ 達沃斯報告：2050 年八國養老金缺口將達 400 萬億美元 [EB/OL]. 騰訊財經，2017-06-28.
④ http://finance.people.com.cn/money/n/2013/1213/c218900-23828829.html.
⑤ http://finance.sina.com.cn/roll/2016-02-29/doc-ifxpvzah8395970.shtml.
⑥ http://finance.ifeng.com/a/20171120/15804139_0.shtml.

動，這延緩了流入地人口老齡化的速度，意味著這些地區養老保險基金存在較大的結餘。而流出地的情況則相反，比如廣東、浙江養老保險基金結餘較多，而東北三省早已收不抵支。未來中國養老保險發展的總體趨勢，預計首先出現個別省份收不抵支，然後更多的省份收不抵支；初期整體有結餘，後期有缺口，而且缺口會越來越大；需要不斷地增大財政補貼，需要對中國養老保險制度不斷地進行改革，增收節支，包括提高繳費率（不排除短期內降費的可能性）、降低基本養老保險待遇、延遲退休、待遇調整延遲、養老金增幅縮小、努力發展第二支柱和第三支柱，等等。

中國的任何改革措施的推出、任何利益的調整都必須考慮中國的國情。最基本、最重要的國情就是中國人口眾多、老年人口規模龐大、人口老齡化已呈現加速發展態勢。同時，還應考慮中國經濟處於轉型而進入經濟增長新常態，人均收入還偏低，在中國特色社會主義新時代的背景下，發展與完善中國的養老保險制度意義重大，但任務也是艱鉅而繁重的。我們必須汲取發達國家養老金制度的實踐經驗和教訓，建立具有可持續性的中國特色社會主義養老保險制度體系。

為此，我們首先研究人口老齡化和中國養老保險制度的發展演變，其次測算中國基本養老金缺口並進行敏感性分析，然後分析部分發達國家應對養老金缺口的經驗和教訓與啟示，最後剖析中國人口老齡化高峰期養老金缺口形成的原因，並提出相應的解決方案。

本課題研究共分五章。

第1章為人口老齡化及其發展趨勢。本章共分三節。1.1節是人口老齡化及其影響因素，主要分析了人口高齡化及其有關量度指標，然後分析了人口老齡化形成的主要原因。1.2節是世界人口老齡化的回顧與展望，指出人口老齡化起源於19世紀中後期，在20世紀下半葉開始流行起來，正貫穿整個21世紀，必將延伸到22世紀。人口老齡化由局部到全局，老齡化程度由低到高，高齡化趨勢日益加強。1.3節是中國人口老齡化的回顧與展望，首先對中國人口老齡化過程進行了回顧，研究了中國過去人口與人口老齡化的發展演變規律，既運用了中國歷次全國人口普查資料，又運用了聯合國的人口預測數據，指出中國人口老齡化過程開始於20世紀60年代末期，而在這之前處於人口年輕化過程，在這以後人口老齡化程度不斷加深；同時，中國在人口老齡化的過程中也出現了人口高齡化的趨勢。其次運用聯合國人口資料，展望了中國未來人口老齡化與人口高齡化的發展趨勢。最後總結出了中國人口老齡化的特徵：中國老年人口規模巨大、未來中國人口老齡化發展速度快、農村人口老齡化程度與老齡化速度均高於城市、中國人口高齡化將持續發展、中國老齡化超前於現代化、中國老年人扶養比明顯偏大。在研究過程中，我們得出了重要結論：從發展速度來看，中國人口老齡化在2005年前屬於慢速增長時期，2005—2015年為快速增長時期，2015—2025年為高速增長時期，2025—2035年為超高速增長時期或高峰時期，2035—2045年為快速增長時期，2045—2055年為高速增長時期，2055年以後為振蕩調整時期。從發展水準來看，中國人口老齡化水準最高程

度或最高絕對水準出現在21世紀80年代或90年代，那時60週歲老齡化系數將在40%附近波動，65週歲老齡化系數將在35%附近波動。從老年人口規模的發展來看，60週歲及以上老年人口在1995年突破1億人，2015年突破2億人，預計將在2026年、2035年、2055年分別突破3億人、4億人、5億人大關，在2055年達到峰值5.07億人，然後緩慢下降，但到21世紀末仍然有接近4億人的規模。65週歲及以上老年人口在2010年突破1億人，預計將在2025年、2036年、2055年分別突破2億人、3億人、4億人大關，在2060年達到峰值4.20億人，然後緩慢下降，到21世紀末仍然有3.38億人的規模。綜上所述，中國目前已處於老齡化高速增長時期，即將進入老齡化速度高峰時期。

第2章為中國養老保險制度的演變。黨和國家歷來重視包括養老保險在內的社會保障事業的發展進步，先後出抬了一系列法律法規，使中國養老保險制度日益進步、日趨完善。本章共分三節。2.1節是中國養老保險制度的發展歷程與現狀，主要研究了中國養老保險制度的建立、改革與發展過程，重點剖析了促進中國養老保險制度發展的法律法規，分析了中國養老保險的發展現狀，總結出了中國養老保險的發展特點：先試點後推廣、強調三方協同作用、堅持「統帳結合」。2.2節是中國養老保險制度存在的問題。儘管中國養老保險制度在改革中不斷發現問題、解決問題，但是仍然存在諸多問題：基本養老保險制度存在收不抵支的風險、企業年金的作用還很弱小、商業養老保險尚處於起步階段、不同人群基本養老保險待遇差距較大、相關法律法規還有待完善、保險基金投資收益率偏低、中國退休人員97%的養老金來自第一支柱。2.3節是完善中國養老保險制度的對策，指出未來中國養老保險制度的發展重點應側重補短板，即加快養老保險立法工作、加快企業年金與商業養老保險的發展。同時，努力彌補養老保險基金虧空，加強養老保險基金投資運用，改變財政補貼方式，提高財政補貼力度與效率，也是確保中國多層次養老保險體系健康運行的重要手段。

第3章為人口老齡化過程中中國養老金缺口的測算與敏感性分析。本章為本課題最核心的部分。隨著中國人口老齡化進程的加速，中國的養老保險基金將出現收不抵支的情況，財政補貼額度將日益增大。緩解中國養老保險基金缺口問題，研究養老保險基金缺口成因並提出有針對性的建議已成為社會各界關注的熱點問題。本章的目的是測算至2100年中國養老金缺口的規模。本章共分五節。3.1節是有關人口預測、養老金缺口及其測算方法的文獻綜述。我們認為關於中國養老金缺口的測算方法比較多，差異也很大，測算出的結果也很不相同。總體來說，這些結果數值偏小，對中國養老金缺口規模與嚴重性的認識不足，或者對養老金缺口影響因素的敏感性分析不足，因此有重新測算的必要。3.2節是基於Leslie矩陣模型的中國人口預測。Leslie矩陣模型是最為傳統、經典的人口預測模型。本節以2010年第六次全國人口普查數據為基礎，通過對總和生育率模式進行假設，運用Leslie矩陣模型預測方法對中國2015—2100年的人口老齡化的發展趨勢進行預測，並就預測結果進行分析，結果與第1章的結論差異不大。最後，結合中國目前的社會經濟形勢及計劃生育政策現狀，針對預測結果提出合理化的政策建議。

3.3 節是基於 Lee-Carter 模型的中國人口預測。Lee-Carter 模型是近年來非常流行的一種人口預測模型。首先介紹 Lee-Carter 模型運用的基本原理與方法，然後準備有關初始數據，最後預測出中國人口死亡率的變化趨勢，從而對中國人口演變與老齡化趨勢進行預測，並得出結論：2060 年左右老齡化系數達到峰值、老年人口規模也達到峰值，2020—2040 年是中國人口老齡化速度高峰期。3.4 節中國養老保險基金收支缺口的測算。本節首先明確有關養老保險基金缺口的一些概念，然後就不同類型的養老保險制度分別建立不同的養老保險基金收支缺口模型，最後在基本假設下測算出中國不同類型養老保險基金與整體性養老保險基金的當期缺口與累計缺口。本節的基本結論是在城鎮企業職工、城鄉居民以及機關事業單位三種養老保險制度的共同作用下，中國養老保險基金整體性累計缺口在 2046 年及以後將一直存在，且增長速度將大幅度增加，呈指數化增長態勢。3.5 節中國養老保險基金收支缺口影響的敏感性分析。本節以 3.4 節養老保險基金測算模型當中的收支預測結果為基礎，分別對影響養老保險基金收入與支出的養老金替代率、平均工資增長率等變量進行相應的敏感性分析。本節首先分別就模型中所涉及的參數或條件進行調整分析，然後對調整後的結果進行匯總分析，得出整體性養老保險基金缺口的敏感性分析結果。在退休年齡、繳費工資增長率、繳費率、養老金替代率以及總和生育率五個因素共同調節作用下，前期整體性養老保險基金當期結餘與累計結餘已明顯提高，後期當期缺口與累計缺口明顯縮小。最後還將財政補貼因素考慮進來，更有利於前期養老保險基金結餘的增加以及後期基金缺口的縮小，也顯著地推遲了缺口出現的年份。

第 4 章為應對養老金缺口的國際經驗與啟示。通過第 1 章的分析我們發現，中國人口老齡化進程開始得比較晚，發展也比較慢，中國養老保險體系雖也存在諸多問題，但由於人口結構比較年輕，養老金支付沒有多大問題。同時，我們發現發達國家人口老齡化進程開始得早，發展速度也很快，老齡化程度也超過中國，其養老金體系經過多次改革已經比較完善，它們應對人口老齡化與養老金缺口的經驗也比較豐富，因此本章的研究目的就是為我們提供能夠借鑑的經驗和啟示。4.1 節為日本應對養老金缺口的經驗與啟示。日本人口老齡化發展速度快，目前已是世界人口老齡化程度最高的國家，平均預期壽命很長。「全民皆年金·皆保險」面臨著嚴峻的人口老齡化挑戰，日本不得不對其養老金體系進行改革，增收節支以緩解養老金缺口擴大的壓力。在改革過程中，注重多層次養老金體系的建設，明確政府在養老金體系中的責任，這些經驗值得我們借鑑。4.2 節為法國應對養老金缺口的經驗與啟示。法國是世界上第一個老年型國家，但其人口老齡化速度發展比較緩慢，也同樣面臨著人口老齡化的挑戰。法國不斷進行養老金制度改革以應對養老金支付的壓力，在改革過程中注意照顧弱勢群體，穩定生育水準並使其保持在較高水準上。養老保險制度改革循序漸進，先改革普遍類制度，然後再對特殊類制度進行改革，盡量增收節支雙管齊下。4.3 節為美國應對養老金缺口的經驗與啟示。美國人口老齡化速度比較緩慢，人口老齡化程度不算太高，但老年人口規模比較大，同

樣面臨著人口老齡化的壓力。在對養老金體系進行改革的過程中，美國注重利用稅收優惠政策發展職業年金以減輕政府在基本養老保險中的責任，充分利用其世界第一經濟大國與金融市場高度發達的優勢加強養老保險基金的投資運用。同時，在改革過程中堅持立法先行。4.4節為英國應對養老金缺口的經驗與啟示。第二次世界大戰結束後，在《貝弗里奇報告》的指引下，英國建成了「從搖籃到墳墓」全方位保障的福利國家，但在經濟發展停滯不前的背景下，其養老金體系受到了極大的挑戰，同時也面臨著人口老齡化對養老金支付帶來的壓力。自20世紀80年代以來，英國進行了一系列的養老金制度改革，特別是最近簡化養老金體系，推動職業年金發展，推行漸進式延遲退休等改革措施也值得我們借鑑。4.5節為德國應對養老金缺口的經驗與啟示。德國於1930年成為老年型國家，但是自20世紀60年代以來，由於其總和生育率下降迅速，人口老齡化程度快速加深，其老齡化水準已名列世界前茅。德國是世界上第一個為養老保險立法的國家，在人口老齡化加速發展與經濟轉型的雙重壓力下，原有的過分慷慨的養老金待遇使其養老金制度面臨諸多挑戰。為此，德國自20世紀90年代起進行了一系列的改革，總體上就是開源節流，其中所推行的「母親年金」及「兒童撫育津貼」給予我們重要的啟示。4.6節為「歐債危機」的應對經驗與啟示。歐洲人口老齡化進程開始得早，發展速度快，歐洲福利國家對國民提供的全方位高福利的保障在經濟轉型與人口老齡化雙重壓力下難以為繼，發生債務危機在所難免。本節首先闡述歐洲國家人口老齡化狀況和影響，然後分析「歐債危機」的發生過程和原因，接著說明了人口老齡化趨勢下「歐債危機」發生的必然性，最後結合歐洲國家應對人口老齡化的措施總結出其對中國的啟示。

第5章為中國人口老齡化高峰期養老金缺口形成的原因與應對措施。中國目前已處於老齡化高速增長時期，即將進入老齡化速度高峰時期，從第3章的預測結果來看，中國養老保險基金將會很快由結餘轉化為不足，養老金缺口伴隨老齡化程度的加深而不斷擴大，同時中國養老保險制度尚存在諸多問題，尤其是多層次的養老保險體系還沒有發展起來，本質上仍然是單一支柱模式。現階段是經濟健康發展的大好時期，人口紅利還未完全耗盡，因此應抓緊時間對中國養老保險體系進行改革完善以應對人口老齡化的巨大挑戰。本章共分兩節。5.1節是中國人口老齡化高峰期養老金缺口形成的原因。概括起來主要有：養老保險制度轉軌，老齡化加劇，勞動人口下降，養老金雙軌制遺留問題，養老金待遇水準不斷提高，第二、三支柱養老保險發展不足，養老保險繳費標準難以提高，養老保險基金保值增值困難等。不少原因發生在過去，保持到現在，並影響著未來。5.2節是中國應對人口老齡化高峰期養老金缺口的主要措施。這裡結合發達國家應對養老金缺口給我們的啟示，汲取「歐債危機」給我們的教訓，充分考慮中國國情，提出以下應對措施：實行漸進式延遲退休、積極消化養老保險轉制成本、大力發展企業（職業）年金與商業養老保險、加強養老保險基金的投資運用、加強養老保險基金管理、加大財政支持力度、提高婦女總和生育率、完善養老保險制度、促進國民經濟健康發展。

综上所述，未来中國人口老齡化形勢是非常嚴峻的，對中國養老保險制度體系的影響也是非常巨大的。如果我們現在就開始加大養老保險制度改革與完善力度，努力促進國民經濟健康發展，逐步加大財政補貼力度並提高補貼效率，充分運用好稅收優惠工具，積極發展企業（職業）年金與商業養老保險，那麼未來我們一定能夠從容應對人口老齡化高峰期中國養老金缺口不斷擴大帶來的挑戰。

本課題研究的創新性主要體現在：

（1）系統研究了全球人口老齡化形勢，將中國的人口老齡化進程置於世界人口老齡化進程中加以比較研究，得出了中國人口老齡化特徵、人口老齡化速度高峰期與發展水準高峰期的有關結論。尤其是將中國人口老齡化與一些典型國家的人口老齡化進行了對比分析。

（2）用兩種最重要、最經典、最權威的人口預測模型，選取符合中國實際的假設，得出了可靠性比較高的關於中國人口老齡化發展演變的結論。在運用 Lee-Carter 模型預測未來人口死亡率的基礎上重新測算了中國養老金缺口規模，並指出其嚴峻性。對影響中國養老保險基金結餘與不足的影響因素進行了敏感性分析，從而得出了未來養老金缺口有辦法縮小的結論。

（3）系統地梳理了日本、法國、美國、英國、德國、歐盟應對人口老齡化與應對養老金缺口的經驗和教訓，並得出了相應的啟示。

（4）提出了針對性強的措施，比如加大財政補貼力度並提高財政補貼效率，努力發展企業年金與商業養老保險，盡快實行漸進式延遲退休，尤其應注意將財政補貼與促進第二、三支柱的發展結合起來，注意對低收入群體的財政支持。

本課題研究的主要不足之處表現在：

（1）由於所考慮因素不夠全面，預測結果的權威性有些欠缺，但總體趨勢應是正確的。對國內養老保險方面的數據掌握不夠充分，因而分析不夠深入。

（2）由於搜集國外數據比較困難，對應對養老金缺口的國際經驗的總結有些不足。

關鍵詞：人口老齡化；養老保險；精算方法；養老金缺口

Abstract

By the end of 2017, the total population[①] of mainland China had reached 1.39 billion[②], an increase of 7.37 million people as compared with that at the end of 2016. Among them, the population of people aged 60 and above was 240.9 million, which accounted for 17.3% of the total population; the population of people aged 65 and above was 158.31 million, which accounted for 11.4% of the total population. However, China just became an ageing country at the end of 2000. As the 5th national census data showed, the total population of mainland China was 1.27 billion. Among them, the population of people aged 60 and above was 129.98 million, which accounted for 10.27% of the total people and the population of people aged 65 and above was 88.11 million, which accounted for 6.96% of the total population. This fully shows that China's ageing population is huge and growing rapidly and that ageing population continues to deepen. This has caused much attention to many problems such as the gap between incomes and expenses of China's pension funds.

In recent years, there have been an increasing number and a prevalence of news reports and academic papers about the pension gap in China. As was pointed out in the research report on the gap between incomes and expenses of pension funds by the World Bank, the gap between incomes and expenses of China's basic pension insurance will reach 9.15 trillion yuan between 2001 and 2075. According to the research report by Cao Yuanzheng (2012) *On Solving Medium and Long-term Risks of National Assets and Liabilities*, the gap of China's pension funds will reach 18.3 trillion yuan in 2013. On the basis that the current pension system remains unchanged, the gap will be wider and wider subsequently year by year. Assume that the annual growth rate of GDP is 6%, then the pension gap will have reach 68.2 trillion yuan by 2033, accounting for 38.7% of GDP. From 2017, fiscal subsidies required for pension will keep rising and by 2050, the gap would have accounted for over 20% of the fiscal expenditure of that year. Compared with the size of GDP, the present value of the cumulative total pension deficit over the

---

① Special note: In the absence of a special statement, the population of China refers to the population of mainland China, i.e., excluding the population of Hong Kong, Macao and Taiwan.

② http://www.gov.cn/xinwen/2018-02/28/content_5269506.htm.

next 38 years (nominal GDP growth is used as discount rate for measurement) is equivalent to 75% of current GDP. Zhou Yanli, the director of PBC School of Finance, Tsinghua University (2017) had already mentioned that pension funds had a huge reserve deficit and he also predicted that in the next 5 to 10 years, the deficit of pension funds in China would be about 8 trillion to 10 trillion yuan. By calculating social pooling and personal accounts, Zhang Cong (2014) concluded that the deficit would have reached 45.82 trillion yuan in the case of sharing implicit debts and the deficit would have reached 64.73 trillion in the case of not sharing implicit debts.

Yue Gongzheng and Wang Junting (2016) established a model of predicting incomes and expenses for the pooling pension accounts of urban workers in China based on factors influencing incomes and expenses of pension, including its contribution rate, replacement rate, the salaries of workers, the growth rate of salaries and the retirement age, and predicted that the deficit of pension funds would have reached 1.26751 trillion yuan by 2035. By establishing a model of predicting incomes and expenses for pension, Liu Xueliang (2014) analyzed the gap between incomes and expenses of whole-caliber pension and the issue of implicit debts. The results show that implicit debts of pension deficit in China would have accounted for 143% of the year 2010's GDP by 2050, among which the implicit debts formed by pension for town workers would be the majority. By using the pension reform simulation software of the World Bank, Sin (2005) calculated the deficit of China's pension insurance between 2001 and 2075 and concluded that the total deficit in the 75 years would reach 95%[①] of the year 2001's GDP. *China's Labor Social Security Development Report* (2016) showed that by the end of 2007, the amount of 「empty personal pension accounts」 had broken 1 trillion yuan for the first time and reached 3.5973 trillion yuan by the end of 2014, which was approximating 3.6 trillion yuan. In the case of only considering income collection, the deficit of income funds was 132.1 billion yuan[②]. As a report in the 11th Summer Davos in 2017 showed, by the year 2050, by adding the pension savings of 6 countries including the United States, Britain, Japan, the Netherlands, Canada and Australia and those of two populous countries including China and India, the pension deficit would have reached $400 trillion, which is equivalent to 500% of the current global economy. Between 2015 and 2050, the annual growth rate of China's pension deficit is 7%[③]. According to *China's Pension Development Report* 2013 released by the Global Social Security Research Center of the Chinese Academy of Social Sciences, if there were no financial aids, the basic pension funds for town workers in 19 provinces would have been in a situation that 「incomes failed to cover expenses」 in 2012. This

---

[①] SIN Y. Pension liabilities and reform options for old age insurance [R]. Word Bank Working Paper, 2005 (1).

[②] LIU YANBIN, et al. China's Labor Security Development Report (2016) [M]. Social Sciences Academic Press, 2016.

[③] Davos Report: Pension deficit in the G8 will have reached $400 trillion by 2050 [EB/OL]. Tencent Finance, June 28, 2017.

Report showed that in 2012, the amount of 「empty personal pension accounts」 owned by town workers had reached 2.95 trillion yuan and the deficit of 「empty accounts」 had increased by about 24 billion yuan[①] compared with the year 2011. As was shown in *Recommendations and Tutoring Questions for the 5th Plenary Session of the 18th CPC Central Committee* by the Party Building Books Publishing House and the Learning Press, in 2014, there were 22 provinces whose basic pension funds for enterprise employees were in a situation of incomes failing to cover expenses after fiscal subsidies were deducted. According to the data released by the Ministry of Human Resources and Social Security, in 2014, there were 3 provinces suffering from pension deficit. In 2014, with regards to the gap between incomes and expenses, fiscal subsidies included, there was a deficit of 10.5 billion yuan in Heilongjiang, a deficit of 900 million yuan in Hebei and a deficit of only 100 million yuan in Ningxia. Yin Weimin, the minister of the Ministry of Human Resources and Social Security, expressed in press conference of the Information Office of the State Council that according to the statistics of the year 2015, there were 7 provinces in China suffering from incomes failing to cover expenses in pension funds due to multiple influencing factors such as the population structure. Minister Yin Weimin did not specifically point out what these 7 provinces were and he believed that these 7 provinces could draw upon balance of past years, so there did not exist a problem of hard deficit[②]. By the end of 2016, as was mentioned in Report on China's Pension Development 2017 by Zheng Bingwen, the amount of 「empty personal accounts」 for town workers had reached 4.71 trillion yuan in 2015.

  The above news reports, research reports and academic papers about China's pension deficits arrived at conclusions by studying from different perspectives and using different methods, so they were reasonable to some extent. Besides, the statistics they used were a little stale, so they could not reflect new situations or new changes. Therefore, the prediction results were hugely different and the deficits were generally small, which required to be predicted in a more systematical and reliable way. This is also the most fundamental goal of this research.

  The main reasons why they are reasonable are as follows. First, fiscal subsidies have been increasing year by year. Second, in recent years, China's social pension insurance has been very successful in its expansion. Even for those approaching retirement, they could also pay the overdue pension to participate in the pension insurance. Third, China's ageing population has just experienced rapid growth and is in the early stage of rapid growth, so the elderly population is not too large and the pressure of pension payment is not too great. What's worth noticing is that there are very great regional differences in ageing population in China, as the population is flowing to large cities and to the coastal developed areas. It slows the ageing speed of population in regions

---

① http://finance.people.com.cn/money/n/2013/1213/c218900-23828829.html.
  http://finance.sina.com.cn/roll/2016-02-29/doc-ifxpvzah8395970.shtml.
② http://finance.ifeng.com/a/20171120/15804139_0.shtml.

the population is flowing to, which means that the pension funds have a relatively great balance in these regions. The regions the population is flowing out of are on the very contrary. For example, Guangdong and Zhejiang have great balance of pensions while incomes have failed to cover expenses for a long time in the 3 provinces Liaoning, Heilongjiang and Jilin of China. The general trend of the development of China's pension insurance in the future is expected to be that incomes of a few provinces will not be sufficient to cover expenses and then more provinces will follow this tendency. At the beginning, there would be some balance, but deficits would appear and turn greater at later stages. It is necessary to keep increasing fiscal subsidies and reforming China's pension system to increase incomes and reduce expenses, including increasing rates (not excluding the possibility of reducing rates in the short term), reducing basic pension insurance benefit, delaying retirement, delaying benefit adjustment, reducing the growth rate of pensions and making increased efforts to develop the 2nd pillar and the 3rd pillar, etc.

Whenever it comes to reform, the introduction of measures and the adjustment of interests, China's national conditions must be taken into account. The most basic and important national condition is that China has a large population with a large size of elderly population and a rapid tendency of ageing population. Meanwhile, it is also necessary to take into account the fact that China's economy is in a transitional period of entering a new normal of economic growth and per capita income is relatively low. Under the new-era background of socialism with Chinese characteristics, it is of great significance to develop and improve China's pension system but it is also arduous and onerous to accomplish this task. It is imperative to learn from the experience and lessons of the pension system in developed countries and build a sustainable socialist pension system with Chinese characteristics.

Therefore, this thesis first of all, analyzed the population ageing and the evolution of the pension system in China. Then, it measured and calculated China's basic pension deficit and made sensitivity analysis. Afterwards, it analyzed the experience and enlightenment of developed countries in coping with pension deficit. Finally, it analyzed the causes of pension deficit and proposed corresponding solutions at the peak of population ageing in China.

This research consists of 5 chapters.

Chapter I is about population ageing and its development trend. This chapter is divided into three sections. Section 1 is about the population ageing and its causes, which mainly analyzed population ageing, aging of the aged and its related measurement indicators and then the major causes of population ageing. Section 2 is about the review and prospect of the world's population ageing. It pointed out that population ageing could be traced back to the middle and late 19th century, became popular in the second half of the 20th century, is ongoing throughout the whole 21st century and would certainly extend to the 22nd century. Population ageing is developing from local to global, the degree of ageing is develop from a low one to a high one and the trend of ageing is increasing day by day. This section studied the general trend of population ageing in the world. It, first of all, analyzed the differences of population ageing in different continents and then the ageing process of countries with a large ageing population and that of typical countries. Moreover, it reviewed the ageing process of population before 2015 and then made a prospect of the ageing trend after 2015. When analyzing the population ageing of typical countries, it also discussed the tendency of population ageing. Finally, it concluded the characteristics of population ageing in the world: the world's population ageing is unbalanced in its development, the world's population ageing would continue to deepen, the degree of the world's population ageing will continue to increase, the ageing process of the world's population ageing is influenced by the ageing process of countries with a large population and the world's population ageing is influenced by two factors: birth and death. Section 3 is about the review and prospect of China's population ageing. Firstly, it reviewed China's population ageing and studied China's population and the developing and evolving rules of population ageing in the past. It used not only the materials of all previous population censuses but also the population prediction data of the United Nations. It pointed out that China's ageing population began at the end of the 1960s, before which the population was in a process of getting younger while after which the degree of population ageing keeps deepening; meanwhile, the population also demonstrated a tendency of aging of the aged in the process of population ageing. Secondly, by using the population statistics of the United Nations, it made a prospect of the development trend of China's population ageing and aging of the aged in the future. Finally, it summarized the characteristics of population ageing in China: ageing population is huge in size; the ageing speed of China's population is rapid in the future; the degree of ageing and senility of rural population is higher than that of urban population; China's population senility would continue to develop; China's ageing is ahead of its modernization; the dependency ratio of the elderly in China is obviously large. During the study, it arrived at important conclusions as follows. From the perspective of the development speed, China's population ageing was in a period of slow growth before 2005, in a period of rapid growth from 2005 to 2015, in a period of high-speed growth from 2015 to 2025, in a period of super-high-speed growth or at a peak period from 2025 to 2035, in a period of rapid growth from 2035 to 2045, in a period of high-speed growth from 2045 to 2055 and in a period of adjustment and oscillation after 2055. From the perspective of the development level, the highest degree or the highest absolute level of China's population ageing will appear in about the 2080s and 2090s. At that time, the 60-year-old ageing coefficient would be fluctuating around 40% and the 65-year-old ageing coefficient would be fluctuating around 35%. From the perspective of the development of aging population size, the population of elderly people aged 60 and above reached 100 million in 1995 and 200 million in 2015. It is expected to pass 300 million, 400 million and 500 million respectively in 2026, 2035 and 2055, reach the peak of 507 million in 2055 and then reduce slowly, and there would still have been a population of nearly 400 million by the end of this century. The population of elderly people aged 65 and above passed 100 million in 2010. It is expected to pass 200 million, 300 million and 400 million respectively in 2025, 2036 and 2055, reach the peak of 420 million in 2060 and then reduce slowly, and there would still have been a population of 338 million by the end of this century. To sum up, China is now in a period of rapid ageing growth and is about to enter the peak period of ageing.

Chapter Ⅱ is the evolution of China's pension system. Pension insurance is a fundamental right granted to laborers by laws including *Constitution*, *Labor Law* and *Social Insurance Law*. Whether pension insurance could develop in a healthy and sustainable way is a matter of priority that relates to social stability, rights and interests protection of laborers and people's well-being. The Communist Party of China and the government have always attached great importance to the development and progress of social security undertakings including the pension system. A series of laws and regulations have been enacted successively to gradually perfect and improve the pension system in China. This chapter is divided into 3 sections. Section 1 is about the development course and current situation of China's pension system. It mainly studied the establishment, reform and development of China's pension system, focused on analyzing laws and regulations that promoted the its development analyzed its current development situation and concluded the characteristics of its development: pilot before promotion, emphasis on synergy among 3 sides and adherence to 「a combination between social pooling and personal accounts」. Section 2 is about problems existing in China's pension system. Although China's pension system keeps finding and solving problems in its process of reform, there still exist many problems: the pension is faced with a risk that incomes fail to cover expenses; the role of enterprise annuity is still quite weak; commercial pension insurance is still at its beginning stage; there exist huge differences in the benefits of basic pension insurance among different groups; laws and regulations are still to be perfected; the pension funds' rate of return on investment is still relatively low; 97% pensions of retirees in China come from the 1st pillar. Section 3 is about measures to improve China's pension system. It pointed out that the development of China's future pension system should focus on making up for the weaknesses, i. e., accelerating the legislation of the pension system and accelerating the development of enterprise annuity and commercial pension insurance. Meanwhile, making efforts to make up for deficit of pension funds, strengthening the investment and application of pension funds, changing the way of fiscal subsidies and improving the efficiency of fiscal subsidies are also important means of ensuring the healthy operation of a multiple-level pension system in China.

Chapter Ⅲ is about the measurement and sensitivity analysis of China's pension deficit in the process of population ageing. This chapter is the core of the whole research. With the acceleration of China's population ageing, China's pension funds will be confronted with a situation that incomes could not cover expenses and the quota of fiscal subsidies would increase day by day. It has become a hot issue for all sectors of society to alleviate the deficit of pension funds in China, study the reasons for the deficit of pension insurance and put forward targeted suggestions. This chapter is aimed at calculating the size of pension deficit by the year 2100. This chapter is divided into 5 sections. Section 1 is about the literature review on the population prediction, pension deficit and its measurement methods. It is believed that there are many ways of measuring the pension deficit in China and there are also great differences in measurement, so the measurement results are also significantly different. Generally speaking, these results are a little small numerically and there is insufficient awareness of the size and severity of pension deficit in China or insufficient sensitivity analysis of factors influencing the pension deficit, so it is of necessity for re-measurement. The first chapter analyzed the tendency of population ageing in China, which was mainly based on materials including the UN's population prediction statistics and census statistics on China's population. In this chapter, it would be based on assumptions that could better comply with China's realities and the Leslie matrix model and the Lee-Carter model would be applied to re-predict the future evolution of population in China, which could also facilitate subsequent measurement and sensitivity analysis of pension deficit in China. Section 2 is about the prediction of China's population based on the Leslie matrix model. Leslie matrix model is the most traditional and classical model of population prediction in China. Based on the 6th national population census data in 2010, by assuming models of fertility, this section employed the Leslie matrix model to predict the tendency of China's population ageing from 2015 to 2100 and analyzed the prediction results before finding that the results were not significantly different from the conclusions of the first chapter. Finally, based on China's current social and economic situations and the current situation of family planning policy, it proposed reasonable policies and suggestions for the prediction results. Section 3 is about the prediction of China's population based on the Lee-Carter model, a very popular population prediction model in recent years. Firstly, it introduced the basic principles and methods of the Lee-Carter model. Then, it prepared related initial statistics. Finally, it predicted the changing tendency of population mortality in China so as to predict the trend of population evolution and population ageing in China and arrive at this conclusion: ageing coefficient and the size of elderly people would have reached their peak around the year 2060 and China's ageing speed would be at its peak from the year 2020 to the year 2040. Section 4 is about the measurement of the gap between incomes and expenses of pension funds in China. This section, first of all, clarified some concepts of pension deficit and then respectively established different models of the gap between incomes and expenses of pension funds for different types of pension systems. Finally, based on a basic hypothesis, it measured and calculated the current deficits and cumulative deficits of different types of pension funds and overall pension funds in China. This section arrived at a basic conclusion that under the synergy of three types of pension systems for urban enterprise employees, urban and rural residents and governmental institutions, the overall cumulative deficit of China's pension funds would exist in 2046 and later and the growth speed would be greatly increased with a tendency of exponential growth. Section 5 is about the sensitivity analysis of the impact of the gap between incomes and expenses of pension funds in

China. Based on the results of predicting incomes and expenses obtained by applying models of measuring the gap of pension funds in the fourth chapter, this section respectively made corresponding analysis on variables influencing incomes and expenses of pension funds, including the replacement rate of pension and the average growth rate of salaries. This section first of all, respectively made adjustment analysis on the parameters or conditions involved in the models and then concluded the results after the adjustment so as to get the results of sensitivity analysis of the overall deficit of pension funds. Under the joint regulation of 5 factors including the retirement age, the growth rate of taxable salaries, the contribution rate, the replacement rate of pension and the total fertility rate, the current balance and the cumulative balance of the overall pension funds had been obviously increased in the earlier period and the current deficit and cumulative deficit had been obviously decreased in the later period. Finally, the factor of fiscal subsidies was also taken into account, which not only conduced to increasing the balance of pension funds in the earlier period and decreasing the pension deficit in the later period but also significantly delayed the occurring year of the deficit.

Chapter Ⅳ is about global experience and enlightenment in coping with pension deficit. It could be found from the analysis of the first chapter that in the past, the process of China's population ageing started late and developed slowly and that China's pension system is also confronted with many difficulties, but there are not too many problems in pension payment because the population structure is relatively young. Meanwhile, it is also found that the process of population ageing in developed countries started early and developed quickly, their degree of ageing has also surpassed that of China, and their pension systems have been improved after being reformed for many times, so they are more experienced in coping with population ageing and pension deficit. Therefore, the research purpose of this chapter is to provide experience and enlightenment for us to learn from. Section 1 is about the experience and enlightenment of Japan in coping with pension deficit. Japan's population ageing is developing at a rapid speed and now it has been the country with the highest degree of ageing in the world and a very long average life expectancy. Its pension system of annuity for all is confronted with a serious change of population ageing and Japan has to reform it by raising incomes and cutting expenses to ease the pressure of a widening pension deficit. In the process of reform, Japan's experience of paying attention to establishing a multi-pillar pension system and clarifying the responsibilities of the government in the pension system are worth learning from for us. Section 2 is about the experience and enlightenment of France in coping with pension deficit. France is the first aged country in the world and its ageing speed is developing at a slow rate, but it is also confronted with the challenge of population ageing. France is constantly reforming its pension system to cope with the pressure of pension payment, but it pays attention to the disadvantaged groups in the process of reform, so its fertility rate is stabilized and maintained at a high level. It reforms its pension system step by step. It reforms the general pension systems and then special pension systems so as to increase incomes and cut expenses in both ways as much as possible. Section 3 is about the experience and enlightenment of the United States in coping with pension deficit. The population ageing of the United States is at a slow rate and the degree of its population ageing is not very high, but it has a large size of elderly people, so it is also confronted with the pressure of population ageing. In the process of reforming its pension system, the United States attaches importance to developing occupational pension by taking advantage of tax preference so as to reduce governmental responsibilities in basic pension insurance and it also makes full advantage of being the world's first economic and military power with a highly-developed financial market to strengthen the investment application of pension funds. At the same time, the United States adheres to giving priority to legislation in the process of reform. Section 4 is about the experience and enlightenment of the UK in coping with the pension deficit. Under the guidance of *the Beveridge Report* after the Second World War, the UK became a welfare state of offering all-round protection 「from cradle to grave」. However, under the background of stagnant economic development, its pension system was confronted with huge challenges and the pressure of population ageing on pension payment. Since the 1980s, it has carried out a series of reforms of its pension system, especially that its recent reform measures including simplifying the pension system, promoting the development of occupational pension and implementing progressive delay in retirement are worth learning from for us. Section 5 is about the experience and enlightenment of Germany in coping with pension deficit. Germany became an aged country in 1930 and since the 1970s, its population ageing has been deepening rapidly due to its rapidly decreasing rate of fertility, so the level of its population ageing ranks top in the world. Germany is the first country in the world that has ever made legislation for pension. Its overly generous pension benefits is under a dual pressure of the rapid development of population ageing and economic transition, so its pension system is confronted with many challenges. Therefore, since the 1990s, Germany has carried out a series of reforms, i. e., raising incomes and cutting expenses on the whole, among which its 「annuity for mothers」 and 「child care allowance」 could provide us with important enlightenment. Section 6 is about the experience and enlightenment of coping with 「European debt crisis」. The population ageing started early and developed rapidly in the Europe and European welfare countries could not sustain to provide all-round good welfare security for the people under the dual pressure of economic transition and population ageing, so the debt crisis is unavoidable. This section, first of all, discussed the situation and impact of population ageing in European countries and then analyzed the development and causes of 「European debt crisis」 before explaining the inevitability of 「European debt crisis」 under the tendency of population ageing. Finally, it concluded the enlightenment for China based on measures of European countries in coping with population ageing.

  Chapter V is about the causes and countermeasures of pension deficit at the peak of population ageing in China. At present, China has been in the rapidly-growing period of ageing and it is about to enter the peak period of its ageing speed. As could be seen from the prediction results in the third chapter, China's pension funds would soon turn from balance to deficit and pension deficit will keep expanding with the deepening of ageing degree. Meanwhile, there still exist many problems in China's pension system, especially in that the multi-pillar pension system is in essence still a model of single pillar for the other pillars have not yet been fully developed. The present phase is a good time for the healthy development of economy. 「Demographic dividend」 has not been completely exhausted, so it is of urgency to reform China's pension system so as to cope with the huge challenge of population ageing. This chapter consists of 2 sections. Section 1 is about the causes of pension deficit at the peak of population ageing in China. The causes could be mainly concluded as follows: the transition of pension system and the deepening of ageing lead to the decrease of laboring population; there are problems left over by the dual-track pension system; the level of pension benefits keeps increasing; the second pillar pension and the third pillar pension are underdeveloped; it is difficult to increase the payment standard of pension insurance and increase and maintain the value of pension funds, etc. Section 2 is about the major countermeasures for coping the pension deficit at the peak of population ageing in China. Based on the enlightenment that developed countries provide for us in coping with the pension deficit, it learned from the lesson of 「European debt crisis」 and proposed the following countermeasures based on a full consideration of China's national conditions: delaying retirement progressively, actively absorbing the cost of transforming the pension system, vigorously developing the enterprise annuity and commercial pension, strengthening the investment application of pension funds, strengthening the management of pension funds, strengthening fiscal support, improving the fertility rate, perfecting the pension system and promoting the healthy development of the economy.

To sum up, China's population ageing would be very severe in the future, which would have a great impact on China's pension system. If we intensify the reform and improvement of pension system, make efforts to promote the healthy development of national economy, gradually increase fiscal subsidies and improve the efficiency of subsidies and actively develop enterprise annuity and commercial pension by fully using the tool of tax preference, we will be able to calmly deal with the challenge brought by the increasing pension deficit in China at the peak of population ageing.

The innovation of this research is mainly reflected as follows:

(1) It systematically studies the ageing tendency of global population and makes a comparative study by putting China's population ageing in the world's population ageing so as to arrive at the conclusions about the characteristics of China's population ageing, the peak period of population ageing speed and the development level of population ageing. In particular, it comparatively analyzes the population ageing between China and some typical countries.

(2) By using two most important, classical and authoritative models of population prediction, it selects hypotheses that better comply with China's actual situations to arrive at reliable conclusions about the development and evolution of China's population ageing. Based on the pre-

diction results of future population mortality by means of the Lee-Carter model, it re-calculates the size of China's pension deficit and points out its severity. Besides, it also analyzes the sensitivity of factors influencing the balance and deficit of China's pension funds and concludes that there are methods to decrease the future pension deficit.

(3) It systematically sorts out the experience and lessons of Japan, France, the United States, the United Kingdom, Germany and the European Union in coping with population ageing and the pension deficit, and draws corresponding enlightenment.

(4) It proposes targeted measures, such as increasing subsidies and improving the efficiency of fiscal subsidies, making efforts to develop enterprise annuity and commercial pension, implementing progressive delay retirement as soon as possible, especially combining importance attached to fiscal subsidies and the promotion of developing second pillar and third pillar and paying attention to providing financial support for low-income groups.

The major shortcomings of this research are listed as follows:

(1) Because the factors considered are not comprehensive enough, the prediction results are not authoritative enough, but the overall tendency should be correct. The domestic data are not sufficiently mastered, so the analysis is not deep enough.

(2) Due to the difficulty in collecting foreign data, there are some deficiencies in the summary of international experience in coping with the pension deficit.

Key words: population ageing; pension insurance; actuarial method; pension deficit

目錄

1 人口老齡化及其發展趨勢 / 1

    1.1 人口老齡化及其影響因素 / 1

    1.2 世界人口老齡化的回顧與展望 / 6

    1.3 中國人口老齡化的回顧與展望 / 39

2 中國養老保險制度的演變 / 58

    2.1 中國養老保險制度的發展歷程與現狀 / 58

    2.2 中國養老保險制度存在的問題 / 73

    2.3 完善中國養老保險制度的對策 / 79

3 人口老齡化過程中中國養老金缺口的測算與敏感性分析 / 84

    3.1 有關人口預測、養老金缺口及其測算方法的文獻綜述 / 84

    3.2 基於 Leslie 矩陣模型的中國人口預測 / 88

    3.3 基於 Lee-Carter 模型的中國人口預測 / 98

    3.4 中國養老保險基金收支缺口的測算 / 125

    3.5 中國養老保險基金收支缺口影響的敏感性分析 / 143

    本章附表 / 179

4 應對養老金缺口的國際經驗與啟示 / 185

4.1 日本應對養老金缺口的經驗與啟示 / 186

4.2 法國應對養老金缺口的經驗與啟示 / 203

4.3 美國應對養老金缺口的經驗與啟示 / 216

4.4 英國應對養老金缺口的經驗與啟示 / 231

4.5 德國應對養老金缺口的經驗與啟示 / 245

4.6 「歐債危機」的應對經驗與啟示 / 258

5 中國人口老齡化高峰期養老金缺口形成的原因與應對措施 / 275

5.1 中國人口老齡化高峰期養老金缺口形成的原因 / 275

5.2 中國應對人口老齡化高峰期養老金缺口的主要措施 / 279

參考文獻 / 289

致謝 / 300

後記 / 302

1 人口老齡化及其發展趨勢

人口老齡化開始於19世紀中後期，在20世紀下半葉開始流行起來，正貫穿整個21世紀，並必將延伸到22世紀。人口老齡化正由局部發展到全局，老齡化程度由低到高，高齡化趨勢日益加強。人口老齡化必將影響人們生產和生活的方方面面，對養老、醫療形成嚴峻的挑戰。同時，一切「為老服務」的事業都將欣欣向榮。

1.1 人口老齡化及其影響因素

本節將主要討論人口老齡化及其相關概念、人口老齡化的量度、人口老齡化形成的主要原因。

1.1.1 人口老齡化及其相關概念

人口老齡化（population ageing 或 ageing of population）就是一個國家或地區中的老年人口占總人口的比例不斷上升的一個過程，也是人口年齡結構不斷老化的一種趨勢，是近代人口再生產過程中所出現的一種人口現象，當該比例上升到一定程度時就稱為老年型國家或地區。「人口老化」是「人口老齡化」的俗稱，在20世紀80年代及其以前的各種文獻大都這樣稱呼。

按照國際公認標準，當一個國家或地區60週歲及以上老年人口占總人口的比例達到10%，或65週歲及以上老年人口占總人口的比例達到7%時，就意味著這個國家或地區已成為老年型國家或地區。也可以稱少年兒童系數在30%以下，或老少比在30%以上，或年齡中位數在30週歲以上的國家或地區為老年型國家或地區。根據反應年齡構成的四個指標，即少年兒童人口系數（0~14週歲人口占總人口的比重）、老年人口系數（65週歲及以上人口占總人口的比重）、老少比（65週歲及以上人口數與0~14週歲人口數之比）和年齡中位數中的任何一個指標值的分佈範圍，聯合國在1956年將人口分為三種類型：年輕型人口、成年型人口和老年型人口。國際上一般按表1-1-1所示的標準來區分人口的年齡構成類型。1982年在維也納召開的「世界老齡問題大會」將老年年齡界定為60週歲，隨後各國採用如下劃分標準，即按照60週歲及以上人口占總人口

的比例在5%以下、5%~10%、10%以上而劃分為年輕型國家、成年型國家、老年型國家。不同類型的人口年齡結構，必然會影響未來的人口再生產，產生不同類型的人口問題，制約和影響社會經濟的發展。

表 1-1-1　聯合國劃分人口年齡結構類型的標準

指標	年輕型	成年型	老年型
0~14 週歲少年兒童人口系數（%）	40 以上	30~40	30 以下
65 週歲及以上老年人口系數（%）	4 以下	4~7	7 以上
老少比（%）	15 以下	15~30	30 以上
年齡中位數（週歲）	20 以下	20~30	30 以上

資料來源：吳忠觀．人口科學辭典［M］．成都：西南財經大學出版社，1997：234．

　　人口老齡化就是一個國家或地區由於平均預期壽命的延長或總和生育率①的下降而導致年齡中位數上升的一種人口現象②。人口老齡化實際上就是人口年齡結構老化，即老年人口占比不斷上升、少年兒童占比不斷下降的一個過程。人口老齡化是世界人口發展與演變的普遍趨勢。

　　與人口老齡化相對的概念就是人口年輕化，即年輕人口占總人口比例呈現出不斷上升的一個過程。

　　人口老齡化與人口年輕化可能同時發生，如 1940—1960 年，美國老年人口與年輕人口的比重都在同時增加，這表明這段時期美國人口既在老齡化又在年輕化，這豈不矛盾？1956 年聯合國出版的一本書也意識到了這一點，但沒有給出新的定義。曲海波（1990）認為可用年齡中位數來解決這個矛盾。不過，筆者認為這實際上是將兩個指標用一個指標來替換，當然不會出現兩個結果，但不如老年人口占比這一指標來得直觀。在某一段時間內年輕人口比例上升，意味著人口老齡化將有暫時減緩的趨勢。人口老齡化不同於人口老化，前者強調的是動態過程，而後者常常被認為是老齡化已經達到了相當高的程度，這意味著所考察的人口已處於老年型階段，暗示著老齡化程度已經達到比較高的一種狀態。

　　人口老齡化與人口年輕化都是動態過程，而在任何一個時點來看則是靜態的。離開了時點的對比，就無所謂人口老齡化與人口年輕化。而老年型國家或地區（或年輕型國家或地區）則是一個靜態概念。

　　20 世紀 80 年代國內開始使用「人口老化」與「人口老齡化」概念，20 世紀 90 年代已經普遍使用「人口老齡化」概念了。劉錚、鄔滄萍、林富德（1980）提出了中國「在 21 世紀初就會出現人口老化」。劉錚（1980）在《衡量人口年齡構成類型的基本指標》一文中使用了「人口老化」概念。鄔滄萍（1983）在《把實行計劃生育的認識提到理論高度》中提出「黨和國家現階段號召和提倡一對夫婦只生育一個孩子以後，有人

---

① 總和生育率為各年齡別生產率之和，表示平均每一名育齡婦女一生平均生育的孩子的數量。
② Wikipedia，https://en.wikipedia.org/wiki/Population_ageing.

顧慮人口年齡老化和老年人扶養問題。人口老齡化和老年人扶養問題最突出的時刻將出現在下一個世紀的20—30年代」。肖德楨（1983）在《世界與中國人口的老齡化及其預測》一文中所提概念已很近似於人口老齡化了。鄔滄萍於1984年在《人民日報》發表了《老齡問題和我們的對策》一文，在理論上闡明控制人口與老齡問題的相互關係，呼籲優先控制人口增長的同時也要重視老齡問題，但是使用的術語是「人口老化」。四川省老齡問題委員會秘書處（1986）出版了《老人與社會》①一書，其中吳忠觀撰寫了論文《關於人口老齡化與「人口轉變」》，其他作者（如王克）也談及了人口老齡化。中國老齡問題全國委員會辦公室（1987）在《國外老齡問題》一書中混同使用了「人口老化」與「人口老齡化」概念。國家統計局國民經濟綜合統計司（1989）在《統計分析報告選編（1986—1987）》一書中使用了「人口老齡化」概念。池元吉等（1989）在《日本經濟》一書中也使用了此概念。曲海波（1990）認為，「由於人口生育率下降，健康水準增進，人口老齡化已成為世界人口發展的必然趨勢」「由於生育率下降等原因，中國人口老齡化已經不可避免」「從目前西方國家的情況看，人口老齡化是一個不亞於人口爆炸的重大社會問題」。徐雲鵬（1991）使用了「人口老齡化」概念。這表明，20世紀90年代中國已開始普遍使用人口老齡化概念了。

20世紀之前只有法國、瑞典、挪威3個國家65週歲及以上人口占總人口的比例超過7%，即在20世紀之前或1900年之前就已成為老年型國家。

1900年，桑德巴（Gustav Sundbarg）發表了《人口年齡分類和死亡率研究》一文，他發現各國人口中15~50週歲人口占其總人口的一半，但15週歲以下、50週歲以上人口的比重，各國人口有較大差異，主要是由於死亡率、遷移水準的不同，也許和出生率有關。他將人口分為增長型、靜止型和縮減型。

1940年，雷蒙·珀爾（Raymond Pearl）發表了《人口的老齡化》一文。1948年，阿爾弗雷·索維（Alfred Sauvy）發表了《西歐人口老齡化的社會經濟後果》一文。1922年，洛特卡（Alfred J. Lotka）提出了人口年齡分佈理論，即穩定人口理論，為科學研究人口因素對年齡構成的作用提供了理論和方法。1950年，皮撒（Bourgeois-Pichat）發表了《人口動態變化》一文。1950年，維勞拉斯（Valaoras）發表了《人口老齡化的各種形式》一文。1951年，勞力馬爾（Lorimer）發表了《高生育和高死亡人口年齡結構的動態變化》一文。後面三人應用了穩定人口理論，研究了出生率和死亡率對人口老齡化的作用。

1954年，聯合國人口司發表了報告《人口老齡化的原因：死亡率下降還是生育率下降?》，1956年，聯合國人口司又出版了《人口老齡化及其社會經濟影響》一書。

按其影響因素來劃分，人口老齡化可以分為底部老齡化與頂部老齡化。前者指年輕

---

① http://img.sslibrary.com/n/slib/book/slib/12481983/f7ada99dcf9c4c8aa30db2f99912568c/7d0679114f04a867cc6c675dced2f3b1.shtml?dxbaoku=false&deptid=224&fav=http%3A%2F%2Fwww.sslibrary.com%2Freader%2Fpdg%2Fpdgreader%3Fd%3D2de0957329ae9e862178a6eee163d28a%26ssid%3D12481983&fenlei=03100406&spage=1&t=5&username=202.115.121.161&view=-1.

人口縮減，後者則指老年人口增加，往往兩者都會產生作用，只是大小不同而已，甚至年輕人口雖有增加，但是老年人口增加得更多更快一些時，也會導致人口老齡化。

人口老齡化可以用如下一些指標來測定：

（1）人口老齡化系數。它指的是老年人口占總人口的比例，又稱為老年系數或老年人口系數。具體而言，當老年人口指的是60週歲及以上人口時，我們就使用「60週歲人口老齡化系數」或「60週歲老齡化系數」或「60週歲系數」來量度；當老年人口指的是65週歲及以上人口時，我們就使用「65週歲人口老齡化系數」或「65週歲老齡化系數」或「65週歲系數」；依此類推，後面還會使用「70週歲老齡化系數」「80週歲老齡化系數」這兩個指標。

（2）人口老齡化系數總增幅。它指的是一定時期內期末人口老齡化系數與期初人口老齡化系數之差，用百分點的增減數來量度。人口老齡化系數年均增幅則指的是某時期人口老齡化系數總增幅除以該時期所包含的年數，也用百分點的變化數來量度。這兩個指標在某種程度上反應了老年人口增加的速度，也反應了某一國家或地區人口老齡化加深的程度。

（3）人口老齡化速度。它反應了一定時期內人口年齡構成中老年人口發生的相對變化，可用老少比或年齡中位數變化情況來表示。即老少比變化率=期末老少比/期初老少比-1，或人口老齡化速度=期末人口年齡中位數/期初人口年齡中位數-1。該指標值大於0，就表示人口老齡化；小於0，就意味著人口年輕化。指標值越大，表明人口老齡化的速度越快。也可用如下公式來量度：人口老齡化速度=老年人口增長率/總人口增長率-1。

（4）人口高齡化。它指的是在60週歲或65週歲及以上老年人口中，70週歲及以上人口或80週歲及以上人口所占比例不斷上升的過程。人口高齡化系數或高齡化系數則指的是60週歲或65週歲及以上老年人口中70週歲及以上人口所占比例或80週歲及以上人口所占比例。在本書中，我們談及高齡化時，強調考察的是60週歲及以上老年人口中高齡老人所占比例。因此，70週歲高齡化系數、80週歲高齡化系數分別指的是70週歲及以上人口占60週歲及以上人口的比例、80週歲及以上人口占60週歲及以上人口的比例。隨著人口平均預期壽命的不斷延長，80週歲及以上老人會越來越多，我們以後將更多地使用80週歲高齡化系數。

1.1.2 人口老齡化的影響因素

人口年齡結構的變化取決於出生、死亡和遷移三個因素，因而這三個因素也是對人口老齡化產生重要影響的因素。

出生人口減少，老年人口就相對增多；死亡率下降，尤其是當老年人口死亡率下降得更快時，老年人口的比重將相對增加。遷入人數增加往往意味著遷入地人口的年輕化，同時也意味著遷出地人口的老齡化，這是因為年輕人遷移的可能性與規模是最大的。20世紀50年代以前，西方發達國家人口老齡化主要是出生率下降引起的。21世紀發展中國家的人口老齡化也主要是出生率下降造成的。從歷史發展的角度來看，總死亡

率下降主要是嬰兒死亡率率先下降引起的，老年人口死亡率下降對總死亡率下降的影響比較小，因為老年人口占總人口比例相對於其他年齡段人口而言是比較小的，因而總死亡率下降對人口老齡化的影響較小。目前歐洲一些發達國家的出生率與嬰兒死亡率已下降到相當低的程度，進一步下降的空間已非常有限，也就是說，未來老年人口死亡率的變動對總死亡率的變動的影響將會顯著增大。換言之，今後發達國家的人口老齡化進程受到總死亡率的影響會更大一些。

平均預期壽命綜合反應了各年齡段死亡率的變動情況。死亡率下降導致平均預期壽命延長，但不同年齡段死亡率下降對人口年齡結構的影響是不同的。在出生率不變的情況下，低年齡段死亡率下降導致平均預期壽命延長，並不意味著人口老齡化而是年輕化，只有高年齡段死亡率下降導致的平均預期壽命延長才意味著人口老齡化程度的加深。但是，當老年人口死亡率下降到一定程度時，老年人口的占比將持續增加，在增加到一定程度之後，老年人口的死亡率也將隨之上升，這實際上是抑制人口老齡化程度加深的因素。人口老齡化基本趨勢變動情況究竟如何，還需綜合出生率等因素來考查。

人口遷移也是影響人口老齡化的一個重要因素。一方面，人口遷移直接改變遷入地或遷出地人口的年齡結構，從而影響人口老齡化的程度。如果一個國家或地區大量年輕人口遷移出去，那麼其老齡化程度就會加深，而遷入地的老齡化進程則會受到抑制，甚至下降。另一方面，遷移者的生育將間接地影響人口老齡化的程度。由於年輕人有較高的生育率，當一個國家或地區遷入的年輕人越多時，生育率將會提高，進而人口老齡化程度受到抑制或在一段時間內出現年輕化的趨勢。改革開放以來，中國人口流動性極大地增加，遷移人口主要流向沿海經濟發達地區，流向城鎮與大城市，這就加速了內地人口、農村人口的老齡化進程，而同時對沿海城鎮或城市人口的老齡化起到了一定的延緩作用。

上述三個因素在不同國家或不同地區、不同歷史時期所起的作用是不同的。

人口老齡化是人口轉變過程中必然出現的一種現象。隨著科學技術的日益進步，生產力的不斷發展，醫療水準的持續提高，世界人口正經歷著由傳統人口再生產向現代人口再生產的轉變，即由高出生率、高死亡率的傳統人口再生產模式向低出生率、低死亡率的現代人口再生產模式轉變。在這個轉變過程中，死亡率率先下降，而出生率的下降則比較滯後與緩慢，需要通過一些中間變量來影響人們的生育觀念與生育行為。這些變量包括受工業化、城鎮化浪潮的影響而導致的生產力水準的提高，機器大生產取代傳統手工勞動，對勞動力的需求數量日益減少，而需求的質量卻不斷提高，受教育的年限日益延長，初始就業年齡不斷提高，每個家庭通過對生育的成本與收益的比較分析後做出生育決策與實施生育行為。

傳統型人口再生產模式基本上是在靜止人口條件下進行的，人口年齡構成很少發生變化，因此，許多世紀以來，老年人口所占比例幾乎沒有多大變化。在近現代人口轉變的過程中，由於總和生育率迅速下降，死亡率下降並趨於穩定，平均預期壽命不斷延長，導致了人口年齡構成的日趨老化，老年人口所占比重逐漸增加。

當代美國著名人口學家安雷斯·科爾把人口轉變與人口老齡化結合起來研究。他認為人口轉變過程包括：原始靜止階段、前工業化階段、工業化階段、現代低增長階段、

現代靜止階段，提出了各個人口發展階段上各種人口指標的數量表現，見表1-1-2。由於人口老齡化主要是人口轉變引起的，因此，世界上人口轉變速度最快的國家也是人口老齡化速度最快的國家。世界上已經或基本上完成人口轉變的國家有兩大類：一類是以西歐國家為代表的國家；另一類則是以日本為代表的國家。

我們認為完成人口轉變後，還將由於人口發展的慣性作用以及高峰期出生人口的持續影響，人口老齡化系數或程度最終將會波動式地穩定下來。

表1-1-2 人口發展各階段的指標特徵

人口發展階段	人口指標				
	出生率/‰	死亡率/‰	自然增長率/%	平均預期壽命/週歲	65週歲及以上人口所占比例/%
原始靜止階段	50.0	50.0	0.0	20.0	2.9
前工業化階段	43.7	33.7	1.0	30.0	3.4
工業化階段	45.7	15.7	3.0	50.0	2.6
現代低增長階段	20.4	10.4	1.0	70.0	10.3
現代靜止階段	12.9	12.9	0.0	77.5	18.5

資料來源：週日仲高. 中國人口轉變：理論趨向與教育學詮釋[J]. 廣東社會科學, 2014 (7).

但是出生率與死亡率的下降並不是無止境的。隨著人口轉變的完成，實現了低出生率與低死亡率相結合的人口再生產模式，人口發展趨向穩定，人口老齡化的進程將日趨緩慢，或者說這裡的人口老齡化將處於高位靜止狀態。由於慣性的作用，達到靜止人口狀態後，人口老齡化進程還將持續一段時間，老年人口所占比重會超過剛處於靜止人口狀態時老年人口所占的比重，只有當過去生育率高峰時期出生的人口陸續死亡時，人口老齡化過程才可能發生逆轉。這時，老年人口所占比例將從最高峰開始下降，下降到一定程度後又會上升，如此反覆下去，波動幅度越來越小，直至呈現出近似一條直線狀態，即達到靜止人口狀態時的比例。這一過程是非常漫長的，也許僅僅是理論上的一種推斷，是一種極限情形。換言之，人口老齡化程度或老齡化系數應該呈現出波動式上升，並趨於穩定，即向某一趨勢水準靠近，也可能因為某一個國家或地區出拾一些刺激生育、降低死亡率、調控遷移流動等政策或措施而發生一些波動。特別是出生高峰期的影響需要經過幾代人以後才會逐漸消失，其波峰將會一次比一次低。總之，隨著時間的推移，人口老齡化系數終將收斂於某一常數。

1.2 世界人口老齡化的回顧與展望

人口老齡化已經成為世界人口發展演變的普遍現象。人口老齡化在不同國家、不同地區呈現出巨大的差異。有些國家或地區的人口老齡化進程已有相當長一段時間，有些才剛剛開始；有些還是年輕型，有些仍是成年型，有些早已成為老年型；有些老齡化程

度很低，有些已相當高了；有些發展緩慢，有些發展迅速……總而言之，人口老齡化程度必將逐漸加深，儘管可能出現多次回調或振蕩。

1.2.1 世界人口老齡化的回顧

（一）世界人口老齡化基本情況的回顧

世界人口老齡化是一個漸進而且漫長的過程，總體上呈現出波動式加深趨勢。

在19世紀60年代以前，世界上還沒有老年型國家。1865年，法國率先成為老年型國家；接著，瑞典、挪威在19世紀末、德國與英國在第一次世界大戰後、美國在20世紀40年代、日本在20世紀70年代、中國在2000年末先後跨入老年型國家行列（見表1-2-1）。據估計，1950年時世界上只有46個老年型國家或地區①，2000年時這個數目已經達到了72個②。

表1-2-1 世界主要國家成為老年型國家的年份與有關特徵　　　單位:%

國家	老年系數達到7%的年份	2000年末老齡化係數	2015年末老齡化係數
法國	1865	16	19
瑞典	1890	17	20
挪威	1896	15	16
德國	1930	16	21
英國	1930	16	18
義大利	1935	17	22
澳大利亞	1940	12	15
美國	1945	13	15
西班牙	1950	16	19
葡萄牙	1950	15	21
加拿大	1950	12	16
芬蘭	1958	15	20
俄羅斯	1960	13	13
日本	1970	17	26
中國	2000	7	10

資料來源：

（1）POPULATION DIVISION. World Population Prospects：The 2017 Revision ［R］. DVD Edition，New York：United Nations，2017；數據為年中數，由此計算而得。

（2）張運剛. 人口老齡化背景下的中國養老保險制度 ［M］. 成都：西南財經大學出版社，2005.

---

① POPULATION DIVISION. World Population Prospects：The 2015 Revision ［R］. New York：United Nations，2015.

② 筆者依據 POPULATION DIVISION. World Population Prospects：The 2017 Revision ［J］. DVD Edition，New York：United Nations，2017 整理。

徐雲鵬（1991）認為，1851年時法國成為世界上第一個老年型國家。1890年，瑞典與挪威同時進入老年型社會。1960年，世界人口中65週歲及以上人口占總人口的比例達到5.2%，而發達國家的這個比例已達到8.5%，人口老齡化已成為發達國家的普遍現象。到1988年時，世界人口中65週歲及以上人口占到6%，而發達國家已達到了11%。與此同時，發展中國家中65週歲及以上人口占比由3.7%上升到4%，儘管總體上或絕大多數國家或地區仍屬於年輕型人口，但有十餘個國家或地區已跨入老年型社會行列。法國人口學家阿爾弗雷·索維在其《人口通論》一書中研究了法國的人口老齡化過程。法國65週歲及以上人口占總人口的比例在1776年、1801年、1851年、1911年、1921年、1936年、1946年、1956年、1966年分別為4.4%、5.5%、6.6%、8.4%、9.1%、9.9%、10.9%、12.0%、12.3%，由此通過線性插值法可以推斷出法國應在1864年中的某一時點達到老年型國家標準，因此，我們可以說法國已於1865年成為老年型國家。法國的人口轉變與人口老齡化進程都十分緩慢，大約用了190年時間才完成了人口轉變。日本的人口轉變開始於第二次世界大戰（簡稱「二戰」）結束以後，大約用了30年時間，因而其人口老齡化的發展速度相當快。日本65週歲及以上老年人口占總人口的比重由1955年的5.3%上升至1980年的9.1%，僅僅用了25年時間。而法國65週歲及以上老年人口占總人口的比重由1801年的5.5%上升到1921年的9.1%，中間整整間隔了120年。

2000年，全球204個國家和地區中，有72個已進入老年型國家和地區的行列，占35.29%，涉及全球43.36%的人口。2015年，全世界已有93個國家或地區成為老年型國家。表1-2-1反應了世界上一些主要國家成為老年型國家的年份及其在2000年、2015年的65週歲老齡化系數水準。

從1950年到2015年，世界60週歲及以上人口占總人口的比例或65週歲及以上人口占總人口的比例經歷了一個先下降後上升的過程。在20世紀50年代呈現人口年輕化的趨勢，主要原因是二戰結束後，不少國家獲得了民族獨立與解放，戰後補償性生育導致生育率急遽上升，少年兒童占總人口的比例持續上升，由1950年的34.3%上升至1965年的37.9%，在1970年略微下降至37.6%。見表1-2-2。通過二項式擬合，不難發現：在1966年，少年兒童占總人口的比重估計值達到峰值，也就是說從1966年起，0~14週歲人口占總人口的比例呈現出穩步下降的趨勢。同理，通過二項式擬合，我們發現在1961年，60週歲及以上人口占總人口的比例或65週歲及以上人口占總人口的比例達到最低點。換言之，世界人口老齡化進程可以說是從20世紀60年代初期開始的。

表1-2-2　1950—2015年世界人口結構與老齡化狀況　　　　　單位:%

年份	0~14週歲	15~59週歲	15~64週歲	60+週歲	65+週歲	80+週歲
1950	34.3	57.7	60.6	8.0	5.1	0.6
1955	35.6	56.6	59.4	7.8	5.1	0.6
1960	37.1	55.1	57.9	7.8	5.0	0.6
1965	37.9	54.2	57.0	7.9	5.1	0.6
1970	37.6	54.2	57.1	8.2	5.3	0.7

表1-2-2(續)

年份	0~14週歲	15~59週歲	15~64週歲	60+週歲	65+週歲	80+週歲
1975	36.9	54.7	57.5	8.4	5.5	0.7
1980	35.4	56.1	58.8	8.5	5.8	0.8
1985	33.9	57.4	60.3	8.7	5.9	0.9
1990	32.9	58.0	61.0	9.1	6.1	1.0
1995	31.9	58.7	61.7	9.4	6.5	1.1
2000	30.2	59.9	63.0	9.9	6.8	1.2
2005	28.0	61.7	64.7	10.3	7.3	1.3
2010	26.7	62.3	65.7	11.0	7.6	1.5
2015	26.1	61.7	65.7	12.3	8.3	1.7

資料來源：POPULATION DIVISION. World Population Prospects：The 2015 Revision［R］. New York：United Nations，2015.

(二) 世界人口老齡化洲際差異的回顧

世界人口總體上在2001年進入老年型世界。無論是從60週歲人口老齡化系數還是從65週歲人口老齡化系數來看，各大洲的老齡化發展是極不平衡的。歐洲、北美洲、大洋洲早在1950年之前就已成為老年型洲；歐洲大多數國家已成為老年型國家，尤其是西歐的所有國家都已成為老年型國家。亞洲大約在2010年成為老年型洲，而拉丁美洲及加勒比海地區（本章為了簡化起見，均簡稱為拉丁美洲）大約在2012年才成為老年型洲。非洲仍然是年輕型洲。根據聯合國人口司方案預測，非洲大約要在2057年才成為老年型洲。從發展速度來看，從1950年到2015年的65年間，就60週歲人口老齡化系數增長的百分點數而言，歐洲為12.1、北美洲為8.4、大洋洲為5.3、亞洲為5.0、拉丁美洲為5.5，而非洲僅為0.1。見表1-2-3。就65週歲人口老齡化系數增長的百分點數而言，歐洲為9.6、北美洲為6.7、大洋洲為4.6、亞洲為3.5、拉丁美洲為4.1，而非洲僅為0.3。見表1-2-4。很明顯，歐洲人口老齡化程度起點高、發展速度快，目前保持著最高的老齡化程度；其次就是北美洲；總體上，大洋洲排在第三。上述三個地區，無論從起點，還是從結果，或者從發展速度來看，老齡化程度處於第一集團的地位。而亞洲的人口老齡化程度儘管比拉丁美洲的起點高一些，但發展速度稍微低一點，導致差距縮小，曾經一度被超越過，二者老齡化程度應劃歸為第二集團陣營。非洲的人口老齡化程度一直都處於最低水準，而且增長速度非常慢，幾乎處於靜止狀態，可以看成是第三集團陣營。

表1-2-3　1950—2015年各洲60週歲人口老齡化系數　　　單位：%

年份	歐洲	北美洲	大洋洲	亞洲	拉丁美洲	非洲
1950	11.8	12.4	11.2	6.6	5.7	5.3
1955	12.3	12.9	11.0	6.3	5.6	5.1
1960	13.1	13.0	10.8	6.0	5.8	5.1
1965	14.2	13.1	10.6	5.9	6.0	5.1

表1-2-3(續)

年份	歐洲	北美洲	大洋洲	亞洲	拉丁美洲	非洲
1970	15.5	13.8	10.5	6.1	6.2	5.1
1975	16.5	14.6	11.0	6.3	6.4	5.0
1980	16.0	15.6	11.6	6.7	6.5	5.0
1985	16.9	16.4	12.3	7.0	6.8	5.1
1990	18.2	16.6	12.8	7.4	7.1	5.1
1995	19.0	16.3	13.0	8.0	7.5	5.2
2000	20.3	16.2	13.4	8.6	8.1	5.2
2005	20.6	16.8	14.1	9.2	8.8	5.2
2010	22.0	18.6	15.3	10.1	9.8	5.3
2015	23.9	20.8	16.5	11.6	11.2	5.4
1950—2015年總增幅	12.1	8.4	5.3	5.0	5.5	0.1
1950—2015年年均增幅	0.19	0.13	0.08	0.08	0.08	0.00

資料來源：POPULATION DIVISION. World Population Prospects: The 2015 Revision [R]. New York: United Nations, 2015.

表1-2-4　1950—2015年各洲65週歲人口老齡化係數　　　　　　　單位:%

年份	歐洲	北美洲	大洋洲	亞洲	拉丁美洲	非洲
1950	8.0	8.2	7.4	4.1	3.6	3.2
1955	8.4	8.7	7.4	3.9	3.5	3.1
1960	8.8	9.0	7.4	3.6	3.6	3.1
1965	9.5	9.3	7.3	3.6	3.8	3.1
1970	10.5	9.6	7.1	3.7	4.0	3.1
1975	11.5	10.3	7.4	4.0	4.2	3.1
1980	12.4	11.2	8.0	4.3	4.4	3.1
1985	11.9	11.8	8.5	4.5	4.5	3.1
1990	12.7	12.4	9.1	4.8	4.7	3.2
1995	13.9	12.5	9.6	5.2	5.1	3.3
2000	14.7	12.3	9.8	5.7	5.6	3.4
2005	15.9	12.4	10.2	6.3	6.1	3.4
2010	16.4	13.1	10.7	6.8	6.8	3.5
2015	17.6	14.9	11.9	7.5	7.6	3.5
1950—2015年總增幅	9.6	6.7	4.5	3.4	4	0.3
1950—2015年年均增幅	0.15	0.10	0.07	0.05	0.06	0.00

資料來源：POPULATION DIVISION. World Population Prospects: The 2015 Revision [R]. New York: United Nations, 2015.

歐洲、北美洲人口老齡化程度幾乎一直是在加深的。而其他各洲均經歷過先年輕化再老齡化的過程，即從20世紀50年代初起均存在一個較長時期的年輕化過程。由於亞洲人口大約占世界總人口的60%，因而世界人口老齡化進程總體上是由亞洲的人口老齡化進程決定的。1950—2015年期間，歐洲與北美洲的人口在世界人口中的占比呈現穩步下降態勢；非洲人口占比則呈現出穩步上升態勢；亞洲與拉丁美洲的人口占比呈現出先上升後下降的趨勢；而大洋洲人口的占比幾乎沒有變化，大約圍繞0.52%變化。但是亞洲、非洲與歐洲人口總和的占比穩定在85.5%附近。見表1-2-5。

表1-2-5　1950—2015年各洲人口占比　　　　　　　　單位：%

年份	歐洲	北美洲	大洋洲	亞洲	拉丁美洲	非洲	亞、非、歐三洲合計
1950	21.74	6.80	0.50	55.21	6.69	9.06	86.02
1955	20.91	6.77	0.51	55.60	7.00	9.21	85.72
1960	20.06	6.76	0.52	55.88	7.33	9.44	85.38
1965	19.12	6.60	0.53	56.43	7.64	9.69	85.24
1970	17.85	6.27	0.53	57.58	7.83	9.93	85.36
1975	16.68	5.96	0.53	58.55	8.02	10.25	85.48
1980	15.63	5.73	0.52	59.14	8.22	10.77	85.53
1985	14.59	5.50	0.51	59.70	8.36	11.33	85.63
1990	13.58	5.29	0.51	60.31	8.42	11.90	85.79
1995	12.69	5.16	0.51	60.59	8.50	12.56	85.84
2000	11.86	5.12	0.51	60.63	8.60	13.29	85.77
2005	11.18	5.04	0.51	60.50	8.65	14.11	85.80
2010	10.61	4.97	0.53	60.17	8.66	15.07	85.85
2015	10.05	4.87	0.53	59.78	8.63	16.14	85.96

資料來源：POPULATION DIVISION. World Population Prospects: The 2015 Revision [R]. New York: United Nations, 2015. 筆者根據其提供的資料計算而得。

　　人口老齡化與總和生育率有著極大的關係。當總和生育率上升時，人口老齡化進程受到抑制，或者說人口有年輕化的趨勢。當總和生育率下降時，人口老齡化程度加深。在1950—2015年期間，世界人口總和生育率呈現出先上升後下降的趨勢，目前仍然顯著高於更替水準，這實際上也說明了世界人口先年輕化後老齡化的趨勢，同時也意味著世界人口總量還將持續增加。總和生育率呈現地域分佈特點，歐洲與北美洲總和生育率比較低，而且目前已顯著低於更替水準，這也是這兩個地區人口老齡化程度居高不下的主要原因；非洲的總和生育率儘管呈現下降的趨勢，但其絕對水準遠遠高於更替水準（高於4.70），其人口老齡化程度很低，或者說仍處於年輕型社會；其餘地區總和生育率總體上呈現出下降趨勢，目前略高於更替水準，這些地區的人口老齡化程度處於中間水準。見表1-2-6。

表 1-2-6　1950—2015 年各洲總和生育率

時期	歐洲	北美洲	大洋洲	亞洲	拉丁美洲	非洲	全世界
1950—1955 年	2.66	3.34	3.84	5.80	5.87	6.62	4.96
1955—1960 年	2.66	3.61	4.06	5.56	5.88	6.66	4.89
1960—1965 年	2.57	3.28	3.94	5.81	5.89	6.72	5.03
1965—1970 年	2.37	2.55	3.55	5.73	5.53	6.72	4.92
1970—1975 年	2.17	2.02	3.21	5.03	5.03	6.71	4.46
1975—1980 年	1.98	1.77	2.73	4.10	4.48	6.64	3.87
1980—1985 年	1.88	1.79	2.60	3.70	3.96	6.48	3.60
1985—1990 年	1.81	1.88	2.51	3.50	3.46	6.18	3.44
1990—1995 年	1.57	2.00	2.49	2.92	3.06	5.72	3.02
1995—2000 年	1.43	1.95	2.46	2.56	2.76	5.34	2.75
2000—2005 年	1.43	1.99	2.44	2.41	2.48	5.08	2.63
2005—2010 年	1.55	2.01	2.53	2.30	2.26	4.89	2.57
2010—2015 年	1.60	1.85	2.41	2.20	2.14	4.72	2.52

資料來源：POPULATION DIVISION. World Population Prospects：The 2017 Revision［R］. DVD Edition, New York：United Nations, 2017.

　　前文分析了總和生育率變動對人口老齡化所造成的影響。當然，對一個國家或地區人口老齡化產生影響的因素還有死亡率與遷移率。從人類發展歷史來看，死亡率下降一般表現為嬰幼兒死亡率率先下降，然後才是老年人口死亡率的下降。前者下降意味著嬰幼兒、年輕人增多，意味著人口年輕化趨勢的保持；後者下降則意味著老年人能存活更長的時間，這直接導致老年人口占比的增加，也就是頂部老齡化，意味著人口老齡化程度在加深。

　　人口老齡化程度高，死亡率會保持較高水準。死亡率下降意味著人口平均預期壽命延長，意味著人口老齡化程度將增加，也意味著人口死亡率在將來會上升。死亡率上升到一定程度後，又會開始下降。死亡率上升意味著人口老齡化程度的下降，當老齡化水準下降到一定程度時，隨著年輕人占比的回升，死亡率又會呈現出下降的趨勢。總之，隨著經濟的增長與醫療衛生事業的持續發展，人口平均預期壽命不斷延長，並在一個較高水準附近波動，由此人口老齡化程度會不斷地波動式上升，死亡率會呈現出先下降後上升的趨勢，最後在一個比較高位的水準上低幅度波動運行。這也意味著老齡化程度也會持續加深，圍繞一個比較高的水準低幅度波動變化。

　　從 1950 年到 20 世紀 60 年代初期，世界人口呈現出年輕化的趨勢，然後開始了人口老齡化的進程。從死亡率變化的角度來看，全世界人口總體上死亡率不斷下降。從各洲死亡率變化情況來看，除了歐洲與北美洲外，各洲粗死亡率不斷下降。而北美洲的死亡率總體上呈現波動式緩慢下降的趨勢。而歐洲的死亡率呈現出先下降後上升的趨勢。非洲的死亡率一直最高，但最近 10 年來已低於歐洲。60 餘年來，非洲的死亡率下降了

17.37個千分點，而同期歐洲、北美洲、大洋洲、亞洲、拉丁美洲的死亡率下降的千分點分別為：0.23、1.34、5.13、15.58、9.83。簡言之，非洲與亞洲成為死亡率下降幅度最大的兩個洲，而歐洲的死亡率下降幅度最小，其次是北美洲，幾乎運行平穩，但總體上歐洲人口死亡率絕對水準高於北美洲，見表1-2-7。從當前的死亡率來看，歐洲是最高的，其次是非洲，再次是北美洲，其餘三個洲的死亡率處於絕對水準很低的狀態，低於7‰，而拉丁美洲的死亡率達到最低水準，已低到5.85‰。但從變化趨勢來看，非洲還將有進一步較大幅度下降的空間。一般來說，老年人口占比高，死亡率也就比較高；反之，則比較低。歐洲、北美洲、大洋洲1950年就是老年型洲了，並且老齡化程度比較高，而其餘各洲老齡化程度很低；歐洲、北美洲、大洋洲屬於經濟發達的地區，醫療衛生事業發展水準很高，這意味著人口平均預期壽命比較長，同時老年人多意味著死亡率會比較高，也意味著死亡率還會有進一步上升的空間；而亞洲、非洲、拉丁美洲在1950年時人口老齡化程度很低，屬於年輕型洲，而這些地區屬於欠發達地區，醫療衛生事業落後，因而死亡率處於比較高的狀態，但隨著國民經濟的發展、醫療衛生與科學技術的持續進步，其死亡率不斷下降，同時由於人口年齡結構相對年輕，因而死亡率在當前呈現出低水準狀態。

表1-2-7　1950—2015年各洲粗死亡率　　　　　　　　　單位：‰

時期	歐洲	北美洲	大洋洲	亞洲	拉丁美洲	非洲	全世界
1950—1955年	11.16	9.47	11.82	22.53	15.68	26.81	19.10
1955—1960年	10.18	9.30	10.88	20.38	13.78	24.36	17.40
1960—1965年	9.70	9.29	10.37	18.72	12.26	22.22	16.14
1965—1970年	9.89	9.39	9.86	14.30	10.91	20.40	13.49
1970—1975年	10.18	9.20	9.17	11.93	9.64	18.76	11.96
1975—1980年	10.50	8.68	8.44	10.18	8.68	17.17	10.75
1980—1985年	10.77	8.65	7.92	9.27	7.86	15.80	10.06
1985—1990年	10.63	8.76	7.77	8.63	7.17	14.71	9.50
1990—1995年	11.21	8.64	7.38	7.97	6.63	14.39	9.10
1995—2000年	11.53	8.52	7.22	7.51	6.10	13.71	8.73
2000—2005年	11.63	8.40	6.93	7.12	5.85	12.80	8.37
2005—2010年	11.29	8.06	6.71	6.97	5.79	11.02	7.99
2010—2015年	10.93	8.13	6.69	6.95	5.85	9.44	7.71

資料來源：POPULATION DIVISION. World Population Prospects: The 2017 Revision [R]. DVD Edition, New York: United Nations, 2017.

人口老齡化與平均預期壽命還會受新生嬰兒死亡率的影響。各年齡段死亡率隨著年齡變化而呈現出先迅速下降後緩慢回升再迅速上升的趨勢，即呈現出J形曲線。一般發達地區新生嬰兒死亡率很低，而欠發達落後地區則很高。現代醫療技術的發展更能夠率先並持續降低新生嬰兒死亡率。60餘年來，非洲的嬰兒死亡率儘管下降幅度很大，從

188.37‰下降到57.19‰,但仍然高於歐洲、北美洲與大洋洲20世紀50年代末期的水準。亞洲與拉丁美洲的嬰兒死亡率在20世紀50年代處於高位狀態,超過100‰,下降幅度也比較大。就目前水準來看,非洲的嬰兒死亡率最高,歐洲的嬰兒死亡率最低,北美洲處於低水準狀態,其餘各洲則處於中等水準狀態。較高的新生嬰兒死亡率意味著較低的平均預期壽命,反之則反是。從世界各大洲的實際情況來看,也反應了這一基本規律。同時,不難發現,新生嬰兒死亡率較高的地區的人口老齡化程度也較低,而新生嬰兒死亡率較低的地區的人口老齡化程度較高,見表1-2-8。

表1-2-8　1950—2015年各大洲新生嬰兒死亡率　　　　　　　　單位:‰

時期	歐洲	北美洲	大洋洲	亞洲	拉丁美洲	非洲	全世界
1950—1955年	71.73	30.86	58.22	156.77	127.52	188.37	141.68
1955—1960年	50.23	27.67	52.30	146.95	113.92	171.39	129.75
1960—1965年	37.05	25.26	48.41	138.12	101.65	156.91	121.88
1965—1970年	29.61	22.19	43.98	113.60	91.44	144.71	104.91
1970—1975年	24.72	17.70	39.96	100.91	80.60	133.66	94.69
1975—1980年	21.73	13.88	37.39	89.93	70.47	120.96	85.16
1980—1985年	18.24	11.20	31.77	78.04	59.78	111.28	75.43
1985—1990年	15.63	10.04	29.86	67.50	48.10	104.19	67.01
1990—1995年	12.71	8.46	26.74	61.82	38.70	102.06	63.06
1995—2000年	10.33	7.26	26.31	54.65	31.81	92.61	57.08
2000—2005年	8.37	6.86	25.22	45.58	25.38	80.71	49.14
2005—2010年	6.49	6.65	22.41	37.17	21.45	68.14	41.30
2010—2015年	5.34	5.87	20.80	30.53	18.69	57.19	35.01

資料來源:POPULATION DIVISION. World Population Prospects: The 2017 Revision [R]. DVD Edition, New York: United Nations, 2017.

很明顯,人口老齡化水準還與新生嬰兒平均預期壽命有關。平均預期壽命是對各年齡段死亡率的一個綜合反應的指標,也是一個國家或地區科技實力、經濟發展水準、醫療衛生事業發展、人民生活水準的一個集中體現。人口老齡化第一集團陣營的各洲的新生嬰兒平均預期壽命最高,第二集團陣營處於中等水準,第三集團陣營的新生嬰兒的平均預期壽命則處於最低狀態。這一狀態還將一直保持下來,至少短期內是難以改變的,見表1-2-9、表1-2-10。

表1-2-9　1950—2015年各大洲新生男嬰平均預期壽命　　　　　單位:週歲

時期	歐洲	北美洲	大洋洲	亞洲	拉丁美洲	非洲	全世界
1950—1955年	60.97	65.91	58.97	41.52	49.61	36.23	45.51
1955—1960年	64.19	66.66	60.72	43.63	52.42	38.67	47.74
1960—1965年	66.02	66.94	61.58	45.62	54.79	41.01	49.53

表1-2-9(續)

時期	歐洲	北美洲	大洋洲	亞洲	拉丁美洲	非洲	全世界
1965—1970年	66.56	66.95	62.41	51.67	56.70	43.06	53.57
1970—1975年	66.89	67.86	63.80	55.45	58.61	45.05	56.21
1975—1980年	67.05	69.61	65.50	58.13	60.23	47.13	58.22
1980—1985年	67.57	70.93	67.17	60.14	61.85	48.84	59.83
1985—1990年	68.95	71.58	68.33	62.16	63.47	50.04	61.50
1990—1995年	68.46	72.47	70.07	63.64	65.09	49.95	62.30
1995—2000年	68.91	73.77	71.41	65.04	67.15	50.73	63.39
2000—2005年	69.61	74.79	73.11	67.04	68.80	52.19	65.02
2005—2010年	71.33	75.92	74.65	68.62	70.13	55.52	66.88
2010—2015年	73.66	76.79	75.70	69.95	71.38	58.58	68.55

資料來源：POPULATION DIVISION. World Population Prospects：The 2017 Revision ［R］. DVD Edition, New York：United Nations, 2017.

表1-2-10　1950—2015年各大洲新生女嬰平均預期壽命　　　　單位：週歲

時期	歐洲	北美洲	大洋洲	亞洲	拉丁美洲	非洲	全世界
1950—1955年	66.15	71.81	64.52	43.22	53.01	38.75	48.50
1955—1960年	69.78	73.02	66.31	45.53	56.01	41.30	50.99
1960—1965年	72.08	73.72	67.55	47.45	58.84	43.70	52.85
1965—1970年	73.24	74.33	68.73	53.99	61.27	45.83	57.41
1970—1975年	74.09	75.47	70.22	57.61	63.83	48.04	60.08
1975—1980年	74.84	77.20	72.06	60.59	65.97	50.25	62.41
1980—1985年	75.57	78.11	73.92	63.09	68.11	52.12	64.36
1985—1990年	76.53	78.56	74.66	65.06	70.03	53.48	65.90
1990—1995年	76.87	79.20	76.13	66.82	71.89	53.56	66.96
1995—2000年	77.35	79.52	77.06	68.48	73.85	54.00	68.04
2000—2005年	78.07	79.95	78.25	70.35	75.54	55.16	69.45
2005—2010年	79.30	80.85	79.44	72.15	76.82	58.43	71.32
2010—2015年	80.70	81.50	80.20	73.79	77.96	61.90	73.11

資料來源：POPULATION DIVISION. World Population Prospects：The 2017 Revision ［R］. DVD Edition, New York：United Nations, 2017.

　　從60週歲時的平均預期餘命來看，人口老齡化水準高的洲這一數值比較大；反之，則比較小。但是，容易發現，拉丁美洲、大洋洲、北美洲增幅比較大，這也反應其老齡化程度有更快更大的加深餘地。不難發現，女性比男性有更高的平均預期壽命或餘命。同時，還進一步證實了：人口老齡化水準高就預示著人口平均壽命或平均預期餘命比較長，反之亦然。見表1-2-11、表1-2-12。

表 1-2-11 1950—2015 年各大洲男性 60 週歲時平均預期餘命　　單位：週歲

時期	歐洲	北美洲	大洋洲	亞洲	拉丁美洲	非洲	全世界
1950—1955 年	15.45	15.96	14.91	11.41	14.41	12.18	13.07
1955—1960 年	15.62	15.98	15.19	11.45	15.06	12.59	13.22
1960—1965 年	15.74	15.94	15.20	12.00	15.42	12.99	13.65
1965—1970 年	15.65	15.93	15.01	13.71	15.70	13.34	14.60
1970—1975 年	15.77	16.32	15.45	14.32	15.95	13.58	14.98
1975—1980 年	15.95	17.17	16.29	15.00	16.04	13.86	15.47
1980—1985 年	16.24	17.71	16.96	15.43	16.24	14.14	15.81
1985—1990 年	16.72	18.17	17.60	15.85	16.52	14.39	16.22
1990—1995 年	16.82	18.88	18.56	16.18	17.06	14.49	16.50
1995—2000 年	17.12	19.42	19.46	16.63	18.20	14.66	16.91
2000—2005 年	17.72	20.25	20.59	17.34	18.94	14.91	17.57
2005—2010 年	18.82	21.28	21.60	17.81	19.44	15.48	18.20
2010—2015 年	19.89	21.90	22.33	18.22	20.09	15.97	18.78

資料來源：POPULATION DIVISION. World Population Prospects：The 2017 Revision ［R］. DVD Edition, New York：United Nations, 2017.

表 1-2-12 1950—2015 年各大洲女性 60 週歲時平均預期餘命　　單位：週歲

時期	歐洲	北美洲	大洋洲	亞洲	拉丁美洲	非洲	全世界
1950—1955 年	17.83	19.06	18.12	12.99	15.82	13.17	15.11
1955—1960 年	18.44	19.52	18.67	13.13	16.58	13.66	15.53
1960—1965 年	18.92	19.92	19.05	13.73	17.17	14.12	16.17
1965—1970 年	19.26	20.36	19.14	15.59	17.53	14.53	17.32
1970—1975 年	19.62	21.03	19.72	16.21	18.00	14.92	17.83
1975—1980 年	20.08	22.08	20.73	16.99	18.47	15.28	18.45
1980—1985 年	20.44	22.46	21.48	17.55	19.01	15.61	18.85
1985—1990 年	20.92	22.69	21.89	18.00	19.43	15.90	19.23
1990—1995 年	21.20	23.10	22.73	18.60	20.04	16.05	19.63
1995—2000 年	21.50	23.16	23.40	19.19	21.08	16.18	20.02
2000—2005 年	22.07	23.48	24.16	19.72	21.88	16.43	20.48
2005—2010 年	22.99	24.31	24.87	20.24	22.59	17.02	21.08
2010—2015 年	23.89	24.86	25.38	20.72	23.36	17.53	21.64

資料來源：POPULATION DIVISION. World Population Prospects：The 2017 Revision ［R］. DVD Edition, New York：United Nations, 2017.

　　按照國際標準，當年齡中位數大於 30 週歲時，就屬於老年型社會。從各大洲的年齡中位數來看，歐洲的年齡中位數穩步上升，從 1960 年起就已成為老年型洲。其餘各

洲的年齡中位數總體上都是先下降後上升。北美洲在20世紀80年代初期,大洋洲在20世紀90年代中後期,亞洲大約在2014年時的年齡中位數先後突破30週歲,成為老年型洲。而拉丁美洲從1975年起年齡中位數超過20週歲,但到2015年仍然不到30週歲,目前也剛剛超過30週歲,換言之,即從年輕型洲向成年型洲過渡,剛剛跨入老年型洲行列。非洲的年齡中位數一直未能突破20週歲,屬於年輕型洲,不過最近幾年就會進入成年型洲,見表1-2-13。其實,年齡中位數也在某種程度上反應了人口老齡化水準的高低。顯然,這與總和生育率、死亡率有關:總和生育率的提高將抑制年齡中位數的上升,死亡率的下降將從總體上提升平均預期壽命或平均預期餘命,從而提升年齡中位數。反之則反是。顯然,與採用老齡化系數標準相比,按照年齡中位數標準,各洲成為老年型洲的時間要稍晚一些。

表1-2-13　1950—2015年各大洲人口年齡中位數　　　　　　單位:週歲

年份	歐洲	北美洲	大洋洲	亞洲	拉丁美洲	非洲	全世界
1950	28.94	29.98	27.88	22.08	19.91	19.26	23.59
1955	29.52	30.08	27.42	21.35	19.45	18.99	23.14
1960	30.31	29.43	26.39	20.80	18.96	18.57	22.69
1965	30.86	28.35	25.23	19.88	18.55	18.11	21.99
1970	31.74	28.17	24.75	19.52	18.60	17.82	21.54
1975	32.11	28.82	25.45	20.09	19.08	17.65	21.89
1980	32.64	29.92	26.38	20.96	19.72	17.57	22.59
1985	33.52	31.39	27.48	21.98	20.62	17.48	23.30
1990	34.64	32.83	28.63	22.99	21.69	17.58	24.04
1995	36.07	34.10	29.78	24.38	22.86	17.97	25.11
2000	37.67	35.36	30.90	25.98	24.16	18.37	26.33
2005	39.10	36.36	31.89	27.43	25.70	18.77	27.44
2010	40.39	37.20	32.22	28.85	27.42	19.09	28.51
2015	41.60	37.93	32.79	30.32	29.15	19.35	29.62

資料來源:POPULATION DIVISION. World Population Prospects:The 2017 Revision [R]. DVD Edition, New York:United Nations, 2017.

對人口老齡化還有重要影響的因素就是遷移因素。一般來說,參與遷移活動的人大多是年輕人,同時年輕人的生育率比較高。對於遷入地來說,人口老齡化程度將受到抑制,而對於遷出地的人口老齡化程度則有抬升作用。1970年前,歐洲幾乎都是淨遷出地,後來發生逆轉,遷入規模呈現遞增態勢,但2010—2015年已受到極大的抑制,不到2000—2005年、2005—2010年遷入人數的一半。北美洲與大洋洲一直都是淨遷入地區。北美洲在2000年前呈現出波動式遞增趨勢,2000年後則呈現波動式遞減趨勢。大洋洲淨遷入規模比較小,波動幅度也比較小,從2010年起有所抑制。而非洲、拉丁美洲一

直都是淨遷出地區，亞洲從1970年起也保持淨遷出狀態。在1990年前，拉丁美洲人口淨遷出規模最大，而從1990年起，亞洲地區的人口淨遷出規模最大，但是近幾年來，淨遷出規模已顯著縮小。從遷出地來看，主要集中在亞洲、非洲、拉丁美洲，而這些地區人口老齡化程度比較低、總和生育率比較高，平均預期壽命比較短；而從遷入地來看，主要集中在歐洲、北美洲與大洋洲，這些地區人口老齡化程度比較高、生育率比較低、平均預期壽命比較高。鑒於遷移因素的客觀作用，實際上對歐洲、北美洲與大洋洲的人口老齡化程度起到了一定的抑製作用，但是抵消不了這些地區總和生育率持續走低、平均預期壽命不斷延長所產生的影響，因而導致人口老齡化程度仍然持續上升。如果沒有遷移因素發揮作用，這些地區的人口老齡化程度顯然會上升得更快，躍上更高的水準。見表1-2-14。

表1-2-14　1950—2015年各大洲淨遷移人數　　　　　　單位：萬人

時期	歐洲	北美洲	大洋洲	亞洲	拉丁美洲	非洲
1950—1955年	-138	157	48	10	-20	-57
1955—1960年	-282	267	41	138	-107	-57
1960—1965年	24	201	43	-25	-149	-94
1965—1970年	-42	216	78	60	—200	-111
1970—1975年	211	371	30	-149	-233	-229
1975—1980年	196	436	10	-134	-328	-181
1980—1985年	157	378	41	-54	-351	-172
1985—1990年	267	430	56	-202	-377	-174
1990—1995年	524	521	40	-718	-333	-34
1995—2000年	371	937	32	-608	-488	-245
2000—2005年	855	623	57	-765	-561	-209
2005—2010年	880	626	107	-1,028	-250	-335
2010—2015年	405	564	91	-549	-184	-328

資料來源：POPULATION DIVISION. World Population Prospects: The 2017 Revision [R]. DVD Edition, New York: United Nations, 2017. 筆者據此整理而得。

表1-2-15反應了2015年各大洲不同口徑老年人口規模大小。就全世界而言，各口徑老年人口規模都已超過億人。60週歲、65週歲、70週歲、80週歲及以上老年人口大約分別有9億人、6億人、4億人、1億人。從各洲老年人口的分佈來看，其規模大小一是取決於人口總量，二是取決於人口老齡化程度的大小。亞洲人口接近全世界人口的60%，其各類口徑老年人口超過50%或接近50%，但低於59.78%；並且，隨著年齡的增大，各口徑老年人口所占份額越來越低，這表明亞洲人口老齡化程度略低於世界平均水準。2015年，非洲人口占全世界人口的16.14%，但其各類老人占全世界的比例不到8%，僅高於大洋洲人口，而大洋洲人口占比大約只有0.5%，這說明非洲的人口老齡化程度很低，高齡老人占比更低。拉丁美洲的各口徑老人占比均略低於其全體人口在世界人口中的占比（8.63%），這說明其人口老齡化程度也略低於世界平均水準。歐洲人口僅占世界人口的10%，其60週歲及以上老年人口占比接近20%，而其餘各口徑老年人

口隨著年齡的增大所占比例也在增加，並且都高於20%，說明其高齡人口占比增加或者說高齡化趨勢越來越強，且已經歷了較長時間的老齡化過程。北美洲、大洋洲也呈現出歐洲人口老齡化特徵，即老齡化水準顯著高於世界平均水準，高齡化趨勢更加明顯。

表1-2-15 2015年各大洲老年人口規模與占比

洲別	60+週歲 人數/萬人	60+週歲 比例/%	65+週歲 人數/萬人	65+週歲 比例/%	70+週歲 人數/萬人	70+週歲 比例/%	80+週歲 人數/萬人	80+週歲 比例/%	總人口中占比/%
非洲	6,445	7.15	4,148	6.82	2,452	6.24	566	4.52	16.14
亞洲	50,795	56.38	33,055	54.35	20,710	52.68	5,997	47.87	59.78
歐洲	17,651	19.59	12,980	21.34	9,153	23.28	3,458	27.60	10.05
拉丁美洲	7,092	7.87	4,826	7.94	3,146	8.00	1,030	8.22	8.63
北美洲	7,459	8.28	5,339	8.78	3,543	9.01	1,361	10.87	4.87
大洋洲	648	0.72	470	0.77	310	0.79	115	0.91	0.53
全世界	90,091	100	60,818	100	39,313	100	12,527	100	100

資料來源：POPULATION DIVISION. World Population Prospects: The 2017 Revision [R]. DVD Edition, New York: United Nations, 2017. 筆者據此整理而得。

（三）老年人口大國的人口老齡化分析

2015年，世界上60週歲及以上老年人口超過千萬人的國家共有17個，其中老年人口最多的是中國，約為2.09億人；其次是印度，約為1.17億人；再次是美國，達到6,600多萬人；俄羅斯、巴西、德國、印度尼西亞的老年人口介於2,000萬人與3,000萬人之間，其餘6國則有1,000多萬人。這些國家分佈在亞洲（7個）、歐洲（7個）、拉丁美洲（2個）、北美洲（1個）。如果60週歲及以上老年人口規模大，那麼其餘口徑的老年人口規模也比較大。65週歲及以上老年人口過億的只有中國，超過千萬人的則有日本、印度、印度尼西亞、俄羅斯、義大利、法國、德國、巴西、美國9個國家；70週歲及以上老年人口超過千萬人的有中國、日本、印度、俄羅斯、德國、巴西、美國7個國家；80週歲及以上人口超千萬的則只有中國、印度、美國。見表1-2-16。老年人口規模大小取決於兩個因素：人口總數、人口老齡化程度。2015年，全世界人口過億的國家有12個：中國（13.76億人）、印度（13.11億人）、美國（3.22億人）、印度尼西亞（2.58億人）、巴西（2.08億人）、巴基斯坦（1.89億人）、尼日利亞（1.82億人）、孟加拉國（1.61億人）、俄羅斯（1.43億人）、墨西哥（1.27億人）、日本（1.27億人）、菲律賓（1.01億人）。上述60週歲及以上人口沒有超千萬的國家有尼日利亞、菲律賓，主要是它們在2015年尚未成為老年型國家。容易發現，泰國、烏克蘭、英國、義大利、西班牙、法國、德國7個國家人口不超過億人（實際上不超過8,000萬人），但其60週歲及以上老年人口的規模卻超過千萬人，這說明其60週歲老齡化係數超過了12.5%。

表 1-2-16　2015 年 60 週歲及以上人口超千萬的國家的老年人口數　　單位：萬人

國別	60+週歲	65+週歲	70+週歲	80+週歲
中國	20,924	13,143	8,027	2,236
日本	4,187	3,334	2,389	982
孟加拉國	1,124	801	515	152
印度	11,655	7,363	4,459	1,129
巴基斯坦	1,248	849	527	122
印度尼西亞	2,119	1,333	798	173
泰國	1,073	712	459	143
俄羅斯	2,873	1,917	1,333	440
烏克蘭	1,012	686	506	151
英國	1,209	816	499	114
義大利	1,711	1,340	976	410
西班牙	1,125	867	631	273
法國	1,625	1,231	852	390
德國	2,227	1,714	1,302	457
墨西哥	1,218	821	547	191
巴西	2,439	1,631	1,033	309
美國	6,655	4,758	3,155	1,210

資料來源：POPULATION DIVISION. World Population Prospects: The 2015 Revision [R]. New York: United Nations, 2015. 筆者據此進行了計算整理。

（四）典型國家的人口老齡化分析

　　下面將分析一些人口老齡化比較典型的國家。之所以選擇這些國家是基於如下一些考慮：一是其 2015 年的人口老齡化水準高於中國，以便於為中國的應對策略提供借鑑；二是經濟比較發達；三是國際影響力比較大；四是人口規模比較大。限於篇幅，本書只選擇了 10 個國家進行分析，見表 1-2-17。

表 1-2-17　1950—2015 年各典型國家 60 週歲人口老齡化系數　　單位：%

年份	中國	日本	韓國	英國	法國	德國	俄羅斯	加拿大	美國	澳大利亞
1950	7.5	7.7	5.2	15.7	16.3	14.5	7.7	11.3	12.5	12.5
1955	6.9	8.1	5.7	16.3	16.2	15.7	8.4	11.1	13.1	12.5
1960	6.1	8.9	6.0	17.0	16.7	17.3	9.2	10.9	13.2	12.4
1965	5.9	9.7	5.3	17.8	17.5	18.8	10.4	11.0	13.4	12.4
1970	6.1	10.6	5.4	18.8	18.0	19.8	12.0	11.5	14.1	12.1
1975	6.5	11.7	5.6	19.7	18.3	20.7	13.7	12.3	14.8	12.9
1980	7.2	12.8	6.1	20.0	16.9	19.2	13.6	13.3	15.8	13.7

表1-2-17(續)

年份	中國	日本	韓國	英國	法國	德國	俄羅斯	加拿大	美國	澳大利亞
1985	7.7	14.6	6.8	20.7	18.2	19.8	14.1	14.6	16.5	14.7
1990	8.2	17.4	7.7	20.8	19.1	20.4	16.2	15.5	16.8	15.4
1995	9.0	20.3	9.3	20.7	20.2	20.6	16.8	16.1	16.4	15.8
2000	9.9	23.3	11.2	20.7	20.7	23.1	18.4	16.6	16.2	16.5
2005	10.8	26.5	13.4	21.2	21.1	25.0	17.2	17.9	16.7	17.5
2010	12.4	30.7	15.6	22.3	23.3	26.0	18.0	19.9	18.4	19.0
2015	15.2	33.1	18.5	23.0	25.2	27.6	20.0	22.3	20.7	20.4
1950—1965年年均增長	-0.11	0.13	0.01	0.14	0.08	0.29	0.18	-0.02	0.06	-0.01
1965—2000年年均增長	0.11	0.39	0.17	0.08	0.09	0.12	0.23	0.16	0.08	0.12
2000—2015年年均增長	0.35	0.65	0.49	0.15	0.30	0.30	0.11	0.38	0.30	0.26
1950—2015年年均增長	0.12	0.39	0.20	0.11	0.14	0.20	0.19	0.17	0.13	0.12

資料來源：POPULATION DIVISION. World Population Prospects: The 2015 Revision [R]. New York: United Nations, 2015. 筆者據此進行了計算整理。

首先分析60週歲及以上人口占總人口的比例，即60週歲人口老齡化系數的發展演變規律。從1950年到2015年的60年時間裡，增幅最大的是日本，增加了25.4個百分點；增幅最小的是英國，只增加了7.3個百分點，接著就是中國，增加了7.7個百分點；1950年，韓國的人口老齡化水準最低，僅為5.2個百分點，剛由青年型進入成年型國家行列，中國、日本、俄羅斯的人口老齡化水準比較低，分別為7.5%、7.7%、7.7%，屬於成年型國家；而其餘國家都已屬於老年型國家。日本與中國的老齡化水準在1950年時相差不大，但65年後已大大超過中國的老齡化水準，日本60週歲老齡化系數大約為中國的2.2倍，而且其老齡化水準一直都在快速提升。而其他國家在這60餘年總在一段或長或短的時間裡經歷著年輕化的過程，即老齡化水準有所降低的過程，但總體趨勢仍然是老齡化水準不斷提升。這一趨勢是不可逆轉的，當然不排除一段時間內國家生育政策調整、生育高峰期出現、人口移民政策調整，使人口老齡化趨勢在某種程度上受到抑制。但由於科技進步、人們生育觀念的改變、平均預期壽命的不斷延長，世界人口老齡化整體水準將不斷上升，各個國家的老齡化水準也將持續提升，當然不排除老齡化水準處於高位後在某一段時間出現回落調整。

不難看出，在1950—2015年這段時間裡，中國人口老齡化水準起點幾乎是最低的，2015年所達到的水準同樣也是最低的。在這段時間裡，就人口老齡化水準（60週歲老齡化系數）年均增長的百分點數來說，中國在上述所分析的典型國家中僅略高於英國，顯著低於日本、韓國、德國、俄羅斯和加拿大。

從1950年到1965年，中國人口老齡化水準平均每年大約下降0.11個百分點，而德

國平均每年增長0.29個百分點，其餘大多數國家保持小幅度的增長。從1965年到2000年，表1-2-17中所顯示的10個國家的人口老齡化水準均有不同程度的提升，其中增長最快的是日本，平均每年增長0.39個百分點，中國屬於中間層次。但是，進入21世紀後，從2000年到2015年，中國的人口老齡化水準年均增長0.35個百分點，僅次於日本的年均增幅（0.65個百分點）以及韓國的年均增幅（0.49個百分點）。日本的人口老齡化速度相當快，而且60週歲及以上人口占總人口的比例在2010年時就已超過30%，堪稱世界第一，而且也是世界上60週歲老齡化系數唯一超過30%的國家，其人口老齡化速度也顯著超過中國。這表明日本人口老齡化的速度隨著時間的推移在快速地提升。

2015年時，世界上60週歲老齡化系數超過25%（即每4個人中至少有1個60週歲及以上老年人）的國家有14個，按從高到低排列，依次為日本（33.08%）、義大利（28.61%）、德國（27.60%）、芬蘭（27.18%）、葡萄牙（27.07%）、希臘（27.03%）、保加利亞（26.94%）、克羅地亞（25.95%）、拉脫維亞（25.66%）、馬耳他（25.55%）、瑞典（25.54%）、法國（25.23%）、愛沙尼亞（25.22%）、斯羅文尼亞（25.18%）。而在1950年時，據聯合國估計，60週歲及以上人口占總人口比例達到或超過10%的有46個國家或地區，而其中超過14%的有11個國家，這些國家分別是法國（16.26%）、比利時（15.92%）、英國（15.65%）、拉脫維亞（15.61%）、奧地利（15.45%）、愛爾蘭（15.18%）、格魯吉亞（14.90%）、瑞典（14.87%）、愛沙尼亞（14.80%）、德國（14.55%）、盧森堡（14.53%）。當然在1950年時，美國、加拿大、澳大利亞人口老齡化水準已處於高水準。

然後，再分析65週歲人口老齡化系數的發展演變規律，總體上與60週歲人口老齡化系數變化趨勢大體一致。在1950年，老齡化程度最低的是韓國（2.9%），其次是中國（4.5%），最高的是法國（11.4%）。1950—2015年老齡化系數增幅由小到大排列的國家依次是中國（5.1%）、美國（6.5%）、澳大利亞（6.9%）、英國（6.9%）、法國（7.7%）、加拿大（8.5%）、俄羅斯（8.5%）、韓國（10.3%）、德國（11.5%）、日本（21.4%）。見表1-2-18。當然，年均增幅也是這樣排序的。

表1-2-18　1950—2015年各典型國家65週歲人口老齡化系數　　　　單位:%

年份	中國	日本	韓國	英國	法國	德國	俄羅斯	加拿大	美國	澳大利亞
1950	4.5	4.9	2.9	10.8	11.4	9.7	4.8	7.7	8.3	8.2
1955	4.1	5.3	3.4	11.3	11.5	10.6	5.5	7.8	8.8	8.5
1960	3.7	5.7	3.7	11.8	11.6	11.5	6.1	7.7	9.1	8.6
1965	3.4	6.3	3.4	12.2	12.1	12.5	6.7	7.7	9.5	8.6
1970	3.7	7.0	3.3	13.0	12.8	13.6	7.7	8.0	9.7	8.2
1975	4.0	7.9	3.5	14.1	13.4	14.9	9.0	8.5	10.5	8.8
1980	4.5	9.0	3.9	14.9	13.9	15.7	10.3	9.4	11.4	9.6
1985	5.1	10.2	4.3	15.1	12.7	14.5	9.9	10.2	12.0	10.3
1990	5.3	11.9	5.0	15.7	14.0	14.9	10.3	11.2	12.5	11.1

表1-2-18(續)

年份	中國	日本	韓國	英國	法國	德國	俄羅斯	加拿大	美國	澳大利亞
1995	5.9	14.4	5.9	15.9	15.1	15.4	12.1	11.9	12.6	11.9
2000	6.7	17.2	7.3	15.8	16.1	16.2	12.4	12.5	12.3	12.4
2005	7.5	19.8	9.2	16.0	16.6	18.8	13.8	13.1	12.3	12.9
2010	8.2	22.9	11.1	16.2	17.0	20.6	13.1	14.2	13.0	13.5
2015	9.6	26.3	13.1	17.8	19.1	21.2	13.4	16.1	14.8	15.0
1950—1965年年均增長	-0.07	0.09	0.03	0.09	0.04	0.19	0.12	0.00	0.08	0.03
1965—2000年年均增長	0.09	0.31	0.11	0.10	0.12	0.11	0.16	0.14	0.08	0.11
2000—2015年年均增長	0.19	0.61	0.39	0.13	0.20	0.34	0.06	0.24	0.16	0.18
1950—2015年年均增長	0.08	0.33	0.16	0.11	0.12	0.18	0.13	0.13	0.10	0.11

資料來源：POPULATION DIVISION. World Population Prospects：The 2015 Revision [R]. New York：United Nations, 2015.

1950—1965年、1965—2000年、2000—2015年人口老齡化系數年均增幅總體上保持增長的趨勢（例外情形是德國在1965年後以及俄羅斯在2000年後的增幅有所下降），表明人口老齡化速度在不斷加快。從絕對水準來看，總體上呈現增加的態勢。當然，實際上只有日本的人口老齡化系數一直是嚴格遞增的，其餘國家都有一個或長或短的下降時間段，不過英國和加拿大可以看成是近似遞增的。2000年以後，上述典型國家的65週歲老齡化系數都是嚴格遞增的。

2015年，在所分析的10個國家中，65週歲老齡化系數由低到高的排序是中國（9.6%）、韓國（13.1%）、俄羅斯（13.4%）、美國（14.8%）、澳大利亞（15.0%）、加拿大（16.1%）、英國（17.8%）、法國（19.1%）、德國（21.2%）、日本（26.3%）。

在2015年，全世界65週歲老齡化系數超過20%（即每5個人中至少有1個65週歲及以上老年人）的國家依次是日本（26.34%）、義大利（22.41%）、希臘（21.41%）、德國（21.24%）、葡萄牙（20.79%）、芬蘭（20.48%）、保加利亞（20.03%）。

(五) 部分國家人口高齡化分析

下面將分析上述一些老齡化程度比較高的典型國家在過去幾十年間人口高齡化的演變規律。這裡將主要分析70週歲及以上人口、80週歲及以上人口分別在總人口以及在60週歲及以上老年人口中所占比例的發展演變趨勢。從總體上來看，在人口老齡化過程中，人口高齡化程度在不斷加深。

從1950年到2015年，日本是人口老齡化速度最快的國家，而在人口老齡化過程中，其人口高齡化趨勢也是很明顯的。高齡老人占總人口的比例持續增加。高齡老人占60週歲及以上人口的比例呈現波動式增加的態勢。65年來，70週歲及以上老年人口增加

了近6倍，80週歲及以上老年人口增加了近17倍。2015年時，70週歲老齡化系數接近19%，80週歲老齡化系數接近8%。在60週歲及以上老年人口中，年齡超過70週歲的人在2005年時已超過一半，年齡超過80週歲的人在2010年已突破20%。換言之，在2015年，日本平均每2個60週歲及以上老年人口中至少有一人超過70週歲；平均每5個60週歲及以上老年人口中至少有一人超過80週歲。見表1-2-19。

表1-2-19　1950—2015年日本人口高齡化演變趨勢　　　　　單位:%

年份	70週歲老齡化系數	80週歲老齡化系數	70週歲高齡化系數	80週歲高齡化系數
1950	2.81	0.44	36.39	5.71
1955	3.12	0.57	38.38	7.02
1960	3.41	0.72	38.47	8.10
1965	3.67	0.79	37.99	8.17
1970	4.17	0.91	39.37	8.55
1975	4.81	1.06	41.13	9.07
1980	5.67	1.37	44.23	10.71
1985	6.77	1.80	46.30	12.30
1990	7.84	2.35	45.07	13.50
1995	9.32	3.02	45.83	14.87
2000	11.59	3.71	49.79	15.94
2005	14.06	4.83	53.04	18.23
2010	16.45	6.32	53.64	20.62
2015	18.87	7.76	57.05	23.46

資料來源：POPULATION DIVISION. World Population Prospects: The 2015 Revision ［R］. New York: United Nations, 2015. 筆者據此計算整理。

法國是世界上第一個老年型國家。在1950年時，其60週歲老齡化系數已超過16%，不過其老齡化發展速度比較慢，2015年時才剛超過25%。其70週歲、80週歲老齡化系數在1950年時分別為7.22%、1.58%，在2015年時這些比例已分別波動式上升到13.23%、6.05%。在60週歲及以上老年人口中，70週歲及以上人口占比呈現上升趨勢，在1980年已突破50%，而80週歲及以上人口占比也呈現上升趨勢，在1980年時已突破20%。總之，法國人口在慢速老齡化過程中，也呈現出高齡化趨勢。見表1-2-20。

表1-2-20　1950—2015年法國人口高齡化演變趨勢　　　　　單位:%

年份	70週歲老齡化系數	80週歲老齡化系數	70週歲高齡化系數	80週歲高齡化系數
1950	7.22	1.59	44.40	9.75
1955	7.41	1.79	45.64	10.99
1960	7.59	2.00	45.41	11.98

表1-2-20(續)

年份	70週歲老齡化系數	80週歲老齡化系數	70週歲高齡化系數	80週歲高齡化系數
1965	7.69	2.11	44.00	12.08
1970	8.18	2.28	45.35	12.64
1975	8.87	2.43	48.54	13.27
1980	9.57	2.79	56.58	16.50
1985	10.02	3.24	54.89	17.76
1990	9.01	3.67	47.12	19.19
1995	10.45	4.08	51.80	20.21
2000	11.44	3.55	55.22	17.13
2005	12.35	4.62	58.58	21.92
2010	12.90	5.42	55.33	23.23
2015	13.23	6.05	52.44	23.98

資料來源：POPULATION DIVISION. World Population Prospects：The 2015 Revision［R］. New York：United Nations，2015. 筆者據此計算整理。

德國是歐洲人口老齡化程度與速度都比較高的發達國家。雖然在1950年時德國60週歲老齡化系數、70週歲老齡化系數均略低於法國，但在2015年時均已超過法國。不過，德國的80週歲老齡化系數仍低於法國。事實上，德國的70週歲高齡化系數在1980年突破50%，儘管後面有時低於50%；其80週歲高齡化系數在2015年剛突破20%大關。見表1-2-21。不難看出，這一差異特徵與德國人口老齡化過程比較短，而法國老齡化過程很漫長有關。

表1-2-21　1950—2015年德國人口高齡化演變趨勢　　　　　　　單位：%

年份	70週歲老齡化系數	80週歲老齡化系數	70週歲高齡化系數	80週歲高齡化系數
1950	5.79	0.99	39.78	6.81
1955	6.44	1.27	40.90	8.04
1960	7.10	1.59	41.14	9.20
1965	7.61	1.76	40.57	9.39
1970	8.28	1.94	41.75	9.76
1975	9.37	2.17	45.62	10.54
1980	10.53	2.58	54.70	13.43
1985	11.23	3.17	56.63	16.00
1990	10.01	3.74	49.02	18.34
1995	10.44	4.04	50.65	19.60
2000	11.41	3.52	49.51	15.29
2005	12.36	4.28	49.54	17.17

表1-2-21(續)

年份	70週歲老齡化系數	80週歲老齡化系數	70週歲高齡化系數	80週歲高齡化系數
2010	14.86	5.13	57.20	19.76
2015	16.14	5.66	58.47	20.51

資料來源：POPULATION DIVISION. World Population Prospects：The 2015 Revision［R］. New York：United Nations, 2015. 筆者據此計算整理。

美國人口老齡化速度比較緩慢，儘管1950年時已成為老年型國家，但2015年時其60週歲老齡化系數才剛剛超過20%。在人口老齡化過程中，美國仍然呈現出人口高齡化趨勢，其高齡化系數呈現出波動式上升趨勢。在60週歲及以上老年人口中，70週歲及以上老年人口占比在1990—2005年期間突破50%，但近年來呈現下降趨勢，已低於50%；而80週歲及以上老年人口占比在2005年突破20%，隨後呈現下降趨勢，近年已低於20%。由此可見，美國人口老齡化速度比較緩慢，程度比較低，其高齡化速度也比較緩慢，高齡化程度也比較低。見表1-2-22。

表1-2-22 1950—2015年美國人口高齡化演變趨勢　　　　單位:%

年份	70週歲老齡化系數	80週歲老齡化系數	70週歲高齡化系數	80週歲高齡化系數
1950	4.79	1.14	38.31	9.13
1955	5.33	1.29	40.73	9.84
1960	5.71	1.41	43.14	10.66
1965	6.11	1.59	45.76	11.93
1970	6.43	1.82	45.66	12.95
1975	6.70	2.11	45.15	14.25
1980	7.44	2.25	47.03	14.24
1985	8.05	2.49	48.65	15.03
1990	8.51	2.80	50.72	16.67
1995	8.86	3.02	54.05	18.45
2000	8.96	3.22	55.27	19.85
2005	8.81	3.39	52.75	20.33
2010	9.03	3.63	49.02	19.68
2015	9.80	3.76	47.41	18.18

資料來源：POPULATION DIVISION. World Population Prospects：The 2015 Revision［R］. New York：United Nations, 2015. 筆者據此計算整理。

1.2.2 世界人口老齡化展望

世界人口老齡化程度在未來將持續加深。60週歲老齡化系數預計將從2015年的12.3%遞增至2100年的28.3%，2010—2055年是60週歲老齡化系數快速增長的時期，年均增幅超過0.2個百分點，其中2025—2030年是增長最快的時期，年均增長達到

0.32個百分點，2045—2050年是次高峰期，年均增長達到0.28個百分點。65週歲老齡化系數將從2015年的8.28%增加到2100年的22.73%。2015—2060年是65週歲老齡化系數快速增長的時期，年均增幅超過0.15個百分點，其中2030—2035年是增長最快的時期，年均增長達到0.27個百分點，2050—2055年是次高峰期，年均增長達到0.24個百分點。

（一）洲際人口老齡化差異展望

全球人口老齡化洲際差異在未來還將持續下去。按照聯合國人口司中方案預測的結果，除了歐洲在2016年前後人口老齡化程度有所減輕外，其餘各洲均不斷加深加重，見表1-2-23、表1-2-24。就總體而言，世界早已成為老年型世界，但各洲的老齡化程度是不平衡的，非洲仍然處於成年型初期，其餘各洲早已成為老年型洲。在老年型洲中，人口老齡程度最高的是歐洲與北美洲，60週歲老齡化系數均超過20%，65週歲老齡化系數均超過15%；處於中間層次的是大洋洲，其60週歲老齡化系數為16.5%；而亞洲、拉丁美洲均接近12%，屬於老齡化程度較低的地區。預計到21世紀末，除了非洲外，所有洲的60週歲老齡化系數均超過30%，非洲也接近20%，可以預計非洲在2060年前後成為老年型洲。2015—2100年的這85年時間裡，60週歲老齡化系數增幅最大的是拉丁美洲，增長26.2個百分點，增幅最小的是歐洲，將增長11.1個百分點。這與增長的基礎有關，即從2015年到2100年，人口老齡化按60週歲人口老齡化系數增幅從大到小依次排序是：拉丁美洲、亞洲、大洋洲、非洲、北美洲、歐洲。21世紀末，人口老齡化程度由高到低排列的順序是：拉丁美洲（37.4%）、歐洲（35.0%）、亞洲（33.6%）、北美洲（33.0%）、大洋洲（31.1%）、非洲（19.2%）。

表1-2-23　2015—2100年各洲60週歲人口老齡化系數　　　　　　　單位:%

年份	歐洲	北美洲	大洋洲	亞洲	拉丁美洲	非洲	全世界
2015	23.9	20.8	16.5	11.6	11.2	5.4	12.3
2020	25.9	23.3	17.8	13.0	12.8	5.7	13.5
2025	28.0	25.4	19.2	14.9	14.8	5.9	14.9
2030	29.6	26.4	20.2	17.2	16.8	6.3	16.5
2035	31.0	27.1	21.3	19.2	18.8	6.7	17.9
2040	32.2	27.3	21.8	20.7	21.0	7.3	19.0
2045	33.3	27.9	22.6	22.4	23.3	8.1	20.1
2050	34.2	28.3	23.3	24.6	25.5	8.9	21.5
2055	34.3	29.1	24.1	26.2	27.5	9.7	22.5
2060	33.8	29.4	24.6	27.2	29.5	10.5	23.2
2065	33.4	29.8	25.2	28.1	31.3	11.3	23.7
2070	33.5	30.0	26.0	29.1	32.6	12.4	24.4
2075	33.8	30.7	26.9	30.1	33.8	13.5	25.2
2080	34.1	31.2	27.8	31.0	34.9	14.7	25.9

1　人口老齡化及其發展趨勢

表1-2-23(續)

年份	歐洲	北美洲	大洋洲	亞洲	拉丁美洲	非洲	全世界
2085	34.4	31.6	28.7	31.8	35.7	15.8	26.5
2090	34.6	32.1	29.5	32.4	36.4	16.9	27.1
2095	34.7	32.5	30.3	33.0	37.0	18.1	27.7
2100	35.0	33.0	31.1	33.6	37.4	19.2	28.3
2015—2100年總增幅	11.1	12.2	14.6	22.0	26.2	13.8	16.0
2015—2100年年均增幅	0.13	0.14	0.17	0.26	0.31	0.16	0.19

資料來源：POPULATION DIVISION. World Population Prospects (Median Variant): The 2015 Revision [R]. New York: United Nations, 2015.

表1-2-24　2015—2100年各洲65週歲人口老齡化係數　　　　　單位:%

年份	歐洲	北美洲	大洋洲	亞洲	拉丁美洲	非洲	全世界
2015	17.60	14.90	11.90	7.52	7.60	3.50	8.28
2020	19.30	16.90	13.00	8.85	8.80	3.60	9.35
2025	21.10	19.10	14.20	10.14	10.30	3.90	10.43
2030	23.10	21.00	15.50	11.77	12.00	4.10	11.70
2035	24.60	21.70	16.30	13.72	13.80	4.40	13.03
2040	25.70	22.20	17.20	15.47	15.60	4.80	14.19
2045	26.70	22.20	17.60	16.72	17.50	5.30	15.04
2050	27.60	22.70	18.20	18.15	19.50	5.90	16.03
2055	28.40	23.10	18.90	20.05	21.50	6.60	17.24
2060	28.40	23.90	19.60	21.46	23.30	7.20	18.11
2065	27.90	24.30	20.20	22.32	25.00	7.90	18.62
2070	27.50	24.80	20.70	23.05	26.50	8.60	19.10
2075	27.70	25.30	21.50	23.86	27.70	9.40	19.67
2080	28.10	25.60	22.30	24.78	28.70	10.40	20.36
2085	28.50	26.00	23.00	25.66	29.60	11.40	21.03
2090	28.90	26.50	24.00	26.37	30.40	12.40	21.61
2095	29.20	27.00	24.80	26.99	31.00	13.30	22.17
2100	29.40	27.40	25.60	27.59	31.50	14.30	22.73
2015—2100年總增幅	11.8	12.5	13.7	20.1	23.9	10.8	14.5
2015—2100年年均增幅	0.14	0.15	0.16	0.24	0.28	0.13	0.17

資料來源：POPULATION DIVISION. World Population Prospects (Median Variant): The 2015 Revision [R]. New York: United Nations, 2015.

从65周岁老龄化系数的变化来看，在2015年，除了拉丁美洲与亚洲排序相反外，其余排序都一样；此时非洲处于年轻型末期，其余各洲已属于老年型洲。目前老龄化程度最高的两个洲（欧洲、北美洲）的65周岁老龄化系数比起60周岁老龄化系数有较大的增幅，说明人口高龄化趋势将更加明显，或者说65周岁及以上人口占比增长较快；而其余各洲的65周岁老龄化系数增幅则小于其对应的60周岁老龄化系数的增幅，这表明老龄化程度较轻的地区主要是60~64周岁年龄段人口增长较快。到21世纪末，按65周岁人口老龄化系数排序与按60周岁人口老龄化系数排序的结果是一样的。2015—2100年，人口老龄化按65周岁人口老龄化系数增幅从大到小依次排序是：拉丁美洲、亚洲、大洋洲、北美洲、欧洲、非洲。而在2100年时，就65周岁人口老龄化系数而言，各大洲按老龄化程度由大到小排序与按60周岁人口老龄化系数排序是一样的。

鉴于欧洲的人口老龄化程度在20世纪已处于最高水准，在2015年前人口老龄化系数年均增长的百分点数超过2015年以后的年均增幅，说明其人口老龄化步伐在放缓。2015年后大洋洲年均增幅略高于2015年前，其余各洲已显著提速。提速最快的是拉丁美洲，预计在2100年末人口老龄化水准将达到最高水准。

从1950年到2100年这150年的时间来看，全世界各大洲的人口老龄化是不断发展的，还不能看到尽头。换言之，人口老龄化系数还将进一步增大，至少趋势上是这样的，当然不排除中间一些时段出现暂时性的人口年轻化过程，如欧洲。除欧洲外的所有各洲进入21世纪后，人口老龄化程度都将持续加重。不同的洲的老龄化系数增幅的高峰期是不同的。

就60周岁老龄化系数而言，欧洲在2010—2030年的年均增幅超过0.3个百分点，其中在2015—2025年年均增幅超过0.4个百分点。北美洲老龄化系数最大增幅出现在2005—2025年，年均增幅超过0.4个百分点，其中在2015—2020年的年均增幅已达到了0.5个百分点。大洋洲人口老龄化系数增幅变化比较平稳，增幅高峰期出现在2005—2025年，年均增幅不小于0.24个百分点，其中2020—2025年年均增幅已达到最大值（0.28个百分点）。亚洲增幅高峰期出现在2020—2060年，年均增幅超过0.3个百分点，其中2025—2030年有最大增幅（0.46个百分点）。拉丁美洲在2015—2070年处于增幅高峰期，年均增幅超过0.3个百分点，其中在2045—2050年出现最大增幅，年均增幅将达到0.46个百分点。而非洲不仅人口老龄化程度低，而且老龄化提升速度也相当缓慢，增幅高峰期可能发生在2070—2100年之间，来得最晚，年均增幅超过0.2个百分点，且最大值也是0.24个百分点，预计出现在2080—2085年与2095—2100年之间。见表1-2-25。

表1-2-25　1950—2100年各大洲60周岁人口老龄化系数年均增长幅度　　单位：%

时期	欧洲	北美洲	大洋洲	亚洲	拉丁美洲	非洲
1950—1955年	0.10	0.10	-0.04	-0.06	-0.02	-0.04
1955—1960年	0.16	0.02	-0.04	-0.06	0.04	0.00
1960—1965年	0.22	0.02	-0.02	-0.06	0.04	0.00
1965—1970年	0.26	0.14	-0.02	0.04	0.04	0.00

表1-2-25(續)

時期	歐洲	北美洲	大洋洲	亞洲	拉丁美洲	非洲
1970—1975年	0.20	0.16	0.10	0.04	0.04	-0.02
1975—1980年	-0.10	0.20	0.12	0.08	0.02	0.00
1980—1985年	0.18	0.16	0.14	0.06	0.06	0.02
1985—1990年	0.26	0.04	0.10	0.08	0.06	0.00
1990—1995年	0.16	-0.06	0.04	0.12	0.08	0.02
1995—2000年	0.26	-0.02	0.08	0.12	0.12	0.02
2000—2005年	0.06	0.12	0.14	0.12	0.14	0.00
2005—2010年	0.28	0.36	0.24	0.18	0.20	0.02
2010—2015年	0.38	0.44	0.24	0.30	0.28	0.02
2015—2020年	0.40	0.50	0.26	0.28	0.32	0.06
2020—2025年	0.42	0.42	0.28	0.38	0.40	0.04
2025—2030年	0.32	0.20	0.20	0.46	0.40	0.08
2030—2035年	0.28	0.14	0.22	0.40	0.40	0.08
2035—2040年	0.24	0.04	0.10	0.30	0.44	0.12
2040—2045年	0.22	0.12	0.16	0.34	0.46	0.16
2045—2050年	0.18	0.08	0.14	0.44	0.44	0.16
2050—2055年	0.02	0.16	0.16	0.32	0.44	0.16
2055—2060年	-0.10	0.06	0.10	0.20	0.40	0.16
2060—2065年	-0.08	0.08	0.12	0.18	0.36	0.16
2065—2070年	0.02	0.10	0.16	0.20	0.26	0.22
2070—2075年	0.06	0.08	0.18	0.20	0.24	0.22
2075—2080年	0.06	0.10	0.18	0.18	0.22	0.24
2080—2085年	0.06	0.08	0.18	0.16	0.16	0.22
2085—2090年	0.04	0.10	0.16	0.12	0.14	0.22
2090—2095年	0.02	0.08	0.16	0.16	0.12	0.24
2095—2100年	0.06	0.10	0.16	0.12	0.08	0.22

資料來源：POPULATION DIVISION. World Population Prospects (Median Variant): The 2015 Revision [R]. New York: United Nations, 2015.

就65週歲老齡化系數而言，歐洲在2015—2035年之間的年均增幅超過0.3個百分點，其中在2025—2030年之間年均增幅超過0.4個百分點；北美洲老齡化系數最大增幅出現在2010—2030年之間，年均增幅超過0.3個百分點，其中在2020—2025年之間年均增幅已達到了0.44個百分點；大洋洲老齡化系數增幅變化比較平穩，增幅高峰期出現在2010—2030年，年均增幅介於0.2~0.26個百分點之間，其中在2025—2030年之間年均增幅達到最大值（0.26個百分點）；亞洲增幅高峰期出現在2025—2040年與2055—2060年之間，年均增幅超過0.3個百分點，其中2030—2035年出現最大增幅（0.39個

百分點）；拉丁美洲在2020—2075年處於增幅高峰期，年均增幅超過0.3個百分點，其中在2050—2060年之間會出現最大增幅，年均增幅達到0.4個百分點；而非洲的老齡化系數增幅高峰期發生2080—2095年，年均增幅出現最大值（0.2個百分點）。見表1-2-26。

表1-2-26　1950—2100年各大洲65週歲人口老齡化系數年均增長幅度　　　單位:%

時期	歐洲	北美洲	大洋洲	亞洲	拉丁美洲	非洲
1950—1955年	0.08	0.10	0.00	-0.04	-0.02	-0.02
1955—1960年	0.08	0.06	0.00	-0.06	0.02	0.00
1960—1965年	0.14	0.06	-0.02	0.00	0.04	0.00
1965—1970年	0.20	0.06	-0.04	0.02	0.04	0.00
1970—1975年	0.20	0.14	0.06	0.06	0.04	0.00
1975—1980年	0.18	0.18	0.12	0.06	0.04	0.00
1980—1985年	-0.10	0.12	0.10	0.04	0.02	0.00
1985—1990年	0.16	0.12	0.12	0.06	0.04	0.02
1990—1995年	0.24	0.02	0.10	0.08	0.08	0.02
1995—2000年	0.16	-0.04	0.04	0.10	0.10	0.02
2000—2005年	0.24	0.02	0.08	0.12	0.10	0.00
2005—2010年	0.10	0.14	0.10	0.10	0.14	0.00
2010—2015年	0.24	0.36	0.24	0.14	0.16	0.00
2015—2020年	0.34	0.40	0.22	0.26	0.24	0.02
2020—2025年	0.36	0.44	0.24	0.26	0.30	0.06
2025—2030年	0.40	0.38	0.26	0.33	0.34	0.04
2030—2035年	0.30	0.14	0.16	0.39	0.36	0.06
2035—2040年	0.22	0.10	0.18	0.35	0.36	0.08
2040—2045年	0.20	0.00	0.08	0.25	0.38	0.10
2045—2050年	0.18	0.10	0.12	0.29	0.40	0.12
2050—2055年	0.16	0.08	0.14	0.38	0.40	0.14
2055—2060年	0.00	0.16	0.14	0.28	0.36	0.12
2060—2065年	-0.10	0.08	0.12	0.17	0.34	0.14
2065—2070年	-0.08	0.10	0.10	0.15	0.30	0.14
2070—2075年	0.04	0.10	0.16	0.16	0.24	0.16
2075—2080年	0.08	0.06	0.16	0.19	0.20	0.20
2080—2085年	0.08	0.08	0.18	0.18	0.18	0.20
2085—2090年	0.08	0.10	0.16	0.16	0.20	0.20
2090—2095年	0.06	0.10	0.16	0.12	0.12	0.18
2095—2100年	0.04	0.08	0.16	0.12	0.10	0.20

資料來源：POPULATION DIVISION. World Population Prospects（Median Variant）: The 2015 Revision［R］. New York: United Nations, 2015.

（二）典型國家人口老齡化展望

下面我們繼續分析一些典型國家未來人口老齡化預期演變的趨勢。這些國家在未來20~30年將出現人口老齡化係數大幅度增長的時期，其基本趨勢是先快速增長然後增速放緩。目前老齡化程度較高且增幅較大的國家將在2100年前達到峰值，然後有所回落，並維持高位振盪的態勢。預計到2100年時，韓國、日本、中國、德國的老齡化水準處於第一集團，英國、法國、加拿大、澳大利亞、美國處於第二集團，而俄羅斯則處於第三集團，也是老齡化程度最低的國家。

在2015年，中國的人口老齡化水準處於最低，其次是韓國，其餘國家60週歲老齡化係數均超過20%，尤其是日本以33.1%高居世界第一；從65週歲老齡化係數來看，中國最低，為9.6%，其餘各國均超過13%；日本、德國超過20%，其中日本已高達26.3%。容易看出，未來人口老齡化還將持續加深。2015—2100年，從60週歲老齡化係數增幅來看，增幅由大到小依次是中國（24.4%）、韓國（23.1%）、澳大利亞（14.4%）、加拿大（13.7%）、德國（12.1%）、英國（12.1%）、美國（11.9%）、法國（12.7%）、日本（7.8%）、俄羅斯（7.5%），見表1-2-27；從65週歲老齡化係數增幅來看，增幅由大到小依次是中國（24.2%）、韓國（23.0%）、澳大利亞（14.4%）、加拿大（14.4%）、德國（12.8%）、美國（12.3%）、英國（11.8%）、法國（11.3%）、日本（9.1%）、俄羅斯（8.5%），見表1-2-28。由此可見，未來中國人口老齡化係數增幅最大，這與其目前基礎比較低有關。

表1-2-27　2015—2100年各典型國家60週歲人口老齡化係數　　　單位：%

年份	中國	日本	韓國	英國	法國	德國	俄羅斯	加拿大	美國	澳大利亞
2015	15.2	33.1	18.5	23.0	25.2	27.6	20.0	22.3	20.7	20.4
2020	17.5	34.3	22.9	24.1	26.9	30.1	22.1	25.1	23.1	21.9
2025	20.8	35.6	27.4	26.1	28.5	33.3	23.9	27.9	25.2	23.6
2030	25.3	37.3	31.4	27.8	29.9	36.1	24.0	29.4	26.1	24.6
2035	29.1	39.8	35.1	28.8	31.0	36.8	24.7	30.3	26.8	25.9
2040	30.9	41.2	37.9	29.2	31.3	37.3	25.6	31.0	26.9	26.3
2045	32.7	42.0	40.3	30.0	31.6	38.3	27.0	31.9	27.4	27.3
2050	36.5	42.5	41.5	30.7	31.8	39.3	28.8	32.5	27.9	28.3
2055	38.5	42.5	43.0	31.3	31.7	39.4	28.4	33.2	28.6	29.0
2060	38.5	42.5	44.0	31.5	31.8	39.3	26.6	33.4	29.0	29.3
2065	38.5	42.2	43.5	31.3	32.3	39.0	25.5	33.4	29.4	29.6
2070	38.8	41.7	42.6	31.9	32.9	38.7	25.2	33.7	30.0	30.3
2075	39.4	41.3	42.0	32.5	33.4	38.7	25.9	34.2	30.3	31.0
2080	39.9	41.0	41.7	33.2	33.9	38.9	26.6	34.6	30.8	32.0
2085	39.8	40.9	41.6	33.7	34.4	39.1	27.2	35.0	31.3	32.8

表1-2-27(續)

年份	中國	日本	韓國	英國	法國	德國	俄羅斯	加拿大	美國	澳大利亞
2090	39.4	40.8	41.7	34.2	34.9	39.4	27.3	35.3	31.7	33.4
2095	39.4	40.8	41.8	34.6	35.4	39.5	27.3	35.6	32.2	34.1
2100	39.6	40.9	41.6	35.1	35.9	39.7	27.5	36.0	32.6	34.8
2015—2100年總增幅	24.4	7.8	23.1	12.1	10.7	12.1	7.5	13.7	11.9	14.4
2015—2100年年均增幅	0.29	0.09	0.27	0.14	0.13	0.14	0.09	0.16	0.14	0.17

資料來源：POPULATION DIVISION. World Population Prospects (Median Variant): The 2015 Revision [R]. New York: United Nations, 2015.

表1-2-28　2015—2100年各典型國家65週歲人口老齡化系數　　單位:%

年份	中國	日本	韓國	英國	法國	德國	俄羅斯	加拿大	美國	澳大利亞
2015	9.6	26.3	13.1	17.8	19.1	21.2	13.4	16.1	14.8	15.0
2020	12.1	28.5	15.8	18.4	20.8	22.7	15.2	18.3	16.7	16.3
2025	14.2	29.4	19.7	19.6	22.4	25.0	17.2	20.9	18.9	17.8
2030	17.2	30.4	23.7	21.4	23.9	28.0	18.8	23.5	20.7	19.4
2035	21.3	31.9	27.4	23.1	25.1	30.8	18.7	24.6	21.4	20.3
2040	24.6	34.2	30.8	23.8	26.0	31.3	19.2	25.3	21.9	21.3
2045	26.0	35.5	33.3	24.1	26.1	31.6	19.7	25.7	21.8	21.6
2050	27.6	36.3	35.1	24.7	26.3	32.3	20.9	26.4	22.2	22.5
2055	31.0	36.8	35.9	25.4	26.5	33.0	22.6	26.9	22.7	23.4
2060	32.9	36.7	37.1	26.0	26.4	33.1	22.3	27.7	23.5	24.1
2065	32.9	36.5	37.9	26.2	26.6	33.2	20.6	28.0	23.9	24.5
2070	32.6	36.0	37.3	26.1	27.2	33.1	19.5	28.1	24.4	24.8
2075	32.7	35.5	36.5	26.7	27.8	32.9	19.2	28.4	24.9	25.5
2080	33.3	35.3	36.0	27.3	28.4	32.8	20.1	28.8	25.2	26.2
2085	33.8	35.2	35.7	28.0	29.0	33.0	21.1	29.3	25.6	27.1
2090	33.8	35.2	35.6	28.4	29.4	33.3	21.8	29.7	26.1	27.9
2095	33.7	35.3	35.8	29.1	29.9	33.7	22.0	30.1	26.6	28.7
2100	33.8	35.4	36.1	29.6	30.4	34.0	21.9	30.5	27.1	29.4
2015—2100年總增幅	24.2	9.1	23.0	11.8	11.3	12.8	8.5	14.4	12.3	14.4
2015—2100年年均增幅	0.28	0.11	0.27	0.14	0.13	0.15	0.10	0.17	0.14	0.17

資料來源：POPULATION DIVISION. World Population Prospects (Median Variant): The 2015 Revision [R]. New York: United Nations, 2015.

日本未來人口老齡化系數增幅比較低，與其基礎即 2015 年的絕對水準最高有關。儘管未來人口老齡化總體趨勢繼續加深，但不同時期將展現出不同的演變模式。日本 60 週歲老齡化系數在 2035 年前後將超過 40%，在 2050—2060 年之間處於 42.5% 的高峰水準，然後略有降低，但在 21 世紀末仍超過 41%，或者說處於高位徘徊的狀態；而其 65 週歲老齡化系數預計將從 2045 年起超過 35%，2055 年達到 36.8% 的峰值，然後略有下降，但仍處於 35% 以上的高位振蕩狀態。

韓國的人口老齡化目前來說雖然僅高於中國，但未來將有較大的增幅，其增幅僅次於中國；未來韓國的人口老齡化水準將呈現先上升後下降的趨勢，60 週歲老齡化系數在 2045 年將超過 40%，2055 年超過日本，2060 年達到峰值 44%，以後略有下降，但均超過 41.6%，也高於日本；韓國 65 週歲老齡化系數預計在 2050 年將超過 35%，2060 年將超過日本，2065 年達到峰值 37.9%，以後略有下降，但均維持在 35% 以上的高位。

就中國而言，雖然目前人口老齡化水準比較低，但未來有最大的增幅，60 週歲老齡化系數預計將在 2040 年超過 30%，2050 年超過 35%，大約在 2080 年達到 40% 的峰值，然後略有下降，不過都超過了 39%；就 65 週歲老齡化系數而言，仍然是先增加後保持高位穩定狀態，預計 2055 年超過 30%，從 2085 年起達到 33.8% 的高位，並能穩定相當長一段時間，大約也是人口老齡化水準高峰時期。換言之，中國人口老齡化水準高峰期在 2080—2090 年之間。

法國雖然是世界上第一個進入老年型國家的行列，但其老齡化水準提升速度比較慢，年均增幅僅高於日本、俄羅斯，但是其老齡化程度不斷加深，或者說老齡化系數基本上是嚴格遞增的，在 2100 年前尚未經歷老齡化高峰期。大約在 2095 年，其 60 週歲老齡化系數超過 35%，在 2100 年，其 65 週歲老齡化系數超過 30%。

德國目前的人口老齡化水準已超過 27.6%，僅次於日本，未來人口老齡化水準前期有較大的增幅，後期變化比較平緩，大約在 2035 年，其 60 週歲老齡化系數超過 35%，2045 年超過 38%，以後略有提升，大約在 39% 的高位附近振蕩。德國 65 週歲老齡化系數不斷增加，在 2035 年超過 30%，2050 年超過 32%，以後大約在 33% 附近波動變化。

就英國而言，目前老齡化水準低於法國，但未來老齡化增幅略高於法國，因而未來兩國老齡化水準差距有所縮小，或者說兩國老齡化水準相差不大，但英國老齡化水準略低於法國。

俄羅斯、加拿大、美國、澳大利亞目前的人口老齡化水準差異不大，從總體上而言，其老齡化程度將隨著時間的推移而增加。但加拿大目前絕對水準比較高，未來增幅比較大，因而老齡化程度比較高，2035 年 60 週歲老齡化系數超過 30%，2085 年超過 35%；就 65 週歲老齡化系數而言，2040 年超過 25%，2095 年超過 30%。俄羅斯目前人口老齡化程度比較低，增幅也比較低，未來 60 週歲老齡化系數將一直低於 30%，65 週歲老齡化系數將一直低於 25%，是上述所分析的國家中老齡化水準最低的國家。美國 60 週歲人口老齡化系數預計將在 2070 年超過 30%，但低於 35%；65 週歲老齡化系數在 2080 年超過 25%，但低於 30%。澳大利亞的老齡化水準，有最大的增幅，其老齡化水準在中途會超過美國，60 週歲老齡化系數在 2070 年超過 30% 但低於 35%，65 週歲老齡化

係數在 2075 年將超過 25%但低於 30%。

（三）部分國家人口高齡化展望

未來各國人口老齡化將繼續發展，同時人口高齡化程度也將進一步加深。

日本人口老齡化程度在高位上將進一步緩慢加深，60 週歲老齡化係數預計將從 2015 年的 33.08%上升到 2055 年的 42.51%，然後再緩慢下降到 21 世紀末的 41%左右。目前大約每 3 個人中有 1 個 60 週歲及以上的老人，到 21 世紀中後期上升到每 5 個人中就有 2 個 60 週歲及以上的老人。70 週歲老齡化係數將從 2015 年的 18.87%上升到 2060 年的 30.89%（峰值），然後波動式下降到 21 世紀末的 29.6%左右。80 週歲老齡化係數將從 2015 年的 7.76%上升到 2065 年的 18.59%（峰值），然後緩慢下降，並在 21 世紀末期有所回升，在 18.20%左右波動。未來 70 週歲高齡化係數將從目前的 60%緩慢上升，在 21 世紀中葉超過 70%，然後在 72%左右波動。80 週歲高齡化係數也將從目前的大約 24%波動式上升，並在 2065 年突破 40%，然後再波動式上升，在 21 世紀末將超過 45%。見表 1-2-29。換言之，未來日本人口高齡化程度必將達到非常高的水準。

表 1-2-29　2015—2100 年日本人口高齡化演變趨勢　　　　　　　　單位:%

年份	70 週歲老齡化係數	80 週歲老齡化係數	70 週歲高齡化係數	80 週歲高齡化係數
2015	18.87	7.76	57.05	23.46
2020	21.88	9.06	63.72	26.40
2025	23.64	10.60	66.41	29.77
2030	24.31	12.65	65.19	33.91
2035	25.04	13.64	62.91	34.26
2040	26.29	13.72	63.75	33.28
2045	28.48	14.05	67.77	33.43
2050	29.79	15.11	70.11	35.56
2055	30.56	17.19	71.89	40.44
2060	30.89	18.27	72.69	43.00
2065	30.57	18.59	72.51	44.10
2070	30.19	18.45	72.44	44.29
2075	29.73	17.97	72.03	43.54
2080	29.47	17.84	71.84	43.49
2085	29.45	17.81	72.07	43.58
2090	29.55	17.93	72.42	43.94
2095	29.67	18.20	72.65	44.57
2100	29.80	18.49	72.78	45.17

資料來源：POPULATION DIVISION. World Population Prospects（Median Variant）: The 2015 Revision ［R］. New York: United Nations, 2015.

表1-2-30顯示法國未來人口高齡化趨勢。從目前的水準來看，其老齡化與高齡化程度均低於日本，未來仍然低於日本，其老齡化速度也明顯慢於日本。法國70週歲老齡化系數、80週歲老齡化系數未來都將持續增長，但分別低於25%、15%，而日本在2035年、2050年將分別超過這兩個指標值。70週歲高齡化系數、80週歲高齡化系數將呈現波動式增長態勢，但分別接近70%、略微超過40%，而日本預計在2050年、2055年就將分別達到這一指標。

表1-2-30　2015—2100年法國人口高齡化演變趨勢　　　　　　單位:%

年份	70週歲老齡化系數	80週歲老齡化系數	70週歲高齡化系數	80週歲高齡化系數
2015	13.23	6.05	52.44	23.98
2020	15.09	6.29	56.18	23.43
2025	16.66	6.42	58.46	22.53
2030	18.05	7.86	60.40	26.32
2035	19.36	9.00	62.38	29.00
2040	20.30	9.84	64.82	31.42
2045	21.01	10.56	66.47	33.41
2050	21.02	11.05	66.18	34.80
2055	21.21	11.52	66.98	36.38
2060	21.37	11.49	67.09	36.07
2065	21.34	11.69	65.98	36.13
2070	21.64	11.92	65.80	36.24
2075	22.28	12.04	66.63	36.01
2080	22.95	12.45	67.61	36.66
2085	23.56	13.09	68.50	38.06
2090	24.10	13.73	69.12	39.39
2095	24.56	14.29	69.37	40.36
2100	24.98	14.72	69.54	40.98

資料來源：POPULATION DIVISION. World Population Prospects (Median Variant): The 2015 Revision [R]. New York: United Nations, 2015.

德國目前的老齡化與高齡化程度顯著低於日本，但略高於法國，其老齡化速度與高齡化速度也呈現這樣的關係。德國70週歲老齡化系數、80週歲老齡化系數預計將波動式增長，在2040年、2070年分別突破25%、15%，但在21世紀末分別上升到28.21%、16.24%。70週歲高齡化系數、80週歲高齡化系數同樣將呈現波動式增長態勢，預計分別將在2070年、2075年突破70%、40%大關，儘管後面將略有回調，但會回升到更高一點的水準。見表1-2-31。

表 1-2-31　2015—2100 年德國人口高齡化演變趨勢　　　　　　單位:%

年份	70 週歲老齡化系數	80 週歲老齡化系數	70 週歲高齡化系數	80 週歲高齡化系數
2015	16.14	5.66	58.47	20.51
2020	16.64	7.19	55.35	23.91
2025	17.92	7.89	53.90	23.74
2030	19.99	8.04	55.33	22.27
2035	22.87	8.98	62.19	24.43
2040	25.44	10.63	68.22	28.49
2045	25.71	12.80	67.04	33.38
2050	25.64	14.44	65.25	36.74
2055	26.08	13.98	66.17	35.46
2060	26.72	13.55	67.96	34.47
2065	26.95	14.05	69.08	36.03
2070	27.20	15.00	70.23	38.72
2075	27.19	15.49	70.29	40.03
2080	26.96	15.71	69.35	40.42
2085	26.86	15.60	68.64	39.88
2090	27.15	15.46	68.99	39.29
2095	27.68	15.64	70.03	39.58
2100	28.21	16.24	71.10	40.92

資料來源:POPULATION DIVISION. World Population Prospects (Median Variant):The 2015 Revision [R]. New York:United Nations, 2015.

表 1-2-32 分析了美國的人口高齡化發展趨勢。美國目前的老齡化、高齡化水準低於法國,未來仍將低於法國,但發展速度略快一些。美國 70 週歲老齡化系數、80 週歲老齡化系數將呈現波動式增長態勢,儘管預計在 2080 年、2075 年將分別突破 20%、10%,但不會超過 25%、15%,到 21 世紀末將分別上升到 21.70%、11.55%。而 70 週歲高齡化系數、80 週歲高齡化系數儘管也會呈現波動式增長趨勢,在 21 世紀末將分別達到最大值 66.51%、35.40%。也就是說,它們不會突破 70%、40%。

表 1-2-32　2015—2100 年美國人口高齡化演變趨勢　　　　　　單位:%

年份	70 週歲老齡化系數	80 週歲老齡化系數	70 週歲高齡化系數	80 週歲高齡化系數
2015	9.80	3.76	47.41	18.18
2020	11.32	3.92	49.02	16.95
2025	13.00	4.44	51.70	17.65
2030	14.87	5.45	56.94	20.86
2035	16.34	6.47	61.04	24.16

表1-2-32(續)

年份	70週歲老齡化系數	80週歲老齡化系數	70週歲高齡化系數	80週歲高齡化系數
2040	16.82	7.54	62.55	28.02
2045	17.06	8.29	62.23	30.22
2050	16.93	8.35	60.76	29.96
2055	17.31	8.38	60.42	29.25
2060	17.78	8.30	61.41	28.66
2065	18.66	8.75	63.44	29.76
2070	19.08	9.26	63.68	30.91
2075	19.54	10.00	64.47	33.00
2080	20.01	10.27	65.03	33.38
2085	20.26	10.56	64.83	33.77
2090	20.67	10.90	65.18	34.36
2095	21.18	11.14	65.86	34.62
2100	21.70	11.55	66.51	35.40

資料來源：POPULATION DIVISION. World Population Prospects (Median Variant)：The 2015 Revision ［R］. New York：United Nations, 2015.

(四) 世界人口老齡化的特徵

1. 世界人口老齡化發展不平衡

不同國家、不同洲的人口老齡化呈現巨大差異。歐洲、北美洲人口老齡化開始得早、老齡化程度很高，大洋洲老齡化程度居中，亞洲、拉丁美洲老齡化程度較低，而非洲仍然處於成年型。未來拉丁美洲老齡化系數有最大的增幅，其餘各洲一般是目前老齡化程度較低的洲在未來將有較大的增幅，反之則增幅較小，但非洲的增幅仍然比較小。不同國家的人口老齡化程度呈現出巨大的差異，未來發展速度也高低不一。一般來說，目前老齡化程度較輕的國家未來將有較大的增幅，反之則有較小的增幅。

2. 世界人口老齡化程度將持續加深

世界人口整體老齡化進程開始於20世紀60年代，人口老齡化系數不斷增大，貫穿整個21世紀，並延伸進入22世紀。目前已進入快速增長時期，未來10~20年將是高速增長時期，然後增速將逐步放緩，當然也受到出生高峰期的影響。人口老齡化將由局部到全局、由低級到高級不斷發展與加深。

3. 世界人口高齡化程度將不斷加深

隨著科技的飛速發展、醫療衛生事業的不斷進步，人口平均預期壽命與平均預期餘命將不斷延長，高齡老人占比將不斷提升，高齡化趨勢日益加深。

4. 全球人口老齡化受到人口大國老齡化進程的影響

總體上而言，人口老齡化受60週歲及以上人口超千萬的大國人口以及人口規模超過億人的大國影響較大，中國、印度是兩個人口大國，中國人口老齡化比較迅速，但印

度人口老齡化發展遲緩,非洲也是人口大洲,但老齡化程度較輕,未來發展比較平緩,世界人口老齡化總體上平穩加深,逐步擴大。

5. 世界人口老齡化受生育率、死亡率兩大因素影響

世界人口老齡化進程因生育率提升而延緩,因生育率下降而增加。世界人口老齡化還因死亡率的下降特別是老年人口死亡率的下降而加深,反之則受到抑制。世界人口生育率在整個21世紀還將持續下降,死亡率總體上將逐步上升,在綜合影響下世界人口老齡化仍將不斷加深。人口老齡化系數將逐步提升或更可能在高位階段振蕩而逐步小幅上升,最終在某一高位狀態附近反覆波動運行。換言之,人口老齡化系數將日益趨近於某一常數。

1.3　中國人口老齡化的回顧與展望

中國人口老齡化進程大約從20世紀60年代末期開始,在21世紀初成為老年型國家。過去中國人口老齡化進程比較緩慢,未來的人口老齡化進程將加速發展,呈現出鮮明的中國特色。

1.3.1　中國人口老齡化的回顧

(一) 中國人口發展演變

新中國成立後,中國人口進入快速增長期,主要有以下幾個原因:一是工農業生產迅速發展,糧食產量不斷提高。土地改革、農業合作化、20世紀60年代的農田基本建設、良種化肥的推廣使用,為人口增長奠定了堅實的物質基礎。二是死亡率迅速下降。從1938年28.2‰的死亡率下降至1950年的18‰,隨後總體上呈現出繼續下降的趨勢,其中1959—1961年即三年自然災害期間,死亡率顯著增加,在1960年達到峰值25.43‰。這三年過後死亡率又基本上迴歸到正常的下降通道,在1979年達到了6.21‰的歷史最低點,然後又波動式緩慢上升,在2015年達到了7.11‰。見表1-3-1。從1971年起,中國死亡率就低於7.32‰,維持在較低水準上。從統計學、人口學的角度來講,中國人口的死亡率還將緩慢下降相當長一段時間。新中國成立後,中國死亡率下降並維持在較低水準上,這主要是由於和平年代的醫療衛生事業與醫療技術的不斷進步、國民經濟持續快速增長,人民生活水準得到了極大改善,再加上2000年以前人口年齡結構比較年輕;2000年以後,進入老年型社會。也就是說,死亡率的變動趨勢與人口老齡化進程是密切相關的。

由於新中國成立初期對計劃生育缺乏充分的認識,機械照搬蘇聯經驗,認為人口總數與國力完全成正比,「社會主義陣營」人口數超10億人,占全世界人口的1/3,還曾有法律禁止墮胎,宣傳「英雄母親」和「生的權利」,批判馬寅初的「新人口論」,提出了「人手論」。後來雖然提出了「計劃生育」的口號,但無切實的可操作措施,農村

按人數分糧，城鎮按人數供應。直到20世紀60年代末中國人口數已經超過8億人，中國才真正認識到限制人口增長的必要性，但已經面臨了兩個嚴重的問題：一是人口總量過大；二是1953—1958年和1963—1971年兩個生育高峰期。

總和生育率指的是所有年齡別生育率的總和，它表示每個婦女按照當前生育水準度過整個生育期所能生育孩子的總數。新中國成立後，婦女生育率總體上呈現出波動式下降的趨勢。具體而言，婦女總和生育率經歷了迅速上升期（1950—1957年）、大幅下降期（1958—1961年）、猛烈反彈期（1962—1963年）、高位整理期（1964—1971年）、逐漸下降期（1972—1990年）、低位徘徊期（1991年至今）六個階段。總和生育率早已降低到人口再生產更替水準以下，從1991年起就一直低於2.1的更替水準。目前總和生育率在1.6左右徘徊。由於人口發展的慣性作用，人口規模將繼續增長一段時間後才會進入下降通道。

從出生率角度來看，總體上呈現出波動式下降的趨勢，這主要是由於生育率呈現出下降趨勢。具體而言，可以分為五個階段：一是平穩下降階段（1950—1961年），前半段保持平穩態勢，即前五年大約維持在37‰的水準；後半段則急速下降，平均每年下降2.82個千分點。二是迅速回升階段（1962—1963年），1962年比1961年增加近19個千分點，1963年比1962年增加率超過了6個千分點。三是快速下降階段（1964—1979年），年平均下降約1.60個千分點。四是緩慢回升階段（1980—1987年），年平均回升約0.69個千分點。五是緩慢下降階段（1988—2010年），年平均下降約0.46個千分點。五是平穩且略有回升階段（2011年至今），年平均大約增加0.03個千分點。見表1-3-1。從生育率、生育高峰期、人口增長慣性、二胎政策的實施等角度考慮，中國人口出生率將略有回升，並保持一段時間後，仍將呈現出下降趨勢。

從死亡率角度來看，除了1959—1961年這三年受嚴重自然災害等因素的影響而導致急遽上升而隆起外，總體上呈現出先下降後回升的趨勢。死亡率從1950年的18‰下降至1979年的6.21‰，然後又緩慢回升至1983年的6.9‰，接著又波動式下降至2003年的6.4‰，然後又進入一個波動式上升通道，目前維持在7.1‰~7.2‰的水準上。1977—2007年，死亡率均在7‰以下，處於低水準時期，見表1-3-1。隨著人口老齡化的發展，死亡率必將呈現出一個回升的態勢，因為老年人口的占比將持續增加，同時老年人死亡率也將比較高。

自然增長率就是出生率與死亡率之差，出生率下降比較緩慢，而死亡率穩步下降，因而自然增長率先緩慢波動上升（1950—1957年），年均增加0.60個千分點，接著急遽下降（1958—1960年），年均下降9.27個千分點，並於1960年到達歷史最低點，即-4.57‰；然後又急遽上升（1961—1963年），年均增長12.63個千分點，並在1963年達到峰值33.33‰；最後，又波動式下降至目前5‰左右的低自然增長率，在1982年、1988年、2014年各有一個反彈而形成一個局部峰值。見表1-3-1。

表 1-3-1　1950—2015 年中國人口出生率、死亡率、自然增長率、總和生育率指標

單位:‰

年份	出生率	死亡率	自然增長率	總和生育率/個	年份	出生率	死亡率	自然增長率	總和生育率/個
1950	37.00	18.00	19.00	5.81	1984	19.90	6.82	13.08	2.35
1951	37.00	17.80	19.20	5.70	1985	21.04	6.78	14.26	2.20
1952	37.00	17.00	20.00	6.47	1986	22.43	6.86	15.57	2.42
1953	37.00	14.00	23.00	6.05	1987	23.33	6.72	16.61	2.59
1954	37.97	13.18	24.79	6.28	1988	22.37	6.64	15.73	2.52
1955	32.60	12.28	20.32	6.26	1989	21.58	6.54	15.04	2.35
1956	31.90	11.40	20.50	5.85	1990	21.06	6.67	14.39	2.31
1957	34.03	10.80	23.23	6.41	1991	19.68	6.70	12.98	1.80
1958	29.22	11.98	17.24	5.68	1992	18.24	6.64	11.60	1.68
1959	24.78	14.59	10.19	4.30	1993	18.09	6.64	11.45	1.57
1960	20.86	25.43	-4.57	4.02	1994	17.70	6.49	11.21	1.47
1961	18.20	14.24	3.96	3.29	1995	17.12	6.57	10.55	1.46
1962	37.01	10.02	26.99	6.02	1996	16.98	6.56	10.42	1.55
1963	43.37	10.04	33.33	7.50	1997	16.57	6.51	10.06	1.49
1964	39.14	11.50	27.64	6.18	1998	15.64	6.50	9.14	1.49
1965	37.88	9.50	28.38	6.08	1999	14.64	6.46	8.18	1.48
1966	35.05	8.83	26.22	6.26	2000	14.03	6.45	7.58	1.22
1967	33.96	8.43	25.53	5.31	2001	13.38	6.43	6.95	1.39
1968	35.59	8.21	27.38	6.45	2002	12.86	6.41	6.45	1.38
1969	34.11	8.03	26.08	5.72	2003	12.41	6.40	6.01	1.40
1970	33.43	7.60	25.83	5.81	2004	12.29	6.42	5.87	1.44
1971	30.65	7.32	23.33	5.44	2005	12.40	6.51	5.89	1.33
1972	29.77	7.61	22.16	4.98	2006	12.09	6.81	5.28	1.38
1973	27.93	7.04	20.89	4.54	2007	12.10	6.93	5.17	1.43
1974	24.82	7.34	17.48	4.17	2008	12.14	7.06	5.08	1.47
1975	23.01	7.32	15.69	3.57	2009	11.95	7.08	4.87	1.36
1976	19.91	7.25	12.66	3.24	2010	11.90	7.11	4.79	1.18
1977	18.93	6.87	12.06	2.84	2011	11.93	7.14	4.79	1.04
1978	18.25	6.25	12.00	2.72	2012	12.10	7.15	4.95	1.26
1979	17.82	6.21	11.61	2.75	2013	12.08	7.16	4.92	1.24
1980	18.21	6.34	11.87	2.24	2014	12.37	7.16	5.21	1.28
1981	20.91	6.36	14.55	2.63	2015	12.07	7.11	4.96	1.55
1982	22.28	6.60	15.68	2.86	2016	12.95	7.09	5.86	1.70
1983	20.19	6.90	13.29	2.42	2017	12.43	7.11	5.32	1.65

資料來源:《中國人口統計年鑒》(歷年),1991—1994 總和生育率數據採用郭志剛 (2004) 文中的數據。2017 年總和生育率數據由筆者估算而得。

（二）中國歷次人口普查與人口老齡化分析

迄今為止，新中國已經進行了六次全國人口普查。

第一次全國人口普查的標準時間為1953年6月30日24時，只調查四個項目：姓名、性別、年齡、民族；以戶為單位進行登記，採取省、地、縣分級匯總方式。第一次普查時全國人口總數約為60,194萬人，其中直接登記人數約為57,421萬人。在直接登記的人口中，男子占51.82%，女子占48.18%；城鎮人口占13.26%，鄉村人口占86.74%。抽樣調查反應這次普查質量很高，重複登記的占1.39‰，漏登的占2.55‰，淨誤差只有1.16‰。

第二次全國人口普查的標準時間為1964年6月30日24時，仍以常住人口為調查對象，以到登記站進行登記為主，入戶訪問為輔，調查項目包括姓名、性別、年齡、本人成分、民族、文化程度、職業；分四級匯總。普查結果：人口總數72,307萬人；男性占51.33%，女性占48.67%；城鎮人口占14.1%，鄉村人口占85.9%；重複登記的占0.38‰，遺漏登記的占0.39‰，淨誤差0.01‰。

第三次全國人口普查的標準時間為1982年7月1日0時。本次人口普查是在超過10億人口的背景下進行的，調查項目包括人口基本特徵、社會、經濟、生育、遷移等19個項目，首次使用電子計算機處理數據。按常住人口登記原則逐戶逐人調查。在普查時點，全國共有人口103,188萬人；男性占51.5%，女性占48.5%；城鎮人口占20.6%，鄉村人口占79.4%；重報人口占0.71‰，漏報人口占0.56‰，淨誤差0.15‰。

第四次全國人口普查的標準時間為1990年7月1日0時，普查表內容共有21項，其中按人填報的有15項，包括姓名、與戶主關係、性別、年齡、民族、戶口狀況和性質、1985年7月1日常住地狀況、遷來本地的原因、文化程度、在業人口的行業、在業人口的職業、不在業人口狀況、婚姻狀況、婦女生育存活子女數、生育狀況；按戶填報的有6項，即本戶編號、戶別、本戶人數、本戶出生人數、本戶死亡人數、本戶戶籍人口中離開本縣（市）一年以上的人數。普查結果為116,002萬人；男性占51.6%，女性占48.4%；城鎮人口占26.23%，鄉村人口占73.77%。此次普查重報率為0.1‰，漏報率為0.7‰，人口數淨誤差率為0.6‰。

第五次全國人口普查的標準時間為2000年11月1日0時。普查表共分為四種表：普查短表、普查長表、死亡人口調查表和暫住人口調查表（附表）。採用常住人口登記的原則，每個人必須在常住地進行登記，一個人只能在一個地方登記。普查短表分為按人填報項目（包括姓名、與戶主關係、性別、年齡、民族、戶口登記狀況、戶口性質、是否識字、受教育程度9個項目）與按戶填報項目（包括戶編號、戶別、登記人數、外出人數、出生人數、死亡人數等10個項目）。普查長表分為按人填報的項目（包括姓名、與戶主關係、性別、年齡、民族等26個項目）與按戶填報的項目（包括戶編號、戶別、本戶登記人數等23個項目）。死亡人口調查表包括戶編號、姓名、性別等8個項目。暫住人口調查表分為戶編號、姓名、性別等5個項目。在普查時點，全國共有

129,533萬人；男性人口占51.63%，女性人口占48.37%；城鎮人口占36.09%，鄉村人口占63.91%。此次人口普查的漏登率為1.81‰。

第六次全國人口普查的標準時間為2010年11月1日0時。此次人口普查主要調查人口和住戶的基本情況，內容包括：性別、年齡、民族、受教育程度、行業、職業、遷移流動、社會保障、婚姻生育、死亡、住房情況等。本次普查表共有四類表，包括普查短表、普查長表、境外人員普查表、死亡人口調查表。短表分為按戶填報6個項目與按人填報12個項目，長表分為按戶填報17個項目與按人填報28個項目，境外人員普查表包括11個項目，死亡調查表包括5個項目。人口普查的對象是在中華人民共和國（不包括香港、澳門和臺灣地區）境內居住的自然人。本次普查時點，全國總人口為137,054萬人；男性占51.27%，女性占48.73%；城鎮人口占49.68%，鄉村人口占50.32%。此次人口普查的漏登率為0.12‰。

下面分析中國六次全國人口普查時的人口老齡化變化情況。由於人口普查屬於全面而系統的調查，因而調查結果具有相當強的說服力。六次全國人口普查的時間跨度近60年，反應了新中國成立以來，中國人口增長模式所發生的巨大變化，即從高出生率較高死亡率模式向低出生率低死亡率模式轉變。從表1-3-1可以粗略地看出，中國人口年齡結構變化大體上經歷了兩個階段。第一階段，即從第一次全國人口普查到第二次全國人口普查期間，中國人口處於年輕化過程；第二階段，即從第二次全國人口普查起，總體上處於人口老齡化時期，在2000年時進入老年型社會。在第一階段，少年兒童占比在上升，勞動年齡人口（15~59週歲或15~64週歲）與老年人口（60週歲或65週歲以上）的占比均在下降。在第二階段，少年兒童人口占比在下降，而勞動年齡人口與老年人口的占比在上升。

為什麼說上述人口年輕化與人口老齡化分界是粗略的？主要原因有：一是人口增長與減少具有慣性作用；二是人口普查是大型調查，費時費力費資金，只能間隔一段時間（一般為10年）來調查；三是從表1-3-1來看，在1964年後，出生率儘管已剛剛越過最高峰，但仍然維持在高位水準，而同期死亡率仍在繼續下降，也就是說自然增長率維持在相當高的水準上，從1974年起才低於20‰。因此，我們有充分的理由認為：中國人口年輕化與人口老齡化分界點應該在1964年與1982年之間。張運剛（2005）認為這個分界年份是1973年，即1953—1973年處於人口年輕化過程，從1973年起或者說在20世紀70年代初，中國人口處於老齡化的進程之中。這裡主要利用了聯合國人口司2002年版人口預測估計資料得出的結論。

聯合國人口司2002年版人口預測資料估計1950年的60週歲及以上人口占總人口的比例為7.49%，1965年為6.97%。而第二次全國人口普查資料顯示1964年的這一比例為6.13%，而相鄰年份相差太大了一些。根據聯合人口司2015年版的人口預測資料，1965年的數據調整為5.9%，這比較合理。同時也將1950年的數據調整為7.50%。利用1950年及六次全國人口普查資料，採用二次擬合技術，可以估計出1965年達到最低點，

同時也顯示1964—1967年的60週歲及以上人口占總人口的比例處於相當低的水準。再結合表1-3-2所顯示的聯合國對中國人口老齡化程度的估計值，筆者得出新的結論：1965年為中國人口年輕化與人口老齡化分界年份。換言之，1965年前是人口年輕化的進程，1965年起開始了人口老齡化進程，見圖1-3-1。這裡是利用全國人口普查數據得出的結論，與前面利用年度數據得出的結論略有差異。總之，我們可以說中國人口老齡化進程開始於20世紀60年代末70年代初。

表1-3-2　中國歷次全國人口普查時的年齡構成（1）　　　　單位:%

年齡段（週歲）	1953年	1964年	1982年	1990年	2000年	2010年
0~14	36.27	40.69	33.59	27.69	22.90	16.61
15~59	56.40	53.18	58.77	63.74	66.64	70.07
60+	7.32	6.13	7.63	8.58	10.46	13.32

資料來源：中國歷次全國人口普查數據。

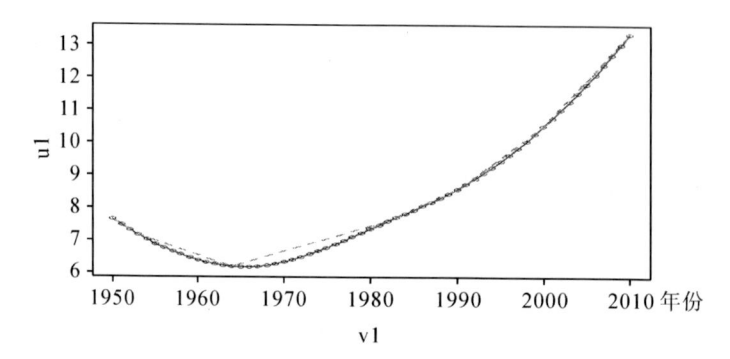

圖1-3-1　1950—2015年中國人口老齡化程度變化圖

從圖1-3-1可以看出，中國人口老齡化進程從1965年開始，只不過初始階段老齡化進程非常緩慢，後期進程快一些，在2000年前都屬於成年型人口，2000年後才進入老年型社會。

下面分析各次人口普查之間，各年老齡化程度的變化情況。

表1-3-3　中國歷次全國人口普查時的年齡構成（2）　　　　單位:%

年齡段（週歲）	1953年	1964年	1982年	1990年	2000年	2010年
0~14	36.27	40.69	33.59	27.69	22.90	16.61
15~64	59.31	55.74	61.50	66.74	70.00	74.47
65+	4.41	3.56	4.91	5.57	7.10	8.92

資料來源：中國歷次全國人口普查數據。

從聯合國資料（表1-3-4）來看，中國人口從20世紀50年代開始，先經歷了一個年輕化過程，特別是60年代初生育高峰期的出現，使60週歲或65週歲及以上老年人佔比在1965年前後達到了歷史最低值，分別為5.9%、3.4%，然後就開始了中國人口老齡化的漫長歷程，大約在21世紀初達到老年型國家的國際標準。從過去的角度來看，中國人口老齡化的速度表現為前期比較慢，後期稍稍加快，生育高峰期的出現有助於延緩人口老齡化的提升速度。

表1-3-4 中國1950—2015年人口老齡化程度的估計值　　　　單位:%

年份	60週歲老齡化系數	65週歲老齡化系數
1950	7.5	4.5
1955	6.9	4.1
1960	6.1	3.7
1965	5.9	3.4
1970	6.1	3.7
1975	6.5	4.0
1980	7.2	4.5
1985	7.7	5.1
1990	8.2	5.3
1995	9.0	5.9
2000	9.9	6.7
2005	10.8	7.5
2010	12.4	8.2
2015	15.2	9.6

資料來源：POPULATION DIVISION. World Population Prospects: The 2015 Revision [R]. New York: United Nations, 2015.

自第三次全國人口普查以來，隨著中國人口老齡化程度不斷加深，城鄉老齡化程度及其發展水準呈現出不平衡的特點。鄉村人口老齡化水準最高，城鎮人口老齡化水準最低，城市人口老齡化水準居中。見表1-3-5、表1-3-6。從「三普」到「四普」、「四普」到「五普」、「五普」到「六普」，無論是鄉村還是城鎮，中國60週歲人口老齡化系數年均增加的百分點數都保持增長的趨勢，但是城鎮人口老齡化系數增幅卻是遞減的，不過鄉村增幅大於城鎮，更是大於城市，因而導致城鄉老齡化水準差距進一步擴大，並且鄉村的人口老齡化水準更高一些。中國城鄉60週歲老齡化系數差距由1982年時相差0.41%縮小到1990年的0.15%，然後再擴大到2010年的3.51%。從65週歲人口老齡化系數來看，城鎮與鄉村增幅是保持遞增的，但是城市人口老齡化系數增幅在2000年後呈現出遞減趨勢。見表1-3-7、表1-3-8。因此，城鄉人口老齡化差距一直呈現出擴大的趨勢，由1982年的0.32%擴大到2010年的2.38%。

表 1-3-5　1982—2010 年市、鎮、鄉村 60 週歲老齡化係數　　　　單位:%

年份	市	鎮	鄉村	合計
1982	7.36	6.49	7.77	7.63
1990	8.58	7.07	8.73	8.58
2000	10.05	9.02	10.92	10.46
2010	11.47	12.01	14.98	13.32

資料來源：依據 1982 年、1990 年、2000 年、2010 年全國人口普查資料計算整理而得。

表 1-3-6　1982—2010 年市、鎮、鄉村 65 週歲老齡化係數　　　　單位:%

年份	市	鎮	鄉村	合計
1982	4.68	4.20	5.00	4.91
1990	5.38	4.42	5.74	5.57
2000	6.67	5.99	7.50	7.10
2010	7.68	7.97	10.06	8.92

資料來源：依據 1982 年、1990 年、2000 年、2010 年全國人口普查資料計算整理而得。

表 1-3-7　1982—2010 年市、鎮、鄉村 60 週歲老齡化係數年均增幅　　單位:%

時期	市	鎮	鄉村	合計
1982—1990 年	0.153	0.07	0.12	0.12
1990—2000 年	0.147	0.20	0.22	0.19
2000—2010 年	0.142	0.30	0.41	0.29

資料來源：依據 1982 年、1990 年、2000 年、2010 年全國人口普查資料計算整理而得。

表 1-3-8　1982—2010 年市、鎮、鄉村 65 週歲老齡化係數年均增幅　　單位:%

時期	市	鎮	鄉村	合計
1982—1990 年	0.09	0.03	0.09	0.08
1990—2000 年	0.13	0.16	0.18	0.15
2000—2010 年	0.10	0.20	0.26	0.18

資料來源：依據 1982 年、1990 年、2000 年、2010 年全國人口普查資料計算整理而得。

從 1982 年的第三次全國人口普查數據來看，鄉村人口老齡化程度已高於城鎮、城市，城鎮人口老齡化水準最低。到 1990 年第四次全國人口普查、2000 年第五次全國人口普查時，上述結論仍能維持，即鄉村人口老齡化係數>城市人口老齡化係數>城鎮人口老齡化係數。到 2010 年第六次全國人口普查時，雖然鄉村人口老齡化水準仍然是最高的，但是城鎮與城市人口老齡化水準的高低發生了變化，即城鎮人口老齡化係數已高於城市人口老齡化係數。這也反應了在人口城市化的過程中，城市比起鄉鎮對年輕人具有更大的吸引力。

人口老齡化水準的城鄉差距，除了受到人口自然變動的影響外，還受到人口遷移流動的影響。隨著近年來人口流動減少或波動趨勢的出現，未來中國城鄉人口老齡化差距

還將繼續擴大，但差距擴大的幅度將有所放緩。換言之，形成中國人口老齡化城鄉差異的主要原因是人口遷移流動。

從整體上看，中國流動人口隨著改革開放步伐的加快及市場經濟的發展而迅速增長，主要是從鄉村流入城市、從內地流向沿海、從經濟落後地區流向經濟發達地區。1982 年「三普」時，全國共有一年以上常住流動人口 657 萬人，1990 年「四普」時上升到 2,135 萬人，2000 年「五普」時達到了 12,107 萬人。第五次全國人口普查數據顯示，共有外來人口 1.44 億人，占全國人口的 11.62%。2010 年第六次全國人口普查時，中國內地 31 個省、自治區、直轄市的人口中，居住地與戶口登記地所在的鄉鎮街道不一致且離開戶口登記地半年以上的人口為 2.61 億人，其中市轄區內人戶分離的人口為 0.40 億人，不包括市轄區內人戶分離的人口為 2.21 億人，也就是說 2010 年時流動人口達到 2.21 億人，流動人口占全國人口的比例為 16.53%。同 2000 年第五次全國人口普查相比，居住地與戶口登記地所在的鄉鎮街道不一致且離開戶口登記地半年以上的人口增加了 1.17 億人，增長 81.03%。由此可見，中國人口流動規模從 1982 年到 2010 年是在不斷擴大的。國家衛計委（2017）指出，2016 年中國流動人口規模為 2.45 億人，比上年末減少了 171 萬人。這是中國流動人口總量連續第二年下降，主要是戶籍制度改革，使得部分流動人口在流入地落戶轉化為新市民。流動人口總量在 2011—2014 年持續增長，由 2011 年的 2.30 億人增長至 2014 年的 2.53 億人。2015 年流動人口總量開始下降，近 6 年來流動人口在總人口中的占比有升有降，但仍保持較大比重。近 6 年來，中國人口流動以跨省為主，但比例開始緩慢下降，省內跨市流動的比例緩慢上升，市內跨縣流動變動較小。流動人口平均年齡從 2011 年的 27.3 週歲上升至 2016 年的 29.8 週歲。中國新生代流動人口的比重近年來不斷上升，2016 年已達 64.7%。在 16~59 週歲的勞動年齡流動人口中，80 後流動人口占比由 2011 年的不到 50% 上升至 2016 年的 56.5%；90 後流動人口的占比則由 2013 年的 14.5% 上升至 2016 年的 18.7%，呈現穩步增長的趨勢。由此可以看出，流動人口是導致城鄉老齡化水準差異的重要因素。

(三) 中國人口高齡化回顧

下面將分析中國過去（1950—2015 年）人口高齡化的趨勢（見表 1-3-9）。1965 年後，中國開始了人口老齡化進程，同時也開始了高齡化進程。70 週歲老齡化系數、80 週歲老齡化系數保持不斷增加的趨勢，分別從 1.74%、0.23% 增長到 2015 年的 5.83%、1.62%，大約分別增長了 2.35 倍、6.04 倍。不過，這相當於法國 20 世紀 50 年代、德國與美國 20 世紀 60 年代、日本 20 世紀 80 年代的水準。70 週歲高齡化系數、80 週歲高齡化系數總體上保持了增長態勢，最高分別達到了 43.14%、10.69%，但還沒有越過 50%、20% 這一重要關口。對於上述兩個指標而言，日本在 2005 年、2010 年已分別突破這一關口；法國在 1995 年、德國先後在 1995 年與 2015 年、美國先後在 1990 年與 2005 年分別首次突破上述關口，儘管後來有些回調，到 2015 年時，法國與德國仍然突破了這一關口，而美國仍然分別低於 50%、20%。

表1-3-9　1950—2015年中國人口高齡化趨勢　　　　　　單位:%

年份	70週歲老齡化系數	80週歲老齡化系數	70週歲高齡化系數	80週歲高齡化系數
1950	2.20	0.28	29.48	3.68
1955	2.12	0.28	30.95	4.04
1960	1.82	0.20	29.60	3.24
1965	1.74	0.23	29.66	3.87
1970	1.89	0.28	31.02	4.56
1975	2.17	0.35	33.41	5.34
1980	2.49	0.41	34.72	5.72
1985	2.87	0.52	37.32	6.78
1990	3.22	0.62	39.45	7.59
1995	3.51	0.77	39.15	8.60
2000	3.97	0.95	40.24	9.62
2005	4.66	1.09	43.14	10.13
2010	5.30	1.33	42.73	10.68
2015	5.83	1.62	38.36	10.69

資料來源：POPULATION DIVISION. World Population Prospects: The 2015 Revision [R]. New York: United Nations, 2015.

1.3.2　中國人口老齡化展望

(一) 中國人口老齡化基本趨勢展望

為了便於對比分析，這裡採用了聯合國高、中、低三種預測方案（見表1-3-10）。總體趨勢是中國人口老齡化還將持續，老齡化程度將不斷加深，在達到峰值後將緩慢下降。在高方案下，由於未來生育率保持較高水準，人口老齡化程度的加深將比較緩慢，並且老齡化系數峰值將到達得更早一些，程度也要低一些，在2055—2060年之間老齡化系數達到最大值（分別為34.1%、28.4%）。在中方案下，由於生育率維持中等水準，人口老齡化程度將加深得更大一些，峰值大約在2080—2085年之間出現，老齡化系數將分別達到33.9%與33.8%，並且維持在較高水準直到21世紀末。在低方案下，由於生育率持續下降，並保持比較低的水準，人口老齡化程度將提升更快，在接近21世紀末的一段時間裡達到峰值，然後以極其緩慢的速度下降，老齡化系數最大值預計將分別達到52.2%與46%。這意味著在21世紀最後1/4的時間裡大約有超過一半的人會超過60週歲，近一半的人會超過65週歲。這對生產、生活、人口繁衍與可持續發展都將帶來巨大的挑戰。儘管到21世紀後半葉中國人口老齡化程度將達到非常高的水準，不過仍然低於日本、韓國、新加坡等一些發達國家。當然，高、低方案發生的可能性比較低，但未來人口老齡化將持續加深並保持在高位上這一事實是毋庸置疑的。在人口大國之中，中國的人口老齡化程度絕對是第一的。

表 1-3-10　中國 2015—2100 年人口老齡化系數　　　　單位：%

年份	低方案 60 週歲系數	低方案 65 週歲系數	中方案 60 週歲系數	中方案 65 週歲系數	高方案 60 週歲系數	高方案 65 週歲系數
2015	15.2	9.6	15.2	9.6	15.2	9.6
2020	17.6	12.2	17.5	12.1	17.3	12.0
2025	21.2	14.5	20.8	14.2	20.4	13.9
2030	26.2	17.8	25.3	17.2	24.5	16.6
2035	30.5	22.3	29.1	21.3	27.8	20.3
2040	32.9	26.2	30.9	24.6	29.1	23.1
2045	35.5	28.2	32.7	26.0	30.3	24.1
2050	40.3	30.5	36.5	27.6	33.1	25.0
2055	43.7	35.1	38.5	31.0	34.1	27.5
2060	45.0	38.3	38.6	32.9	33.3	28.4
2065	46.2	39.4	38.5	32.9	32.3	27.6
2070	48.0	40.4	38.8	32.6	31.5	26.5
2075	50.7	42.0	39.4	32.7	31.0	25.7
2080	52.1	44.6	39.9	33.3	31.1	25.3
2085	52.2	45.9	39.8	33.5	30.9	25.4
2090	51.7	46.0	39.4	33.8	30.7	25.5
2095	51.8	45.6	39.4	33.7	30.6	25.6
2100	52.2	45.6	39.6	33.8	30.7	25.6

資料來源：POPULATION DIVISION. World Population Prospects（Median Variant）：The 2015 Revision［R］. New York：United Nations, 2015.

隨著人口老齡化的發展，未來 0～14 週歲年齡段的人數占比將進一步下降，將在 13% 附近波動，中間年齡段的人數占比總體上保持波動式下降的趨勢，15～59 週歲人口占比最終維持在 47% 左右，15～64 週歲人口占比最終維持在 53% 左右。這意味著，60 週歲老齡化系數將維持在 40% 左右，65 週歲老齡化系數將維持在 33% 左右。這是中方案下得出的結論，這實際上反應了中國未來人口老齡化將是生育率的下降與人口平均預期壽命的延長綜合作用的結果。隨著科學技術的不斷發展，人口平均預期壽命將不斷延長，這是我們追求的目標，也是我們期待的結果。因此，要緩解中國未來人口老齡化的嚴重情況，提高生育率或人口出生率是值得我們認真考慮的對策。換言之，有助於刺激生育意願、降低生育成本、提高生育效用的對策都有可能是我們的選擇。不過，還應考慮到中國人口規模巨大這一現實國情，生育率的提升應循序漸進。見表 1-3-11。

表 1-3-11 2015—2100 年中國人口年齡構成 單位:%

年份	0~14 週歲	15~59 週歲	15~64 週歲	60+ 週歲	65+ 週歲
2015	17.2	67.6	73.2	15.2	9.6
2020	17.1	65.4	70.8	17.5	12.1
2025	16.3	63.0	69.6	20.8	14.2
2030	14.8	59.9	68.0	25.3	17.2
2035	13.7	57.2	65.1	29.1	21.3
2040	13.3	55.8	62.1	30.9	24.6
2045	13.4	53.9	60.6	32.7	26.0
2050	13.5	50.0	58.9	36.5	27.6
2055	13.5	48.0	55.5	38.5	31.0
2060	13.2	48.1	53.9	38.6	32.9
2065	13.0	48.5	54.1	38.5	32.9
2070	12.9	48.3	54.5	38.8	32.6
2075	13.1	47.4	54.2	39.4	32.7
2080	13.4	46.7	53.3	39.9	33.3
2085	13.6	46.6	52.6	39.8	33.8
2090	13.6	47.0	52.6	39.4	33.8
2095	13.5	47.1	52.8	39.4	33.7
2100	13.4	46.9	52.8	39.6	33.8

資料來源：POPULATION DIVISION. World Population Prospects（Median Variant）：The 2015 Revision [R]. New York：United Nations, 2015.

表 1-3-12 反應了自中國開始人口老齡化進程以來，人口老齡化年均增加的百分點數總體上呈現出先遞增後遞減的趨勢，或者說中國人口老齡化呈現出先快後慢的特徵。

從 60 週歲老齡化係數來看，中國老齡化快速增長的時期是 2005—2055 年，平均每年增長的百分點數超過 0.3；高速增長的時期是 2020—2035 年，年均增長的百分點數超過 0.6，其中增速最快的時期或急速增長的時期是 2025—2030 年，這將是中國人口老齡化速度的高峰時期，平均每年增長的百分點數高達 0.91，這一時期剛好是 20 世紀 60 年代高峰期出生的人口超過 60 週歲的時期；次高峰時期是 2045—2050 年，平均每年增長的百分點數高達 0.74，這也是 20 世紀 80 年代高峰期出生的人口進入 60 週歲老人行列時期。

表 1-3-12 各個時期中國人口老齡化係數年均增幅 單位:%

時期	60 週歲老齡化係數年均增幅	65 週歲老齡化係數年均增幅
1965—1970 年	0.04	0.06
1970—1975 年	0.08	0.06
1975—1980 年	0.14	0.10

表1-3-12(續)

時期	60週歲老齡化系數年均增幅	65週歲老齡化系數年均增幅
1980—1985年	0.10	0.12
1985—1990年	0.10	0.04
1990—1995年	0.16	0.12
1995—2000年	0.18	0.16
2000—2005年	0.18	0.16
2005—2010年	0.32	0.14
2010—2015年	0.56	0.27
2015—2020年	0.45	0.51
2020—2025年	0.66	0.42
2025—2030年	0.91	0.60
2030—2035年	0.76	0.81
2035—2040年	0.36	0.67
2040—2045年	0.36	0.29
2045—2050年	0.74	0.30
2050—2055年	0.41	0.69
2055—2060年	0.02	0.38
2060—2065年	-0.02	-0.01
2065—2070年	0.04	-0.05
2070—2075年	0.14	0.02
2075—2080年	0.09	0.12
2080—2085年	-0.03	0.10
2085—2090年	-0.07	0.00
2090—2095年	-0.01	-0.02
2095—2100年	0.05	0.01

資料來源：POPULATION DIVISION. World Population Prospects (Median Variant): The 2015 Revision [R]. New York: United Nations, 2015.

從65週歲老齡化系數來看，中國老齡化快速增長的時期是2010—2060年，平均每年增長的百分點數超過0.27；高速增長的時期是2025—2040年，年均增長的百分點數超過0.6，其中增速最快的時期或急速增長的時期是2030—2035年，這將是中國人口老齡化速度的高峰時期，平均每年增長的百分點數高達0.81，這一時期剛好是20世紀60年代高峰期出生的人口超過65週歲的時期；次高峰時期是2050—2055年，平均每年增長的百分點數高達0.69，這也是20世紀80年代高峰期出生的人口加入65週歲老人行列時期。

將60週歲、65週歲老齡化系數綜合起來，從發展速度來看，中國人口老齡化在2005年前屬於慢速增長時期，2005—2015年為快速增長時期，2015—2025年為高速增

長時期，2025—2035 年為超高速增長時期或高峰時期，2035—2045 年為快速增長時期，2045—2055 年為高速增長時期，2055 年以後為振蕩調整時期。

在人口老齡化速度高峰期、次高峰期之後，中國人口老齡化系數增加的百分點數將有正有負地交替進行，而且增長的絕對值也相當小。這實際上意味著中國人口老化系數將在高位振蕩變化，這在某種程度上意味著中國人口老齡化程度絕對水準高峰時期的到來，這個高峰期大約就在 21 世紀的 80—90 年代。

（二）中國人口高齡化趨勢展望

表 1-3-13 反應未來中國人口高齡化的趨勢。未來中國人口在老齡化程度不斷加深的背景下，高齡化趨勢也會不斷發展，高齡化程度將繼續加深。2015 年，每 17 人中大約有 1 個 70 週歲及以上老人，每 61 人中大約有 1 個 80 週歲及以上老人。未來中國 70 週歲老齡化系數、80 週歲老齡化系數將呈現波動式增長，預計將分別於 2060 年突破 25%、於 2095 年突破 15% 大關。到 21 世紀末，70 週歲老齡化系數預計將增長近 4 倍，80 週歲老齡化系數預計將增長超 9 倍。換言之，到 21 世紀末，大約每 7 人中有 2 個 70 週歲及以上老人，大約每 6 人中有 1 個 80 週歲及以上老人。同時，我們還發現，中國 70 週歲高齡化系數、80 週歲高齡化系數總體上將呈現上升趨勢。預計 2065 年中國 70 週歲高齡化系數將突破 70% 大關，儘管有些回調，但在 2090 年將再次突破 70%。80 週歲高齡化系數也將波動式上升，並在 21 世紀末突破 40% 大關。換言之，預計到 21 世紀末，中國每 10 個 60 週歲及以上老年人中，至少有 7 個已達到或超過 70 週歲，至少有 4 個已達到或超過 80 週歲。

表 1-3-13　2015—2100 年中國人口高齡化系數變化趨勢　　　　單位:%

年份	60 週歲老齡化系數	70 週歲老齡化系數	80 週歲老齡化系數	70 週歲高齡化系數	80 週歲高齡化系數
2015	15.21	5.83	1.62	38.36	10.69
2020	17.48	6.97	1.92	39.87	10.98
2025	20.77	9.21	2.23	44.33	10.73
2030	25.30	11.00	2.93	43.48	11.56
2035	29.10	13.55	4.26	46.58	14.63
2040	30.92	17.07	5.21	55.22	16.86
2045	32.74	19.90	6.71	60.79	20.50
2050	36.46	20.99	8.94	57.56	24.53
2055	38.53	22.22	10.66	57.65	27.66
2060	38.65	25.41	11.06	65.76	28.62
2065	38.53	27.10	11.78	70.34	30.58
2070	38.75	26.91	14.33	69.44	36.97
2075	39.44	26.52	15.50	67.23	39.30
2080	39.91	26.50	14.97	66.40	37.51

表1-3-13(續)

年份	60週歲老齡化系數	70週歲老齡化系數	80週歲老齡化系數	70週歲高齡化系數	80週歲高齡化系數
2085	39.75	27.10	14.42	68.18	36.26
2090	39.41	27.74	14.54	70.38	36.88
2095	39.37	27.99	15.53	71.10	39.45
2100	39.62	28.01	16.52	70.71	41.69

資料來源：POPULATION DIVISION. World Population Prospects（Median Variant）：The 2015 Revision ［R］. New York：United Nations, 2015.

(三) 中國老年人口規模的變動趨勢

下面分析中國不同口徑老年人口規模大小的變化趨勢與規律。中國人口規模經歷著先慢速增長後快速下降的一個歷程，預計在2030年達到峰值14.16億人後就開始下降。中國不同口徑老年人口規模也是先快速增長後慢速下降。60週歲及以上老年人口規模在1995年突破1億人，2015年突破2億人，預計將在2026年、2035年、2055年分別突破3億人、4億人、5億人大關，在2055年達到峰值5.07億人，然後緩慢下降，到21世紀末仍然有近4億人的規模。65週歲及以上老年人口規模在2010年突破1億人。預計將在2025年、2036年、2055年分別突破2億人、3億人、4億人大關，在2060年達到峰值4.20億人，然後緩慢下降，到21世紀末仍然有3.38億人的規模。就70週歲及以上老年人口而言，人口數量也要經歷一個先增加後減少的過程，預計在2021年、2036年、2057年分別突破1億人、2億人、3億人大關，在2065年達到峰值3.35億人，然後開始緩慢下降，在21世紀末仍然有2.81億人。就80週歲及以上老年人口而言，仍然是先增長後下降，預計在2047年也能突破1億人大關，在2075年達到峰值1.80億人，然後緩慢下降，到21世紀末期仍然在1.6億人左右波動。見表1-3-14。

表1-3-14　1950—2100年中國各口徑老年人口數　　　單位：萬人

年份	60+週歲	65+週歲	70+週歲	80+週歲
1950	4,070	2,431	1,200	150
1955	4,109	2,426	1,272	166
1960	3,962	2,352	1,173	128
1965	4,142	2,372	1,229	160
1970	4,933	2,960	1,531	225
1975	5,879	3,611	1,965	314
1980	7,023	4,394	2,439	402
1985	8,096	5,324	3,021	549
1990	9,416	6,168	3,715	715
1995	10,994	7,184	4,304	945
2000	12,523	8,446	5,039	1,205

表1-3-14(續)

年份	60+週歲	65+週歲	70+週歲	80+週歲
2005	14,097	9,782	6,082	1,428
2010	16,644	11,058	7,112	1,778
2015	20,924	13,143	8,027	2,236
2020	24,520	16,961	9,777	2,692
2025	29,391	20,060	13,028	3,152
2030	35,815	24,317	15,574	4,141
2035	40,979	29,929	19,087	5,997
2040	43,121	34,292	23,809	7,270
2045	45,008	35,783	27,361	9,227
2050	49,153	37,139	28,293	12,057
2055	50,676	40,792	29,217	14,017
2060	49,343	42,008	32,447	14,120
2065	47,649	40,638	33,517	14,570
2070	46,409	39,053	32,227	17,158
2075	45,742	37,931	30,752	17,975
2080	44,802	37,390	29,751	16,805
2085	43,216	36,728	29,464	15,672
2090	41,585	35,638	29,268	15,337
2095	40,473	34,624	28,775	15,969
2100	39,793	33,900	28,138	16,588

資料來源：POPULATION DIVISION. World Population Prospects (Median Variant): The 2015 Revision [R]. New York: United Nations, 2015.

在21世紀內，未來老年人口規模超過1億人的國家除了中國外，還有尼日利亞、美國、印度。預計尼日利亞60週歲及以上人口將在2095年超過1億人，其餘口徑老年人口均1億人以下。美國60週歲及以上老年人口預計在2040年突破1億人大關，大約在21世紀末增長到1.47億人；美國65週歲及以上老年人口預計在2070年突破1億人大關，然後繼續增長，並在2100年時達到1.22億人，其餘口徑老年人口在21世紀末都不會超過1億人。顯然，從規模上講，尼日利亞、美國的老年人口規模是不可能與中國相比擬的。能夠與中國老年人口規模相比擬的就是印度。儘管在2015年印度仍然沒有進入老年型國家行列（預計2020年進入），但是其13.11億人的人口總數已非常逼近中國的13.76億人的人口規模了。目前印度人口年齡結構還較年輕，生育率比較高，因此在不久的將來，其總人口、老年人口規模都將全面超越中國。事實上，聯合國人口司（2015）的預測報告顯示：預計2025年印度人口超過中國，並在2070年達到峰值17.54億人，而中國人口在2030年達到峰值14.16億人。印度60週歲及以上人口將一直增長下去，預計在2070年超過中國，到21世紀末達到5.66億人。印度65週歲及以上人口

也會一直增長下去，在2075年超過中國，到21世紀末進一步上升到4.63億人。印度70週歲及以上人口同樣會持續增長下去，預計將在2080年超過中國，並繼續增長，在2100年時達到3.60億人。印度80週歲及以上人口還是會持續增長，預計在2095年超過中國，2100年時達到1.72億人。綜上所述，在2070年前，中國的老年人口規模將持續位居世界第一，以後不同口徑老年人數會陸續被印度超過。

(四) 中國人口老齡化的特徵

1. 中國老年人口規模巨大

目前，中國60週歲或65週歲及以上老年人口數早已過億。其餘國家只有印度的60週歲及以上老年人口超過1億人，而65週歲及以上老年人口不到1億人。預計2070年印度60週歲及以上老年人口數才會超過中國，其餘口徑老年人口數隨後才會陸續超過中國。美國未來60週歲或65週歲及以上老年人口數也會過億，但到來的時間比較晚，最大值也不會超過1.5億人。尼日利亞60週歲及以上人口大約在21世紀末才會超過1億人。其餘國家在21世紀內老年人口數均不會過億。

2. 未來中國人口老齡化發展速度快

雖然中國人口老齡化速度在過去發展得比較緩慢，但在未來的發展將是很快的。在上述所分析的典型國家中，未來中國的老齡化速度將是第一的，儘管人口老齡化程度算不上第一，因為至少會低於日本、韓國、德國。

3. 農村人口老齡化程度與老齡化速度均高於城市

在未來，由於人口城市化過程中農村人口還將繼續向城市流動，人口流動以年輕人口為主，因而城市人口老齡化將受到抑制，而農村人口老齡化還將進一步加深。預計到21世紀後半葉，城鎮人口的老齡化水準才會超過農村，並逐漸拉開差距。當然，中國人口老齡化的地域差異也是存在的，沿海與內地以及東、中、西、東北部人口老齡化的發展也是不平衡的。近年來，在國家實施的鄉村振興計劃的鼓勵下，流向城市或城鎮的外出務工流動將有所減緩，甚至有一定的回流，這也是緩解城鄉人口老齡化差距的重要因素。

4. 中國老齡化超前於現代化

發達國家是在基本實現現代化的條件下進入老年型社會的，屬於先富後老或者是富老同步，而中國則是在尚未實現現代化、經濟尚不發達的情況下提前進入老年型社會，屬於未富先老。

發達國家進入老年型社會時人均國內生產總值一般都在10,000美元，而中國於2000年成為老年型國家時人均國內生產總值才946美元，2001年才剛剛超過1,000美元，仍屬於中等偏低收入國家，因而，中國應對人口老齡化的經濟實力還比較薄弱。2017年，中國人均GDP預計為60,126元，約為9,108美元，位居世界第67或68位[1]。儘管中國已是世界第二大經濟體，但是在中國這樣一個人口眾多、老年人口規模巨大的

---

[1] http://www.sohu.com/a/207540111_507882.

國家,要解決養老問題絕對不是一件輕鬆容易的事。

5. 中國老年人扶養比明顯偏大

由於中國老年人口數量不斷增加,所占的比重也不斷上升,老年人扶養比也在快速上升。老年人扶養比是指65週歲及以上老年人口數與15~64週歲勞動年齡人口數之間的比值,這個比值越大,說明一個適齡勞動個體需要供養的老年人就越多。據統計,2000年中國老年人扶養比就達到9.74%,而1950年該扶養比僅為7.30%,增長近2.4個百分點①。此外,依據《中國統計年鑒2015》提供的統計數據,到2014年,中國的老年人扶養比已經達到13.70%,呈現快速增長趨勢。隨著老齡化程度的不斷加深,預計到2050年,老年人扶養比將會達到46.7%②。此外,由於城市生活壓力大,城鎮居民生育觀念的變化,傳統的家庭人口結構發生改變,以「4-2-1」或「4-2-2」的家庭模式為主,而在養老模式仍以家庭養老為主的情況下,城市勞動年齡人口的老年扶養比會更高一些。

(五) 人口老齡化所產生的影響

老齡化社會是社會發展的必然階段,體現出的是一個社會的進步程度,並且以較高的經濟水準、高度的城鎮化水準、完善的社會保障體系以及較高的醫療教育衛生條件作為其產生的基礎。但是和歐美發達國家的老齡化相比,中國的老齡化是「早到」的老齡化。中國長期處於社會主義初級階段,各方面的軟硬條件還需完善,人口結構不斷產生問題,出現了「未富先老」的狀況,因此,分析人口老齡化對中國的影響,對於解決人口老齡化帶來的各種問題是非常有必要的。

1. 對經濟發展的影響

第一,老齡化導致適齡勞動人口減少。老年人在社會總人口中的比例增加,意味著青年人群和中年人群所占比例減少,使得當前和未來的勞動力在不斷地減少,導致勞動力不足。勞動力不足,一方面使得原本的勞動密集型的產業模式需要轉型,這個轉型的過程勢必會對經濟發展產生一定的影響;另一方面使得勞動力成本增加,外資製造廠商會撤出中國去尋求其他廉價勞動力,甚至必要時中國本身也需要引進勞動力。目前珠江三角洲就面臨如此困境,「用工難」「民工荒」「黑洋工」現象並存,而且還存在擴散的趨勢。

第二,老齡化影響經濟發展後勁。老年人數量增加使得純消費人口增加,納稅人口減少,這就使得整個社會的稅基變小,消費增加,累積減少,投資下降,創新活力不足。在短時間內,消費的增加在一定程度上會帶動經濟的發展,但是從長遠來看,社會累積減少,投資就會下降,使得經濟發展後勁不足,產出減少,對經濟將產生巨大的影響。

---

① POPULATION DIVISION. World Population Prospects (Median Variant): The 2015 Revision [R]. New York: United Nations, 2015.

② POPULATION DIVISION. World Population Prospects (Median Variant): The 2015 Revision [R]. New York: United Nations, 2015.

第三，老齡化使政府增加對老年人的財政支出。它一方面減少了政府對於公共項目的支出，影響整個社會的福利狀況；另一方面加重了財政負擔，勞動年齡人口數量減少，養老基金的籌資規模下降，使得政府財政對於社會保障方面的支出不斷增加。不過，老年人獲得足夠的保障是憲法賦予的基本權利。

　　第四，老齡化引發新興產業，影響產業結構的調整。隨著老齡化社會的提早到來和老齡化程度的不斷加深，這必然要求對當前的經濟結構和產業結構進行調整，以滿足老年人快速增加的各方面需求。為此，需要國家出抬相應的扶持政策，大力發展醫療、護理、養老等服務業，開發「銀髮產業」，形成新的經濟增長點，在滿足老年人需求的同時為市場注入新的活力，為經濟和社會發展增添新動力。

　2. 對社會文化的影響

　　老年人數量的增多使得老年人對社會文化的需求發生變化，使得社會文化結構隨著人口結構的變化而變化。經濟的發展使得老年人的物質支持得到滿足後，老年人的精神文化需求問題將變成老齡化社會的主要矛盾。對於矛盾的解決，一方面需要加大整個社會對老年人的關注，另一方面就需要在社會文化結構中增加適合老年人的文化活動的比重，以豐富老年人退休後的生活，從心理和生理兩個層面保證老年人的健康，維護社會的穩定，讓老年人能夠安享晚年。

　3. 對社會保障制度的影響

　　隨著人口老齡化程度的不斷加深，社會保障中的養老、醫療開支將會不斷增加，社會保障制度改革勢在必行。首先，社會養老保險基金出現了巨大的支付壓力。隨著人口老齡化的加深，老年人口大幅遞增，社會養老保險基金支出水準急遽上升。同時，勞動年齡人口數量在減少，對於社會養老保險基金的補充也在減少。在這「一增一減」之下，養老基金支出的壓力大增，僅依靠政府進行填補是有壓力的，只會使得基金支付風險越來越大。其次，受到人口老齡化的影響，政府為平衡養老保險基金的收支，一方面需要不斷地提高養老保險的繳費率，另一方面又要不斷地調整企業退休職工養老金待遇，主要是適度降低待遇或者延遲提高待遇。這嚴重地挫傷了職工和企業參加養老保險的主動性和積極性，對社會養老保險基金的收支平衡將產生極大的影響。

　4. 對社會生產與生活的影響

　　首先，隨著老年人數量的不斷增加，老年人逐漸成為一個龐大的群體，他們有共同的利益需求，他們的生活消費習慣對社會生產與生活將產生巨大影響。其次，隨著家庭規模的縮小，下一代對上一代的供養壓力也不斷增大，尤其在中、西部地區的廣大農村，大量勞動年齡人口外出打工，出現大量留守老人，供養矛盾不斷激化。最後，由於目前中國退休年齡偏低，人口平均預期壽命還在大幅度延長，使得大量退休老人不甘於平靜的退休生活，希望再就業，以發揮餘熱。因此，解決老年人再就業問題，維護老年人的勞動權益，保障老年人的再就業安全，將逐步成為一個新的不可忽視的社會問題。

2 中國養老保險制度的演變

養老保險是國家通過立法形式，多渠道籌集資金，給予退休勞動者一定的經濟補償，使之在退休後享有基本生活保障的一項社會保險制度。養老保險運行的核心問題就是基金籌集與運用保持平衡的問題。換言之，在充分考慮各方負擔能力的情況下籌集足夠的養老保險基金，同時又必須考慮如何有效運用這些養老保險基金去保障勞動者退休後的基本生活需要。養老保險關乎國計民生，受政策法規因素影響很大，因而政策法規的制定應具有前瞻性與相對穩定性。中國社會養老保險制度依靠一系列法律法規逐漸建立並發展起來，養老保障體系日趨完善、保障力度日益增大。養老保險是《中華人民共和國憲法》《中華人民共和國勞動法》《中華人民共和國社會保險法》等法律賦予勞動者的一項基本權利。養老保險能否健康可持續發展是一件關係到社會穩定、勞動者權益保障、人民幸福安康的頭等大事。黨和國家歷來重視包括養老保險在內的社會保障事業的健康發展，先後出抬了一系列法律法規，使中國養老保險制度日益完善。

2.1 中國養老保險制度的發展歷程與現狀

本節將主要回顧中國養老保險制度的建立、改革與發展過程，重點剖析促進中國養老保險制度發展的法律法規，分析中國養老保險的發展現狀，總結中國養老保險的發展經驗與特點。

2.1.1 中國養老保險制度的建立

1951年2月，中華人民共和國政務院頒布了《中華人民共和國勞動保險條例》。中國現行的退休年齡方面的規定就起源於此條例，至今仍然有效。該條例對養老保險做出了具體規定，包括退休條件、待遇標準等主要內容。可以說，中國養老保險制度是隨著該條例的頒布與實施而逐步建立和發展起來的。《中華人民共和國勞動保險條例》頒布後，歷史上做過若干次修改。1958年，統一了退休退職辦法。1966—1976年是中國動盪的十年，養老保險制度遭到嚴重破壞，社會養老保險管理工作全部停止，退休費用等各項開支改為企業營業外支出，社會養老保險全部變成企業扶助或者企業員工互助，社會

養老保險實際上倒退為企業保險。1978年，中國恢復了幹部的退休、退職工作。與1958年的規定相比，將原來企業、機關事業單位實行統一的退休退職制度分開為兩個不同的辦法，放寬了退休退職條件，適當提高了待遇標準。同時，開始實施了養老金最低生活保證數辦法與退休退職異地安家補助辦法。隨著改革開放與經濟體制改革的逐步深入，傳統的退休養老保險制度存在如下問題：一是國家、企業包攬過多，保障層次單一；二是覆蓋面狹窄，互濟性差；三是管理體制分散，缺乏宏觀協調平衡機制；四是企業經營機制轉換使養老「企業保險」喪失了存在的基礎。因而，必須對中國傳統的退休養老保險制度進行改革。

2.1.2 中國養老保險制度的改革與發展的探索

中國養老保險制度改革率先從企業職工養老保險開始。在20世紀80年代初期，中國開始了企業職工養老保險制度改革的探索。針對「企業保險」無法均衡新老企業養老負擔，開始了退休費用社會統籌試點工作；建立了勞動合同制工人的養老保險制度，企業和勞動合同制工人開始繳費；實行國有企業職工個人繳費制度；開展企業補充養老保險試點工作。這些改革措施最後以國發〔1991〕33號即《國務院關於企業職工養老保險制度改革的決定》的形式確定下來。該文件考慮到中國人口老齡化發展迅速及生產力的發展水準等客觀情況，確立了中國養老保險實行社會統籌，費用由國家、企業、個人三方負擔，以支定收，留有部分累積。該文件明確指出，隨著經濟的發展，逐步建立基本養老保險、企業補充養老保險和職工個人儲蓄性養老保險相結合的制度，提出了個人必須繳費，但是個人繳費要在調整工資的基礎上逐步實行。該文件是中國企業職工養老保險制度改革的第一個里程碑。關於「三支柱」的養老保險制度建立的要求是：基本養老保險屬於強制性保險，保險費由企業和職工共同承擔；企業年金是非強制性保險，由企業根據自身經營狀況在力所能及的範圍內為本企業職工建立，國家給予政策上的支持；個人商業養老保險是自願性質的保險，根據個人實際經濟狀況自願投保。自33號文件推行以來，主要存在覆蓋面窄、單一社會統籌造成激勵機制不強、個人繳費積極性不高、效益好的行業與企業不願統籌等問題，於是一些地方開始引入個人帳戶，探索「統帳結合」的模式。

1992年1月，民政部頒布了《關於印發〈縣級農村社會養老保險基本方案（試行）〉的通知》（民辦發〔1992〕2號），該方案的指導思想是建立農村社會養老保險制度，要從中國農村的實際出發，以保障老年人基本生活為目的；堅持資金個人繳納為主，集體補助為輔，國家予以政策扶持；堅持自助為主、互濟為輔；堅持社會養老保險與家庭養老相結合；堅持農村務農、務工、經商等各類人員社會養老保險制度一體化的方向。由點到面，逐步發展。繳費年齡為20~60週歲，領取養老金年齡一般在60週歲以後。月交費標準設2元、4元、6元、8元、10元、12元、14元、16元、18元、20元十個檔次，養老保險費可以補交和預交，給予有10年保證期的終身年金待遇。

1993年11月，中國共產黨十四屆三中全會通過的《中共中央關於建立社會主義市

場經濟體制若干問題的決定》中明確提出「城鎮職工養老和醫療保險金由單位和個人共同負擔，實行社會統籌和個人帳戶相結合」，目的是實現從現收現付制向部分累積制的轉變，克服過去現收現付制的局限性，創造性地建立社會統籌與個人帳戶相結合的養老保險新模式，不斷擴大養老保險的覆蓋面，建立基本養老保險基金保值增值機制，建立一個符合中國國情且具有中國特色的多層次養老保險體系。1995年3月，國務院發布了《關於深化企業職工養老保險制度改革的通知》（國發〔1995〕6號），進一步明確指出中國要實行社會統籌和個人帳戶相結合的基本養老保險制度，以企業補充養老保險和個人商業養老保險為補充，建立起多層次的養老保險制度。新的養老保險制度擴大至股份制企業、「三資」企業、民營企業等企業的所有勞動者，同時養老保險基金的財務模式由原來的「現收現付模式」逐步轉變成「統帳結合、部分累積」的模式，並建立了正常的養老金調整機制，建立健全了養老保險社會化服務體系。6號文件提出了兩個「統帳結合」的辦法，一些地方創建了第三種辦法。6號文件實施以來，主要存在如下問題：雖都是「統帳結合」，但一個地區就有一個「辦法」，即造成了制度割據，給勞動力流動、社保部門實際操作、統籌層次提升、社會保險立法等方面帶來了諸多問題。於是，為了養老保險制度的統一，相關部門進行了各種調研與探索，也包括補充養老保險制度具體操作辦法的出抬。

1995年12月，原勞動部《關於印發〈關於建立企業補充養老保險制度的意見〉的通知》（勞部發〔1995〕464號）詳細規定了補充養老保險的具體操作規程，極大地推動了企業職工補充養老保險制度的發展。

1997年7月，國務院發布了《關於建立統一的企業職工基本養老保險制度的決定》（國發〔1997〕26號），統一中國城鎮企業基本養老保險制度，統一個人帳戶規模，統一基本養老金計發辦法。關於個人繳納基本養老保險費，要求1997年不得低於本人繳費工資的4%，自1998年起每兩年提高1個百分點，最終達到本人繳費工資的8%。企業繳納的養老保險費一般不超過企業工資總額的20%。按個人繳費工資數額的11%為職工建立基本養老保險個人帳戶，個人繳費全部記入個人帳戶，其餘部分從企業繳費中劃入。對退休人員發放的基本養老金由統籌帳戶養老金和個人帳戶養老金構成，統籌帳戶養老金為職工退休時當地上年度職工月平均工資的20%，個人帳戶養老金為本人帳戶累積除以120。死亡時，個人帳戶中個人繳費部分的餘額可以繼承。享受的條件是個人累計繳費滿15年，不滿15年的則不享受基礎養老金，將個人帳戶積存額一次性發放。採用「老人老辦法、新人新辦法、中人過渡法」的計發辦法。隨後各地開展了企業職工養老保險制度並軌與提高統籌層次的工作、行業統籌移交地方管理、統籌基金與個人帳戶基金分開使用、個人帳戶實帳運行。1998年成立的勞動和社會保障部對養老保險實行統一管理，對「統帳結合」養老保險制度進行了調整，等等。

1998年8月，國務院下發《關於實行企業職工養老保險省級統籌和行業統籌移交地方管理有關問題的通知》（國發〔1998〕28號），加大了養老保險基金管理和調劑力度。養老金的行業統籌移交地方管理和省級統籌制度的建立極大地提升了中國養老保險統籌層次，實現了養老金的發放由原來的差額劃撥向全額劃撥的轉變。

1999年1月，國務院頒布了《社會保險費徵繳暫行條例》（國務院令第259號），以加強和規範社會保險費徵繳工作，保障社會保險金的發放為目的。繳費單位、繳費個人應當按時足額繳納社會保險費。要求徵繳的社會保險費納入社會保險基金，專款專用，財政專戶管理，任何單位和個人不得挪用。

2000年8月，確定建立「全國社會保障基金」，設立「全國社會保障基金理事會」，負責管理營運全國社會保障基金，對養老保險的統籌和管理實現了更為專業和安全的操作。

2000年12月，國務院《關於印發完善城鎮社會保障體系試點方案的通知》（國發〔2004〕42號）對城鎮企業職工基本養老保險制度做出以下規定：堅持社會統籌和個人帳戶相結合的基本養老保險制度，基本養老保險費由企業和職工共同負擔。個人帳戶規模調整為8%，企業繳費部分不再劃入個人帳戶，全部納入社會統籌基金，並以省（自治區、直轄市）為單位進行調劑。此外，對於基本養老金的發放問題做出規定：「職工達到法定退休年齡且個人繳費滿15年的，基礎養老金月標準為省（自治區、直轄市）或市（地）上年度職工月平均工資的20%，以後繳費每滿一年增加一定比例的基礎養老金，總體水準控制在30%左右。」「個人繳費不滿15年的，不發給基礎養老金，個人帳戶全部儲存額一次性支付給本人。」同時，該試點方案通知要求：有條件的企業可以為職工建立企業年金，並實行市場化的營運和管理。

2004年1月，原勞動和社會保障部公布了《企業年金試行辦法》（勞動和社會保障部令第20號），規定只有依法參加基本養老保險並履行繳費義務，同時具備相應的經濟負擔能力以及具有相應的集體協商機制的企業才能建立企業年金。企業年金所需費用由企業和職工共同承擔，而且企業繳費每年不超過本企業年度職工工資總額的1/12，企業和職工個人繳費合計一般不超過本企業上年度職工工資總額的1/6。企業年金基金可以按照國家規定投資營運，其投資營運收益並入企業年金基金。企業年金基金實行完全累積，採用個人帳戶方式進行管理，企業繳費和個人繳費都記入職工個人帳戶。同年2月，原勞動和社會保障部公布了《企業年金基金管理試行辦法》，對企業年金基金的受託管理、帳戶管理、託管以及投資管理方面都給出了具體的規定。

從2000年起，國家決定以遼寧省為試點做實個人帳戶，並於2004年把試點範圍擴大至吉林和黑龍江兩省，兩次試點採取了不同的方案。根據東三省做實個人帳戶試點反饋的情況，2005年12月，國務院下發《關於完善企業職工基本養老保險制度的決定》（國發〔2005〕38號），要求繼續落實社會統籌和個人帳戶相結合的措施，做實個人帳戶，個人帳戶規模統一為8%，建立養老金正常調整機制，發展企業年金。確保基本養老金按時足額發放，對過去拖欠的基本養老金，各地要根據《中共中央辦公廳、國務院辦公廳關於進一步做好補發拖欠基本養老金和企業調整工資工作的通知》要求，認真加以解決。要全面落實《中華人民共和國社會保險費徵繳暫行條例》的各項規定，嚴格執行社會保險登記和繳費申報制度，強化社會保險稽核和勞動保障監察執法工作，努力提高徵繳率。基本養老保險基金要納入財政專戶，實行收支兩條線管理，嚴禁擠占挪用。

2006年1月，國務院下發《關於解決農民工問題的若干意見》（國發〔2006〕5號），

該文件指出：「農民工的社會保障，要適應流動性大的特點，保險關係和待遇能夠轉移接續，使農民工在流動就業中的社會保障權益不受損害；要兼顧農民工工資收入偏低的實際情況，實行低標準進入、漸進式過渡，調動用人單位和農民工參保的積極性。」積極探索低費率、廣覆蓋、可轉移，並能夠與現行的養老保險制度銜接的農民工養老保險辦法。在條件允許的情況下，可直接將穩定就業的農民工納入城鎮職工基本養老保險體系之中。此外，還要抓緊時間制定農民工養老保險關係異地轉移與接續的辦法。

2007年8月，原勞動和社會保障部、民政部、審計署聯合發文《關於做好農村社會養老保險和被徵地農民社會保障工作有關問題的通知》（勞社部發〔2007〕31號），要求積極推進新農保的實施以及對農保基金的監管，切實做好被徵地農民社會保障工作。要積極推進新農保的試點工作，按照保基本、廣覆蓋、能轉移、可持續的原則，以多種方式推進新農保制度建設。

2008年3月，國務院通過了《事業單位工作人員養老保險制度改革試點方案》（國發〔2008〕10號），事業單位工作人員的養老保險繳納方案基本參照了城鎮企業職工養老保險繳納方案，實行社會統籌與個人帳戶相結合的基本養老保險制度，基本養老保險費由單位和個人共同負擔，單位繳納基本養老保險費的比例一般不超過單位工資總額的20%，按本人繳費工資8%的數額建立基本養老保險個人帳戶，由單位代扣。基本養老金的發放辦法與《關於完善企業職工基本養老保險制度的決定》的方法基本一致。要建立基本養老金正常調整機制，使事業單位退休人員享受經濟社會發展成果，保障其退休後的基本生活；建立職業年金制度，建立多層次的養老保險體系，提高事業單位工作人員退休後的生活水準，增強事業單位的人才競爭能力；逐步實行省級統籌，進一步明確省、市、縣各級人民政府的責任，建立健全省級基金調劑制度。

2009年2月，人力資源和社會保障部發布了《農民工參加基本養老保險辦法》，從適用範圍、繳費比例、轉移接續、待遇計發和經辦服務五個方面做出了規定。在繳費比例方面，要求用人單位與農民工個人共同繳納基本養老保險費，單位繳費比例為12%；農民工個人繳費比例為4%~8%，由所在單位從本人工資中代為扣繳，並全部記入其本人基本養老保險個人帳戶。待遇計發方面，農民工參加基本養老保險繳費累計滿15年及其以上者，按規定領取基礎養老金和個人帳戶養老金；未滿15年但參加新型農村社會養老保險者，由社保機構將其基本養老保險權益記錄和資金轉入戶籍地新型農村社會養老保險，享受相關待遇；沒有參加新型農村社會養老保險的，比照城鎮同類人員，一次性支付其個人帳戶養老金。此外，農民工離開就業地時，原則上不退保，由當地社會保險經辦機構開具參保繳費憑證，實現農民工跨統籌地區就業後仍可繼續參保。

2009年9月，國務院頒布了《關於開展新型農村社會養老保險試點的指導意見》（國發〔2009〕32號），要求「探索建立個人繳費、集體補助、政府補貼相結合的新農保制度，實行社會統籌與個人帳戶相結合，與家庭養老、土地保障、社會救助等其他社會保障政策措施相配套，保障農村居民老年基本生活」。新農保基金由個人繳費、集體補助、政府補貼構成。參加新農保的農村居民的個人繳費應當按規定進行繳納，目前的繳費標準設為每年100元、200元、300元、400元、500元5個檔次，各地方可依據實

際情況調整繳費檔次。國家要為每個新農保的參保人建立終身記錄的養老保險個人帳戶，將個人繳費、集體補助及其他經濟組織、社會公益組織、個人對參保人繳費的資助和地方政府對參保人的繳費補貼全部記入個人帳戶。同時要求自 2009 年起，新農保試點覆蓋全國 10% 的縣（市、區、旗），之後逐步擴大，在全國普遍實施，在 2020 年之前基本實現全覆蓋。

2010 年 10 月，第十一屆全國人大常委會第十七次會議通過了《中華人民共和國社會保險法》，定於 2011 年 7 月 1 日起施行。它是過去實施的一系列有關社會保險的條例、規定、辦法的總結與昇華，明確提出了「社會保險制度堅持廣覆蓋、保基本、多層次、可持續的方針，社會保險水準應當與經濟社會發展水準相適應」、「國家多渠道籌集社會保險資金」、「國家通過稅收優惠政策支持社會保險事業」、「基本養老保險實行社會統籌與個人帳戶相結合」、「國家建立和完善新型農村社會養老保險制度」、「國家建立和完善城鎮居民社會養老保險制度」，等等。《中華人民共和國社會保險法》極大地推動了中國社會養老保險事業的進一步發展。

2011 年 6 月，國務院發布《關於開展城鎮居民社會養老保險試點的指導意見》（國發〔2011〕18 號），要求建立一個以個人繳費和政府補貼相結合的城鎮居民養老保險制度，實行社會統籌和個人帳戶相結合，與家庭養老、社會救助、社會福利等其他社會保障政策相配套，保障城鎮居民老年基本生活。城鎮居民養老保險基金主要由個人繳費和政府補貼構成，參加城鎮居民養老保險的城鎮居民的個人繳費應按規定進行繳納，繳費標準設為每年 100 元、200 元、300 元、400 元、500 元、600 元、700 元、800 元、900 元、1,000 元 10 個檔次，各地區可依據實際情況調整繳費檔次。國家為每個參保人員建立終身記錄的養老保險個人帳戶，個人繳費、地方人民政府對參保人的繳費補貼及其他來源的繳費資助，全部記入個人帳戶。養老金待遇和領取條件與新農保相同，充分體現社會公平。2011 年 7 月 1 日啟動城鎮居民社會養老保險試點工作，實施範圍與新型農村社會養老保險試點範圍基本一致，到 2012 年基本實現城鎮居民養老保險制度的全覆蓋。

2012 年 6 月，國務院發布《關於批轉社會保障「十二五」規劃綱要的通知》（國發〔2012〕17 號），指出「十二五」時期是全面建設小康社會的關鍵時期，也是社會保障領域深化改革和在關鍵環節上實現突破的時期。該綱要在肯定過去中國在社會保障方面取得的成就的同時，指出了未來五年社會保障事業發展的主要目標，即「社會保障制度基本完備，體系比較健全，覆蓋範圍進一步擴大，保障水準穩步提高，歷史遺留問題基本得到解決，為全面建設小康社會提供水準適度、持續穩定的社會保障網」。

2014 年 2 月，國務院發布《關於建立統一的城鄉居民基本養老保險制度的意見》（國發〔2014〕8 號），要求將新型農村社會養老保險和城鎮居民養老保險兩項制度合併實施，在全國範圍內建立統一的城鄉居民基本養老保險制度。城鄉居民養老保險基金由個人繳費、集體補助、政府補貼構成。參加城鄉居民養老保險的人員應當按規定繳納養老保險費，繳費標準設為每年 100 元、200 元、300 元、400 元、500 元、600 元、700 元、800 元、900 元、1,000 元、1,500 元、2,000 元 12 個檔次，各省（區、市）人民政府可以根據實際情況增設繳費檔次。國家為每個參保人員建立終身記錄的養老保險個人

帳戶，個人繳費、地方人民政府對參保人的繳費補貼及其他來源的繳費資助，全部記入個人帳戶。城鄉居民養老保險待遇由基礎養老金和個人帳戶養老金構成，支付終身；中央確定基礎養老金最低標準，地方人民政府根據實際情況適當提高基礎養老金標準。

2014年2月，人力資源和社會保障部、財政部《關於印發〈城鄉養老保險制度銜接暫行辦法〉的通知》（人社部發〔2014〕17號）規定了有關城鎮職工養老保險和城鄉居民養老保險相互轉換的條件與要求，做好城鄉養老保險制度銜接工作，有利於促進勞動力的合理流動，對於保障廣大城鄉參保人員的權益，對於健全和完善城鄉統籌的社會保障體系具有重要意義。

2015年1月，國務院通過的《關於機關事業單位工作人員養老保險制度改革的決定》（國發〔2015〕2號）規定對機關事業單位工作人員的基本養老保險費由單位和個人共同負擔，單位繳納基本養老保險費的比例為本單位工資總額的20%，個人繳納比例為8%，個人繳費形成個人帳戶，由單位代扣。個人帳戶儲存額只能用於工作人員養老，不可提前支取。該決定對於養老金領取的規定與《關於完善企業職工基本養老保險制度的決定》的規定相同。機關事業單位應為其員工建立職業年金，單位按本單位工資總額的8%繳費，個人按本人繳費工資的4%繳費。

2017年7月，國務院辦公廳發布《關於加快發展商業養老保險的若干意見》（國辦發〔2017〕59號），明確了從以下五個方面推動商業養老保險的發展：創新商業養老保險產品和服務、促進養老服務業健康發展、推進商業養老保險資金安全穩健營運、提升管理服務水準和完善政策支持。同時，重點強調要研究解決商業養老保險發展中的重大問題；加強投資和財稅等政策支持，完善地方保障支持政策；為商業養老保險的健康發展營造良好環境。其中最為突出的地方是：落實好國家支持現代保險服務業和養老服務業發展的稅收優惠政策，對商業保險機構一年期以上人身保險保費收入免徵增值稅。2017年年底前啟動個人稅收遞延型商業養老保險試點。加快商業養老保險的發展，對於健全中國多層次養老保險體系，應對人口老齡化的挑戰，建立一個更加完善合理的多支柱養老保險體系具有十分重要的意義。

2017年11月，國務院出抬的《劃轉部分國有資本充實社保基金實施方案》（國發〔2017〕49號）明確了以下基本原則：堅持目標引領，與基本養老保險制度改革目標緊密結合；堅持系統規劃，與深化國有企業改革目標緊密結合；堅持立足長遠，與彌補企業職工基本養老保險基金缺口的目標相結合；堅持獨立營運，與社保基金多渠道籌集的政策目標相結合。該方案規定將中央和地方國有及國有控股大中型企業、金融機構納入劃轉範圍，在劃轉比例方面以彌補企業職工基本養老保險制度轉軌時期因企業職工享受視同繳費年限政策形成的企業職工基本養老保險基金缺口為基本目標，劃轉比例統一為企業國有股權的10%，計劃在2017年選擇部分中央企業和部分省份開展試點，並在2018年及以後分批劃轉其他符合條件的中央管理企業、中央行政事業單位所辦企業以及中央金融機構的國有股份。劃轉部分國有資本充實社保基金，增強了基本養老保險制度的可持續性，有助於縮小中國基本養老保險基金缺口。

2018年6月13日，國務院印發《關於建立企業職工基本養老保險基金中央調劑制

度的通知》，決定建立養老保險基金中央調劑制度，自 2018 年 7 月 1 日起實施。建立養老保險基金中央調劑制度的主要目的是解決發展不平衡不充分的突出問題，圍繞建立健全更加公平更可持續養老保險制度目標，堅持促進公平、明確責任、統一政策、穩步推進的基本原則，建立養老保險基金中央調劑制度，作為實現養老保險全國統籌的第一步，均衡地區間企業職工基本養老保險基金負擔，實現基本養老保險制度可持續發展。建立養老保險基金中央調劑制度的主要內容是：一是中央調劑基金由各省份養老保險基金上解的資金構成，按照各省份職工平均工資的 90% 和在職應參保人數作為計算上解額的基數，上解比例從 3% 起步，逐步提高。二是中央調劑基金實行以收定支，當年籌集的資金按照人均定額撥付的辦法全部撥付地方。三是中央調劑基金納入中央級社會保障基金財政專戶，實行收支兩條線管理，專款專用，不得用於平衡財政預算。四是現行中央財政補助政策和補助方式不變，省級政府要切實承擔確保基本養老金按時足額發放和彌補養老保險基金缺口的主體責任。

2.1.3 中國養老保險的發展現狀

中國現行的養老保險制度體系包括城鎮企業職工基本養老保險制度、機關事業單位養老保險制度、城鄉居民養老保險制度、企業年金與職業年金、商業儲蓄性養老保險。

自黨的十四屆三中全會明確指出建立社會統籌與個人帳戶相結合的基本養老保險制度以來，基本養老保險制度的改革不斷推進，養老保險覆蓋面逐步擴大，由過去僅局限於國有企業、集體企業職工、國家機關和事業單位工作人員逐步擴展到城鎮個體工商戶、靈活就業人員、城鄉居民等各類從業人員，參保人數迅速增加，保障水準逐步提高。

（一）基本養老保險發展情況

1. 城鎮職工基本養老保險參保狀況

根據《中華人民共和國 2017 年國民經濟和社會發展統計公報》[①] 的數據，2017 年末全國參加城鎮職工基本養老保險人數 40,199 萬人，比 2016 年末增加 2,269 萬人。其中，參保職工為 29,268 萬人，參保離退休人員為 11,026 萬人。

從圖 2-1-1 可以看出，中國城鎮職工基本養老保險發展迅速。2000 年，城鎮職工基本養老保險參保人數為 1.36 億人，到 2017 年底，城鎮職工基本養老保險參與人數達到 4.02 億人，年平均增長率為 6.58%，參保人整體呈現快速穩步增加的趨勢。截至 2017 年底，中國城鎮職工基本養老保險覆蓋率已經達到了 94.67%，這說明中國城鎮職工養老保險發展成果十分顯著。中國城鎮職工基本養老保險參保人數相較於前幾年的高速增長，近幾年的增速有所放緩。但從總量上來看，近幾年的參保人數增加量依然可觀。

[①] http://www.gov.cn/xinwen/2018-02/28/content_5269506.htm.

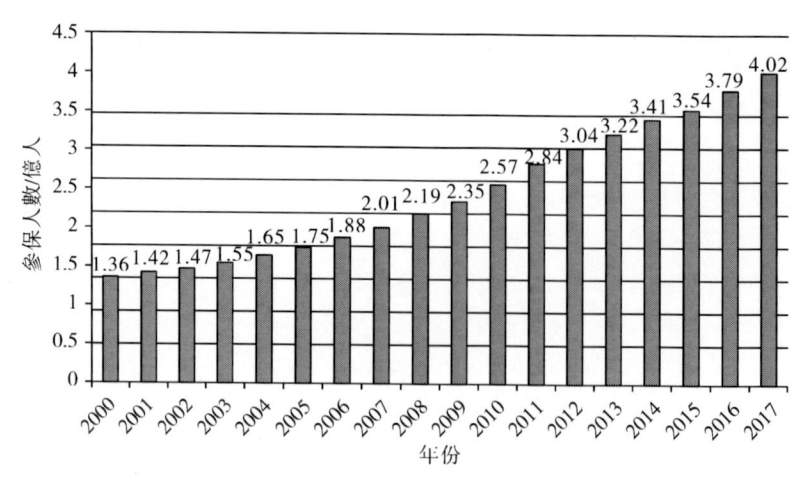

图 2-1-1 2000—2017 年度中國城鎮職工基本養老保險參保人數

資料來源：2000—2017 年度人力資源和社會保障事業發展統計公報。

2. 城鄉居民基本養老保險參保狀況

2007 年起，中國在一些地區開始了新型農村社會養老保險試點工作。2009 年國務院出抬了《關於開展新型農村社會養老保險試點的指導意見》，進一步促進了新型農村社會養老保險試點與擴面，將農村居民納入基本養老保險範疇。2011 年，國家正式開展城鎮居民社會養老保險試點工作，將城鎮非企業職工的居民納入基本養老保險範疇。隨著新農保和城居保的快速推廣，城鄉居民參保人數迅速增加。《2017 年度人力資源和社會保障事業發展統計公報》的統計數據顯示，2017 年末城鄉居民基本養老保險參保人數 51,255 萬人，比 2016 年末增加 408 萬人[①]。

根據圖 2-1-2 可以看出，中國城鄉居民基本養老保險從 2010 年實施開始，當年只

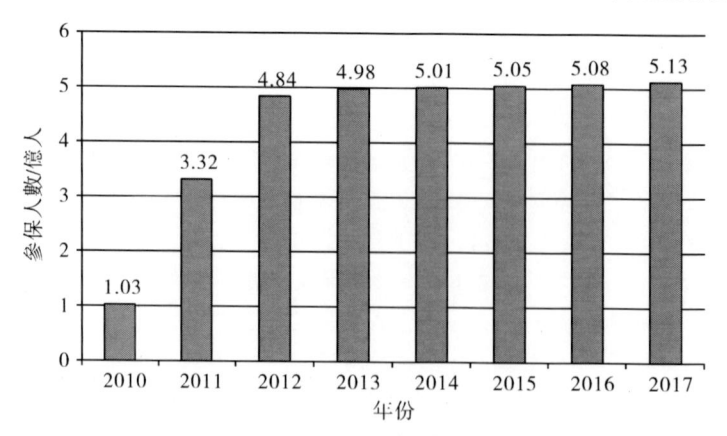

圖 2-1-2 2010—2017 年度中國城鄉居民基本養老保險參保人數

資料來源：2010—2017 年度人力資源和社會保障事業發展統計公報。

① http://www.gov.cn/xinwen/2018-02/28/content_5269506.htm.

有10,276.8萬人參加,但發展十分迅速,尤其是在前三年都實現了高速增長,但近幾年的增長幅度非常微小,參保人數已經趨於穩定。其中,2011年中國城鄉居民基本養老保險參保人數增長率為222.88%,2012年參保人數增長率為45.77%,2013年參保人數增長率為2.85%,2014年參保人數增長率為0.72%,2015年參保人數增長率為0.73%,2016年參保人數增長率為0.74%,2017年參保人數增長率為0.80%。可以看出,中國城鄉居民基本養老保險高速擴張期已結束,目前已進入低速穩定的發展時期。

3. 基本養老保險基金收支狀況

隨著基本養老保險覆蓋面的擴大,參保人數快速增加,基本養老保險基金也迅速擴大。根據《2017年度人力資源和社會保障事業發展統計公報》提供的統計數據,2017年末,全年基本養老保險基金收入46,614億元,比2016年增長22.7%,其中徵繳收入34,213億元,比2016年增長24.4%。全年基本養老保險基金支出40,424億元,較2016年增長18.9%。2017年末基本養老保險基金累計結存50,202億元,見表2-1-1。全年城鎮職工基本養老保險基金總收入43,310億元,比2016年增長23.5%,其中徵繳收入33,403億元,比2016年增長24.8%。各級財政補貼基本養老保險基金8,004億元。全年基金總支出38,052億元,比2016年增長19.5%。2017年末城鎮職工基本養老保險基金累計結存43,885億元。全年城鄉居民基本養老保險基金收入3,304億元,比2016年增長12.6%,其中個人繳費810億元。基金支出2,372億元,比2016年增長10.3%。基金累計結存6,318億元。不難發現,全國基本養老保險基金收支規模逐年擴大,累計結餘還在繼續增加,而且增幅越來越大,可從圖2-1-3中看出這一趨勢。

表2-1-1 2000—2017年度全國基本養老保險基金收支及結餘　　　單位:億元

年份	總收入	總支出	累計結餘
2000	2,278.5	2,115.5	947.1
2001	2,489.0	2,321.3	1,054.1
2002	3,171.5	2,842.9	1,608.0
2003	3,680.0	3,122.1	2,206.0
2004	4,258.4	3,502.1	2,975.0
2005	5,093.3	4,040.3	4,041.0
2006	6,309.8	4,896.7	5,488.9
2007	7,834.2	5,964.9	7,391.4
2008	9,740.2	7,389.6	9,931.0
2009	11,490.8	8,894.4	12,526.1
2010	13,872.9	10,755.3	15,787.8
2011	18,004.8	13,363.2	20,727.8
2012	21,830.3	16,711.5	26,243.5
2013	24,732.6	19,818.7	31,274.8

表2-1-1(續)

年份	總收入	總支出	累計結餘
2014	27,619.9	23,325.8	35,644.5
2015	32,195.0	27,929.0	39,937.0
2016	37,991.0	34,004.0	43,965.0
2017	43,310.0	40,424.0	50,202.0

資料來源：2000—2017年度人力資源和社會保障事業發展統計公報。

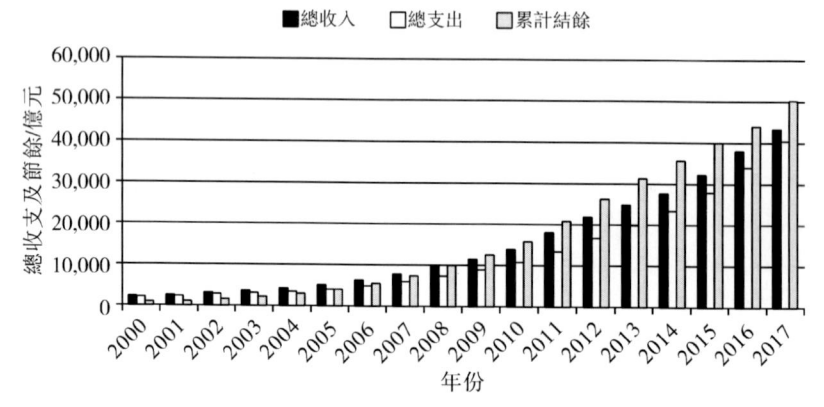

圖2-1-3 2000—2017年度中國基本養老保險基金總收支及結餘

資料來源：2000—2017年度人力資源和社會保障事業發展統計公報。

(二) 中國企業年金與職業年金發展狀況

正是考慮到中國人口老齡化的發展有日益嚴峻的趨勢，中國自20世紀80年代初期以來就一直在探索建立並發展企業補充養老保險，以減輕國家與企業的負擔，增強個人在養老保險體系中的責任。國務院於1991年、1995年、1997年頒布的有關養老保險制度改革的決定與通知中就已明確要求並鼓勵企業在力所能及的情況下建立補充養老保險，原勞動部在1995年出抬了企業補充養老保險具體實施辦法，直到2000年12月國務院發文將補充養老保險明確為企業年金。企業年金是中國多層次養老保險體系中的第二支柱，也就是企業補充養老保險。中國於2004年頒布了《企業年金試行辦法》和《企業年金基金管理試行辦法》，對建立企業年金的條件、方案以及企業年金基金的管理辦法等事項進行了詳細說明與規定，並於2005年和2006年批准了一批合格的企業年金基金投資營運機構，企業年金從此進入規範化的發展階段。中國的企業年金投資管理以安全性為首要原則，其保值增值效果也比較明顯。

由於企業年金的前身補充養老保險在20世紀80年代初期就開始試點推廣，有一部分企業職工已經開始領取企業年金；同時，參加企業年金以參加基本養老保險為前提，因此，本書中的某年末企業職工的全員參保率指的是企業參加基本養老保險職工（包括已經領取待遇的離退休人員）中參加企業年金與已領取企業年金的職工所占的比例。它

是一個時點指標,反應在該時點被基本養老保險覆蓋的人群中參加企業年金的人群所占的比例。而繳費參保率則指的是參加基本養老保險的在職職工中繳納企業年金保費的職工所占的比例,這裡繳費參保率針對的是在職參保繳費人員。在企業年金實施初期,領取待遇的人員比較少,甚至可以忽略不計,後期會逐漸增多。

2000年全國有560萬人參加了企業年金,全員參保率為4.61%,繳費參保率為6.14%,基金滾存結餘192億元;2001年只有193萬人參加企業年金,全員參保率為1.56%,繳費參保率降為2.10%,基金滾存結餘為49億元;2006年有2.4萬家企業參加了企業年金,企業年金繳費職工為964萬人,基金滾存結餘為910億元,繳費參保率為5.72%;2007年有3.2萬家企業與929萬人參加了企業年金,基金滾存結餘為1,519億元,繳費參保率為5.09%。以後,參加企業年金的企業數與企業職工人數不斷增長,基金結餘總體上也呈現出增長趨勢。

從表2-1-2和圖2-1-4可以看出,中國2008年參加企業年金職工人數為1,038萬人,基金規模為1,911億元。2016年全國參加企業年金職工人數為2,325萬人,相對於2008年的規模增長了124%,年均增長10.61%,繳費參保率為6.13%。企業年金基金規模的快速穩定增長,說明中國企業年金的發展已取得了顯著的成果。2017年末,全國有8.04萬戶企業建立了企業年金,參加職工人數為2,331萬人,比2016年增加0.3%,繳費參保率為5.80%,2017年末企業年金基金累計結餘為12,880億元。相對於2008年的規模,基金增長了4.80倍,年均增長24.56%。

表2-1-2　2008—2017年度中國企業年金發展基本情況

年份	建立企業年金的企業數量/萬家	建立企業年金的企業數量增長率/%	參加職工人數/萬人	參加職工人數增長率/%	企業年金基金累計結存/億元	企業年金基金累計結餘增長率/%
2008	3.30	3.13	1,038	11.7	1,911	25.81
2009	3.35	1.50	1,179	13.6	2,533	32.55
2010	3.71	10.7	1,335	13.2	2,809	10.90
2011	4.49	21.3	1,577	18.1	3,570	27.09
2012	5.47	21.8	1,847	17.1	4,821	35.04
2013	6.61	20.8	2,056	11.4	6,035	25.18
2014	7.33	10.8	2,293	11.5	7,689	27.14
2015	7.55	3.0	2,316	1.0	9,526	23.89
2016	7.63	1.1	2,325	0.4	11,075	16.26
2017	8.04	5.4	2,331	0.3	12,880	16.30

資料來源:2008—2017年度人力資源和社會保障事業發展統計公報。

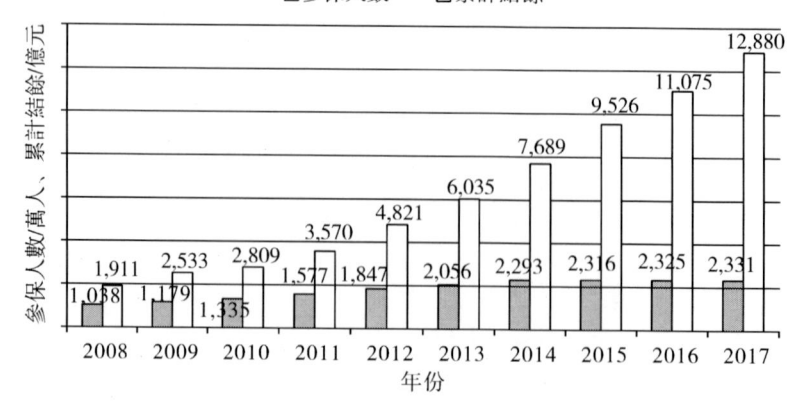

图 2-1-4　2008—2017 年度中國企業年金參保人數和累計結餘

資料來源：2008—2017 年度人力資源和社會保障事業發展統計公報。

2015 年 1 月，國務院通過的《關於機關事業單位工作人員養老保險制度改革的決定》要求為機關事業單位職工建立職業年金。經過 4 年多時間的發展，參加職業年金的人數已達 2,970 萬人，覆蓋率達到 82%，繳費率達到 96.5%；截至 2019 年 5 月底，中國職業年金基金累計結餘為 6,100 億元，接近城鄉居民基本養老保險 7,100 億元基金餘額；預計每年帶來 1,000 億~1,500 億元的固定繳費，因而 5 年內職業年金基金累計結餘將超過 1 萬億元①。顯而易見，中國職業年金發展速度已顯著超過企業年金的發展，主要得益於強制性繳費的制度設計，也與其較高的管理營運效率有關。

(三) 中國商業養老保險發展情況

作為中國多層次養老保險體系的第三支柱，商業養老保險對於中國養老保險的發展以及應對人口老齡化的挑戰都將是十分關鍵的因素。中國人口老齡化具有老齡化發展速度快和未富先老的特徵，同時中國經濟發展進入了新常態，經濟增長速度放緩將導致財政供給的增長能力下降，而人民對於生活水準的要求將會越來越高，過度依賴政府養老已經有些困難。因此，加快商業養老保險的發展步伐，更好地發揮多層次養老保險體系的作用，增強個人在養老保險體系中的責任感已經成了中國養老保障體系未來發展的方向。同時，加快商業養老保險的發展還可以有效地促進中國市場經濟的發展，緩解政府財政支付壓力，優化資源配置，促進多層次養老保險體系協調發展。

從表 2-1-3 中的數據可以看出，2008 年中國保險公司壽險業務原保險費收入為 6,658.4 億元，2017 年壽險業務收入達到了 21,455.6 億元，增長了 2.22 倍，年均增長 13.88%，這說明中國商業養老保險近幾年來得到了快速的發展。同期，中國基本養老保險基金收入年均增長為 18.03%。此外，我們還可以看出，近幾年中國保險公司壽險業務原保險費收入增速低於基本養老保險基金收入增速。從表 2-1-3 可以看出，壽險業務

---

① 鄧雄鷹. 職業年金順利開局給企業年金發展帶來的啟示 [N]. 證券時報，2019-08-02.

收入相對於養老保險基金收入的比例是先下降後回升，2017年已回升到近50%。這也說明壽險業務最近4年增長速度高於基本養老保險基金收入增長幅度。從2017年人身保險公司壽險業務結構來看，普通壽險業務規模保費占比47.2%，比2016年上升了11.1%；分紅險占比為31.05%，比去年上升了7.3%；萬能險占比為19.95%，下降16.9%；其他業務占比為1.8%。也就是說傳統保險業務回升，新型保險業務回調，這充分說明中國壽險公司業務結構得到持續調整與優化，行業轉型的成效已經初顯，保險正在迴歸保障職能。但是值得注意的是，普通壽險業務強調保障功能，包括死亡保險、兩全保險、生存保險，而養老金業務或年金業務屬於生存保險。由此可見，商業養老保險有了顯著發展，但占人壽險保險業務的比例是非常低的。

表2-1-3　中國商業保險公司壽險保費收入與基本養老保險基金收入的對比

年份	基本養老保險基金收入/億元	基本養老保險基金總收入增長率/%	保險公司壽險業務原保險保費收入/億元	保險公司壽險業務原保險保費收入增長率/%	保險公司壽險業務保費收入占基本養老保險基金總收入的比例/%
2008	9,740.2		6,658.4		68.4
2009	11,490.8	18.0	7,457.4	12.0	64.9
2010	13,872.9	20.7	9,679.5	29.8	69.8
2011	18,004.8	29.8	8,695.6	-10.2	48.3
2012	21,830.3	21.2	8,908.1	2.4	40.8
2013	24,732.6	13.3	9,425.1	5.8	38.1
2014	27,619.9	11.7	10,901.7	15.7	39.5
2015	32,195.0	16.6	13,241.5	21.5	41.1
2016	37,991.0	18.0	17,442.2	31.7	45.9
2017	43,310.0	14.0	21,455.6	23.0	49.5

資料來源：2008—2017年度保險統計數據報告、人力資源和社會保障事業發展統計公報。

2016年，中國具備養老功能的人身保險（包括各類在被保險人年滿55週歲後領取生存金的保險產品）保費收入為8,600億元，在人身保險保費收入（34,492億元[1]）中的占比為25%，約占壽險業務的49%，累積責任準備金約1.9萬億元，有效承保6,532萬人次。其中，退休後分期領取待遇的養老年金保險的保費收入為1,500多億元，約占人身保險保費收入的4.4%，約占壽險業務原保費收入的8.7%，累積保險責任準備金2,600億元，有效承保只有1,707萬人次[2]。

截至2017年第二季度末，年金保險原保費收入8,226億元，同比增長57%，有效保單10,773萬件，期末有效人次1.4億，累積了2.75萬億元責任準備金。其中與基本養老保險屬性相似，退休後定期領取的原保費收入為437億元，累積的責任準備金為

---

[1] 根據http://www.circ.gov.cn/web/site0/tab5168/info4060025.htm 計算而得。
[2] http://www.circ.gov.cn/web/site0/tab7926/info4076942.htm（保監會新聞發布會）。

1,792 億元①。

從上述原中國保險監督委員會發布的信息可以看出中國商業養老保險發展狀況，顯然它與基本養老保險基金收入相比差距不小，這也說明了其發展潛力是相當巨大的。

2.1.4 中國養老保險發展的特點

中國社會養老保險制度從 20 世紀 50 年代開始建立，經過多次修訂調整，從 80 年代起進行了一系列的改革與完善措施。總體上說，呈現出如下一些特點：

（一）先試點後推廣

中國的養老保險制度，無論是基本養老保險，還是補充養老保險（或企業年金）、社會統籌、統帳結合、做實個人帳戶、提高統籌層次、機關事業單位養老保險、農村社會養老保險、城鄉居民社會養老保險、遞延型養老保險等都經歷過先試點然後再進行推廣這一過程。其主要原因是中國具有幅員遼闊、人口眾多、經濟成分複雜、地域差異巨大等諸多特點，同時改革也是一種探索，養老保險可以說是涉及面最廣的一個險種，因為 90%以上的新生嬰兒會活過 60 週歲，就會面臨老年保障問題，可以說老年風險是人生的最大風險。在「統收統支」的背景下，退休保障即使倒退為企業保險，本質上仍然是國家保障，而且中國的養老保險制度建立初期有資格享受待遇的人數並不多，加上人口結構還比較年輕，因而，在 20 世紀 70 年代末期開始改革開放以前，中國職工的養老保險是不會存在多大問題的。但是隨著經濟體制改革的逐步深入，社會主義市場經濟體制的確立與推進，企業成為自負盈虧、自我約束的經濟實體，企業辦社會、企業辦保險就不現實了，因而減員增效、下崗分流、增強企業活力等一系列改革就不得不推行，傳統的離退休制度必須改革，新的養老保險制度需要建立。為了減輕副作用，在缺乏經驗的大背景下，採用了「先試點後推廣」等策略。實踐證明，這一方法在改革的過程中起到過積極的作用，但也帶來了一些消極後果，主要是缺乏前瞻性、制度碎片化、修修補補；養老保險制度缺乏頂層設計，一體化思路比較欠缺，難免會多走彎路。

（二）強調三方協同作用

針對在社會養老保險等社會保險項目中國家包攬過多的弊端，同時也考慮到人口老齡化將加速發展、中國老年人口眾多的客觀現實以及現收現付模式的弊端等因素，在中國養老保險制度建立與改革過程中，逐步強調國家、集體、個人協同作用，共建養老保險制度。國家通過法律法規、財政支持、稅收優惠等予以支持，企業與個人在稅收優惠、員工凝聚力等方面獲得實質性好處，通過個人帳戶的激勵機制，推進養老保險制度的完善，從而共同促進了養老保險制度的發展。在過去 30 餘年養老保險制度的改革實踐中，國家是中國養老保險制度建設與完善的強力推進者，短期內幾乎完全實現了「全民皆養老、全民皆醫保」這一宏偉目標，政府可以說是功不可沒。不過，國家基本養老保險獨大，企業年金與商業養老保險過小，國家、集體和個人三者的作用還未充分協調

---

① 黃洪. 推動商業養老保險改革發展 [J]. 中國金融，2017（17）.

起來，三支柱多層次養老保險體系尚未充分發揮作用。具體表現在：國家有關養老保險法律建設比較滯後，推動第二、三支柱建設力度還很不夠，企業參加企業年金的積極性不高，個人承擔養老保險責任比較小。在當今的環境下，政府法律法規的促進推動作用同樣不能忽視，稅收優惠措施應該強力推進。儘管減少了當前與近期少量財政收入，實際上卻減少了更多的遠期財政補貼，因為更多國民在第二支柱與第三支柱中的作用被充分發揮出來了，政府在第一支柱中的作用或政府的責任就可以適當減輕。同時，政府財力將更多地支付給真正困難的低收入群體，特別是加強對農村貧困人口參加養老保險的支持力度，這樣可以有效地激發中國養老保險制度的活力。總之，三方齊心協力，才能使三支柱模式協調發展。

（三）堅持「統帳結合」

在中國養老保險制度改革完善過程中，採用了先易後難、穩步推進的策略。改革開放首先觸動企業經營機制，因而率先進行企業職工基本養老保險制度改革，先實施社會統籌，後引入個人帳戶，「統帳結合」；先從國營（有）企業入手，然後在私營企業中推行社會養老保險制度。同時，1992年，民政部對農村社會養老保險制度進行了探索，2008年才在全國大面積探索新型農村社會養老保險制度，推動失地農民養老保險、城鎮居民養老保險、城鄉居民養老保險、城鎮職工養老保險、事業單位養老保險、企業年金、職業年金等多項改革，同時成功推出了《中華人民共和國社會保險法》，還出抬了養老保險轉移接續辦法，使中國養老保險制度體系日漸豐滿，運行效率日益提高。中國在養老保險制度改革完善的過程中，貫徹「先易後難」的思想，逐步增加養老保險項目，逐步擴大養老保險覆蓋面，不斷提高保障水準；同時，針對不同人群、不同地區實施養老保險制度，探索制度轉移與銜接，對現行制度進行整合，以提高制度運行效率與制度的透明度。儘管在中國養老保險制度改革完善過程中，不同人群、不同地區，養老保險制度都存在或多或少的差異，改革路徑差異較大，但最後基本上或最大限度上都堅持了基本養老保險「統帳結合」這一核心原則，既堅持了「統籌互濟」的保險思想，又實現了「個人激勵」；而且，還有利於將社會養老保險的現收現付模式向部分累積模式轉換，從而使中國的養老保險制度更加有利於應對人口老齡化的挑戰。

但是，在養老保險制度改革過程中，政府對於養老保險制度改革的困難估計不足，財政支持滯後與力度不夠，導致個人帳戶基金被挪用於當前職工養老金的發放，個人帳戶「空帳」運行，而且養老保險基金投資收益低下，從而導致「統帳結合」走樣，養老保險制度改革的初衷受到挑戰。

2.2 中國養老保險制度存在的問題

儘管中國養老保險制度在改革中不斷發現問題並解決問題，但是中國養老保險制度仍然存在諸多問題：基本養老保險制度存在收不抵支的風險、企業年金的作用還很弱

小、商業養老保險尚處於起步階段、不同人群基本養老保險待遇差距較大、法律法規還有待完善、保險基金投資收益率偏低，等等。這裡主要探討前面三個問題。當然，後面三個問題仍然是重要的影響因素，比如不同群體基本養老保險待遇差距較大，從社會養老保險以追求公平為目標的角度來看，隨著「兩個一百年」奮鬥目標的逐步實現，城鄉居民基本養老保險待遇將有更大的提升空間，這也是未來缺口擴大的因素之一，當然那時經濟更發達、人民收入水準更高；養老保險法律法規將不斷完善，以確保其健康運行、可持續發展；保險基金投資收益率影響基金的保值增值，因為利息理論已證實收益率對基金累積值大小具有高度敏感性。

2.2.1 基本養老保險基金存在收不抵支的風險

中國基本養老保險基金從最初建立到現在，發展十分迅速，基金收入與基金結餘呈現出逐年遞增的趨勢，但在其快速發展的同時也存在一些問題。

從圖 2-2-1 可以看出，中國基本養老保險基金的總收入、總支出和結餘都呈現穩步增長的趨勢。從表面上看，中國的養老保險基金的狀況良好，並沒有出現不可持續的跡象，但如果我們深入瞭解就會發現，該圖中的總收入已包含了政府補貼，而且政府對基本養老保險基金的補貼力度也越來越大。其次，該圖中的總結餘是當前養老基金的所剩金額，它還包含了未來一段時間裡需要支付給被保險人的養老金或者說是責任準備金。因此，如果我們想要深入瞭解中國基本養老保險基金是否存在著缺口，就需要做更進一步的深入分析。

從圖 2-2-1 還可以看出，在 2013 年之前中國基本養老保險基金的徵繳收入與總支出基本上差異不大，但是在 2013 年以後徵繳收入開始逐漸低於總支出，而且它們之間的差額呈現出逐年遞增的趨勢，2016 年的差額已經達到了 6,504 億元，2017 年的差額略

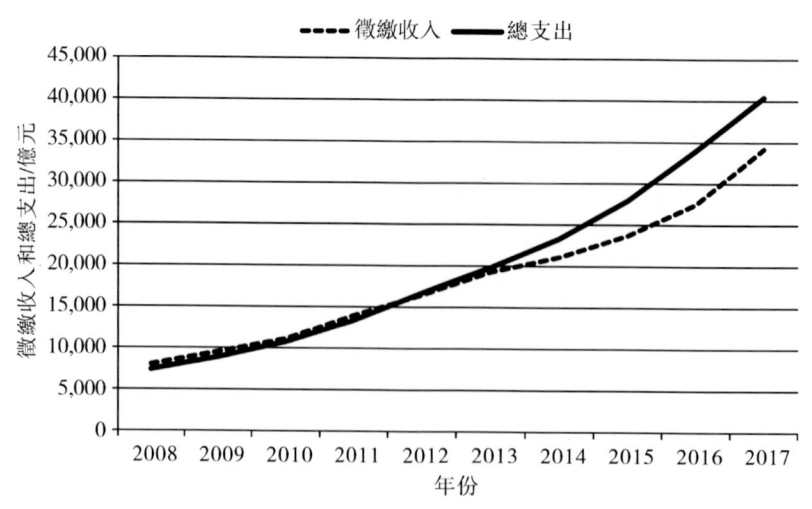

圖 2-2-1 2008—2017 年度中國基本養老保險基金徵繳收入和總支出

資料來源：2008—2017 年度人力資源和社會保障事業發展統計公報。

有下降，仍有 6,211 億元。隨著中國人口老齡化的程度不斷加深，基本養老保險的繳費人口增幅會越來越小，而領取養老金的老年人口則會逐步增多，從而導致中國養老基金徵繳收入和總支出兩者之間的差額會越來越大。如果按照這種趨勢持續下去，在不考慮政府財政補貼的前提下，中國的養老基金結餘將逐漸被消耗殆盡，從而使得中國的基本養老保險制度不能維持下去。

下面考慮對養老保險基金財政補貼情況。圖 2-2-2 反應了中國基本養老保險基金中 2008—2017 年度各級財政補貼的額度。根據圖中的信息，2008 年中國基本養老保險基金各級財政補貼額度為 1,437 億元，2012 年的財政補貼額度為 2,648 億元，2017 年的財政補貼額度已經上升為 12,401 億元。可以看出，在 2012 年以前財政補貼額度一直維持在相對穩定且較低的水準上，但是 2012 年以後財政補貼額度上升的趨勢十分陡峭；以 2012 年末為界，前 4 個年度裡年均增長 16.51%，後 5 個年度裡年均增長 36.18%。按照這種趨勢發展下去，中國基本養老保險基金的財政補貼額度將會是一個很大的數額，以 2012 年末為起點，第 10 年末將補貼 8.27 萬億元，第 20 年末將補貼 258 萬億元。當然不可能將這樣高的增長率長期保持下去，因為這已經大大超過 GDP、超過財政收入的增長率，不過，需要補貼的數額將越來越巨大，這是一個不容爭辯的事實，從而將成為中國財政的一個重大負擔，進一步影響中國經濟的可持續發展。

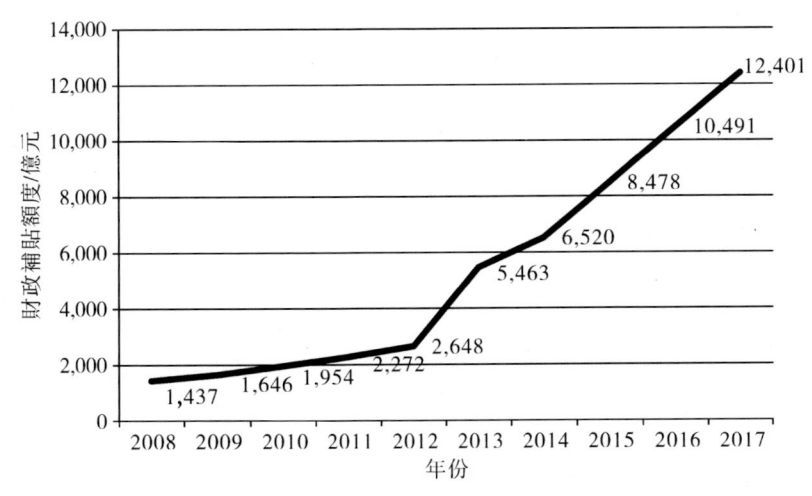

圖 2-2-2　2008—2017 年度中國基本養老保險基金各級財政補貼額度

資料來源：2008—2017 年度人力資源和社會保障事業發展統計公報。

城鄉居民基本養老保險制度繳費還存在一些問題，比如固定金額 100 元、200 元、300 元等繳費方式仍將面臨 1992 年農村社會養老保險方案中固定金額 2 元、4 元、8 元等繳費方式導致其待遇偏低的問題，因為後者導致的待遇低到每月只能領取幾元。目前的繳費方式只不過數額更大一些而已，幾十年後這些繳費所對應的待遇相對於未來的購買力來說仍然有偏小的風險。因此，可以採用當地居民平均收入或城鎮職工平均工資作為參照物來繳費。

2.2.2 企業年金尚未發揮應有的作用

目前，在中國實行企業年金制度的大部分企業是國有企業，而民營企業參保率明顯較低。除此之外，中國的企業年金還有著覆蓋範圍小、參保率低和職工受益少等特點，面臨的主要問題是企業和職工參加企業年金的積極性明顯不足。因此，需要對中國企業年金制度本身進行思考，對中國的企業年金制度進行相應的改革，以推動中國企業年金制度的健康發展，從而更好地建設中國多層次的養老保險體系。2000年，全國有560萬人參加企業年金，繳費參保率為6.14%，基金滾存結餘192億元。後來企業年金發展呈現出波動增長趨勢。2006年參加企業年金的企業數為2.4萬家，占當年企業數的0.61%；2007年參加企業年金的企業數為3.2萬家，占當年企業數的0.74%。

根據2008—2017年度企業年金參保人數和累計結餘柱狀趨勢圖（見圖2-1-4）可以清晰地看出參加企業年金的職工數和基金規模變化的趨勢：基金規模平均增長率更高，參加企業年金制度的職工數量的增長率每年都低於基金規模增長率。根據表2-1-2的信息可以看出，2010—2014年建立企業年金制度的企業和參加企業年金的職工人數都保持著兩位數的增長，對企業年金基金累積規模的擴張起到了重要的作用。但是2015—2017年建立企業年金制度的企業和參加企業年金的職工人數增長幅度都十分微小，2015年建立企業年金計劃的企業數量只增長了3%、參與企業年金計劃的企業職工數量也只增長了1%；2016年建立企業年金計劃的企業數量僅僅增長了1.1%、參加企業年金計劃的企業職工數的增長率更是降至0.4%；而在2017年，這兩個數據分別變為5.4%和0.3%。由此可見，近幾年中國建立企業年金的企業數量增長率雖有所回升，但參保職工人數增長率卻呈現出逐年遞減的趨勢。

在2013年前參加企業年金的企業占全部企業的比率保持增長趨勢，並在2013年達到最大值0.81%，然後開始下降，但下降幅度越來越小。

儘管建立企業年金的企業數在緩慢增長，但由於國民經濟持續發展，企業法人單位數以更快的速度增長，從2014年起每年都比上一年增加200萬個企業，大約平均每年增長21%，因而建立企業年金的個數占全部企業的比例近幾年來保持下降的趨勢，而且都低於1%，2017年已逼近0.44%的最低點了。見表2-2-1。因此，中國建立企業年金制度的企業數量占全部企業數量的比例十分微小，而且還呈現出下降的趨勢，全國建立企業年金制度的企業數量也非常有限。中國企業年金制度對企業的覆蓋面十分有限，三支柱中企業年金的支柱作用尚未發揮出來，幾乎到了可以忽略不計的邊緣。

表2-2-1　中國企業總數、建立企業年金制度的企業數及其比例

年份	企業法人單位數/個	建立企業年金制度的企業數/個	建立企業年金制度的企業數量占全部企業數量的比例/%
2010	6,517,670	37,100	0.57
2011	7,331,200	44,900	0.61
2012	8,286,654	54,700	0.66
2013	8,208,273	66,100	0.81

表2-2-1(續)

年份	企業法人單位數/個	建立企業年金制度的企業數/個	建立企業年金制度的企業數量占全部企業數量的比例/%
2014	10,617,154	73,300	0.69
2015	12,593,254	75,452	0.60
2016	14,618,448	76,300	0.52
2017	18,097,682	80,400	0.44

資料來源：2010—2016年度全國企業年金基金業務數據、2010—2017年度人力資源和社會保障事業發展統計公報。

2000年企業年金的繳費參保率為6.14%，2001年繳費參保率降為2.10%，2006年繳費參保率達到5.72%，2007年繳費參保率為5.09%。由於基本養老保險發展迅速，參保企業職工增長較快，而其中參加企業年金的企業職工增長相對較慢，從而導致參保率有一定的下降。從2008年起參保率保持上升趨勢到2014年的峰值5.83%，2015年開始小幅度下降。換言之，中國參加基本養老保險的企業職工參加企業年金的比率就在5%左右徘徊不前，很難突破6%。

《中國養老金發展報告2016》數據顯示：2015年中國企業年金繳費1,343.17億元，僅占全國各類養老保險保費收入的3.45%；基本養老保險基金收入32,202.19億元，占比82.67%。由企業年金發放待遇260.57億元，僅占養老金支出的0.9%，而基本養老保險基金占比97.02%。美國絕大多數職工可從企業年金獲得50%~60%的替代率，英國近年來第二、三支柱所提供的養老金接近全部養老金的50%。

中國各年度人力資源和社會保障事業發展統計公報關於企業年金參保人數的有關概念有些前後不一致，有時用的是「繳費職工」，有時用的是「參加職工」，但基本思想側重於「在職繳費」的含義，因此可以認為表2-2-2中「城鎮職工參加企業年金比例」是「繳費參保率」這一概念。

表2-2-2　中國城鎮職工參加基本養老保險比例和參加企業年金比例的比較

年份	城鎮就業人數/萬人	城鎮職工參加基本養老保險人數/萬人	城鎮職工參加基本養老保險比例/%	城鎮職工參加企業年金計劃人數/萬人	城鎮職工參加企業年金比例/%
2008	30,210	21,891	72.46	1,038	3.44
2009	31,120	23,550	75.67	1,179	3.79
2010	32,288	25,707	79.62	1,335	4.13
2011	35,914	28,391	79.05	1,577	4.39
2012	37,120	30,427	81.97	1,847	4.98
2013	38,240	32,218	84.25	2,056	5.38
2014	39,310	34,124	86.81	2,293	5.83
2015	40,410	35,361	87.51	2,316	5.73
2016	41,428	37,930	91.56	2,325	5.61
2017	42,462	40,293	94.89	2,331	5.49

資料來源：2008—2017年度人力資源和社會保障事業發展統計公報。

從表 2-2-2 可以看出，企業職工參加基本養老保險比例與參加企業年金制度的比例形成了強烈的對比。根據《2017 年度人力資源和社會保障事業發展統計公報》提供的統計數據，2017 年末參加城鎮職工基本養老保險人數為 40,293 萬人，城鎮就業人員 42,462 萬人，城鎮職工參加基本養老保險的比率達到 94.89%；而城鎮職工參加企業年金計劃的人數只有 2,331 萬人，繳費參保率僅為 5.49%。由此可見，中國企業年金制度的覆蓋面還很小，企業年金制度發展還任重道遠。

表 2-2-3 反應了中國和一些發達國家企業年金的覆蓋率。這裡所說的企業年金覆蓋率是指一國參加企業年金的人數占該國 15~64 週歲人口數量的比例。根據經合組織發布的 Pensions at a Glance 2017，2016 年美國企業年金的覆蓋率為 40.8%，日本企業年金的覆蓋率為 45.4%，德國企業年金的覆蓋率為 57%，加拿大企業年金的覆蓋率為 26.3%，法國企業年金的覆蓋率為 24.5%。國家統計局公布的數據顯示，中國 2016 年末 15~64 週歲人口數大約為 10 億人，而 2016 年參加企業年金計劃的人數為 2,325 萬人，因此，2016 年中國企業年金的覆蓋率約為 2.3%。由此可以看出，中國企業年金的覆蓋率與世界上大部分發達國家的覆蓋率相差甚遠，這也說明中國企業年金制度的發展還很不充分，企業和員工的參保率明顯偏低。

表 2-2-3 個別國家 2016 年企業年金覆蓋率　　　　　　　　　單位:%

國家	中國	美國	日本	德國	加拿大	法國
覆蓋率	2.3	40.8	45.4	57.0	26.3	24.5

資料來源：2016 年度人力資源和社會保障事業發展統計公報；Pensions at a Glance 2017，OECD and G20 Indicators，Coverage of private pension plans. http://dx.doi.org/10.1787/pension_glance—2017-33-en.

從上面的分析可以看出，中國企業年金發展面臨的首要問題是如何擴大企業參加企業年金的覆蓋面，提高企業年金的覆蓋率，從而提高企業年金基金的規模，發揮企業年金制度應有的作用，使中國的三支柱養老保險體系更加有效。

2.2.3　商業養老保險尚處於起步階段

從 2011 年至今，中國各年度商業人身保險公司壽險業務保費收入大約還不到基本養老保險基金年收入的一半；而且，多年來的比例規律顯示，壽險產品中有 80% 左右屬於理財產品，只有 20% 屬於傳統的養老保險。因此，按養老保險占壽險 20% 的比例來計算的話，2017 年商業養老保險收入應為 5,348.64 億元，只占 2017 年基本養老保險基金總收入的 11.47%。然而，在大多數發達國家，其商業養老保險的保費收入是公共養老保險保費收入的好幾倍。此外，無論是從商業養老保險資產占 GDP 的比重來看，還是從商業養老保險的替代率和保險密度角度來看，中國商業養老保險的發展都與發達國家有著很大的差距。

從上面的分析可以看出，中國的商業養老保險在中國多層次養老保險體系中所占比重明顯較低，換言之，商業養老保險未來的發展空間還很巨大。近幾年來，中國也出

抬了一些加快發展商業養老保險的政策，尤其是稅收優惠政策的出抬與推行，這無疑對中國商業養老保險的發展、對中國多層次養老保險體系的健全以及國民經濟的進一步發展都具有十分重要的意義。

2017年7月5日，原中國保監會召開了新聞發佈會，人身險部主任袁序成就商業養老保險相關問題回答了記者提問。他認為：從整體上來看，中國商業養老保險還處於起步發展階段，但從縱向比較，中國商業養老保險發展保持了較快的速度。早在20世紀80年代，中國就已開始經營具備一定養老功能的年金保險。近年來，具備養老功能的人身保險保持了持續快速的增長勢頭，近5年平均增速超過43%。但與發達國家橫向相比，中國商業養老保險發展仍較為滯後。美國、英國、加拿大等國具有養老保險功能的人身保險保費收入在全部保費收入裡占比大約為50%，而養老年金保險保費收入的占比超過35%。2016年，中國具備養老功能的人身保險（包括各類在被保險人年滿55週歲後向其給付生存保險金的保險產品）保費收入為8,600億元，在人身保險保費收入中的占比為25%，退休後分期領取養老金的養老年金保險的保費收入為1,500億元，在人身保險保費收入中的占比僅為4.4%。顯然，這與發達國家商業養老保險發展的差距還很巨大。

袁序成主任還認為，商業養老保險發展相對滯後，既有行業自身原因，也有外部環境因素。從內部看，存在三個短板：一是技術短板。精算技術是商業養老保險發展的核心技術。由於商業養老保險是長期業務，保險公司經營要考慮的風險比較多。與發達國家相比，中國精算技術與實務的結合與應用還有一定的差距。二是人才短板。從業務發展角度來看，精算、投資、風險管控等方面的專業人才都還比較缺乏。三是規制短板。在監管政策方面，針對長期資產負債匹配管理、長期風險管控等法規制度仍需健全和完善；在管理制度方面，保險公司在風險管控、產品開發等方面的制度建設還有待加強。從外部來看，存在三個不足：一是商業保險意識不夠強。大多數人把保險作為一種消費，認為未來養老還很遙遠。二是政策支持力度不夠大。從國際經驗看，稅收優惠是推動商業養老保險發展的最有效手段，但目前中國相關配套政策尚需落實。三是購買力不夠強。雖然中國人均GDP已超過8,000美元，但低收入人口還佔有相當大比例，人們將大量資產投資在房地產、股票債券方面。即使是購買保險產品，更多的也是購買理財產品或偏向投資與分紅的產品。近年來，在保險迴歸保障的大趨勢下，具有商業養老功能的保險產品將會得到進一步的發展。

2.3 完善中國養老保險制度的對策

過去中國養老保險制度的建立健全依靠的是法律法規的強力推動，未來仍然需要它們發揮更大的作用。未來中國養老保險制度的發展重點應側重補短板，即加快企業年金與商業養老保險的發展。同時，努力彌補養老保險基金虧空。填補養老保險基金缺口將日益成為不得不面對的問題。加強養老保險基金投資運用，加大財政補貼力度，改變財政補貼方

式，提高財政補貼效率，也是確保中國多層次養老保險體系健康運行的重要手段。

2.3.1 加快養老保險立法工作

縱觀世界各國養老保險制度改革發展的歷程，制定相關法律並保證法律的順利實施是養老保險有序發展的一大關鍵因素。養老保險立法不僅是養老保險制度建設的重要內容，而且對養老保險運行起著指導和規範作用，也是養老保險制度監督和管理的重要依據。世界各國養老保險制度立法存在兩種模式，一種是綜合立法，如美國的《社會保障法》；另一種是專門立法，如英國的《養老金法案》。通過分析世界各國的立法實踐，人們發現養老保險制度的立法實踐是緊密配合養老保險發展的，養老保險發展得早的國家，立法實踐都比較早。各國都把立法工作作為保障養老保險制度有序健康發展的重要措施，同時也根據社會經濟環境的變化而不斷地對原有法律制度進行調整修訂，以滿足新的需要。

目前，中國於2011年7月起實施的《中華人民共和國社會保險法》是中國對各類社會保險的統一立法，是一部綜合立法，該法律規範各類社會保險事務，養老保險制度也被包含其中。這部法律基本上是過去有關養老保險制度的一系列條例規章的昇華與總結，但有關規定仍比較粗糙。專門立法方面一直存在空缺，一直由政府行政法規代替，法律效力較低，法律責任認定不明確，違規制裁措施不完善，嚴重影響養老保險制度的發展，不利於保障各利益方的利益。

為保障中國養老保險制度改革的順利進行，應加快養老保險制度立法工作，建立完備的養老保險法律體系。在《中華人民共和國社會保險法》的基礎上，不斷進行完善，依據社會經濟發展所遇到的新情況新問題不斷進行調整。加快養老保險制度專門立法工作，建立基本養老保險、企業年金以及個人商業養老保險專門法律，細化政府、企業和個人的責任，明確各利益主體的權利與義務，同時對政府的監管手段、方式和目標進行規範，對違規制裁進行詳細的規定和說明。

同時建議出抬社保基金營運方面的專門法律，規定各受託機構的職責、入門資格、投資限制、投資監管措施、信息披露機制、退出機制、政府兜底責任以及懲處辦法，為建立監管機制，降低養老金投資運行風險提供法律依據。

2.3.2 積極推進企業年金和個人商業養老保險的發展

2016年末，全國僅有7.63萬戶企業建立了企業年金，且以大型國有企業為主，占全部企業的0.52%；參加企業年金的職工人數為2,316萬人，僅占參加基本養老保險人數的5.61%，占全國就業總人數的3%，年末企業年金基金累計結存僅有11,075億元。2017年、2018年情況雖然有所好轉，但大的格局沒有發生改變。同西方發達國家相比，這一水準實在太低，嚴重影響了中國養老保險制度改革進程，不利於企業職工獲得充分的養老保障。為此，建議如下：

第一，加快企業年金立法工作。目前正在實施的《企業年金辦法》和《企業年金基

金管理辦法》只是行政法規，還未上升到法律層面，規定也比較籠統，不夠規範，仍有細化的必要。因此，應建立企業年金相關法律，對企業年金的建立、籌資、運行、監管和發放以及對於違規行為的認定和處罰，都需要做出詳細的規定，使政府監管有法可依，從而對企業年金管理機構起到約束作用。

第二，統一稅收優惠政策。稅收優惠是世界各國通用的激勵企業建立企業年金的做法，但是，目前中國各地稅收優惠政策混亂而不規範，存在攀比現象；雖已出抬有關法律，還需要制定實施細則才能落到實處。因此，中央政府應出抬統一的稅收優惠政策，加大稅收優惠力度，在規範的同時也便於企業根據自身狀況建立企業年金計劃。

第三，建立聯合企業年金計劃。目前建立企業年金的企業幾乎都是大型企業，中小企業數量很少，原因在於企業年金管理的成本高，中小企業難以承受。因此，可以制定聯合企業年金計劃，將大量效益比較好且有建立企業年金計劃積極性的中小企業聯合起來，共同建立一項企業年金計劃，降低單個企業建立企業年金計劃的運行成本，滿足中小企業建立年金計劃的需求，拓寬企業年金市場。

第四，推動企業年金管理機構發展。目前，中國承擔企業年金管理的機構數量偏少，主要有太平養老保險公司、平安養老保險公司、國壽養老保險公司、長江養老保險公司、泰康養老保險公司、人保資產管理公司、泰康資產管理公司和華泰資產管理公司，這些公司難以滿足企業的需要。政府應該出抬相應政策，積極鼓勵引導企業年金管理機構的設立和發展，進行科學的指導，加強機構監管，完善和推行信息披露，努力提高基金管理機構的數量和業務水準。此外，還要建立一定的警示機制，對重大違規問題，要及時地向社會通報，有關責任人應負起責任。

此外，目前市場上的個人商業養老保險產品種類比較少，不能夠滿足廣大消費者的需求。在商業養老保險稅收優惠政策的激勵下，鼓勵商業養老保險公司積極進行市場調研，拓展思路，開發新型商業養老保險產品，在滿足消費者需求的同時，豐富商業養老保險市場。

2.3.3 努力彌補基本養老保險基金「虧空」

自20世紀90年代初期起，中國社會養老保險制度就開始從現收現付制的模式向「統帳結合、部分累積」的模式轉變，但這一過程卻要面臨巨大的轉制成本，需要解決養老保險隱性債務問題，這也是導致當前和未來很長一段時間內中國基本養老保險基金「虧空」的一個重要原因。

在國外的養老保險制度改革過程中，轉制成本也是各國政府必須面對的一大難題。依據國外經驗，轉制成本一般由政府承擔，通常的做法是發行債券、增加財政撥款和變現部分國有資產。

根據中國的實際情況，建議採用變現部分國有資產和財政向養老保險基金補貼傾斜兩個方案。首先，中國曾長期實行計劃經濟，長期執行「低工資、低消費和高累積」的政策，為中國累積了大量的資本，這些相當於企業職工養老金的資本全部用於國家建設，固化到國有資產當中，在養老保險基金「虧空」不斷擴大的背景下，變現部分國有資產補充給養老保險基金是一個合情合理的做法。其次，在改革前，機關事業單位工作

人員的養老保險屬於社會福利，不必繳納任何費用，由國家財政劃撥，這就造成養老保險基金初始累積不足。改革後，這一部分資金要通過養老保險基金支付，就造成了養老保險基金支付能力不足，產生「虧空」。換言之，政府財政支出要對養老保險的補貼進行傾斜，主動承擔起歷史舊帳的償還責任，逐步解決養老保險基金的「虧空」問題。2017年11月，國務院出抬了《劃轉部分國有資本充實社保基金實施方案》，將中央和地方國有及國有控股大中型企業、金融機構納入劃轉範圍，劃轉比例統一為企業國有股權的10%。這一政策的出抬，必將有利於社會保險制度的平穩運行。

另外，要解決基本養老保險基金「虧空」的問題，就必須要解決個人帳戶「空帳」運行的問題。由於養老基金初始累積不足，個人帳戶資金被挪用到統籌帳戶中，導致個人帳戶「空帳」運行，個人繳費實際上已經用於當期發放，這給未來的養老金支付帶來了巨大壓力。也就是說，政府應該選擇合適的調整路徑，逐步做實個人帳戶。建議個人帳戶採取名義帳戶制的過渡策略。名義帳戶制是指個人帳戶中僅有一個資金數字，並沒有實際累積資金。目前，鑒於「空帳」數目巨大，直接做實個人帳戶不現實，利用名義帳戶製作為過渡手段有如下好處：第一，無須在短時間內解決資金來源問題，可以逐步消化轉制成本，政府壓力小，對經濟發展和社會穩定的影響也比較小；第二，由於不存在累積，就不必考慮保值增值問題，投資壓力較小；第三，由於有大量的國外經驗可以借鑑，可以減少探索時間。實行名義帳戶制後，政府可以根據各地區的養老基金支付情況，採取分區域的方式逐步做實個人帳戶，優先做實養老基金支付壓力大的地區。同時，2001年的遼寧試點和2004年的吉林、黑龍江試點都為逐步做實個人帳戶提供了實踐經驗。

2.3.4 加強養老保險基金的投資運用

從圖2-1-1可以看出，自2012年起中國基本養老保險基金當年徵繳收入不夠當年總支出而導致的「虧空」已有逐年擴大的趨勢，需要加大財政補貼的力度，也需要加大基金的徵繳力度。同時，出現「虧空」的另一原因就是養老基金的投資回報率始終較低。多年來，基本養老保險基金的投資年均回報率約為2%，低於2011年5.4%的通貨膨脹率，低於2007—2012年實行市場化企業年金投資8.35%的平均年化收益率，低於2000—2013年全國社保基金年均8.13%的收益率，也低於20年來全國城鎮職工14.85%的平均工資增長率。

為此，對解決養老金保值增值問題提出以下兩點建議：

第一，擴大投資渠道。據世界銀行統計，允許社會保險基金投資的國家的基金投資比例一般是：公司股票60%、公司債券17%、政府債券6%、短期貸款3%、抵押貸款11%、房地產3%。與之相比，中國養老保險基金的投資渠道比較狹窄，儘管在2015年4月的國務院常務會議鬆綁了社會保險基金的投資運用，擴大了投資渠道，允許在原來社保基金投資的範圍和標準的基礎上把社保基金債券投資範圍擴展到地方政府債券，並將企業債和地方政府債投資比例從10%提高到20%，允許將基金直接股權投資的範圍擴大到中央企業及其子公司等，允許將基金的信託貸款投資比例上限由5%提高到10%，允許基金按規定在全國銀行間一級市場直接投資同業存單，但是，養老保險基金的投資

去向仍然主要集中在國債和銀行存款等低風險領域。因而，需要進一步擴大養老保險基金的投資渠道。基於當前中國金融市場現狀，擴大債券投資比重，尤其是擴大公司債券投資比重，是在保證安全的情況下，提高收益率的一個做法。因為相對於股票投資，公司債券的風險較小，尤其是在中國股票市場不健全的情況下，相對於政府債券，公司債券的收益率要高很多。此外，還可以拓展境外投資渠道，通過基金管理機構運作，將資金投資到成熟的金融市場上，在降低風險的同時保證基金的收益率。

第二，組建高水準的商業基金投資管理機構。與國外的基金投資管理機構相比，目前中國的基金投資管理機構還不夠成熟，投資水準很低，風險很高，難以擔負起養老保險基金保值增值運作的責任。養老保險基金單純由政府性質的機構進行投資管理，缺乏必要的利益驅動，萬事求穩，缺少拼搏精神，也不利於養老基金的保值增值。因此，建議組建高水準的商業基金投資管理機構，一方面該機構是商業性質的，利益趨向性強，且商業機構便於參與市場競爭，內部、外部都存在一定的競爭壓力，使得整體運作效率提高；另一方面分擔政府財政壓力，節約政府財政開支，有助於政府職能的精簡。對於高水準的商業基金投資管理機構的組建，可以借鑑國外同類機構運行經驗，參考其機構運行和管理模式，加大國外專業人才引進力度，注重本土專業人才的培養，同時政府出抬扶持和優惠政策，促進投資機構快速成長。總之，隨著中國養老保險制度的日益完善，養老保險基金規模日趨壯大，保險基金的投資運用將成為關係到中國養老保險制度能否應對人口老齡化的挑戰，能否健康發展與平穩運行的關鍵因素。

2.3.5 改變財政補貼方式

財政對養老金缺口的補貼方式是事後補貼，即出現了缺口才進行補貼，這是一種消極被動的補貼方式。稅收優惠也是一種財政補貼方式，不過這是一種積極的事前補貼方式。但這種方式對中高收入群體才有效，低收入群體往往因為達不到稅收優惠的條件，享受不了此項政策所帶來的好處。因此，對於低收入群體，可以對其參加基本養老保險、企業年金或商業養老保險直接進行保費補貼，這樣能激勵他們積極參保，也促使他們盡力繳費，盡力為未來的養老保障進行儲蓄。這顯然比事後救濟他們更加有效。因為，當他們參保時，會適當壓縮當前開支，而為了不使生活水準降低，他們會更加努力地工作，想方設法提高收入。

為了進一步促進第二支柱企業年金或職業年金與第三支柱商業養老保險的發展，國家應適當降低基本養老保險的替代率，同時採取加大稅收優惠力度與對低收入群體參保進行財政補貼繳費的力度，從而提高第二、三支柱的替代率，以便能夠維持其退休後基本生活的需要。

城鄉居民基本養老保險中的基礎養老金部分來源於各級財政支付，目前總體上偏低，離城鄉居民的期望尚有不小差距。因此，應建立定期調整機制，加大財政補貼力度，以提高他們的待遇水準。鑒於其基礎比較低，可以以城鎮居民養老金年度增加率更高的比率提高養老金待遇。

3 人口老齡化過程中中國養老金缺口的測算與敏感性分析

隨著中國人口老齡化進程的加快，中國的養老保險基金將出現收不抵支的情況，財政補貼額度將日益增大。為緩解養老保險基金缺口問題，研究養老保險基金缺口成因並提出有針對性的建議已成為社會各界關注的熱點問題。本章測算了從目前至2100年中國養老金缺口的規模演變情況。首先，在利用Leslie矩陣模型、Lee-Carter模型對中國人口死亡率進行預測的基礎上，對中國未來人口的發展演變趨勢進行了預測；然後，參考其他學者研究的假設和結論，建立養老保險基金收支的測算模型；最後，測算出中國養老金的缺口，並對其進行敏感性分析。

3.1 有關人口預測、養老金缺口及其測算方法的文獻綜述

3.1.1 關於人口預測的文獻綜述

人口老齡化問題最早產生於歐洲發達國家，對老齡化的研究也自然開始於歐洲。世界上公認的最早進行人口預測研究的是John Graunt（1662），他發表的著作《關於死亡表的自然的和政治的觀察》開創了人口預測的先河，他運用年齡別存活率對未來人口總數及老年人口的變化趨勢進行預測。Lutz W.（2003）通過年齡運算模型預測不同生育率下的未來人口總量。Rob J. Hyndman（2008）、Maarten Alders（2007）與Billari F. C.（2012）等人均通過建立隨機預測模型對人口發展趨勢進行預測。Juha M. Alho（2014）通過建立標準非參數迴歸模型進行人口發展趨勢的預測，在預測過程中通過交叉驗證的方法選擇平滑度，從而平滑未來人口發展趨勢。Stefan Rayer、Stanley K. Smith、Jeff Tayman（2009）利用外推趨勢法，以1900—2000年期間美國每十年一次的人口普查數據為基礎，對美國各地人口總量進行預測，比較預測結果與人口普查數據之間的差距以確定誤差，並通過經驗分析的方法確定誤差分佈，從而確定經驗預測期間。但這種方法的缺陷在於不能判斷預測數據與實際數據之間的偏離方向。

呂盛鴿、宣丹萍（2012）綜合運用生命表理論、年齡移算法、聯合國平均預期壽命

增長模型等幾種方法預測北京市老年人口峰值，並建立 VAR 模型，分別預測高、中、低三種總和生育率方案下北京市的老年人口總數以及人口老齡化係數。陳光慧、蔡遠飛、李鳳（2014）通過建立非參數自迴歸模型對中國人口老齡化趨勢進行預測，一定程度上克服了經典人口老齡化預測模型方法和思路的誤差與缺陷。虞力、楊林濤（2014）將城鄉發展差異納入考慮因素，通過建立雙線性的人口預測模型分別預測城鄉人口發展趨勢。預測結果表明，在 2025 年前後中國人口總量將達到峰值，隨後 10 年人口總量將經歷一個緩慢回落的過程；隨後，從 2040 年開始，中國人口總量將快速減少，並在 2070 年前後回落到現有水準。陳揚樂（2000）將靜態與動態指標相結合，引入美國人口統計學家 Andrew Rogers 和 Jennifer A. Woodward 等人的測度方法，通過指數增長模型，建立老齡年齡集中率和老齡地理集中率等新指標對老齡人口發展的過程進行模擬。杜鵬、翟振武、陳衛（2005）以 2000 年普查得到的總人口和分年齡的人口結構為基礎，根據小學生分年齡性別的在校人數的統計數據做出相應調整，對中國未來 100 年的人口老齡化發展趨勢做出了預測分析，但未明確給出預測模型與預測結果。李菲、石培基（2009）根據第五次全國人口普查資料，採用「中國人口預測系統」（CPPS）軟件，以總和生育率、平均預期壽命、性別比為控制變量，分別設計了低、中、高三種人口的預測方案，對甘肅省環縣 2008—2030 年老年人口規模進行預測。石琳、劉甜（2010）通過建立微分方程和人口控制模型，以真實人口數據為依據，利用 Matlab 軟件和數值計算方法對中國人口增長趨勢和年齡結構變化做出預測分析。段鵬（2012）結合第六次全國人口普查數據，在不同總和生育率假設下，運用 Leslie 模型對中國 2015—2050 年期間的人口數量及人口結構進行了預測。

　　對於人口變化的測算，一些學者運用 Lee-Carter 模型進行預測。Lee-Carter 模型最早是由 Lee 和 Carter 在 1992 年提出的，由於其在死亡率預測上簡單適用，在國際上很快得到了認可。在國外，一些學者針對 Lee-Carter 模型存在的不足做出了一些改進，如 Renshaw 等（2003）提出了多因素年齡—時期模型。為了解決多因素 Lee-Carter 模型的缺點，Renshaw 等又在 2006 年提出了加入隊列效應的 Renshaw-Haberman 模型；Li 等（2007）提出了有限數據下的 Lee-Carter 改進模型；Delward 等（2007）提出了泊松對數雙線模型，此模型用於解決年齡改進效應的不規則變動且缺乏光滑性的問題；為解決 Lee-Carter 模型的異方差問題，Arnold F. 和 Marie-Claire 提出了模型參數模糊化的方法。

　　隨著中國人口老齡化的加劇，國內學者對老齡化發展趨勢的預測展開了一系列的研究。總結分析國內學者關於中國人口老齡化發展趨勢預測的研究，我們可以發現，在研究方法上，大多數學者採用的是計量經濟學模型和方法，這類方法由於參數設計在時間上的局限性，不能比較準確地考慮參數的長期變化，多用於短期預測。並且很多學者都進行的是短期預測，沒有將整個 21 世紀納入預測範圍。外國學者對於人口發展趨勢的各種預測方法，相對於國內來說更加豐富且具有技術上的先進性。然而，中國國情具有特殊性，人口的發展模式及路徑甚至於影響因素都與國外不盡相同。因此，在預測國內人口發展趨勢時，外國學者的這些方法僅供參考和借鑑，實際預測方法需綜合中國具體國情及政策因素。

关于人口预测，我们将采用两种方法：一种是 Leslie 矩阵模型预测法。该方法是一种很常用的传统预测方法，一定社会的人口因为出生而增加，因为死亡而减少，因为净迁入而增加或净迁出而减少，度过一年而增加一岁，这里不考虑迁移因素。另一种是当前最流行的方法，即 Lee-Carter 模型预测法。在第一章我们对人口老龄化进行了比较系统的分析，当时主要运用过去数据与联合国的人口预测数据来进行分析。本章将在充分结合中国国情的基础上进行预测，目的是把握中国人口未来发展演变的基本趋势以及对中国养老金缺口产生的影响。

3.1.2 关于养老金缺口及其测算方法的文献综述

近年来，养老保险基金缺口问题受到广泛关注，各类学者对中国养老保险基金缺口问题的研究主要有以下几个方面：

（一）养老保险基金缺口规模的研究

世界银行养老保险基金收支缺口的研究报告指出，2001—2075 年，中国基本养老保险的收支缺口将达到 9.15 万亿元；曹远征（2012）发布的《化解国家资产负债中长期风险》研究报告中提到 2013 年中国养老保险基金缺口将达到 18.3 万亿元；养老保险基金的储备缺口确实非常大，也曾被清华大学五道口金融学院理事周日延礼（2017）提及，他预计在未来的 5~10 年，中国养老保险基金缺口 8 万亿~10 万亿元；张聪（2014）通过测算社会统筹和个人帐户，测算出 2060 年分担和不分担隐性债务的缺口分别为 45.82 万亿元和 64.73 万亿元。岳公正与王俊停（2016）根据影响养老保险基金收支的因素，如养老金缴费率、替代率、职工工资收入、工资增长率、退休年龄，建立了中国城镇职工养老保险基金统筹帐户的收支预测模型，预测在 2035 年养老保险基金缺口规模达 12,675.1 亿元。刘学良（2014）通过建立养老保险收支预测模型，分析了中国全口径的养老保险收支缺口和隐性债务问题，结果表明中国养老保险基金缺口到 2050 年将形成的隐性债务占 2010 年 GDP 的 143%，其中，城镇职工养老保险形成的隐性债务占绝大部分。Sin（2005）采用世界银行的养老金改革模拟软件对中国 2001—2075 年的社会养老保险的缺口进行了测算，得出的结论是这 75 年间的总缺口将达到 2001 年 GDP 的 95%[①]。《中国劳动保障发展报告（2016）》数据显示，2007 年末中国养老金个人帐户空帐规模首次破万亿元，到 2014 年末已达到 35,973 亿元，接近 3.6 万亿元。只考虑征缴收入的情况下，养老保险基金缺口达 1,321 亿元[②]。2017 年第十一届夏季达沃斯论坛的一份报告显示，到 2050 年，美国、英国、日本、荷兰、加拿大和澳大利亚这六大全球养老金储蓄额再加上中国和印度这两个人口大国的养老金余额，养老金缺口预计将达到 400 万亿美元，是目前全球经济总量的 500%。在 2015—2050 年，中国养老金缺口年增速

---

① SIN Y. Pension liabilities and reform options for old age insurance [R]. Word Bank Working Paper, 2005 (1).
② 刘燕斌，等. 中国劳动保障发展报告（2016）[M]. 北京：社会科学文献出版社，2016.

為7%①。

（二）養老保險基金缺口的測算方法研究

對於養老保險基金缺口的測算方法有以下幾類：

（1）利用計量經濟學方法，建立養老保險基金缺口的多元迴歸模型進行分析。鄭哲（2012）以利率、GDP、扶養比、養老金占財政支出比例為解釋變量，建立被解釋變量養老金收支差額的多元迴歸分析，並對各個變量進行敏感性分析；李芳（2014）使用養老保險基金當期結餘、參保人數和老年扶養比為變量建立迴歸方程並進行預測。

（2）有些學者利用 GM（1，1）模型進行預測。趙藝（2014）用 GM（1，1）模型對參保在職職工數、基本養老金人均支出、在崗職工月平均工資以及基本養老金發放的人數進行灰色預測，以預測值算出養老保險基金收入和支出，並由此預測養老保險基金的缺口；張鵬（2016）用 GM（1，1）模型和養老保險基金收支缺口預測模型對河北省養老保險基金當期結餘進行預測，得出了養老金替代率、平均工資增長率、退休人數以及參保人數是造成河北省養老保險基金缺口的重要原因的結論。

（3）有的學者綜合考慮人口變化、經濟發展水準以及城鎮化率等因素，基於宏觀視角，對中國養老保險基金缺口問題進行研究，如張樂川（2012）。中國也有不少學者選用 Lee-Carter 模型來預測人口死亡率，並以此為基礎進行人口預測和養老保險基金缺口研究。王曉軍、蔡正高（2008）通過分析人口死亡率模型的進展史，對各類人口死亡率模型進行優劣對比之後，建議最好使用 Lee-Carter 模型來預測中國的人口死亡率，並用 ARIMA 模型來預測時間因子。盧仿先、尹莎（2005）基於中國 1986—2002 年男性人口死亡率數據建立 Lee-Carter 模型，預測出中國男性人口死亡率，並以此計算出男性新生嬰兒平均預期壽命，將其預測出的平均預期壽命與官方公布的男性新生嬰兒預期壽命進行比較，結果表明此模型的預測效果良好。張超欣（2011）運用 Lee-Carter 模型對中國男性人口死亡率進行預測，在取得 1989—2011 年男性死亡率經驗數據的基礎之上，預測出 2012—2025 年男性死亡率和中國男性人口結構，討論長壽風險對基本養老保險帳戶的影響，並提出一些社會保障體系和年金市場中長壽風險管理的建議。其研究結果表明：2025 年之後，男性 60 週歲及以上人口占男性總人數的比重將超過 24%，中國將進入深度老齡化階段。張秋蕓（2016）根據 1997—2013 年中國人口分性別、分年齡數據，用 Lee-Carter 模型和模糊 Lee-Carter 模型預測中國未來人口死亡率，然後對中國未來人口死亡率變動趨勢進行預測，最後利用生存年金理論，建立養老保險基金個人帳戶缺口的精算模型，並分析了死亡率和平均預期壽命對養老保險基金個人帳戶缺口的影響。

（4）王春蘭和葉尚斌（2015）利用支持向量機（SVM）方法對中國城鎮居民養老金缺口進行了預測，結果表明中國城鎮居民養老金缺口首次出現在 2019 年，之後缺口

---

① 達沃斯報告：2050 年八國養老金缺口將達 400 萬億美元 [EB/OL]．騰訊財經．https://finance.qq.com/a/20170628/029027.htm，2017-06-28．

越來越大, 到 2031 年以後, 養老金缺口將突破 2 萬億元大關, 這將成為中國經濟的重大負擔; 由於養老保險基金之前尚有結存, 因此, 從中長期累積平衡的角度來考慮的話, 2028 年將是養老金累積基金由正轉負的轉折年, 到 2035 年基金缺口將超過 15 萬億元。

(5) 王曉軍和米海杰 (2013) 採用了現金流量折現法和資產負債法兩類精算評估模型對中國的城鎮基本養老保險統籌基金存在的支付缺口進行了測算。兩種方法的測算結果具有一定的差異性, 但它們的結果都表明中國的養老金隨著評估期的延長將面臨越來越嚴重的存量支付缺口。運用現金流量折現法得出的結論是中國城鎮基本養老保險統籌基金在未來 30 年內不存在存量支付缺口, 但在未來 50 年、75 年、85 年內, 累計缺口將分別達到 2011 年 GDP 的 24%、218%和 364%。運用資產負債法得出的結論是 2011 年參保者隊列的支付缺口占 2011 年 GDP 的 72.11%。

(6) 郭永斌 (2013) 從中國未來 100 年間的人口數據的估計著手, 進一步估計了中國養老保險的參保情況, 再根據參保情況估計養老保險基金收支, 從而預測出養老保險基金缺口。其結果表明, 中國的企業養老金直到 2040 年才開始產生缺口, 到 2111 年缺口達到 3.5 萬億元; 機關事業單位養老保險基金從 2011 年開始就存在缺口, 缺口在 2054 年達到最大值 5.6 萬億元; 城鎮居民和農村居民養老保險從建立開始就存在缺口, 缺口會隨著中國人口老齡化程度加深而不斷擴大, 到 2111 年達到 2 萬億元。從總體上看, 中國的養老保險基金到 2025 年才會開始產生資金缺口, 到 2054 年缺口達到 8 萬億元, 之後缺口會出現先減少再增加的趨勢, 到 2111 年的時候達到 7.5 萬億元。

總之, 關於中國養老金缺口的測算方法比較多, 差異也比較大, 測算出的結果相差也很大。總體來說, 這些結果數值偏小, 對中國養老金缺口的規模與嚴重性認識不足, 或者對養老金缺口影響因素的敏感性分析不充分, 因此有重新測算的必要性。本章將首先通過對中國人口數據樣本的採集和分析, 運用 Leslie 模型與 Lee-Carter 模型進行人口預測和分析; 然後在後者預測的基礎上建立養老保險基金收支測算模型, 從而對中國未來的養老保險基金收支情況進行預測, 試圖克服以前各種測算的局限性, 為解決中國人口老齡化趨勢下的養老保險基金缺口問題提供決策依據; 最後, 對中國養老金缺口影響因素進行系統的敏感性分析。

3.2 基於 Leslie 矩陣模型的中國人口預測

人口老齡化問題是制約 21 世紀中國社會與經濟發展的重大問題。本節將在中國人口老齡化加速發展的背景下, 以 2010 年第六次全國人口普查數據為基礎, 對生育率模式進行假設, 運用 Leslie 矩陣模型預測方法對中國 2015—2100 年的人口老齡化的發展趨勢進行預測, 並就預測結果進行分析。最後, 結合中國目前的社會經濟形勢及計劃生育政策現狀, 針對預測結果提出合理的政策建議。

3.2.1　Leslie 矩陣模型及其構建

(一) Leslie 矩陣模型

本節在傳統 Leslie 矩陣模型的基礎上，將考慮中國生育政策及生育模式的變化對人口老齡化發展趨勢的影響。

首先假設預測期各年齡段的男、女人口分佈與基期相同。用 $x_k(i)$ 表示第 k 年第 i 年齡組的人口數，$q_{k-1}(i)$ 表示第 $k-1$ 年第 i 年齡組的死亡概率，那麼當 $i \geq 1$ 時，第 k 年第 $i+1$ 組的人口數可以表示為

$$x_k(i+1) = x_{k-1}(i)(1 - q_{k-1}(i)), \quad i = 1, 2, \cdots, n-1 \quad (3.2.1)$$

由於 $x_k(1)$ 代表的是由育齡婦女新生育的人口數，不能用上一年齡組的存活人口來計算，故不能適用上述公式。這裡我們單獨討論，用每一年齡組女性的生育人口數總和來表示第一年齡組人口數。即

$$x_k(1) = \sum_{i=1}^{n} c_{k-1}(i) x_{k-1}(i) b_{k-1}(i) \quad (3.2.2)$$

於是，可以得到關於人口發展的模型，用矩陣表示為

$$x_k = \begin{pmatrix} c_{k-1}(1)b_{k-1}(1) & \cdots & & \cdots & c_{k-1}(n)b_{k-1}(n) \\ 1 - q_{k-1}(1) & 0 & & \cdots & 0 \\ \vdots & \vdots & \vdots & & \vdots \\ 0 & \cdots & 1 - q_{k-1}(n-1) & & 0 \\ 0 & \cdots & & \cdots & 1 - q_{k-1}(n) \end{pmatrix} x_{k-1} \quad (3.2.3)$$

其中

$$x_k = \begin{pmatrix} x_k(1) \\ x_k(2) \\ \vdots \\ x_k(n) \end{pmatrix} \quad x_{k-1} = \begin{pmatrix} x_{k-1}(1) \\ x_{k-1}(2) \\ \vdots \\ x_{k-1}(n) \end{pmatrix}$$

令

$$M = \begin{pmatrix} c_{k-1}(1)b_{k-1}(1) & \cdots & & \cdots & c_{k-1}(n)b_{k-1}(n) \\ 1 - q_{k-1}(1) & 0 & & \cdots & 0 \\ \vdots & \vdots & \vdots & & \vdots \\ 0 & \cdots & 1 - q_{k-1}(n-1) & & 0 \\ 0 & \cdots & & \cdots & 1 - q_{k-1}(n) \end{pmatrix} \quad (3.2.4)$$

於是，式 (3.2.3) 可以簡化為

$$x_k = M x_{k-1} \quad (3.2.5)$$

(二) Leslie 矩陣模型的相關假設

為了簡化預測模型，使預測過程更簡單明瞭，本節先做以下基本假設：

（1）所有預測均以2010年為基期，預測所需原始數據均以2010年第六次全國人口普查數據為基礎。

（2）本節假設預測期間各年齡組的性別占比與基期保持一致，用$c(k)$表示第k年女性人口占總人口的比例，$c_k(i)$表示第i年齡組女性人口占比。

（3）第k年第i年齡組的人口用$x_k(i)$表示，$i=1,2,\cdots,n$（本節將年齡組分為21組，最大可以取21，年齡組的組間距為5週歲）。

（4）用$q_k(i)$表示第k年第i年齡組的年齡別死亡概率。中國目前死亡率已經處於很低的水準，在自然環境比較穩定的情況下變化不大，因此本節為了簡化模型，便於預測，假設各年齡組的年齡別死亡率在預測期內與2010年第六次全國人口普查數據保持一致。

（5）用$b_k(i)$表示第k年第i年齡組婦女的生育率。模型中使用的基期年齡別生育率和總和生育率用2010年第六次全國人口普查數據近似代替。

（三）相關數據的整理

根據2010年第六次全國人口普查數據整理得到中國人口老齡化預測所需數據。基期全國各年齡組人口總數、年齡別死亡率和年齡別生育率數據見表3-2-1。

表3-2-1　2010年各年齡組人口數、死亡率與育齡婦女生育率

年齡組/週歲	人口/人 男	人口/人 女	死亡率/‰ 男	死亡率/‰ 女	生育率/‰
0~4	41,062,566	34,470,044	0.563,0	0.477,9	0.00
5~9	38,464,665	32,416,884	0.354,1	0.233,3	0.00
10~14	40,267,277	34,641,185	0.378,3	0.226,5	0.00
15~19	51,904,830	47,984,284	0.541,1	0.258,0	5.93
20~24	64,008,573	63,403,945	0.683,3	0.296,7	69.47
25~29	50,837,038	50,176,814	0.835,9	0.362,0	84.08
30~34	49,521,822	47,616,381	1.126,9	0.507,3	45.84
35~39	60,391,104	57,634,855	1.629,1	0.731,3	18.71
40~44	63,608,678	61,145,286	2.344,2	1.099,7	7.51
45~49	53,776,418	51,818,135	3.336,9	1.603,4	4.68
50~54	40,363,234	38,389,937	5.621,2	2.878,6	0.00
55~59	41,082,938	40,229,536	7.906,4	4.213,9	0.00
60~64	29,834,426	28,832,856	12.638,7	7.251,8	0.00
65~69	20,748,471	20,364,811	20.965,7	12.799,3	0.00
70~74	16,403,453	16,568,944	36.540,7	24.157,2	0.00
75~79	11,278,859	12,573,274	58.263,0	40.208,6	0.00
80~84	5,917,502	7,455,696	93.570,6	70.818,3	0.00
85~89	2,199,810	3,432,118	139.411,1	110.655,9	0.00

表3-2-1(續)

年齡組 /週歲	人口/人		死亡率/‰		生育率 /‰
	男	女	男	女	
90~94	530,872	1,047,435	195.994,5	167.572,2	0.00
95~99	117,716	252,263	197.866,1	203.902,3	0.00
100+	8,852	27,082	527.677,4	436.230,7	0.00

數據來源：2010 年第六次全國人口普查數據。

本節的預測期間為 2015—2100 年，預測點為每 5 年一次，因此，首先根據表 3-2-1 計算出每 5 年各年齡組的存活率和生育率。用 $q_k(i)$ 表示第 k 年第 i 年齡組年齡別死亡概率，根據生存函數可以計算出 5 年的人口存活率為 $s_k(i) = \exp(-5q_k(i))$，$i = 1, 2, \cdots, 21$。當第 k 年時第 i 年齡組育齡婦女的平均生育率為 $f_k(i)$ 時，5 年間的總和生育率就是 $b_k(i) = 5f_k(i)$。

根據 2010 年第六次全國人口普查數據，全國男性與女性人口占總人口的比例分別為 51.19% 和 48.81%。本節假設在 2015—2100 年整個預測期內各年齡段性別比保持不變並與基期保持一致。以下基期為各年齡段女性人口占總人口比例向量：

$$c_k(i) = (0.456,36, 0.457,34, 0.462,45, 0.480,38, 0.497,63, 0.496,73, 0.490,19,$$
$$0.488,32, 0.490,13, 0.490,73, 0.487,47, 0.494,75, 0.491,46, 0.495,33,$$
$$0.502,51, 0.527,13, 0.557,51, 0.609,40, 0.663,64, 0.681,83, 0.753,66)^T$$

以 2010 年第六次全國人口普查數據為基礎，可以得出全國各年齡組人口數關於年齡分佈的初始向量：

$$x_0 = (75,532,610, 70,881,549, 74,908,462, 99,889,114, 127,412,518, 101,013,852,$$
$$97,138,203, 118,025,959, 124,753,964, 105,594,553, 78,753,171, 81,312,474,$$
$$58,667,282, 41,113,282, 32,972,397, 23,852,133, 13,373,198, 5,631,928,$$
$$1,578,307, 369,979, 35,934)^T$$

根據 2010 年第六次全國人口普查數據，可以得出全國各年齡組人口存活率的初始向量：

$$S = (0.997,38, 0.998,51, 0.998,46, 0.997,98, 0.997,55, 0.997,00, 0.995,89,$$
$$0.994,06, 0.991,37, 0.987,65, 0.978,81, 0.970,06, 0.951,27, 0.918,88,$$
$$0.859,34, 0.783,70, 0.667,36, 0.543,66, 0.412,44, 0.364,25, 0.100,88)^T$$

由以上確定的各個參數，運用 Leslie 矩陣模型，通過 R 語言不斷進行迭代，即可得到 2015—2100 年每隔 5 年的老年人口預測值。

(四) 生育模式的選擇和確定

在死亡率變化不大的情況下，生育率的變化成為影響一國人口數量發展的重要變量。因此，合理估計生育模式對準確預測中國人口數量發展趨勢及老齡化發展趨勢顯得至關重要。

目前，隨著全面放開二孩政策的執行，中國的總和生育率呈現出短暫上升趨勢，但

是生育率的變化除了受生育政策的影響之外，還受其他很多因素影響，包括經濟發展水準、家庭受教育水準、家庭觀念、家庭可支配收入、養育成本等因素的影響。因此，本節為了更準確地預測未來中國人口數量及老齡化發展的趨勢，假設低、中、高三種總和生育率，並分別在三種總和生育率下通過 Leslie 矩陣預測中國未來人口數量及人口老齡化的發展趨勢。通過觀察三種模式下的人口數量變化之間的共性，更合理和準確地預測出中國未來人口發展趨勢。

2010 年第六次全國人口普查數據顯示，中國在 2010 年的總和生育率為 1.18，這在全世界都是很低的水準。然而很多學者認為由於人口普查數據存在漏報、錯報以及數據處理方面的問題，這個總和生育率是不真實的，中國的實際總和生育率要比 1.18 高。陳衛、楊勝慧（2014）認為中國 2010 年的總和生育率為 1.66。

本節綜合國內專家以及聯合國《世界人口預測 2015 年版》關於中國總和生育率模式的假設，假設出中國總和生育率變化的三種方案。

（1）高方案：認為 2010 年第六次全國人口普查數據對中國總和生育率的確定是偏低的，中國的總和生育率應為 1.8。隨著社會經濟水準的提高，以及全面放開二孩政策帶來的極大的政策鼓勵，人們普遍願意生育二孩，到 2020 年時總和生育率上升為 2.0，到 2050 年時總和生育率上升為 2.28，至 2060 年時總和生育率下降至更替水準 2.1 並保持這個水準到 2100 年。

（2）中方案：認為 2010 年中國的實際總和生育率為 1.66。雖然全面放開二孩政策已經執行，但是政策效果不是很明顯，總和生育率有所上升但是上升幅度不大，到 2020 年時總和生育率上升為 1.7，到 2050 年時總和生育率上升為 2.1，隨後總和生育率出現回調現象，到 2060 年時下降為 1.7，到 2090 年時總和生育率再次達到更替水準 2.1，並保持這個水準不變。這裡總和生育率採取波動方式變化，總和生育率長期低於更替水準時，國家就會進行調控，採取促進生育的政策措施，使其再次達到更替水準。隨著社會經濟的發展，總和生育率有繼續下行的壓力，從而維持在較低的水準上。總之，中國將長期維持低生育水準。

（3）低方案：認為 2010 年中國的總和生育率與第六次全國人口普查數據保持一致，即為 1.18，並認為中國已經處於「低生育率陷阱」，低生育水準在短期內是不會因為生育政策的改變而改變的，並且會進一步下降，到 2020 年總和生育率下降為 1.03，然後開始逐步回升，到 2050 年，總和生育率達到 1.38，到 2090 年總和生育率達到 1.53，並保持這個水準。

3.2.2 基於 Leslie 矩陣模型的中國人口預測結果與分析

這裡我們首先用 Leslie 矩陣模型預測中國未來人口發展演變與人口老齡化的發展趨勢，然後將預測結果與聯合國對中國人口的預測結果進行對比分析。

（一）不同總和生育率假設下的中國人口老齡化趨勢預測

表 3-2-2 是高、中、低三種方案下，各個預測期間的總和生育率假設。

在對總和生育率進行假設之後，通過總和生育率反推出各年齡組的生育率，最後將所有參數代入 Leslie 矩陣，運用 R 語言可預測出三種方案下的中國人口數量及老齡化發展趨勢。

表 3-2-2　三種方案下的總和生育率假設

方案	2010—2020 年	2020—2050 年	2050—2060 年	2060—2090 年	2090—2100 年
高方案	1.80	2.00	2.28	2.10	2.10
中方案	1.66	1.70	2.10	1.70	2.10
低方案	1.18	1.03	1.38	1.38	1.53

高總和生育率方案下的中國人口數量及老齡化發展預測趨勢結果見表 3-2-3。中方案下，中國人口數量及老齡化發展趨勢預測結果見表 3-2-4。低方案下，中國人口總量及老齡化發展趨勢預測結果見表 3-2-5。這裡，老年扶養比指的是 60 週歲及以上人口數與 15~59 週歲人口數之比。

表 3-2-3　高方案下的老齡化趨勢預測結果

年份	總人數/人	60+週歲人數/人	65+週歲人數/人	60 週歲老齡化系數/%	65 週歲老齡化系數/%	80 週歲老齡化系數/%	老年扶養比/%
2015	1,395,960,318	228,435,402	149,029,013	16.36	10.68	2.11	24.94
2020	1,450,704,990	265,995,966	191,826,319	18.34	13.22	2.50	29.57
2025	1,491,537,242	320,070,212	221,193,580	21.46	14.83	2.83	37.17
2030	1,504,440,050	381,055,238	265,387,927	25.33	17.64	3.53	45.68
2035	1,499,509,123	423,866,538	315,487,457	28.27	21.04	4.66	52.11
2040	1,491,086,694	436,091,215	346,919,316	29.25	23.27	5.13	53.92
2045	1,483,149,888	443,510,184	349,825,225	29.90	23.59	6.20	56.55
2050	1,472,699,471	467,997,843	349,906,587	31.78	23.76	7.43	64.10
2055	1,466,926,679	458,087,279	368,896,015	31.23	25.15	7.83	64.28
2060	1,450,946,367	421,773,253	357,482,767	29.07	24.64	7.36	57.86
2065	1,425,156,031	383,126,369	323,053,600	26.88	22.67	7.26	50.93
2070	1,404,897,382	352,202,139	288,491,952	25.07	20.53	8.14	45.19
2075	1,394,745,884	352,599,573	262,958,011	25.28	18.85	7.63	45.66
2080	1,397,039,472	358,027,271	269,255,597	25.63	19.27	6.31	47.35
2085	1,407,554,577	365,533,444	280,145,235	25.97	19.90	5.34	48.95
2090	1,416,180,841	361,395,699	289,656,907	25.52	20.45	4.97	47.81
2095	1,419,840,344	350,925,122	285,028,667	24.72	20.07	5.79	45.25
2100	1,421,435,270	344,602,436	273,027,168	24.24	19.21	6.31	43.57

表 3-2-4　中方案下的老齡化趨勢預測結果

年份	總人數/人	60+週歲人數/人	65+週歲人數/人	60週歲老齡化系數/%	65週歲老齡化系數/%	80週歲老齡化系數/%	老年扶養比/%
2015	1,387,697,859	228,435,402	149,029,013	16.46	10.74	2.12	24.94
2020	1,434,299,299	265,995,966	191,826,319	18.55	13.37	2.53	29.57
2025	1,460,091,441	320,070,212	221,193,580	21.92	15.15	2.89	37.17
2030	1,460,728,663	381,055,238	265,387,927	26.09	18.17	3.63	46.11
2035	1,444,761,036	423,866,538	315,487,457	29.34	21.84	4.83	53.11
2040	1,422,488,565	436,091,215	346,919,316	30.66	24.39	5.38	55.95
2045	1,396,807,451	443,510,184	349,825,225	31.75	25.04	6.59	59.66
2050	1,365,063,849	467,997,843	349,906,587	34.28	25.63	8.01	68.99
2055	1,340,092,987	458,087,279	368,896,015	34.18	27.53	8.57	70.79
2060	1,305,405,841	421,773,253	357,482,767	32.31	27.38	8.18	65.28
2065	1,254,036,476	383,126,369	323,053,600	30.55	25.76	8.25	59.03
2070	1,206,223,391	352,202,139	288,491,952	29.20	23.92	9.48	53.51
2075	1,165,274,212	345,630,356	262,958,011	29.66	22.57	9.13	54.01
2080	1,135,271,906	344,547,657	262,677,787	30.35	23.14	7.76	56.85
2085	1,113,837,670	340,255,681	267,673,195	30.55	24.03	6.74	58.35
2090	1,091,037,658	327,769,735	266,789,456	30.04	24.45	6.45	57.16
2095	1,076,039,572	311,349,099	255,476,938	28.93	23.74	7.30	54.47
2100	1,057,926,001	298,590,912	239,610,839	28.22	22.65	7.93	52.62

表 3-2-5　低方案下的老齡化趨勢預測結果　　　　　　　　　　單位：人、%

年份	總人數/人	60+週歲人數/人	65+週歲人數/人	60週歲老齡化系數/%	65週歲老齡化系數/%	80週歲老齡化系數/%	老年扶養比/%
2015	1,359,354,410	228,435,402	149,029,013	16.80	10.96	2.16	24.94
2020	1,378,022,679	265,995,966	191,826,319	19.30	13.92	2.63	29.57
2025	1,370,386,416	320,070,212	221,193,580	23.36	16.14	3.08	37.17
2030	1,344,122,153	381,055,238	265,387,927	28.35	19.74	3.95	47.65
2035	1,304,305,955	423,866,538	315,487,457	32.50	24.19	5.36	56.83
2040	1,252,648,599	436,091,215	346,919,316	34.81	27.69	6.11	62.64
2045	1,190,092,259	443,510,184	349,825,225	37.27	29.39	7.73	69.95
2050	1,117,835,785	467,997,843	349,906,587	41.87	31.30	9.78	85.92
2055	1,046,665,463	458,087,279	368,896,015	43.77	35.24	10.98	94.64
2060	969,740,554	421,773,253	357,482,767	43.49	36.86	11.01	94.31
2065	891,521,461	383,126,369	323,053,600	42.97	36.24	11.60	93.10
2070	815,465,286	352,202,139	288,491,952	43.19	35.38	14.03	93.39
2075	743,247,892	321,723,234	262,958,011	43.29	35.38	14.32	93.80
2080	679,106,009	298,308,419	240,113,343	43.93	35.36	12.97	97.19

表3-2-5(續)

年份	總人數/人	60+週歲人數/人	65+週歲人數/人	60週歲老齡化系數/%	65週歲老齡化系數/%	80週歲老齡化系數/%	老年扶養比/%
2085	623,523,377	268,865,975	224,890,267	43.12	36.07	12.05	94.73
2090	574,170,550	239,753,921	202,807,453	41.76	35.32	12.26	90.05
2095	531,011,312	212,906,952	179,351,271	40.09	33.78	12.45	84.56
2100	491,835,820	189,972,487	158,107,541	38.63	32.15	13.02	79.63

下面，我們通過圖3-2-1來分析三種方案下的中國人口老齡化發展趨勢的異同。該圖顯示了未來中國人口65週歲老齡化系數變化趨勢，通過這個趨勢圖可以看出如下規律：

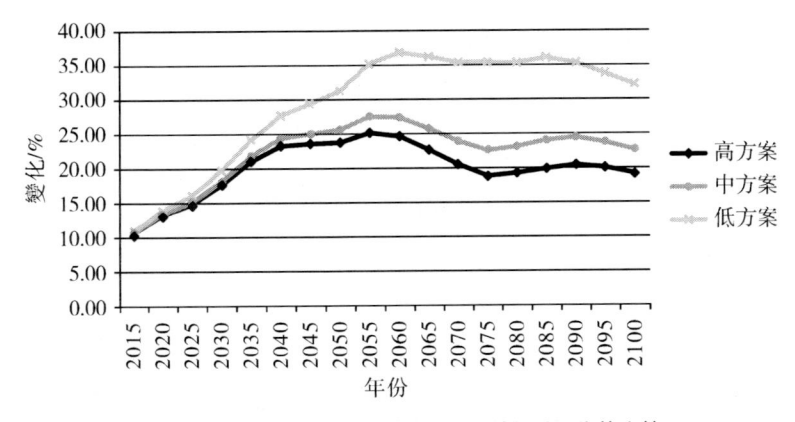

圖3-2-1 三種方案下的中國人口老齡化發展趨勢比較

（1）總和生育率與老齡化程度呈反比，總和生育率假設越高，老齡化程度越低，即高、中、低三種總和生育率假設下，老齡化水準依次為低、中、高。

（2）高方案下由於總和生育率較高，人口老齡化程度提升得稍慢一些，早一些時間（即在2055年）達到峰值，然後呈現波動下降趨勢，且老齡化水準也較低一些；在低方案下，由於總和生育率較低，老齡化水準提升速度比較快，持續時間也比較長，維持高位水準很長一段時間，在2060年已達到36.86%的高峰，在2085年達到36.07%的次高峰，然後才開始下降，老齡化水準也最高；而中方案中的老齡化水準則處於中間地位，在2055年達到峰值。總體上，三種方案下的老齡化水準先持續增長後波動式下降。

（3）高、中、低三種方案下，人口老齡化系數都在2055年或2060年前後上升速度比較快，然後開始下降或緩慢上升。這表明不管在哪種方案下，中國的人口老齡化都將在這段時期達到最嚴重的程度。

（4）在整個21世紀，中國都將面臨嚴重的老齡化問題，並且幾乎有60餘年的時間都保持高度老齡化水準，65週歲老齡化系數超過20%。

（5）人口老齡化水準與出生高峰期有關，因而人口老齡化程度到達高位後往往呈現

高峰振蕩式波動的趨勢。

從表3-2-3、表3-2-4、表3-2-5我們還可以發現，60週歲老齡化系數與65週歲老齡化系數相比，除了數值大一些、老齡化高峰值提前5年到來等特點外，二者基本趨勢都差不多。80週歲老齡化系數也呈現出先增長後下降的趨勢。

（二）預測結果與聯合國人口預測的比較分析

聯合國定期發布對世界各國人口的預測，對中國的人口發展也進行了高、中、低三種方案下的詳細預測，聯合國《世界人口預測2015年版》對中國人口的具體預測結果見表3-2-6。聯合國中方案的預測結果顯示，中國65週歲人口老齡化系數在2085年達到33.79%的峰值，不過在這之前的2060年已達到32.90%的次高峰，也就是說在21世紀後半葉65週歲老齡化系數已維持高位振蕩運行狀態，均超過30%的水準。不過，在聯合國高方案下，中國總人口將波動式增長到21世紀末，超過15.54億人；在中方案下，中國將在2030年達到14.16億人的峰值後開始下降，到21世紀末大約還有10億人的規模；而在低方案下，將在2020年達到峰值13.90億人後就逐年下降到21世紀末的6.13億人，還不到目前的一半。在這一版本的預測中，聯合國對中國的總和生育率假設見表3-2-7。

表3-2-6　聯合國對中國人口的預測

年份	高方案 /千人	中方案 /千人	低方案 /千人	65週歲老齡化系數 （中方案）/%
2015	1,376,049	1,376,049	1,376,049	9.55
2020	1,415,221	1,402,848	1,390,475	12.09
2025	1,444,158	1,414,872	1,385,587	14.18
2030	1,463,798	1,415,545	1,367,292	17.18
2035	1,474,983	1,408,316	1,341,708	21.25
2040	1,481,463	1,394,715	1,308,925	24.59
2045	1,485,150	1,374,657	1,267,824	26.03
2050	1,486,323	1,348,056	1,218,251	27.55
2055	1,484,602	1,315,148	1,160,889	31.02
2060	1,479,643	1,276,757	1,097,309	32.90
2065	1,474,252	1,236,664	1,031,772	32.86
2070	1,471,687	1,197,533	966,756	32.61
2075	1,473,338	1,159,645	902,267	32.71
2080	1,479,223	1,122,569	837,942	33.31
2085	1,489,619	1,087,074	774,964	33.79
2090	1,505,542	1,055,073	715,717	33.78
2095	1,527,806	1,028,080	662,099	33.68
2100	1,554,537	1,004,392	612,731	33.75

數據來源：POPULATION DIVISION. World Population Prospects: The 2015 Revision [R]. New York: United Nations, 2015.

表 3-2-7　聯合國關於中國總和生育率的假設（中方案）

時期	2010—2015 年	2015—2020 年	2020—2030 年	2030—2050 年	2055—2100 年
總和生育率	1.55	1.59	1.66	1.74	1.81

數據來源：POPULATION DIVISION. World Population Prospects：The 2015 Revision [R]. New York：United Nations, 2015.

通過分析聯合國三種方案下的預測結果，筆者認為其中方案的預測結果更具有合理性，原因是中方案在中國更具有實現的可能性，其對中國總和生育率的假設包含了全面放開二孩政策以後，中國總和生育率將有一個緩慢上升的過程，但是政策效應有滯後，上升將是緩慢的。這與我們的中方案的假設是基本一致的。以下主要比較分析本節中方案預測結果與聯合國中方案預測結果的不同之處。

兩者的相同之處在於，對總人口的趨勢發展預測基本一致，人口峰值均出現在 2030 年前後，並之後出現緩慢下降過程。

兩者最大的不同在於對總和生育率的假設有所不同。聯合國中方案認為，中國全面放開二孩政策對中國總和生育率的刺激不明顯，中國新生人口不會顯著增加，並認為中國總和生育率會長期保持較低水準，到 2100 年也達不到 2.1 的生育率更替水準。而本節在對中國現實社會環境進行分析的背景下，結合中國目前的經濟發展形勢，認為生育政策的改變對中國家庭生育願望的刺激雖然不能完全達到政策預期的效果，但是也能起到一定且明顯的刺激作用。中國的總和生育率會在緩慢達到更替水準之後有一個短時間的回落，最後保持在更替水準上。這種假設將總和生育率變化的動態路徑納入其中，更符合變化的客觀發展趨勢，因此，我們認為我們的中方案具有更大的合理性。

3.2.3　關於中國人口老齡化趨勢的預測結果分析

通過分析總結三種總和生育率假設背景下的政策和現實社會經濟環境以及三種方案下中國人口老齡化發展趨勢的預測結果，我們認為中方案的實現具有更大的可能性，原因是中國長期以來的低生育率不僅與計劃生育政策息息相關，也與中國經濟發展水準不斷提高、受教育年限延長、養育成本提高以及生活觀念改變有關。生育率的高低在一般情況下與計劃生育政策導向呈正相關關係，與經濟發展水準、受教育程度、生育成本、生活觀念呈負相關關係。目前全面放開二孩政策的執行在一定程度上會刺激人們的生育意願，但是隨著人們生活質量的提高、受教育水準的提高和生活觀念的改變，生育政策對人們生育願望的刺激作用究竟有多大，對生育率的提升究竟有多大的影響，還須看這幾方面因素共同作用的結果。我們認為生育政策的刺激作用會被其他影響因素抵消一部分，從而弱化其功效，因此中方案具有最大的實現可能性。下面我們將分析中方案下的人口老齡化預測結果。

(1) 21 世紀的中國將一直保持人口大國的地位。2015—2100 年，中國的人口總量將先經歷一個緩慢上升的過程，總人口在 2030 年前後達到人口峰值，之後開始減少。但是由於中國人口基數太大，減少有限。直到 21 世紀末，中國人口總量將依然保持在

10 億左右，人口規模依然龐大。

（2）中國的人口老齡化問題將貫穿整個 21 世紀的始終。中國自 2000 年進入老年型社會之後，老年人隊伍不斷壯大，老年人口數量不斷增加，老齡化程度持續加深，在整個 21 世紀都將處於居高不下的狀態。直到 21 世紀末，中國 60 週歲及以上老年人口占比仍然高達 28.22%，總量接近 3 億人；65 週歲及以上老年人口占比仍然保持 22.65% 的高水準，總量達到 2.4 億人。整個 21 世紀，中國的人口老齡化問題將會一直是關係國計民生的重大問題，值得我們高度重視。

（3）2015—2055 年，中國處於高速老齡化階段。這個階段中國老年人口規模不斷擴大，老齡化水準迅速提升，老年人口占總人口的比例高速增長。2050—2055 年，中國的老年人口規模達到峰值，60 週歲及以上老年人口的規模將達到 4.7 億人，占總人口的比重也將達到峰值 34.28%，65 週歲及以上老年人總量將達到 3.7 億人，占總人口的比重將達到 27.53%。老年扶養比也將在此期間達到峰值，約為 71%，養老負擔將達到頂峰。

（4）2055—2100 年，中國處於持續老齡化階段。在這一階段，雖然中國老年人口數量及其所占比例都開始下降，但是下降的幅度有限。65 週歲及以上老年人口總量將從 3.7 億人緩慢下降至 2.4 億人左右，占總人口比重始終保持在 22% 以上。老年扶養比也開始緩慢下降，但仍然維持在 52% 以上。中國的人口老齡化問題仍然十分嚴峻。

（5）中國人口結構轉變，「人口紅利」消失。雖然在整個 21 世紀，中國的總人口都將保持在 10 億人以上，未來總人口將僅次於印度，仍然是世界上的人口大國，但是隨著老齡化程度的不斷加深，中國的人口年齡結構將發生轉變，勞動人口占總人口的比重相對下降，勞動力資源相對不足，且隨著中國社會經濟水準的發展，人民生活水準的提高，勞動力成本上升，中國長期以來的勞動力資源優勢也就是所謂的「人口紅利」將逐漸消失。

3.3 基於 Lee-Carter 模型的中國人口預測

Lee-Carter 模型是近年來非常流行的一種人口預測模型。本節首先梳理該模型運用的基本原理與方法；然後準備有關初始數據；最後預測出中國人口死亡率的變化趨勢，從而對中國人口演變與老齡化趨勢進行預測。

3.3.1 Lee-Carter 模型及其預測原理

（一）Lee-Carter 模型介紹

Lee 和 Carter 在 1992 年發表了題目為《美國死亡率的建模和預測》的論文。在該論文中，Lee 和 Carter 使用 1900—1989 年美國人口死亡率數據，通過對數據的長期趨勢的分析，提出了年齡別死亡率的對數計算公式，即經典 Lee-Carter 模型。之後，該方法被廣泛地運用到許多國家和地區的死亡率預測上，例如 Horiuchi、Willmoth（1995）；Hyndman、Ullah（2007）等。

經典 Lee-Carter 模型涉及 3 個數據：一是歷年分年齡人口總數，即暴露人口數；二是歷年分年齡死亡人口數；三是歷年分年齡死亡率。

模型中的變量可分為兩個，一個是隨時間變化的時間因子，另外一個是不隨時間變化的年齡因子，包括基礎年齡別死亡率和年齡別死亡率的波動。該模型的公式為

$$\ln(m_{x,t}) = a_x + b_x \cdot k_t + \varepsilon_{x,t} \quad (3.3.1)$$

上式中，$m_{x,t}$ 表示第 t 年 x 歲時的中心死亡率，a_x 表示年齡組別的平均對數中心死亡率，b_x 表示年齡因子對 k_t 的敏感度，k_t 反應了死亡率隨時間變化的變動趨勢，$\varepsilon_{x,t}$ 為中心死亡率的隨機誤差項，假設服從均值為 0、方差為 σ_e^2 的正態分佈。

在經典 Lee-Carter 模型中，a_x 和 b_x 都是通過歷史數據擬合得到的，並假設在未來年份不變，唯一變化的是 k_t，因此，只要獲得未來年份的 k_t 之值，也就獲得了未來年份的死亡率。

式（3.3.1）中的 a_x、b_x 和 k_t 都是需要估計的參數，為了使參數具有唯一的估計值，需要加入約束條件，即參數正態化要求：$\sum_x b_x = 1$，$\sum_t k_t = 0$。這裡 $\sum_t k_t = 0$ 是為了保證參數 a_x 的平均值具有對數中心死亡率的含義，由此可得

$$\hat{a}_x = \frac{1}{T} \sum_{t=1}^{T} \ln(m_{x,t}) \quad (3.3.2)$$

再由 $\sum_x b_x = 1$ 可以得到

$$k_t = \sum_x [\ln(m_{x,t}) - a_x] \quad (3.3.3)$$

對式（3.3.1）的兩邊分別對 t 求偏導，可以得到

$$\hat{b}_x = \frac{\partial \ln(m_{x,t})}{\partial t} \bigg/ \frac{\partial k_t}{\partial t} \quad (3.3.4)$$

即 b_x 表示對數中心死亡率 $\ln(m_{x,t})$ 對於 k_t 變化的敏感度。

與其他死亡率預測模型相比，經典 Lee-Carter 模型具有以下三個方面的優點：第一，該模型將死亡率與時間進行關聯，採用了統計學上的時間序列方法，建立了與時間序列相關的死亡率預測模型；第二，該模型非常簡單清晰，模型中只有一個參數 k_t 需要預測，且 k_t 的預測沒有其他假設要求；第三，該模型將死亡率分解為隨時間變化和不隨時間變化兩個部分，將與時間變化相關的部分獨立出來進行預測，從而避免了一般預測模型中的邏輯問題，提高了死亡率預測的針對性與準確性。

但是，經典 Lee-Carter 模型也存在一些不足。首先，存在參數估計方法的選擇問題。為了提高模型參數估計的精確度，不少學者先後提出了運用最小二乘法（OLS）、加權最小二乘法（WLS）、奇異值分解法（SVD）和極大似然估計法（MLE）來估計該模型的參數，並總結發現了加權最小二乘法比奇異值分解法、最小二乘法以及極大似然估計法具有更好的擬合和預測效果（劉恆甲、李志生，2010）。其次，此模型中假設系數 b_x 不隨時間變化，即隨著時間的變動 b_x 是確定的，但是許多研究已經表明 b_x 是隨著

時間變化的，也就是說 b_x 不隨時間變化的假設與現實不符，且預測時間越長，死亡率預測的效果就越差。再次，經典 Lee-Carter 模型很難融入諸如因醫療、生活水準、環境等因素造成的死亡率下降的信息。最後，經典 Lee-Carter 模型得出的預測結果可能出現內在矛盾問題，也可能有悖於人口發展演變的經驗數據。例如：Lee 和 Li（2005）發表了一篇論文，該論文利用瑞典 1995—2002 年的歷史數據進行擬合，並預測死亡率至 2100 年，結果發現 2002 年男性和女性平均預期壽命的差異為 4.4 週歲，這一差異將在 2100 年擴大到 7.6 週歲，這說明男性和女性的平均預期壽命差距在未來將擴大。同時，該模型預測數據又顯示 0 週歲男性和女性死亡率的比值（男性死亡率除以女性死亡率）從 2002 年的 1.16 下降到 2100 年的 0.74[1]，這表明 0 週歲男性死亡率將低於女性，由此可推測 0 週歲男性平均預期壽命相對於女性在逐年延長，因此，男性和女性的平均預期壽命差距在縮小。在這裡，平均預期壽命結果和死亡率推測結果相互矛盾且明顯有悖於人口發展演變的經驗數據。

儘管經典 Lee-Carter 模型存在一些缺點，但是其在死亡率的長期預測上仍然是一種很適用的好方法，而且許多死亡率預測模型都是在經典 Lee-Carter 模型的基礎上建立和擴展而得來的，例如，多因素年齡—時期模型、帶出生年份效應的死亡率模型、Renshaw-Haberman 隊列效應模型等。也有研究提出 Lee-Carter 模型中死亡指數的不同外推模型，如 ARIMA 模型等，更有研究對不同隨機性死亡率預測模型進行比較和評估。

（二）死亡率及其相關指標

死亡率（或死亡概率）是指在年齡區間 $(x, x+t)$ 上的死亡人數 $d_{x,t}$ 與生存人數 l_x 的比值，即

$$q_{x,t} = \frac{d_{x,t}}{l_x} \qquad (3.3.5)$$

除此之外，在年齡區間 $(x, x+t)$ 上還有一種與死亡率相關的度量指標，即中心死亡率，它表示在年齡區間 $(x, x+t)$ 上死亡人數 $d_{x,t}$ 與平均生存人數 $L_{x,t}$ 的比值，即

$$m_{x,t} = \frac{d_{x,t}}{L_{x,t}} \qquad (3.3.6)$$

中心死亡率和死亡率具有以下轉換關係：

$$m_{x,t} = \frac{q_{x,t}}{t[1-(1-f_{x,t})q_{x,t}]} \qquad (3.3.7)$$

上式中，$f_{x,t}$ 為區間 $(x, x+t)$ 上死亡者在單位區間上生存的平均年數，其定義為 $f_{x,t} = \frac{L_{x,t} - t l_{x,t}}{t d_{x,t}}$，假設死亡人數在年齡區間 $(x, x+t)$ 服從均勻分佈（本節的年齡區間為 0~4 週歲、5~9 週歲……90 週歲以上），可得 $f_{x,t} = \frac{1}{2}$，則

---

[1] LI N, LEE R. Coherent Mortality Forecasts for a Group of Populations: An Extension of the Lee-Carter Method [J]. Demography, 2005 (42): 572-594.

$$m_{x,t} = \frac{q_{x,t}}{t - \frac{1}{2}tq_{x,t}} \qquad (3.3.8)$$

由此可以計算出 x 週歲時人口的完全平均預期餘命為

$$\overset{\circ}{e}_x = \frac{T_x}{l_x} = \frac{\sum_{0 \leq i \leq [\frac{\omega-x}{t}]-1} L_{x+it,\,t}}{l_x} \qquad (3.3.9)$$

上式中，ω 稱為終極年齡或極限年齡。

(三) Lee-Carter 模型中參數估計的方法

經典 Lee-Carter 模型的求解，假設隨機誤差項對所有 x 和 t 都具有相同的方差，提出了使用 SVD（Singular Value Decomposition）方法來估計參數模型。此方法是一種兩階段估計方法。

在第一階段，首先通過約束條件求 a_x 的估計值 $\hat{a}_x = \frac{1}{T}\sum_{t=1}^{T}\ln(m_{x,t})$，即求各年齡組別的平均對數中心死亡率。

然後對矩陣 $Z_{x,t} = [\ln(m_{x,t}) - a_x]$ 進行奇異值 (SVD) 分解：

$$SVD\,[\ln(m_{x,t}) - a_x] = \sum_{i=1}^{r}\rho_i U_{x,i} V_{t,i} = USV^T \qquad (3.3.10)$$

上式中，$r = rank\,[\ln(m_{x,t}) - a_x]$，$\rho_i(i=1,2,\cdots,r)$ 是矩陣 $[\ln(m_{x,t}) - a_x]$ 從大到小排列的奇異值，$U_{x,i}$ 和 $V_{t,i}$ 為兩個奇異向量，且

$$S = \begin{pmatrix} \rho_1 & 0 & \cdots & 0 & 0 & \vdots & 0 \\ 0 & \rho_2 & 0 & 0 & 0 & \vdots & 0 \\ 0 & 0 & \ddots & 0 & 0 & \vdots & 0 \\ 0 & 0 & 0 & \rho_m & 0 & \vdots & 0 \end{pmatrix},\ U = \begin{pmatrix} u_{11} & \cdots & \cdots & u_{1m} \\ \vdots & \ddots & & \vdots \\ \vdots & & \ddots & \vdots \\ u_{m1} & \cdots & \cdots & u_{mm} \end{pmatrix},$$

$$V = \begin{pmatrix} v_{11} & \cdots & v_{1m} & \cdots & v_{1n} \\ \vdots & \ddots & \vdots & \ddots & \vdots \\ v_{m1} & \cdots & v_{mm} & \cdots & v_{mn} \\ \vdots & \ddots & \vdots & \ddots & \vdots \\ v_{n1} & \cdots & v_{nm} & \cdots & v_{nn} \end{pmatrix}$$

上式中，m 和 n 分別為矩陣 $[\ln(m_{x,t}) - a_x]$ 的行數和列數 ($m < n$)。

通過 m 個奇異值和奇異向量可以求出矩陣 $[\ln(m_{x,t}) - a_x]$ 的 SVD 近似值：

$$\hat{Z}_{x,t}^{(h)} = \sum_{i=1}^{h}\rho_i U_{x,i} V_{i,t} = \sum_{i=1}^{h}b_x^{(i)}k_t^{(i)},\ h \leq r \qquad (3.3.11)$$

從而得到與式 (3.3.10) 對應的殘差項為

$$\varepsilon_{x,t} = \sum_{i=h+1}^{r}\rho_i U_{x,i} V_{i,t} \qquad (3.3.12)$$

SVD 分解可以通過 R 語言實現。由此，式（3.3.10）可以寫成：

$$Z_{x,t} = \ln(m_{x,t}) - a_x = \sum_{i=1}^{h} b_x^{(i)} k_t^{(i)} + \varepsilon_{x,t} \qquad (3.3.13)$$

上式中，$b_x^{(i)} k_t^{(i)} = \rho_i U_{x,i} V_{i,t}$，且

$$\sum_x b_x^{(i)} = 1, \quad \sum_t k_t^{(i)} = 0 \qquad (3.3.14)$$

Lee 和 Carter 通過計算發現第一個奇異值 ρ_1 比其他奇異值大很多，因此，對式（3.3.13）取近似值：

$$\hat{Z}_{x,t} \approx \rho_1 U_{x,1} V_{1,t} \qquad (3.3.15)$$

且 $\hat{b}_x = U_{x,1}$，$\hat{k}_t = \rho_1 V_{1,t}$。

奇異值分解利用純數學近似的方法對 b_x 和 k_t 同時進行估計，另外使用的數據是對數死亡率，而不是直接的死亡率數據，這使死亡率的擬合值和實際值產生了較大的偏差。為此，經典 Lee-Carter 模型的第二階段是對 k_t 的預測值 $\hat{k}_t$ 進行修正，修正的原則是使得修正後的 $\hat{k}_t$ 能夠使擬合預測的分年齡死亡人數等於實際觀測的分年齡死亡人數，即

$$\sum_x d_{x,t} = \sum_x e_{x,t} \exp\left(\hat{a}_x + \hat{b}_x^{(1)} \hat{k}_t^{(1)} + \sum_{i>1} \hat{b}_x^{(i)} \hat{k}_t^{(i)}\right) \qquad (3.3.16)$$

上式中，$d_{x,t}$ 表示實際觀測到的分年齡死亡人數，$e_{x,t}$ 表示年齡為 x 週歲，在時刻 t 的暴露人口數。

（四）Lee-Carter 模型的預測步驟

由於 Lee-Carter 模型將 b_x 假設為一個不隨時間變化的確定值，因此，該模型的預測就變成了關於 k_t 的單變量時間序列模型。經典 Lee-Carter 模型將 k_t 作為時間序列運用 ARIMA 模型預測 k_t 的未來值，並通過對 ARIMA(p, d, q) 不同參數的測試，認為 ARIMA(0, 1, 0) 模型能夠更好地擬合美國 1900—1989 年的人口死亡率數據。故對於特定的樣本數據，需要通過對 ARIMA(p, d, q) 的不同參數進行測試，選擇最合適的參數對調節後的時間因子 k_t 進行擬合預測，將 Lee-Carter 模型變化為

$$\ln(m_{x,t+s}) = \ln(m_{x,t}) + \hat{b}_x(\hat{k}_{t+s} - \hat{k}_t) + \varepsilon_{x,t+s}, \quad s > 0 \qquad (3.3.17)$$

實驗表明，利用經典 Lee-Carter 模型對未來人口死亡率能進行較好的預測，至少需要 20 年連續的年齡別死亡率數據，故為了提高此模型的長期預測效果，本節假定 k_t 服從帶漂移項的隨機遊走過程，從而對 k_t 進行預測①，具體過程如下：

首先，假定收集到的分年齡、分性別死亡率數據的時間為 1, 2, …, T，

$$\hat{k}_t - \hat{k}_{t-1} = d[t - (t-1)] + \varepsilon_t \qquad (3.3.18)$$

上式中，$\varepsilon_t \sim N(0, \sigma^2)$，$d$ 的無偏估計量可由公式 $\hat{d} = \dfrac{\hat{k}_T - \hat{k}_1}{T}$ 計算得出，從而可以得出 k_t 在任何時間上的預測值：

---

① 王曉軍，任文東. 有限數據下 Lee-Carter 模型在人口死亡率預測中的應用 [J]. 統計研究，2012（6）.

$$\hat{k}_{T+s} = \hat{k}_T + s\hat{d} + \sum_{i=1}^{s} \xi_i + \sum_{j=1}^{s} \varepsilon_{T+j} \qquad (3.3.19)$$

上式中，$\sum_{i=1}^{s} \xi_i \sim N(0, s \times \text{var}(d))$，$\sum_{j=1}^{s} \varepsilon_{T+j} \sim N(0, s \times \sigma^2)$。

最後，可根據預測值計算出：

$$m_{x,t+s} = m_{x,t} \exp[\hat{b}_x(\hat{k}_{t+s} - \hat{k}_t)], \quad s > 0 \qquad (3.3.20)$$

即中心死亡率的預測值可以根據經驗中心死亡率和預測值 $\hat{k}_t$ 來計算。

（五）Lee-Carter 模型的誤差項

經典 Lee-Carter 模型的估計過程是一個典型的主成分分析過程，第一個主成分用於估計對數死亡率，而其他成分都被忽略掉，故可以寫出沒有誤差項的 T 個成分的對數死亡率公式：

$$\ln(m_{x,t}) = a_x + b_{x,1}k_{t,1} + b_{x,2}k_{t,2} + \cdots + b_{x,T}k_{t,T} \qquad (3.3.21)$$

在式（3.3.21）中的第一個主成分為

$$b_{x,1}k_{t,1} = b_x k_t = s_1 u_1(x) v_1(t) \qquad (3.3.22)$$

隨機誤差項表示為

$$\varepsilon_{x,t} = \ln(m_{x,t}) - a_x - s_1 u_1(x) v_1(t) = \sum_{i=2}^{\min(X,T)} s_i u_i(x) v_i(t) \qquad (3.3.23)$$

故 SVD 殘差估計為

$$\varepsilon_{x,t} = \ln(m_{x,t}) - \hat{a}_x - \hat{b}_x \hat{k}_t \qquad (3.3.24)$$

從式（3.3.24）可以看出：估計參數 a_x、b_x 和 k_t 用去自由度 $2X + T + 2$，其中的 2 為兩個使模型參數估計結果具有唯一性的約束條件，因此，殘差的自由度為 $XT - 2X - T - 2$。

3.3.2 Lee-Carter 模型預測的實證分析

（一）數據來源及其初步分析

本節主要以 1994—2015 年中國分年齡、分性別人口死亡率數據為研究對象。這裡的死亡率是指某年某個年齡段的死亡人數 $d_{x,t}$ 與年平均人數的比值。1994—2015 年的人口死亡率數據來源於各年度的《中國人口和就業統計年鑒》。在年齡分組中，各年度的數據都是以 5 週歲為一組進行分組，即按年齡將人口分為 0~4 週歲、5~9 週歲、10~14 週歲、15~19 週歲、20~24 週歲、25~29 週歲、30~34 週歲、35~39 週歲、40~44 週歲、45~49 週歲、50~54 週歲、55~59 週歲、60~64 週歲、65~69 週歲、70~74 週歲、75~79 週歲、80~84 週歲、85~89 週歲、90 週歲以上，共 19 組。

進行分組後，得到 1994—2015 年各年齡段的中心死亡率的對數值數據圖形，如圖 3-3-1、圖 3-3-2 所示。

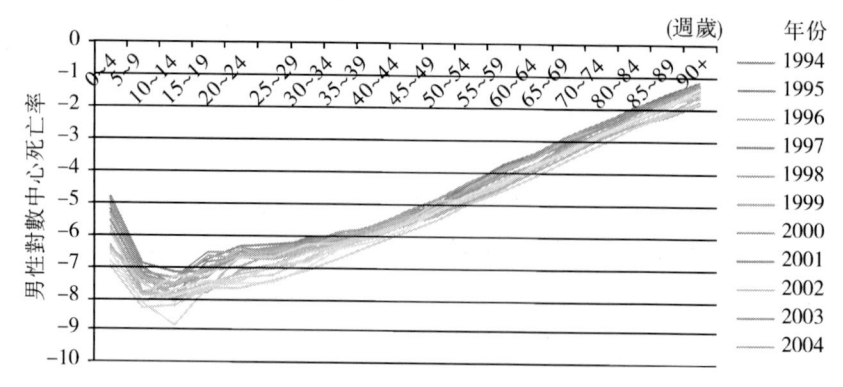

图 3-3-1　男性對數中心死亡率折線圖

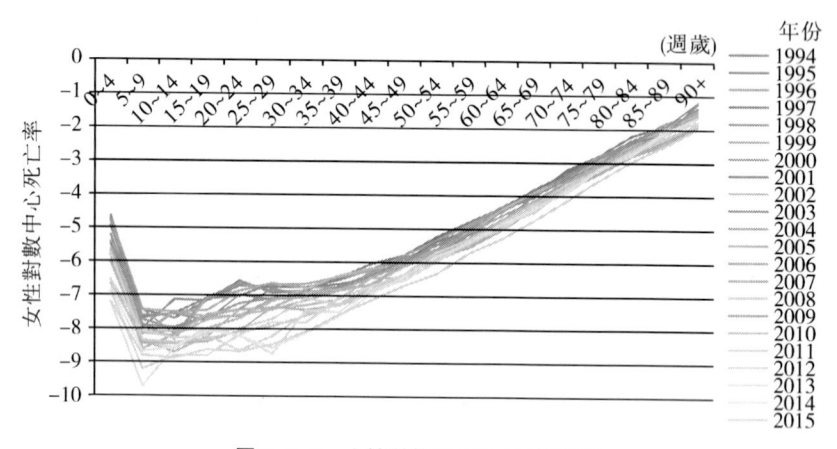

图 3-3-2　女性對數中心死亡率折線圖

　　首先，從圖 3-3-1、圖 3-3-2 可以發現，男性、女性的對數中心死亡率的變化大致相同，嬰幼兒時期的對數中心死亡率相對較高，之後開始下降並達到最低點，對數中心死亡率在達到最低點後隨著年齡的增加會以越來越大的增幅逐步增加。大致可以表達為在 0~4 週歲、5~9 週歲以及 10~14 週歲這三個年齡段的對數中心死亡率會隨著年齡的增加而逐漸下降至最低點，15~19 週歲至 90 週歲及以上年齡組的對數中心死亡率會隨著年齡的增加而增大。這主要是因為在嬰幼兒時期身心各個方面都還沒有成熟，自我保護意識不強，因此，死亡率會相對高一些；隨著年齡的增長，身體以及心理更加成熟，相對應的死亡率也就會下降；但是隨著年齡的不斷增長，身體機能日漸老化，當達到某個年齡階段後，生活壓力不斷增大，健康問題不斷增多，死亡率也會逐漸升高。另外，從圖像對比可知，對於 5~9 週歲至 25~29 週歲這些年齡段，女性的對數中心死亡率的波動趨勢比男性的對數中心死亡率要大。

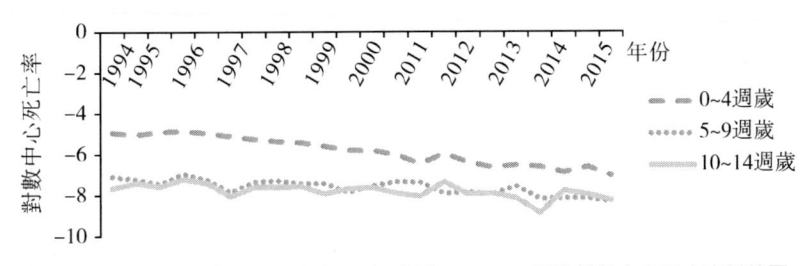

针对各个年龄阶段死亡率变化的差异，我们具体观察各个年龄段人群的对数中心死亡率随时间变化的规律。首先观察0~4週歲、5~9週歲、10~14週歲3个年龄阶段的对数中心死亡率变化的折线图，如图3-3-3、图3-3-4所示。

图3-3-3 男性年齡段0~4週歲、5~9週歲、10~14週歲對數中心死亡率折線圖

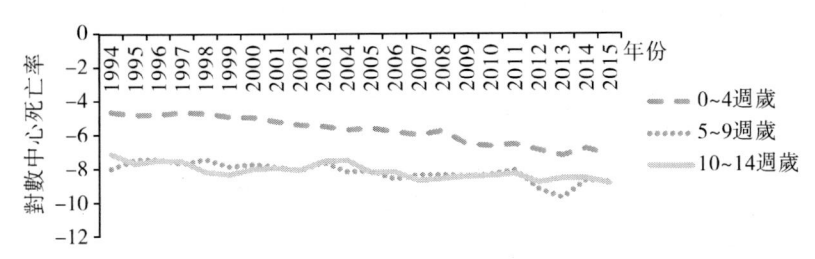

图3-3-4 女性年齡段0~4週歲、5~9週歲、10~14週歲對數中心死亡率折線圖

从图3-3-4可以看出，在这三个年龄段，对数中心死亡率随着年龄的增加而下降，在0~4週歲这一年龄阶段，男性和女性的对数中心死亡率大致呈直线下降，且波动幅度较小，而在5~9週歲和10~14週歲这两个年龄段，男性和女性的对数中心死亡率不具有明显的规律性，且波动幅度较大。

然后，再观察对数中心死亡率随年龄增加而上升的年龄段，即15~19週歲至90週歲及以上的各年龄段，其变化的折线图如图3-3-5、图3-3-6所示。从图像可知，从整体上来看女性对数中心死亡率波动幅度比男性对数中心死亡率要大，尤其是在20~24週歲、25~29週歲、30~34週歲以及35~39週歲这四个年龄阶段。分析其原因，主要是女性大多在这四个年龄阶段生育，这一时期的生产意外发生较多且女性身心会发生显著变化，因而死亡率波动也比较大。另外，对数中心死亡率波动在1999—2003年特别明显，自1997年开始，大多数年龄段的对数中心死亡率呈下降趋势，这表明1997年后死亡率逐年有所改善。但是，5~9週歲、10~14週歲、20~24週歲、25~29週歲、30~34週歲这些年龄段的对数中心死亡率从1999年开始有上升趋势，这表明死亡率的情况在恶化。

最后，在整个观察期，65~69週歲、70~74週歲、75~79週歲以及80~84週歲和85~89週歲这些年龄段的男性和女性的对数中心死亡率几乎呈线性规律变化。

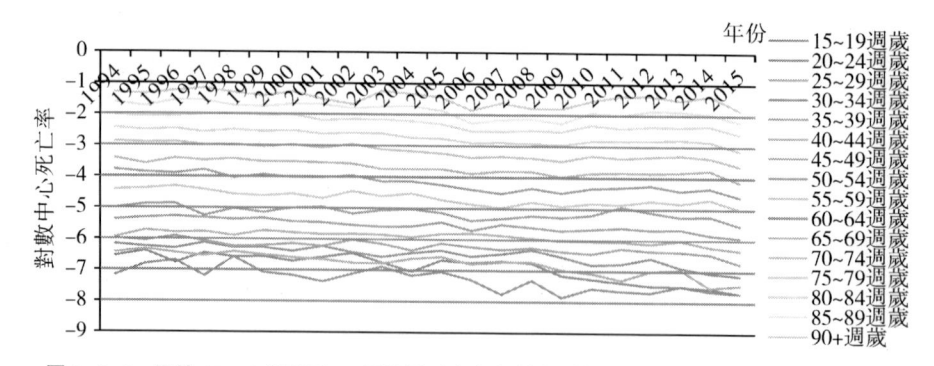

圖 3-3-5　男性 15~19 週歲至 90 週歲及以上各年齡段對數中心死亡率折線圖（由下往上）

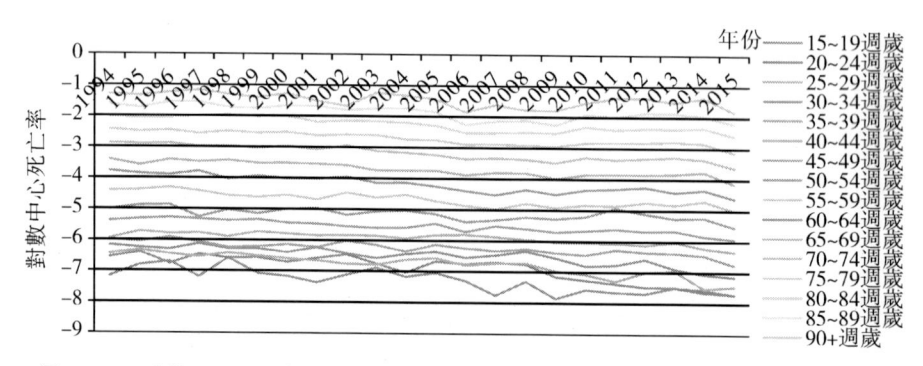

圖 3-3-6　女性 15~19 週歲至 90 週歲及以上各年齡段對數中心死亡率折線圖（由下往上）

綜上所述，男性和女性對數中心死亡率在 5~9 週歲至 30~34 週歲這幾個年齡段波動較大，而且從整體上來看，女性對數中心死亡率比男性的波動更大，這表明女性的死亡率比男性更加不穩定。由於對數中心死亡率與中心死亡率具有一致的單調性，因而中心死亡率增減變化也呈現出上述規律。

（二）Lee-Carter 模型的建模過程

在本節第一部分中，研究了 Lee-Carter 模型參數估計的方法，為保證參數估計結果的唯一性，加入了約束條件 $\sum_x b_x = 1$，$\sum_t k_t = 0$，因此，$\hat{a}_x = \frac{1}{T}\sum_{t=1}^{T}\ln(m_{x,t})$，這是一個最小二乘法誤差估計量。利用 R 語言或軟件對 b_x、k_t 運用奇異值分解法（SVD）進行估計，由此可以得到 a_x、b_x 的擬合值如表 3-3-1 所示。

表 3-3-1　Lee-Carter 模型中 a_x、b_x 的估計值

年齡組/週歲	男性		女性	
x	a_x	b_x	a_x	b_x
0~4	−5.823,811,877	0.159,589,397	−5.749,713,685	0.133,659,255
5~9	−7.608,305,579	0.072,522,788	−8.191,127,235	0.076,936,852

表3-3-1(續)

年齡組/週歲 x	男性 a_x	b_x	女性 a_x	b_x
10~14	−7.790,245,257	0.057,859,773	−8.145,664,097	0.061,468,827
15~19	−7.283,739,887	0.066,685,881	−7.803,309,937	0.069,983,687
20~24	−6.900,026,459	0.081,611,199	−7.551,480,537	0.094,551,596
25~29	−6.783,172,594	0.065,635,124	−7.395,538,962	0.093,890,133
30~34	−6.499,582,433	0.055,658,521	−7.175,510,410	0.060,580,343
35~39	−6.244,951,632	0.037,196,381	−6.940,218,321	0.052,051,899
40~44	−5.926,353,974	0.030,057,425	−6.562,213,992	0.039,587,125
45~49	−5.543,251,510	0.035,448,766	−6.155,058,341	0.041,794,273
50~54	−5.139,126,730	0.023,505,623	−5.690,272,615	0.035,051,820
55~59	−4.671,377,038	0.037,840,381	−5.220,431,720	0.035,033,409
60~64	−4.174,636,767	0.049,985,661	−4.692,010,518	0.039,212,257
65~69	−3.703,967,925	0.040,233,622	−4.155,316,220	0.034,465,049
70~74	−3.182,683,578	0.044,540,178	−3.600,171,200	0.036,062,926
75~79	−2.716,347,253	0.037,826,510	−3.075,203,081	0.026,929,557
80~84	−2.257,439,303	0.039,128,460	−2.556,372,335	0.027,265,635
85~89	−1.863,967,039	0.038,234,905	−2.132,980,049	0.017,757,761
90+	−1.463,966,983	0.026,439,408	−1.614,621,417	0.023,717,596

根據表3-3-1中的數據可以刻畫出男性、女性指標 a_x 隨時間變化的趨勢，如圖3-3-7、圖3-3-8 所示。

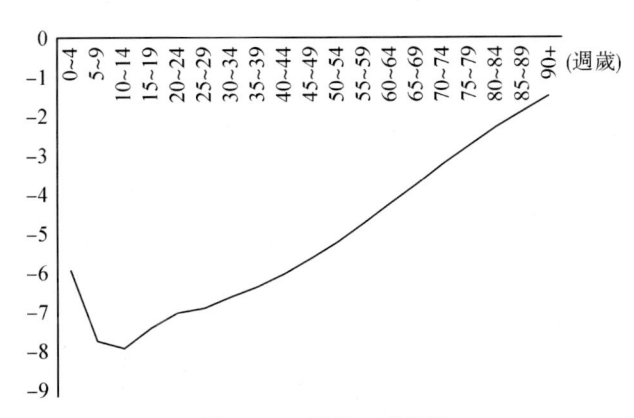

圖3-3-7 男性 a_x 變化圖

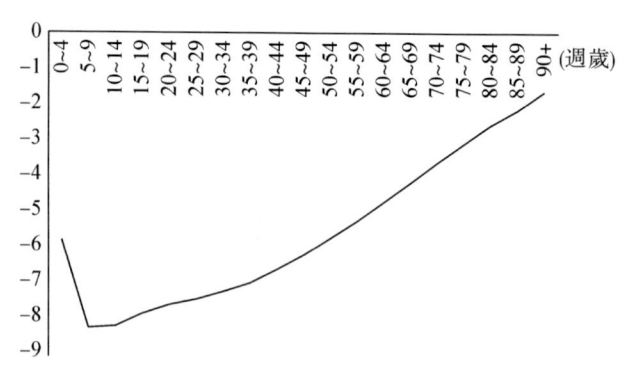

圖 3-3-8 女性 a_x 變化圖

圖 3-3-7 和圖 3-3-8 反應了男性和女性的 a_x 的變化趨勢是相似的，兩者的 a_x 都隨年齡的變化而呈現出先下降後上升的趨勢，即呈現出 J 形曲線。具體而言，剛出生的男嬰的 a_x 為-5.823,811,877，接著隨著年齡的增長 a_x 開始下降，在 10~14 週歲年齡段上男性的 a_x 達到最低值，即為-7.790,245,257，然後 a_x 的值便開始回升，46 週歲左右時男性的 a_x 的值已經基本與初始值持平，之後 a_x 的值繼續上升，到 90 週歲及以上時，a_x 值達到-1.463,966,983。對於女性來說，剛出生的女嬰的 a_x 的值為-5.749,713,685，在 5~9 週歲年齡段上女性的 a_x 的值達到最低值，即為-8.191,127,235，然後 a_x 的值便開始回升，50 週歲左右時女性的 a_x 的值基本與初始值持平，之後 a_x 的值繼續上升，到 90 週歲及以上時，a_x 值已達到-1.614,621,417。

同理，根據表 3-3-1 中的數據可以刻畫出男性、女性指標 b_x 隨時間變化的趨勢，如圖 3-3-9、圖 3-3-10 所示。

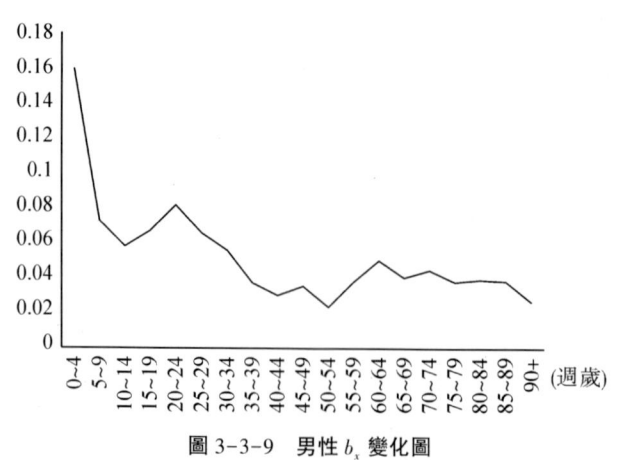

圖 3-3-9 男性 b_x 變化圖

图 3-3-10　女性 b_x 變化圖

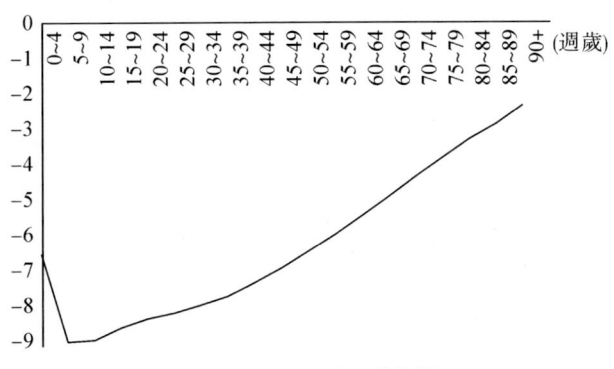

依據以上兩圖我們可以看出男性和女性的 b_x 隨年齡的變化而上下波動，但整體上呈現出波動式下降的趨勢，兩者的波動均為期初幅度較大，然後波動幅度逐漸變小。具體而言，剛出生的男嬰的 b_x 值達到最大值 0.159,589,397，在 10~14 週歲區間上 b_x 達到一個極小值 0.057,859,773，然後 b_x 開始回升，在年齡區間 20~24 週歲時達到極大值 0.081,611,199，然後又開始下降，在 40~44 週歲再次達到極小值 0.030,057,425，之後在 60~64 週歲達到另一個極大值 0.049,985,661，在 90 週歲以後將達到最小值 0.026,439,408。對於女性而言，剛出生的女嬰的 b_x 初始值為最大值 0.133,659,255，在 10~14 週歲區間上 b_x 達到一個極小值 0.061,468,827，然後 b_x 開始回升，在年齡區間 20~24 週歲時達到一個極大值 0.094,551,596，然後開始再次下降，在 40~44 週歲又達到一個極小值 0.039,587,125，之後 b_x 開始圍繞 0.035 上下小幅波動，在 85~89 週歲達到最小值 0.017,757,761。

最後，由奇異值分解法（SVD）求得男性和女性 Lee-Carter 模型中參數 k_t 的估計值，如表 3-3-2、表 3-3-3 所示。將表 3-3-2、表 3-3-3 的結果繪製出 k_t 的折線圖，如圖 3-3-11、圖 3-3-12 所示，k_t 的變化近似地呈直線下降趨勢，且女性的下降趨勢更加顯著。

表 3-3-2　1994—2015 年男性 k_t 的估計值

年份	k_t	年份	k_t
1994	6.140,33	2005	-0.254,87
1995	5.514,73	2006	-4.432,41
1996	6.318,77	2007	-4.258,39
1997	5.675,61	2008	-3.579,32
1998	5.069,18	2009	-6.276,24
1999	3.955,01	2010	-3.129,53
2000	4.060,05	2011	-3.108,12
2001	2.739,40	2012	-2.646,60
2002	3.193,01	2013	-3.193,24
2003	1.448,17	2014	-3.459,29
2004	0.670,38	2015	-3.939,27

表 3-3-3　1994—2015 年女性 k_t 的估計值

年份	k_t	年份	k_t
1994	9.242,96	2005	-0.408,80
1995	7.741,71	2006	-5.614,02
1996	8.292,69	2007	-4.407,84
1997	7.778,89	2008	-4.436,21
1998	6.184,90	2009	-7.646,66
1999	5.960,36	2010	-4.236,67
2000	6.197,67	2011	-5.535,20
2001	3.701,09	2012	-4.180,52
2002	4.255,34	2013	-5.883,57
2003	3.371,65	2014	-5.573,46
2004	1.444,99	2015	-6.323,29

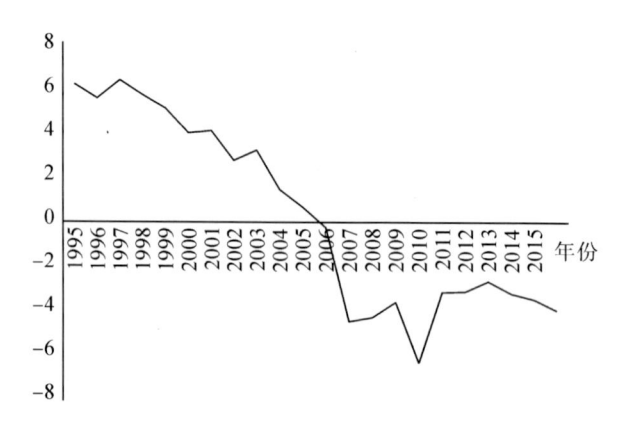

圖 3-3-11　男性 k_t 隨時間的變化圖

圖 3-3-12　女性 k_t 隨時間的變化圖

死亡率相關指標 k_t 反應了死亡率整體水準的變化情況，由表 3-3-2、表 3-3-3 的數據可以看出，死亡率相關指標 k_t 的估計值是近似於線性下降的，表明中國人口死亡率隨時間變化而下降的速度是近似線性下降的，這與中國歷史死亡率數據總體上呈下降趨勢的特徵相符。具體來說，1996 年，男性的 k_t 值為 6.318,77，之後 k_t 值就開始逐漸波動式下降，到了 2015 年，男性的 k_t 值降為 -3.939,27；女性的 k_t 值變化規律與男性相似，但女性的 k_t 值波動幅度比男性的 k_t 大，其下降的速度顯著大於男性 k_t 值的下降速度。

（三）Lee-Carter 模型的預測結果

對時間因子 k_t 採用帶漂移項的隨機過程進行建模，由公式 $\hat{d} = \dfrac{\hat{k}_T - \hat{k}_1}{T}$ 可以得到分性別漂移參數的估計值（用 $\hat{d}_m$ 表示男性漂移參數，$\hat{d}_f$ 表示女性漂移參數）：

$$\hat{d}_m = \frac{-3.939,27 - 6.140,338}{2,015 - 1,994} \approx -0.479,98$$

$$\hat{d}_f = \frac{-6.323,296,825 - 9.242,961,573}{2,015 - 1,994} \approx -0.741,25$$

從而可以得到男性時間因子 k_t 的預測模型：

$$\hat{k}_{T+s} = -3.939,27 - 0.479,98 \times s + \sum_{i=1}^{s} \xi_i + \sum_{j=1}^{s} \varepsilon_{T+j} \quad (3.3.25)$$

女性時間因子 k_t 的預測模型：

$$\hat{k}_{T+s} = -6.323,296,825 - 0.741,25 \times s + \sum_{i=1}^{s} \xi_i + \sum_{j=1}^{s} \varepsilon_{T+j} \quad (3.3.26)$$

根據上述兩個預測模型，可以分別預測出男性和女性 2020—2100 年各年的 k_t 值。表 3-3-4、表 3-3-5 分別列出了男性和女性部分年份的預測值。

表 3-3-4　2020—2100 年部分年份男性 k_t 的預測值

年份	k_t	年份	k_t
2020	-6.339,18	2065	-27.938,3
2025	-8.739,08	2070	-30.338,2
2030	-11.139,0	2075	-32.738,1
2035	-13.538,9	2080	-35.138,1
2040	-15.938,8	2085	-37.538,0
2045	-18.338,7	2090	-39.937,9
2050	-20.738,6	2095	-42.337,8
2055	-23.138,5	2100	-44.737,7
2060	-25.538,4		

表 3-3-5　2020—2100 年部分年份女性 k_t 的預測值

年份	k_t	年份	k_t
2020	-10.029,5	2065	-43.385,8
2025	-13.735,8	2070	-47.092,1
2030	-17.442,1	2075	-50.798,3
2035	-21.148,3	2080	-54.504,6
2040	-24.854,6	2085	-58.210,8
2045	-28.560,8	2090	-61.917,1
2050	-32.267,1	2095	-65.623,3
2055	-35.973,3	2100	-69.329,6
2060	-39.679,6		

下面檢驗該模型的預測效果。本節以 1994—2015 年的經驗死亡率數據為基礎，利用以上模型對 2016 年的死亡率進行預測，並將預測結果與 2016 年的實際死亡率進行對比。表 3-3-6 列出了分性別、分年齡組的預測偏差水準。

表 3-3-6　預測偏差水準

年齡組/週歲	年平均（男）	年平均（女）
0~4	-0.000,456,049,0	-0.000,231,985,0
5~9	-0.000,054,932,5	-0.000,064,155,5
10~14	-0.000,015,409,3	-0.000,029,842,8
15~19	-0.000,132,405,4	-0.000,009,275,4
20~24	-0.000,206,559,0	-0.000,352,100,0
25~29	-0.000,160,466,0	-0.000,540,283,0
30~34	-0.000,192,669,0	-0.000,535,812,0
35~39	0.000,086,955,2	-0.000,174,854,4
40~44	-0.000,255,374,0	-0.000,480,881,0
45~49	-0.000,199,633,0	-0.000,540,952,0
50~54	0.000,166,508,0	-0.000,353,858,0
55~59	0.000,458,358,4	-0.000,152,467,7
60~64	-0.000,375,142,7	-0.000,183,274,1
65~69	0.002,106,203,8	-0.000,455,838,1
70~74	-0.000,541,589,6	-0.001,842,549,8
75~79	0.002,476,307,0	-0.000,939,438,3
80~84	0.000,667,604,2	-0.008,352,422,3
85~89	0.003,887,666,0	0.002,336,164,0
90+	0.017,927,376,0	-0.014,862,116,0

從表 3-3-6 可以看出，預測偏差在不同年齡組上有一定的差別。男性偏差比較小的年齡段依次為 10～14 週歲、5～9 週歲、35～39 週歲，偏差較大的年齡組發生在 65～69 週歲、75～79 週歲、85～89 週歲及以上組；女性偏差比較小的年齡段依次為 15～19 週歲、10～14 週歲、5～9 週歲，偏差較大的年齡組發生在 70～74 週歲、80～84 週歲及以上各組。總體而言，無論男性還是女性，在 65 週歲之前的各年齡組的預測偏差都比較小，65 週歲以後偏差比較大，波動幅度也比較大。產生這樣的結果，主要原因是在所有年齡分組中，高年齡組人口比較稀少，因而死亡率波動性較大，這就使人口死亡率的預測出現了較大的偏差。不過，從模型總體上來看，各年齡組的預測偏差還是比較小的，故 Lee-Carter 模型具有良好的擬合預測效果。

（四）未來人口平均預期壽命

用 Lee-Carter 模型預測出人口死亡率後，我們即可預測出未來平均預期壽命。在預測平均預期壽命時，本節將以 2010 年第六次全國人口普查數據為基礎，然後根據模型預測的結果，估計未來的平均預期壽命，即以預測出的分性別、分年齡人口死亡率為基礎，計算出分性別各年齡組的生存人數，從而計算出新生嬰兒的平均預期壽命。表 3-3-7 是基於上文得到的分性別、分年齡死亡率的預測值而預測出的 2020—2100 年中國分性別新生嬰兒平均預期壽命值。

官方發布的數據顯示，2015 年男性、女性平均預期壽命分別為 73.64 週歲和 79.43 週歲[①]。從表 3-3-7 可知，根據 Lee-Carter 模型推算，2050 年男性、女性平均預期壽命分別為 80.17 週歲和 87.37 週歲。男性平均預期壽命增長 6.53 週歲，女性平均壽命預計增長 7.94 週歲，平均預期壽命明顯提高，到 2100 年平均預期壽命增長的幅度更大。表 3-3-7 顯示新生女嬰的平均預期壽命比新生男嬰長，這與實際情況相符。另外，從總體趨勢來看，男性、女性平均預期壽命都處於增長狀態，但新生女嬰平均預期壽命增長幅度要大於男嬰。2015 年男性平均預期壽命要比女性短約 5.79 週歲，這一差距在 2100 年預計將擴大到 6.59 週歲。從模型預測結果來看，這一差別存在逐年擴大的趨勢。

表 3-3-7　新生嬰兒（0 週歲）平均預期壽命預測結果　　　單位：週歲

年份	男性	女性
2020	75.36	81.56
2025	76.96	83.55
2030	78.36	84.86
2035	79.23	86.68
2040	79.57	86.93
2045	79.88	87.16
2050	80.17	87.37
2055	80.44	87.56

① 《2016 年中國人口和就業統計年鑑》，表 1-9 數據。

表3-3-7(續)

年份	男性	女性
2060	80.68	87.73
2065	80.91	87.88
2070	81.11	88.02
2075	81.30	88.15
2080	81.48	88.27
2085	81.64	88.38
2090	81.79	88.47
2095	81.93	88.56
2100	82.05	88.64

　　從表3-3-8可以看出，根據Lee-Carter模型推算，2100年，60週歲男性和女性的平均預期餘命預計分別為27.42週歲和32.74週歲。與2020年相比，60週歲男性和女性平均預期餘命將分別增加4.56週歲和6.73週歲。同時，從表3-3-8可以看出，到2100年時，65週歲男性平均預期餘命預計將增加4.15週歲，女性將增加5.86週歲，這意味著到2100年時，男性、女性基本養老保險個人帳戶分別將直接增加4.15年和6.73年的支付（假設2100年男性、女性退休年齡分別為65週歲和60週歲），這無疑會給基本養老保險帶來養老金支付壓力。由此還可以看出，女性養老保險個人帳戶的缺口預計比男性更大，這主要是因為女性退休年齡比男性早，同時，女性平均預期餘命又比男性長，導致女性個人帳戶支出的金額相對比男性更大。

　　從總體趨勢來看，60週歲及65週歲男性、女性平均預期餘命都處於增長狀態，但女性平均預期餘命的增長幅度要大於男性。2020年時60週歲男性平均預期餘命要比女性短約3.15週歲，這一差距在2100年時預計將擴大到5.32週歲。

　　從上述Lee-Carter模型預測結果來看，中國男女平均預期壽命或餘命的差距存在逐年擴大的趨勢。

表3-3-8　60週歲與65週歲時平均預期餘命預測結果　　　　單位：週歲

年份	男性平均預期餘命 60週歲時	男性平均預期餘命 65週歲時	女性平均預期餘命 60週歲時	女性平均預期餘命 65週歲時
2020	22.86	19.26	26.01	22.10
2025	23.07	19.46	26.14	22.22
2030	23.25	19.65	27.57	23.45
2035	24.73	20.92	27.68	23.55
2040	24.89	21.08	27.79	23.65
2045	25.04	21.23	28.22	24.08
2050	26.51	22.49	29.32	24.97
2055	26.64	22.63	29.41	25.06
2060	26.76	22.75	30.84	26.28

表3-3-8(續)

年份	男性平均預期餘命		女性平均預期餘命	
	60週歲時	65週歲時	60週歲時	65週歲時
2065	26.87	22.86	30.92	26.36
2070	26.97	22.96	32.35	27.59
2075	27.06	23.05	32.42	27.66
2080	27.15	23.14	32.50	27.73
2085	27.23	23.22	32.56	27.79
2090	27.30	23.29	32.63	27.86
2095	27.36	23.35	32.69	27.91
2100	27.42	23.41	32.74	27.96

（五）人口出生率

人口出生率是指一個時期內（通常為一年）出生人數與當年平均存活人數之比，它反應了人口的出生水準。中國人口快速老齡化是低出生率和低死亡率結合所產生的結果，因此，分析中國人口出生率的變化對於分析中國人口老齡化以及養老保險基金缺口的測算是至關重要的。

中國人口出生率在20世紀70年代呈快速下降趨勢，這是因為在這個年代出抬並於80年代成為基本國策的計劃生育政策的實施。進入20世紀80年代後，中國把實行「晚、稀、少」的計劃生育、控制人口增長提高到了戰略高度，但是1980年修正並於1981年起實施的《中華人民共和國婚姻法》使許多不到晚育年齡的人口提前跨入生育行列，這造成了人口出生率回升的現象；當然，這也與20世紀60年代生育高峰期出生的人口進入生育行列有關。人口出生率的變化如圖3-3-13所示，中國人口出生率由1980年的18.21‰波動式增長至1987年的23.3‰，即達到峰值，這是新中國成立以來出現的「第三次人口生育高峰」。之後，中國人口出生率持續下降，直到最近10年都維持在12‰左右。

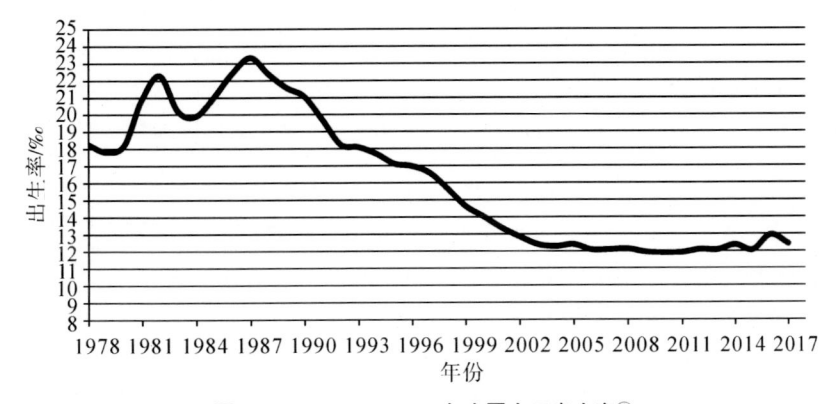

圖3-3-13　1978—2016年中國人口出生率[①]

---

① 《2016中國統計年鑒》，表2-2數據。

随著中国人口老龄化步伐的加快，社会各界围绕人口红利下降以及人力资源短缺的争论持续不断。在此背景之下，2013年12月28日，第十二届全国人大常委会第六次会议通过了《关于调整完善生育政策的决议》。该决议规定：「根据中国经济社会的发展和人口形势的变化，逐步调整完善生育政策是必要的。同意启动实施一方是独生子女的夫妇可生育两个孩子的政策」，即「单独两孩」政策。2016年，中国实施了「全面二孩」政策，此政策的实施已取得了初步成效，中国出生人口明显增加。2016年中国出生人口为1,786万，人口出生率为12.95‰，与2012—2015年平均出生人口1,654万相比，2016年新生人口多出132万[①]，其中二孩人数为721万人，占新出生人数的比例为40.3%。与2012年相比，2016年人口出生率和自然增长率分别增长了0.85个千分点和0.91个千分点[②]。2017年，二孩数量进一步上升至883万人，比上一年增加了162万人；二孩占全部出生人口的比重达到51.2%，比上一年提高了11个百分点，2017年出生的二孩人数首次超过一孩人数，2017年出生人口数为1,723万人，出生率为12.43‰[③]。

「全面二孩」政策虽然使人口出生率出现了上升，但是根据国家卫计委调查，由于育儿成本高、经济压力大、生育意愿弱等原因，中国二胎生育在大部分地区成效不大，实际人口出生率并没有明显增加。另外，受「全面二孩」政策影响的主要是「体制内」的一部分人，对农村以及城镇中很大一部分人影响较小。「体制内」这一小部分人，文化水准高，生育意愿弱，生育率较低。因此，就当前实际情况来看，全面放开二孩政策并未从根本上改善出生率与人口构成。尽管二孩出生人数在2017年已首次超过一孩，但出生人数与出生率反而有所下降。

（六）人口老龄化水准预测

在现实环境中，在测算养老保险基金缺口时，还需要考虑人口年龄结构的影响。本节以2010年分性别年龄的人口结构[④]为基础，利用2011—2015年《中国人口和就业统计年鉴》中的死亡率数据以及上文中 Lee-Carter 模型预测得出的2016—2100年分年龄、分性别的死亡率数据对人口年龄结构进行预测。考虑到中国的生育观念和政府的校正作用，假设婴儿性别比与2010年的性别比保持一致。

本节的预测期间为2020—2100年，预测点为每5年一次，将利用公式

$$B_t = \sum_{x=15}^{49} l^f_{t,x} f_{t,x} \tag{3.3.27}$$

计算出第 t 年出生的人口数。上式中，$l^f_{t,x}$ 为第 t 年 x 岁的女性人数，$f_{t,x}$ 为分年龄育龄妇女的生育率，其数据引用2011年《中国人口与就业统计年鉴》中的数据。利用生育率和男女婴儿出生性别比可得出2020—2100年分性别的新生婴儿出生人口数，利用死亡

---

① 国家统计局2017年7月25日公布的人口数据。
② 国家统计局2016年度统计数据。
③ http://www.sohu.com/a/219129428_100022448.
④ 2011年《中国人口和就业统计年鉴》，表1-3数据。

率可得出各年分性別人口年齡結構。

總和生育率和死亡率的變化是影響一國人口數量變化的重要變量,因此在預測死亡率的同時合理估計生育模式對準確預測中國人口數量發展趨勢以及人口老齡化發展趨勢至關重要。總和生育率的變化受很多因素影響,包括生育政策、經濟發展水準、家庭受教育水準、家庭觀念等因素。根據《中國人口與就業統計年鑒(2011)》,2010年中國總和生育率為1.18。本節為了更準確地預測未來中國人口數量及其老齡化發展趨勢,假設出低、中、高三種總和生育率,並分別在三種總和生育率的假設下預測中國未來人口老齡化的發展趨勢。

本節結合中國人口發展現狀和人口控制目標,依據第六次全國人口普查資料中關於人口出生、死亡等相關數據以及近幾年有關人口變動情況的抽樣調查中全國育齡婦女生育狀況的變化表現,並考慮「全面二孩」政策對未來總和生育率的影響,參考國內學者以及聯合國關於中國總和生育率模式的假設,提出關於中國總和生育率變化的高、中、低三種方案的假設。

(1) 高方案:假設隨著社會經濟水準的提高,以及2015年全面放開二孩政策帶來的極大的政策鼓勵,人們普遍願意生育二孩,到2020年時總和生育率上升為2.0,到2050年時總和生育率上升為2.28,到2060年時總和生育率下降至更替水準2.1,並保持這個水準到2100年。

(2) 中方案:假設全面放開二孩政策效果不明顯,總和生育率有所上升但上升幅度不大,到2020年時總和生育率上升到1.7,到2050年時總和生育率上升為2.1,隨後總和生育率出現回調現象,到2060年時下降為1.7,到2090年時總和生育率再次達到更替水準2.1,並保持這個水準不變。

(3) 低方案:假設低生育水準在短期內不會因為生育政策的改變而改變,還會進一步下降,到2020年時總和生育率下降為1.03,然後開始逐步回升,到2050年時總和生育率達到1.38,到2090年時總和生育率達到1.53,並保持這個水準。

三種方案下的總和生育率如表3-3-9所示,這個假設也被上一節採用了。

表3-3-9 三種方案的總和生育率假設　　　　　　　　單位:個

	2010—2020年	2020—2050年	2050—2060年	2060—2090年	2090—2100年
高方案	1.80	2.00	2.28	2.10	2.10
中方案	1.66	1.70	2.10	1.70	2.10
低方案	1.18	1.03	1.38	1.38	1.53

在對總和生育率進行假設之後,通過總和生育率反推出各年齡組的生育率,通過Excel進行迭代,即可預測出三種方案下的中國人口數量及其老齡化發展趨勢。高、中、低三個方案下的60週歲及以上人口占總人口的比例、65週歲及以上人口占總人口的比例以及中國人口數量規模,如表3-3-10、表3-3-11、表3-3-12所示。

表 3-3-10　2020—2100 年高、中、低三種方案下 60 週歲老齡化係數　　單位:%

年份	高方案	中方案	低方案
2020	18.76	18.90	19.21
2025	22.58	22.97	23.87
2030	26.49	27.16	28.76
2035	29.37	30.34	32.73
2040	30.23	31.49	34.66
2045	31.33	32.98	37.21
2050	33.78	34.08	42.02
2055	33.37	35.79	44.60
2060	33.56	35.98	45.63
2065	30.85	33.12	45.35
2070	29.91	32.24	45.68
2075	27.50	31.34	45.87
2080	27.46	32.75	46.82
2085	27.12	32.90	45.33
2090	27.10	31.81	44.49
2095	26.82	31.46	43.54
2100	26.42	30.38	42.77

表 3-3-11　2020—2100 年高、中、低三種方案下 65 週歲老齡化係數　　單位:%

年份	高方案	中方案	低方案
2020	13.32	13.61	13.87
2025	15.54	15.97	16.63
2030	18.42	18.85	20.02
2035	21.61	22.29	24.11
2040	23.58	24.51	27.08
2045	24.29	25.52	28.91
2050	24.73	26.26	29.98
2055	26.67	28.69	33.38
2060	29.09	31.65	36.89
2065	27.70	31.26	38.27
2070	26.95	31.08	39.49
2075	25.32	30.28	38.59
2080	23.29	28.89	37.01
2085	21.73	27.62	39.33
2090	22.67	28.24	38.44
2095	21.38	27.68	38.43
2100	20.69	27.77	36.58

表 3-3-12　2020—2100 年高、中、低三種方案人口規模　　　　單位：人

年份	高方案	中方案	低方案
2020	1,435,072,807	1,424,344,162	1,381,814,008
2025	1,470,365,153	1,443,522,208	1,385,000,536
2030	1,512,625,356	1,471,367,067	1,380,650,019
2035	1,528,022,628	1,474,592,975	1,356,691,714
2040	1,520,662,700	1,455,829,160	1,312,981,513
2045	1,520,840,223	1,441,431,693	1,269,907,030
2050	1,525,678,843	1,425,911,172	1,218,253,487
2055	1,572,995,596	1,424,101,954	1,168,832,020
2060	1,563,069,041	1,365,460,816	1,062,637,185
2065	1,548,220,428	1,316,994,794	1,008,114,210
2070	1,473,579,555	1,300,653,268	952,328,429
2075	1,489,761,582	1,297,925,716	895,257,699
2080	1,469,271,127	1,248,388,185	815,784,517
2085	1,486,462,317	1,237,438,972	751,848,762
2090	1,428,201,889	1,198,285,763	697,441,885
2095	1,436,706,148	1,068,075,137	655,827,896
2100	1,416,167,987	1,043,070,703	601,835,187

從表 3-3-10、表 3-3-11 可以看出，中國人口老齡化速度呈現出先遞增後遞減的趨勢，60 週歲老齡化系數增長速度在 2030 年前後達到峰值，2025—2030 年高、中、低三種方案下年均增幅分別達到 0.78 個百分點、0.84 個百分點、0.98 個百分點。65 週歲老齡化系數增長速度在 2035 年前後達到峰值，2030—2035 年高、中、低三種方案下年均增幅分別達到 0.64 個百分點、0.69 個百分點、0.82 個百分點。綜合起來，2020—2040 年是中國人口老齡化上升速度高峰期。利用表 3-3-11 的數據可以分析三種方案下中國人口老齡化發展趨勢（用 65 週歲老齡化系數表示）的異同，三種方案下人口老齡化變化趨勢如圖 3-3-14 所示。

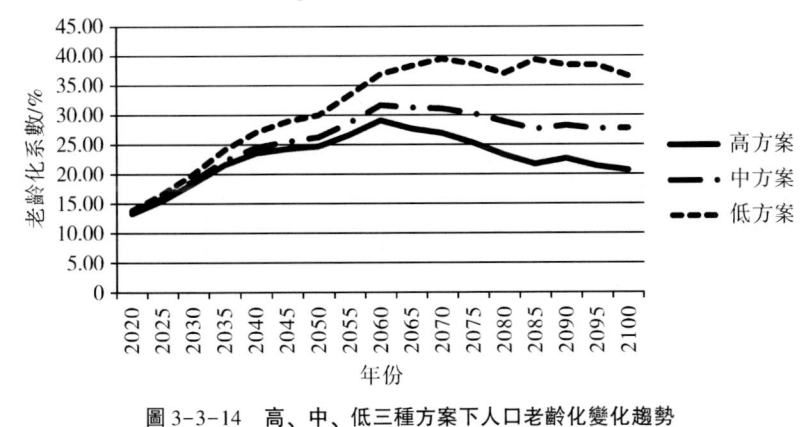

圖 3-3-14　高、中、低三種方案下人口老齡化變化趨勢

從圖 3-3-14 可以看出：①高方案和中方案下，65 週歲老齡化係數都在 2060 年前後達到峰值，低方案下在 2070 年前後達到峰值，並在達到峰值後都有緩慢下降的趨勢。②直至 2100 年，中國都將面臨嚴重的人口老齡化問題，並且幾乎有 70 年的時間都保持相當高的老齡化水準。③總和生育率與人口老齡化程度呈反比，總和生育率假設越高，人口老齡化程度越輕。

利用表 3-3-12 的數據可得到高、中、低三種方案下中國人口規模變化趨勢，如圖 3-3-15 所示。

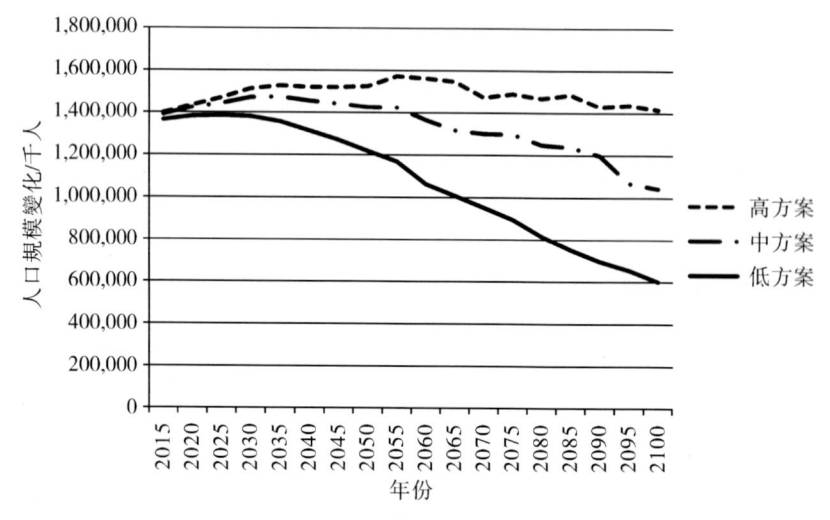

圖 3-3-15　高、中、低三種方案下總人口規模變化趨勢

從圖 3-3-15 可以看出，在低方案條件下，中國人口在 2025 年前後人口總數達到最高峰，2025 年以後人口總數開始下降趨勢，21 世紀中葉人口總數為 12.18 億人，2070 年人口總數開始低於 10 億人，此後人口總數一直下降且低於 10 億人，2100 年中國人口總數為 6.02 億人。在中方案下，中國人口總數在 2035 年前後達到峰值，之後人口總數開始下降，至 2100 年中國人口總數降為 10.43 億人。在高方案下，中國人口總數同樣在 2035 年前後達到峰值，之後人口總數有下降趨勢，但至 2100 年中國人口總數仍大於 14 億人。

利用表 3-3-11、表 3-3-12 可以計算得到中國 65 週歲及以上人口數量，圖 3-3-16 展示了中方案下中國 65 週歲及以上人口數量的變化情況。

從圖 3-3-16 可以看出，65 週歲及以上人口規模的變化首先呈現快速的上升趨勢，直至 2060 年前後達到峰值 4.32 億人，2065 年之後呈現下降趨勢，至 2100 年時 65 週歲及以上人口總數為 2.90 億人。

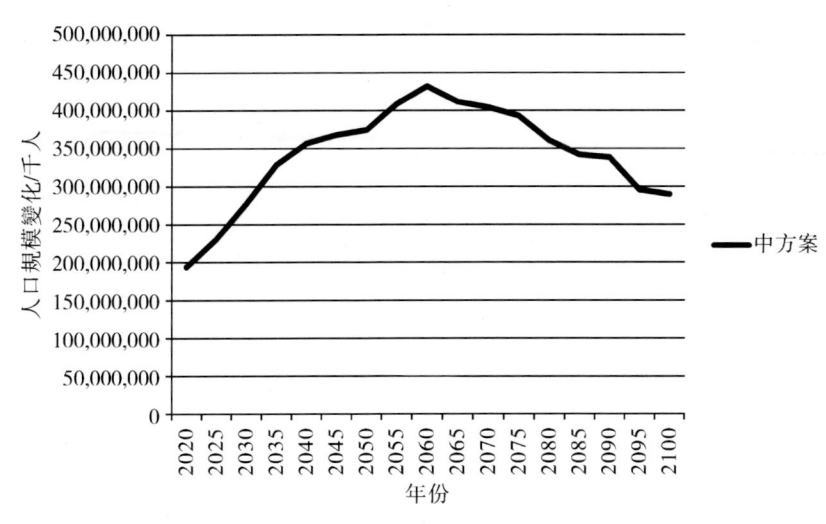

圖 3-3-16　中方案下 65 週歲及以上人口規模變化趨勢

聯合國對中國人口發展進行了高、中、低三種方案下的詳細預測，聯合國對中國總和生育率的假設包含了全面放開二孩政策以後，中國總和生育率有一個緩慢上升的一個過程，但是考慮政策效應，其上升是緩慢的。這與上文對中方案的假設是基本一致的，故通過初步分析，我們認為其中方案的預測結果具有更大的合理性。聯合國《世界人口預測2015》對中國人口各方案下的具體預測結果見表 3-3-13、表 3-3-14、表 3-3-15。

表 3-3-13　聯合國對中國人口的預測（高方案）

年份	65 週歲老齡化系數/%	60 週歲老齡化系數/%	人口規模/千人
2015	9.55	15.21	1,376,049
2020	11.98	17.33	1,415,221
2025	13.89	20.35	1,444,158
2030	16.61	24.47	1,463,798
2035	20.29	27.78	1,474,983
2040	23.15	29.11	1,481,463
2045	24.09	30.31	1,485,150
2050	24.99	33.07	1,486,323
2055	27.48	34.13	1,484,602
2060	28.39	33.35	1,479,643
2065	27.56	32.32	1,474,252
2070	26.54	31.53	1,471,687
2075	25.74	31.05	1,473,338
2080	25.28	31.09	1,479,223
2085	25.44	30.89	1,489,619

表3-3-13(續)

年份	65週歲老齡化系數/%	60週歲老齡化系數/%	人口規模/千人
2090	25.48	30.65	1,505,542
2095	25.56	30.56	1,527,806
2100	25.64	30.69	1,554,537

數據來源：POPULATION DIVISION. World Population Prospects：The 2015 Revision ［R］. New York：United Nations, 2015.

表 3-3-14　聯合國對中國人口的預測（中方案）

年份	65週歲老齡化系數/%	60週歲老齡化系數/%	人口規模/千人
2015	9.55	17.48	1,376,049
2020	12.09	20.77	1,402,848
2025	14.18	25.30	1,414,872
2030	17.18	29.10	1,415,545
2035	21.25	30.92	1,408,316
2040	24.59	32.74	1,394,715
2045	26.03	36.46	1,374,657
2050	27.55	38.53	1,348,056
2055	31.02	38.65	1,315,148
2060	32.90	38.53	1,276,757
2065	32.86	38.75	1,236,664
2070	32.61	39.44	1,197,533
2075	32.71	39.91	1,159,645
2080	33.31	39.75	1,122,569
2085	33.79	39.41	1,087,074
2090	33.78	39.37	1,055,073
2095	33.68	39.62	1,028,080
2100	33.75	17.48	1,004,392

數據來源：POPULATION DIVISION. World Population Prospects：The 2015 Revision ［R］. New York：United Nations, 2015.

表 3-3-15　聯合國對中國人口的預測（低方案）

年份	65週歲老齡化系數/%	60週歲老齡化系數/%	人口規模/千人
2015	9.55	15.21	1,376,049
2020	12.20	17.63	1,390,475
2025	14.48	21.21	1,385,587
2030	17.78	26.19	1,367,292

表3-3-15(續)

年份	65週歲老齡化系數/%	60週歲老齡化系數/%	人口規模/千人
2035	22.31	30.54	1,341,708
2040	26.20	32.94	1,308,925
2045	28.22	35.50	1,267,824
2050	30.49	40.35	1,218,251
2055	35.14	43.65	1,160,889
2060	38.28	44.97	1,097,309
2065	39.39	46.18	1,031,772
2070	40.40	48.01	966,756
2075	42.04	50.70	902,267
2080	44.62	52.05	837,943
2085	45.89	52.16	774,964
2090	45.99	51.73	715,717
2095	45.62	51.76	662,099
2100	45.62	52.18	612,731

數據來源：POPULATION DIVISION. World Population Prospects：The 2015 Revision [R]. New York：United Nations, 2015.

通過對比本節的預測結果與聯合國預測結果可知，兩種預測結果的相同之處在於，60週歲老齡化系數與65週歲老齡化系數都處於上升趨勢，並且都遠遠高出老年型社會的國際標準；另外，兩者的預測在各方案假設下對人口總數的發展趨勢預測基本是一致的，尤其是在低方案下本節的預測結果和聯合國預測結果曲線幾乎完全吻合，人口峰值均出現在2025年前後，然後再緩慢下降。

兩者的不同之處在於對總和生育率的假設有所不同。聯合國中方案認為，中國全面放開二孩政策對中國總和生育率的刺激不明顯，中國新生人口不會顯著增加，並認為中國總和生育率會長期保持較低水準，到2100年也達不到總和生育率更替水準2.1①。而本節在對總和生育率進行假設時，結合中國目前的經濟發展形勢和部分學者的觀點，認為生育政策的改變對中國家庭生育願望的刺激雖然不能完全達到政策預期的效果，但還是具有明顯的刺激作用，中國的總和生育率會在緩慢達到更替水準之後有一個短時間的回落，最後保持在更替水準上。

利用前文中的數據可以分別得出高、中、低三種方案下本節人口總數預測結果和聯合預測結果的趨勢對比圖，如圖3-3-17、圖3-3-18、圖3-3-19所示。

---

① POPULATION DIVISION. World Population Prospects：The 2015 Revision [R]. New York：United Nations, 2015.

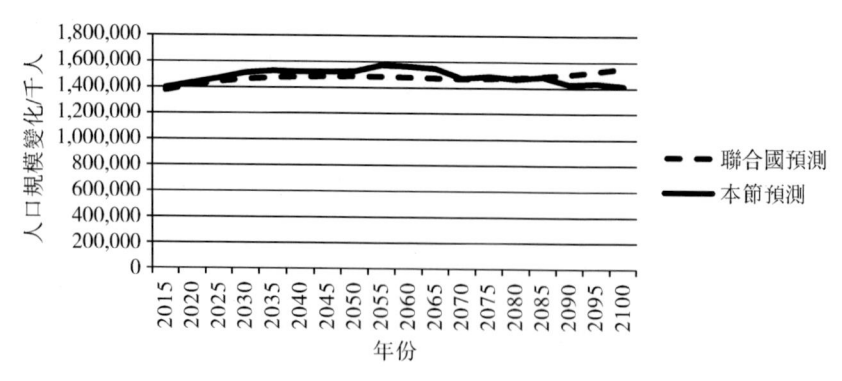

圖 3-3-17　高方案下總人口規模變化趨勢對比

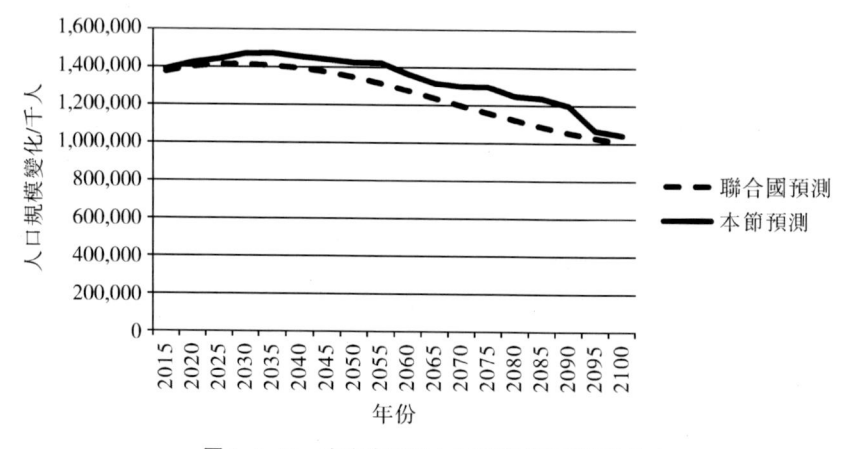

圖 3-3-18　中方案下總人口規模變化趨勢對比

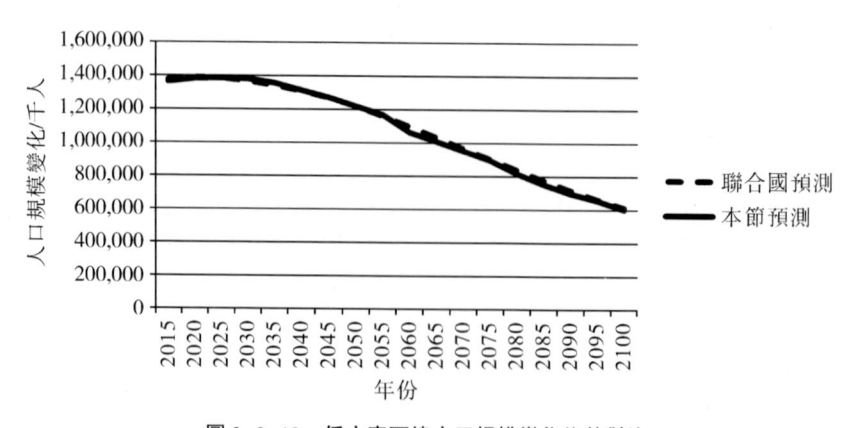

圖 3-3-19　低方案下總人口規模變化趨勢對比

綜上所述，在本章第 2 節與第 3 節裡，我們系統地分析了中國人口老齡化發展規模與趨勢。第 2 節採用的是傳統人口預測方法，第 3 節採用了當今更為流行的預測方法，

即充分考慮死亡率隨著時間的推移有所變化的趨勢，即死亡率受年齡與所處的時期這兩個因素影響。兩種方法預測的趨勢具有一致的指向性：中國老年人口規模將持續增大，人口老齡化程度將加速發展，達到高峰期後，其發展速度將有所減緩。後面關於養老金缺口的預測，將運用 Lee-Carter 模型中方案所預測出的人口規模與結構數據。

3.4 中國養老保險基金收支缺口的測算

中國目前尚不存在養老保險基金缺口，但未來一定會出現缺口，而且缺口將越來越大。本節首先明確有關養老保險基金缺口的一些概念，然後就不同類型的養老保險制度分別建立不同的養老保險基金收支缺口模型，最後在基本假設下測算出中國不同類型養老保險基金與整體性養老保險基金的當期缺口與累計缺口。

3.4.1 養老保險基金收支缺口

養老保險基金，簡稱養老基金，是指為維護和發展社會養老保險事業而儲備的專項基金，主要用於保障勞動者退出社會勞動崗位後的基本生活需要。而作為領取條件，要求勞動者所在單位和勞動者本人按規定的比例或數額繳納一定年數的保險費。

養老保險基金收支平衡是維持社會養老保險制度持續健康發展的前提條件，根據《中華人民共和國社會保險法》的規定，中國基本養老保險基金收入來源包括：單位和職工個人繳納的基本養老保險費、基金投資收入、財政補貼。其中前兩個來源是由養老保險系統自身機制產生的，它們構成了基本養老保險基金的主要部分。另外，《中華人民共和國社會保險法》第十三條規定，在基本養老保險基金支付出現不足時，政府給予補貼。由此可見政府財政補貼是一種體制外的資金支持，承擔最後責任。

養老保險基金的籌集有現收現付制、完全累積制、部分累積制三種模式，不同的模式對未來養老保險基金缺口規模會產生不同的影響。根據 2005 年頒布的《關於完善企業職工基本養老保險制度的決定》，中國實行社會統籌與個人帳戶相結合的養老保險制度，籌資模式為部分累積制；其中社會統籌基金由企業繳費形成，實行現收現付模式；個人帳戶由職工個人繳費形成，帳戶採用完全累積制。

馬駿（2012）在《化解國家資產負債中長期風險》一文中將養老保險基金缺口（簡稱「養老金缺口」）定義為年度統籌帳戶中養老基金支出與收入的差額。本節將混同使用「養老金缺口」與「養老保險基金缺口」這兩個概念。根據中華人民共和國人力資源和社會保障部公布的數據，2016 年末、2017 年末全國基本養老保險基金累計結存分別為 43,965 億元、50,202 億元[①]，這表明中國當前並不存在養老保險基金缺口。那麼養老保險基金是否真的不存在缺口？養老保險基金缺口的說法又從何而來？人們之所以

[①] 中華人民共和國人力資源和社會保障部《2016 年度人力資源和社會保障事業發展統計公報》《2017 年度人力資源和社會保障事業發展統計公報》。

對養老保險基金缺口問題存在分歧，主要原因在於人們對缺口概念的理解存在差異。本節綜合不同學者的研究成果，將養老保險基金收支缺口分為「當期缺口」「未來缺口」「累計缺口」「整體性缺口」4 種。

（一）養老保險基金收支的當期缺口

養老保險基金的當期缺口指的是在一個會計年度內養老保險基金的各項支出總額減去各項收入總額所得到的差額，僅僅由支出與收入簡單相減得到，測算結果只能反應當期的養老保險基金的支付是否存在問題，並沒有考慮養老保險系統後期的可持續性問題。當這種差額大於 0 時，意味著養老保險基金存在缺口，換言之，當期養老保險基金結餘為負數；當這種差額小於 0 時，表示當期養老保險基金有結餘，或者說當期養老保險基金缺口為負數；當這種差額為 0 時，意味著既不存在缺口也不存在結餘，或者說當期缺口為 0 或結餘為 0。顯然，養老保險基金缺口是養老保險基金結餘的相反數。中國養老保險基金收入主要包括養老保險費收入、財政補貼收入和基金的投資收入。理論上，養老保險作為一個系統，為了保證其能可持續、健康地運行，不應過分地依靠財政補貼這種外來資金支持來維持基金的平衡，而應該通過自身機制的調節來實現當期和未來的收支平衡，政府財政起著制度運行的後盾作用。但是，中國的國情不同，特別是「統帳結合」的社會養老保險制度建立時間不長，「中人」「老人」在過去統收統支的背景下，沒有形成專門的養老保險基金，而是形成財政收入，或是凝結在國有資產之中，或者說形成了隱性債務，這當然需要財政承擔更多責任，同時也因為中國人口老齡化加速發展與中國實行過的計劃生育政策有極大的關係。近年來，財政補貼在養老保險基金收入中所占的比重越來越大，以至於如果在養老保險基金收入中剔除財政補貼，養老保險基金的結餘就會大幅度縮水，甚至會出現缺口。因此，在分析中國養老保險基金是否存在缺口時要考慮財政補貼因素。本節將先不考慮財政補貼因素就進行缺口分析，然後在下一節再把財政補貼因素考慮進來以縮減缺口。

（二）養老保險基金收支的未來缺口

養老保險基金收支的未來缺口指的是在未來一定時期內可能出現的養老保險基金支出總額超過收入總額的情況。2016 年度與 2017 年度的人力資源和社會保障事業發展統計公報公布的數據顯示，2016 年中國全年基本養老保險基金徵繳保費收入 27,500 億元，比 2015 年增長 16%，全年基本養老保險基金支出 34,004 億元，比 2015 年增長 21.8%。而在 2017 年，徵繳收入與支出分別為 34,213 億元、40,424 億元，分別比 2016 年增長 24.4%、18.9%。由此可知，中國養老保險基金支出的增長速度較快，基金的徵繳收入不足以維持當年的支出。若這種情況持續存在，則可以推斷中國養老保險基金缺口在未來必會出現，僅靠政府每年進行財政補貼是遠遠不夠的。

（三）養老保險基金收支的累計缺口

養老保險基金的累計缺口指的是截止於某一時點上某一養老保險系統所累積起來的資金缺口。該缺口會因為當期該養老保險基金結餘而衝減，因為當期該養老保險基金缺口而增加。顯然，當期缺口是造成累計缺口的原因；如果當期缺口長期存在，那麼累計

缺口將會出現並持續擴大。養老保險基金增收節支是縮減養老保險基金缺口與糾正養老保險基金失衡的重要手段。

(四) 養老保險基金收支的整體性缺口

養老保險基金收支的整體性缺口指的是在綜合考慮中國多層次養老保險制度的基礎上,站在較為宏觀的層面考慮一定時期內整個社會養老保險系統基金收不抵支的情況。就中國而言,完整的社會養老保險系統包括城鎮企業職工養老保險、機關事業單位養老保險以及城鄉居民養老保險三個子系統;它不僅包括基本養老保險,而且還包括企業年金和職業年金。另外,整體性缺口也是基於養老保險基金收支之差來衡量基金的缺口,但它同時考慮了累計結餘、投資收益等因素對整個社會養老保險系統的影響。

3.4.2 養老保險基金收支缺口的評估

養老保險基金收支缺口或養老金缺口的評估是對養老保險基金未來運行狀況的一種預測,針對的是養老保險基金的會計收與支,在不同的繳費率、繳費基數、替代率等假設條件下,根據一定的精算技術進行測算。根據人力資源和社會保障部發布的數據,2014年的基本養老保險基金收入為2.76萬億元,基金支出為2.33萬億元,基金累計結餘3.56萬億元。表面上看養老保險基金有結存,但是在減去財政補貼等收入後,基本養老保險費收入為1.872,6萬億元,基本養老金支出為1.904,5萬億元,收支相抵後當期養老金缺口為0.031,9萬億元[①]。另外《中國養老金發展2015》報告指出,2014年中國養老金收不抵支的省份已達到22個,這表明養老保險基金缺口確實存在。雖然有些數據顯示養老保險基金是充足的,但是從長遠的觀點來看,養老保險基金缺口問題是存在的,且是必須要解決的。考慮到城鎮職工與城鄉居民的養老保險制度存在很大的區別,並且隨著農村養老保險制度覆蓋面的不斷擴大,城鄉居民養老保險收支在全國養老保險基金收支系統中的影響也在逐漸擴大,故本節將分別針對城鎮企業職工、城鄉居民和機關事業單位的養老保險基金財務運行狀況進行分析。

要對養老保險基金缺口進行分析預測,首先要建立養老保險基金收支模型,其次是預測未來人口以及工資增長、參保率等情況,最後應用精算模型測算養老保險基金缺口情況。在不同的評估目的下,選擇不同的評估時點、評估模型和評估時期,採用不同的精算假設作為前提,得出的測算結果會有較大的差異。例如,人力資源和社會保障部基於年度財務收支並考慮政府財政補貼進行測算,得出養老保險基金不存在缺口的結論。

本節基於中國現行社會養老保險制度,參考不同學者測算養老保險基金缺口時所做出的假設,對平均實際工資、城鎮化率以及參保率等指標一一做出假設,以期得到更加合理而可靠的結果。本節利用所做出的假設,建立養老保險基金收支測算模型,對2016—2100年的養老保險基金缺口進行測算。為了測算簡便和合理,本節做出以下假設前提:

---

① 2014年度中國人力資源和社會保障事業發展統計公報 [EB/OL]. http://www.mohrss.gov.cn/SYrlzyhshbzb/zwgk/szrs/tjgb/201805/t20180521_294284.html.

（1）只考慮基本養老保險，忽略企業年金和商業保險。

（2）忽略轉制成本。新舊養老保險體制的改革轉變，「老人」個人帳戶無資金累積，「中人」個人帳戶資金累積嚴重不足，「老人」的養老待遇與「中人」的過渡期待遇產生了巨額的轉軌成本。這部分費用不應由「新人」來承擔。因此，本節在測算養老保險基金收支時忽略轉制成本給基金帶來的壓力。

（3）個人帳戶不做測算。截至2016年底，中國基本養老保險個人帳戶還未在全國範圍內做實，且在養老金的發放過程中，個人帳戶的資金在退休時按累積額一次性返還或分期發放，即個人帳戶的資金不參與統籌帳戶養老金的支付。因此，為了研究的方便，本節將不考慮個人帳戶收支情況。

（4）不考慮國家財政補貼。本節主要研究社會養老保險系統自身的可持續性，即主要針對養老保險基金當期徵繳的收支進行測算，從而得出養老保險基金的當期缺口和累計缺口，因此，在養老保險基金測算模型中先不考慮國家財政對養老保險基金的補貼。

（一）城鎮企業職工基本養老保險模型的建立與缺口測算

前文提到，中國城鎮企業職工養老保險基金的籌資模式為部分累積制，具體而言，完全累積部分是指企業職工自己承擔個人帳戶的養老保險繳費，繳費標準為基本工資的8%（為簡便起見，本節將基本工資視為繳費工資）；社會統籌帳戶仍使用現收現付制，由企業按照職工基本工資的20%進行繳費。

1. 參保職工分類

1997年出抬的國發〔1997〕26號文件將參保人分為「老人」「中人」「新人」，隨後2005年出抬的國發〔2005〕38號文件將參保人再次分為「老人」「中人」「新人」。鑒於兩個文件中對參保人的分類並不完全一致，參考曾益（2016）《中國養老保險基金支付缺口及應對策略》對參保職工的分類，本節將城鎮參保職工分為「老人」「老中人」「新中人」「新人」四個大類。2014年，男性老人、女幹部老人、女工人老人年齡區間分別為77~90週歲以上、72~90週歲以上、67~90週歲以上；男性老中人、女幹部老中人、女工人老中人年齡區間分別為69~76週歲、64~71週歲、59~66週歲；男性新中人、女幹部新中人、女工人新中人年齡區間分別為39~68週歲、39~63週歲、39~58週歲；男性新人、女幹部新人、女工人新人年齡區間為20~38週歲[①]。

2. 養老保險基金收入模型

第i年養老保險基金收入可以表示為當年的人均繳納養老保險費金額與參保職工數量的乘積，其公式為

$$S_i = LT_i \cdot C_i \cdot B_i \cdot J_i \cdot I_i \quad (3.4.1)$$

上式中，S_i表示第i年城鎮企業職工養老保險基金收入；I_i為第i年人均繳納的養老保險費金額，即按當年企業職工平均工資額的一定比例向社會保險經辦機構繳納的用於社會養老保險的款項，其計算公式為：$I_i = W_i \cdot WR_i$，W_i為第i年城鎮企業就業職工平均

[①] 數據參考：曾益. 中國養老保險基金支付缺口及應對策略 [M]. 北京：對外經濟貿易大學出版社，2016.

工資，WR_i 是第 i 年的養老保險繳費比例；LT_i 為第 i 年適齡勞動力總數，即第 i 年年齡在退休年齡以下且在平均參加工作年齡之上的人口總數，它與城鎮化率、就業率和參保率的乘積為城鎮參保在職職工人數；C_i 為中國第 i 年的城鎮化率，即城鎮常住人口占常住總人口的比例；B_i 為第 i 年城鎮企業在職職工養老保險參保率，即各年養老保險實際參保就業人員總數與應參保就業人數的比例；J_i 為第 i 年城鎮就業率，它由城鎮就業人口總數占 16 週歲及以上總人口的百分比表示。根據國家文件的規定，凡在指定時期內達到下限年齡，有工作並取得報酬的人，或有職位而暫時沒有工作（如生病、假期等）的人以及家庭企業的無酬工作者，均算為就業人口。

3. 養老保險基金支出模型

中國養老保險基金支出包括兩個部分：一是由統籌帳戶支出，用於對繳費累計滿 15 年的企業退休職工按月支付養老金，包括支付給「老人」「老中人」「新中人」「新人」的養老金；另一部分是由個人帳戶累積並發放給退休職工的資金。本節主要研究社會統籌帳戶養老保險基金收支情況。依照國家關於養老金的政策規定，建立支出模型，第 i 年養老保險基金支出公式為

$$Z_i = \sum_{j=1}^{4} N_i^j \cdot \delta^j \cdot W_i \qquad (3.4.2)$$

上式中，Z_i 表示第 i 年城鎮企業職工養老保險基金支出；N_i^j 為第 i 年退休的參保人數，即該年度已退休且滿足養老金領取條件可以按時領取養老保險金的人數；$j = 1, 2, 3, 4$，分別表示「老人」「老中人」「新中人」「新人」；δ^j（$j = 1, 2, 3, 4$）分別表示「老人」「老中人」「新中人」「新人」城鎮企業參保退休職工的養老金替代率，這裡的養老金替代率指的是職工退休後的養老金領取水準與退休前工資收入水準之間的比率。比如，若一個職工退休前年工資為 10 萬元，退休後每年領取的養老金為 6 萬元，則此人的養老金替代率為 60%。養老金替代率的計算通常以某年退休人員的平均養老金除以同年在職職工的平均工資來獲得；W_i 表示第 i 年城鎮企業職工平均工資。

綜上所述，第 i 年養老保險基金收入為 S_i，養老保險基金支出為 Z_i，於是，第 i 年養老保險基金當期結餘可以表示為

$$D_i = S_i - Z_i \qquad (3.4.3)$$

第 i 年養老保險基金當期缺口可以表示為

$$G_i = -D_i = Z_i - S_i \qquad (3.4.4)$$

4. 養老保險基金累計結餘、累計缺口模型

截止於第 i 年末養老保險基金累計結餘等於截止於第 $i-1$ 年末養老保險基金累計結餘，加上投資收入（主要為當年利息收入），再加上第 i 年養老保險基金當期結餘之和，具體表達為

$$F_i = F_{i-1}(1 + r) + D_i \qquad (3.4.5)$$

上式中，F_i 為截止於第 i 年末養老保險基金的累計結餘，r 為基金年投資收益率。

截止於第 i 年末養老保險基金累計缺口等於截止於第 $i-1$ 年末養老保險基金累計缺口，加上借貸損失（主要為當年借貸的利息損失），再加上第 i 年養老保險基金當期缺

口之和，具體表達為

$$H_i = H_{i-1}(1 + r) + G_i \quad (3.4.6)$$

上式中，H_i 為截止於第 i 年末養老保險基金的累計缺口，r 為年借貸利息率。

5. 參數假設

在測算城鎮企業職工養老保險基金缺口之前，有必要對以上參數進行假設和預測。

LT_i：以前面人口老齡化分析中的中方案下人口規模預測為基礎，假定男、女職工最初參加工作的年齡都為 20 週歲，男性退休年齡為 60 週歲，女幹部 55 週歲退休，女工人 50 週歲退休，據此可計算出各年的適齡勞動力總數。

N_i^j：以前面人口老齡化分析中的中方案下各年人口預測結果為基礎，參考上文參保職工分類中 2014 年各類職工的年齡區間，可分別計算出滿足「老人」「老中人」「新中人」「新人」年齡區間的人口總數，它與城鎮化率、就業率以及參保率的乘積表示各類職工退休的參保人數。計算時應注意當前處於「老人」「老中人」「新中人」的年齡逐年增加且將逐步退出養老保險系統。例如，2016 年男性「新中人」的年齡區間遞增為 41~70 週歲，男性「老人」在 2027 年退出養老保險系統（即超過生存年齡上限）；同時，每年滿 20 週歲的城鎮就業人口加入「新人」這一系統。

WR_i：參照國務院文件（國發〔2005〕38 號），城鎮企業職工統籌帳戶基本養老保險的繳費率為 20%，故假設 $WR_i = 20\%$。

J_i：利用城鎮登記失業率統計數據換算得到。由於近 10 年中國城鎮登記失業率基本維持在 4% 左右，故假設就業率不變，即為 96%。

W_i：考慮到預期經濟增速的下調，假設 2015—2020 年工資增長率為 7%，以後每 5 年下降 0.5 個百分點，直至降到 2%，即根據工資增長率和 2015 年平均工資可計算出未來各年的 W_i。

C_i、B_i：借鑑黃錕、簡新華（2012）的方法，利用 Logistic 模型對未來中國城鎮化率和參保率進行預測。

δ：對於已退休的「老人」而言，養老金替代率較高。從《中國勞動統計年鑑》各年的數據來看，「老人」的城鎮職工平均養老金替代率在 80% 左右，故設定「老人」的養老金替代率為 80%。對於「新中人」「老中人」「新人」，根據 2005 年勞動和社會保障部頒布的《關於印發完善企業職工基本養老保險制度宣傳提綱的通知》，滿足條件的退休職工可獲得社會平均工資 59.2% 的基本養老保險待遇，且考慮到中國養老金目標替代率為 60%，故設定這三類職工的養老金替代率為 60%。

r：本節的投資收益率參考銀行利率。根據中國人民銀行公布的一年期存款利率，本節設定年投資收益率（銀行利率）或年借貸利率為 2.5%。考慮到養老保險基金的特殊性，故採用這麼小的優惠利率也是合理的。

以上有關各參數的歷年預測值參見表 3-4-1。

本節根據基礎數據、假設和各種預測值計算出 2016—2100 年養老保險基金收支情況，進而計算出每年的養老保險基金當期虧損和累計虧損，其結果如表 3-4-1、表 3-4-2 所示。

表 3-4-1　中國城鎮企業職工養老保險基金當期缺口①　　　　單位：億元

年份	當期缺口	年份	當期缺口	年份	當期缺口	年份	當期缺口
2016	-2,267.08	2038	2,464.09	2060	54,816.52	2082	24,942.82
2017	-2,094.03	2039	1,730.70	2061	58,826.47	2083	28,264.43
2018	-1,505.25	2040	2,325.36	2062	54,372.47	2084	31,066.52
2019	-1,443.50	2041	5,289.73	2063	52,995.65	2085	33,519.28
2020	-854.35	2042	8,381.41	2064	50,860.44	2086	33,590.05
2021	-894.06	2043	14,167.79	2065	49,831.39	2087	35,174.61
2022	-8.47	2044	18,016.23	2066	49,846.87	2088	37,364.34
2023	689.50	2045	21,185.06	2067	49,631.33	2089	41,149.08
2024	1,447.86	2046	24,507.20	2068	46,784.17	2090	45,803.33
2025	1,578.48	2047	27,896.25	2069	44,630.44	2091	48,877.65
2026	2,229.81	2048	31,579.38	2070	40,450.12	2092	50,894.85
2027	4,247.50	2049	37,230.26	2071	39,273.16	2093	54,561.44
2028	3,008.03	2050	39,929.29	2072	34,671.82	2094	58,858.71
2029	3,575.26	2051	44,627.65	2073	30,803.72	2095	63,253.98
2030	3,793.82	2052	49,773.44	2074	28,230.70	2096	66,080.91
2031	3,528.92	2053	51,533.95	2075	26,108.69	2097	69,882.48
2032	3,456.69	2054	52,066.79	2076	24,768.31	2098	74,899.67
2033	2,915.76	2055	53,809.41	2077	23,265.39	2099	79,162.19
2034	1,916.22	2056	50,885.65	2078	23,653.43	2100	84,623.87
2035	2,527.41	2057	52,573.97	2079	24,758.28		
2036	1,730.61	2058	52,727.58	2080	25,114.80		
2037	1,239.59	2059	54,100.61	2081	24,336.20		

表 3-4-2　中國城鎮企業職工養老保險基金累計缺口　　　　單位：億元

年份	累計缺口	年份	累計缺口	年份	累計缺口	年份	累計缺口
2016	-37,757.06	2038	-27,375.84	2060	852,966.79	2082	2,608,026.27
2017	-40,795.01	2039	-26,329.53	2061	933,117.43	2083	2,701,491.35
2018	-43,320.14	2040	-24,662.41	2062	1,010,817.84	2084	2,800,095.16
2019	-45,846.64	2041	-19,989.24	2063	1,089,083.94	2085	2,903,616.82
2020	-47,847.15	2042	-12,107.56	2064	1,167,171.48	2086	3,009,797.29
2021	-49,937.39	2043	1,757.54	2065	1,246,182.15	2087	3,120,216.83
2022	-51,194.30	2044	19,817.70	2066	1,327,183.58	2088	3,235,586.59
2023	-51,784.65	2045	41,498.21	2067	1,409,994.50	2089	3,357,625.34

① 表中負值表示當期養老保險基金存在結餘，下同。

表3-4-2(續)

年份	累計缺口	年份	累計缺口	年份	累計缺口	年份	累計缺口
2024	-51,631.41	2046	67,042.87	2068	1,492,028.53	2090	3,487,369.30
2025	-51,343.72	2047	96,615.19	2069	1,573,959.68	2091	3,623,431.18
2026	-50,397.50	2048	130,609.95	2070	1,653,758.80	2092	3,764,911.81
2027	-47,409.94	2049	171,105.47	2071	1,734,375.92	2093	3,913,596.04
2028	-45,587.16	2050	215,312.39	2072	1,812,407.14	2094	4,070,294.66
2029	-43,151.58	2051	265,322.85	2073	1,888,521.04	2095	4,235,306.00
2030	-40,436.55	2052	321,729.36	2074	1,963,964.77	2096	4,407,269.56
2031	-37,918.55	2053	381,306.55	2075	2,039,172.58	2097	4,587,333.78
2032	-35,409.82	2054	442,905.99	2076	2,114,920.20	2098	4,776,916.80
2033	-33,379.30	2055	507,788.06	2077	2,191,058.60	2099	4,975,501.90
2034	-32,297.57	2056	571,368.40	2078	2,269,488.49	2100	5,184,513.32
2035	-30,577.60	2057	638,226.59	2079	2,350,983.98		
2036	-29,611.43	2058	706,909.83	2080	2,434,873.38		
2037	-29,112.13	2059	778,683.19	2081	2,520,081.41		

由表3-4-1、表3-4-2可以看出：在當前的退休政策和生育政策環境下，城鎮企業職工養老保險基金當期缺口呈現出上升趨勢。具體表現為：2017年城鎮企業職工養老保險基金當期存在結餘2,094.03億元，2023年開始出現當期收支缺口，並且以後缺口呈增長趨勢。2023年當期缺口值為689.50億元，這一缺口值在之後近80年內不斷擴大，到2100年缺口值將擴大到84,623.87億元。由於養老保險基金存在一定的累計結餘，因此在2023—2042年之間，城鎮企業職工基本養老保險基金雖存在當期收支缺口但並未出現支付危機，2043年累計結餘耗盡，養老保險基金開始出現累計缺口，其值為1,757.54億元，此後累計缺口逐年擴大，2100年的累計缺口值高達518.45萬億元。可見，在未實施延遲退休政策的條件下，未來80餘年間，中國的城鎮企業職工養老保險基金累計缺口規模將以較快的速度擴大。

(二) 城鄉居民基本養老保險模型的建立與缺口測算

1. 參保人員

城鄉居民養老保險整合了新型農村社會養老保險和城鎮居民基本養老保險，已於2014年開始試運行。因此，城鄉居民養老保險的參保人員包括全部農村參保人員和未包含在城鎮企業職工養老保險中的城鎮居民參保人員。

2. 養老保險基金收支模型

城鄉居民的養老金由個人繳費、集體補助、政府補貼構成，其中個人繳費和集體補助所得的資金進入個人帳戶進行累積，在參保人員達到養老金領取年齡後逐年發放，因本節主要研究統籌帳戶的養老基金收支情況，故這兩部分不做測算。財政補貼是城鄉居民養老保險基金的主要收入來源，具有非繳費性，從福利經濟學的角度來分析，政府

財政補貼應從高收入者轉移到低收入者中，以確保社會總體福利水準的穩步提升，因本節不考慮財政補貼，故也不做測算。此外，國家財政負擔基礎養老金的發放，故本節將其作為統籌帳戶的支出進行測算。因此，基礎養老金的支付即城鄉居民養老保險基金缺口：

$$Z_i = G_i = N_i \cdot B_i \cdot F_i \tag{3.4.7}$$

上式中，Z_i 為第 i 年城鄉居民的養老保險基金支出；G_i 表示第 i 年城鄉居民養老保險基金當期缺口；N_i 為第 i 年受益人群基礎人數，即滿足領取養老金條件的人數；F_i 為第 i 年人均基礎養老金領取金額；B_i 為城鄉居民養老保險參保率。

3. 養老保險基金累計缺口模型

截止於第 i 年末城鄉居民養老保險基金累計缺口等於截止於第 $i-1$ 年末養老保險基金累計缺口加上借貸損失（主要為當年借貸的利息損失），再加上第 i 年養老保險基金當期缺口之和，具體計算同式 (3.4.6)：$H_i = H_{i-1}(1+r) + G_i$，其中 H_i 為截止於第 i 年末養老保險基金的累計缺口，r 為年借貸利息率。

4. 參數假設

F_i：由於基礎養老金在最低標準之上，各省、直轄市、自治區均可根據當地具體情況自主調整，故全國各省、直轄市、自治區實際發放的基礎養老金差異性較大。本節假設基礎養老金在預測時以最低標準為基礎。中國 2014 年公布的基礎養老金最低標準為每人每月 70 元，且假定基礎養老金隨國內生產總值同步增長。結合經濟學家吉姆·奧尼爾 2010 年對中國 GDP 增長率的預測和近年來中國 GDP 實際增長率，設定 2016 年基礎養老金增長率為 7%，之後每年下降 0.125 個百分點，到 2043 年勻速下降至 3.5%，以後保持 3.5% 不變①。

本節以城鄉居民養老保險基礎養老金最低標準為基礎進行養老保險基金缺口的測算，存在以下兩個方面問題：第一，中國養老金待遇水準是參照最低生活保障（簡稱「低保」）標準制定的，但每人每月 70 元的基礎養老金大幅低於低保水準。這對於農村居民來說，能維持基本的生活水準，因為農民能夠依靠土地帶來一定收入且農村的消費水準較低；但是對於城鎮居民而言，每月 70 元顯然不能夠維持最低生活水準。第二，各省、直轄市、自治區可自主調整基礎養老金。根據人力資源和社會保障部公布的數據，各省、直轄市、自治區實際發放的基礎養老金幾乎均高於國家最低標準且差異較大。如 2016 年福建省基礎養老金提高到每人每月 100 元，湖南省提高到每人每月 85 元。因此，以每人每月 70 元為基礎計算養老金計算缺口存在低估城鄉居民養老保險基金缺口的風險。但是，本節將以 GDP 增長率為基礎反應基礎養老金逐年增長的趨勢，且考慮到城鄉居民養老保險基金支出在整體性養老保險基金支出中的占比較小的實際情況，以及為了模型的簡便性，因此本節的假定依然具有較大的合理性和科學性。

N_i：受益人群基礎總人數為農村受益人數和城鎮居民受益人數之和，即年滿 60 週

---

① 全球首席經濟學家吉姆·奧尼爾預測中國 GDP 增長率：2011—2020 年為 7.7% 左右，2021—2030 為 5.5%；2031—2040 年為 4.3%，2041—2050 年為 3.5%。

歲，滿足領取養老金條件的人數總和。其中，農村受益人數隨著城鎮化率的上升而逐年減少，在計算城鎮居民養老保險受益人數時用城鎮 60 週歲及以上人口減去城鎮職工養老保險受益人數。

B_i：2009 年中國啟動新型農村社會養老保險試點，2011 年啟動城鎮居民社會養老保險試點，2012 年底實現了兩項制度的全覆蓋，2014 年兩項制度合併實施，建立統一的城鄉居民基本養老保險制度。中國的城鄉居民養老保險自建立以來推進十分迅速，《2015 年度人力資源和社會保障事業發展統計公報》數據顯示，截至 2015 年底，城鄉居民基本養老保險參保人數為 50,472 萬人，已基本實現全覆蓋。另外，中國共產黨十九大報告明確提出加強社會保障體系建設的要求，提出「按照兜底線、織密網、建機制的要求，全面建成覆蓋全民、城鄉統籌、權責清晰、保障適度、可持續的多層次社會保障體系。全面實施全民參保計劃」，要完善城鎮職工基本養老保險和城鄉居民基本養老保險制度，盡快實現養老保險全國統籌。故本節在此背景下，參考其他學者的研究結論，假設城鄉居民養老保險的參保率為 98%。

r：本節設定年借貸利率為 2.5%。

基於以上的模型和基準假設，本節測算出了城鄉居民養老保險的當期缺口和累計缺口情況，結果如表 3-4-3、表 3-4-4 所示。

由表 3-4-3、表 3-4-4 可以看出：從 2016 年起，城鄉居民養老保險基金就存在當期缺口，且當期缺口呈波動上升趨勢，2100 年當期缺口值擴大到 2.34 萬億元。2052 年城鄉居民養老保險基金開始出現累計缺口，之後養老保險基金累計缺口逐年增加，至 2100 年缺口擴大到 84.87 萬億元。可見，相對於城鎮企業職工逐年擴大的養老保險基金累計缺口而言，城鄉居民養老保險基金的累計缺口更小，波動幅度也更小。

表 3-4-3　城鄉居民養老保險基金當期缺口　　　　　　　　單位：億元

年份	當期缺口	年份	當期缺口	年份	當期缺口	年份	當期缺口
2016	138.94	2038	85.15	2060	3,433.34	2082	13,033.30
2017	142.00	2039	41.10	2061	4,839.93	2083	13,531.13
2018	133.97	2040	12.22	2062	4,975.43	2084	14,013.10
2019	106.87	2041	133.58	2063	5,308.04	2085	14,482.44
2020	88.21	2042	238.00	2064	5,667.96	2086	14,939.28
2021	92.78	2043	48.00	2065	6,079.35	2087	15,444.93
2022	108.39	2044	143.87	2066	6,551.96	2088	15,997.37
2023	157.21	2045	238.27	2067	7,056.93	2089	16,559.27
2024	159.08	2046	378.19	2068	7,579.31	2090	17,111.73
2025	167.43	2047	552.49	2069	8,049.54	2091	17,672.20
2026	162.66	2048	787.33	2070	8,332.59	2092	18,241.99
2027	323.28	2049	1,139.34	2071	8,848.14	2093	18,824.95
2028	171.09	2050	1,307.00	2072	10,051.18	2094	19,425.95

表3-4-3(續)

年份	當期缺口	年份	當期缺口	年份	當期缺口	年份	當期缺口
2029	153.67	2051	1,590.41	2073	9,460.49	2095	20,048.89
2030	110.80	2052	1,839.98	2074	9,812.39	2096	20,696.08
2031	122.73	2053	2,010.34	2075	10,156.57	2097	21,377.51
2032	183.93	2054	2,179.28	2076	10,948.83	2098	22,055.49
2033	158.42	2055	2,375.90	2077	10,927.56	2099	22,725.45
2034	156.88	2056	2,580.19	2078	11,314.97	2100	23,361.80
2035	120.64	2057	2,758.82	2079	11,740.65		
2036	82.12	2058	3,285.98	2080	12,163.88		
2037	127.60	2059	3,214.89	2081	12,567.33		

表3-4-4　城鄉居民養老保險基金累計缺口　　　　　　　　單位：億元

年份	累計缺口	年份	累計缺口	年份	累計缺口	年份	累計缺口
2016	-5,385.00	2038	-5,186.29	2060	25,732.82	2082	289,325.58
2017	-5,377.63	2039	-5,274.84	2061	31,216.06	2083	310,089.85
2018	-5,378.10	2040	-5,394.50	2062	36,971.89	2084	331,855.19
2019	-5,405.68	2041	-5,395.78	2063	43,204.23	2085	354,634.01
2020	-5,452.61	2042	-5,292.68	2064	49,952.30	2086	378,439.13
2021	-5,496.15	2043	-5,376.99	2065	57,280.45	2087	403,345.04
2022	-5,525.16	2044	-5,367.55	2066	65,264.42	2088	429,426.04
2023	-5,506.08	2045	-5,263.47	2067	73,952.97	2089	456,720.96
2024	-5,484.65	2046	-5,016.86	2068	83,381.11	2090	485,250.72
2025	-5,454.33	2047	-4,589.79	2069	93,515.18	2091	515,054.18
2026	-5,428.03	2048	-3,917.21	2070	104,185.65	2092	546,172.53
2027	-5,240.45	2049	-2,875.79	2071	115,638.44	2093	578,651.79
2028	-5,200.37	2050	-1,640.69	2072	128,580.58	2094	612,544.03
2029	-5,176.71	2051	-91.30	2073	141,255.58	2095	647,906.53
2030	-5,195.33	2052	1,746.40	2074	154,599.37	2096	684,800.27
2031	-5,202.48	2053	3,800.40	2075	168,620.92	2097	723,297.79
2032	-5,148.62	2054	6,074.68	2076	183,785.27	2098	763,435.73
2033	-5,118.92	2055	8,602.45	2077	199,307.46	2099	805,247.06
2034	-5,090.01	2056	11,397.70	2078	215,605.12	2100	848,740.04
2035	-5,096.62	2057	14,441.47	2079	232,735.89		
2036	-5,141.91	2058	18,088.48	2080	250,718.16		
2037	-5,142.86	2059	21,755.59	2081	269,553.44		

（三）機關事業單位基本養老保險模型的建立與缺口測算

2015年1月，中國公布機關事業單位養老金改革方案，實行養老保險並軌改革，這標誌著中國養老保險制度開始了統一化的進程。因此，機關事業單位養老保險基金收支模型與城鎮企業職工基本相同，只是參數的假設不一樣。

1. 養老保險基金收入模型

第i年機關事業單位養老保險基金收入為當年的平均工資、繳費率與在職職工人數的乘積，其計算公式為

$$S_i = W_i \cdot WR_i \cdot ZZ_i \tag{3.4.8}$$

上式中，S_i表示第i年機關事業單位工作人員養老保險基金收入；W_i為第i年機關事業單位人員的平均工資；WR_i為第i年的機關事業單位在職職工養老保險繳費比例，即在職職工工資的百分比；ZZ_i為第i年機關事業單位在職職工人數。

2. 養老保險基金支出模型

第i年機關事業單位養老保險基金支出為當年的退休職工人數與人均基本養老金的乘積，其計算公式為

$$Z_i = N_i \cdot \delta \cdot W_i \tag{3.4.9}$$

上式中，Z_i為第i年機關事業單位工作人員養老保險基金支出；N_i為第i年機關事業單位退休職工總人數；δ表示機關事業單位參保退休職工的養老金替代率，它指的是退休後的養老金領取水準與退休前工資收入水準之間的比率；W_i為第i年的機關事業單位人員的平均工資。

由上可知，第i年養老保險基金收入為S_i，養老保險基金支出為Z_i，於是，第i年養老保險基金當期結餘計算同式（3.4.3）：$D_i = S_i - Z_i$。第i年養老保險基金當期缺口計算同式（3.4.4）：$G_i = -D_i = Z_i - S_i$。

3. 養老保險基金累計結餘、累計缺口模型

截止於第i年末機關事業單位養老保險基金累計結餘等於截止於第$i-1$年末基金累計結餘（含利息）與第i年養老保險基金當期結餘之和，計算同式（3.4.5）：$F_i = F_{i-1}(1+r) + D_i$，其中F_i為第i年末養老保險基金累計結餘，r為投資收益率。截止於第i年末養老保險基金累計缺口等於截止於第$i-1$年末養老保險基金累計缺口加上借貸損失（主要為當年借貸的利息損失），再加上第i年養老保險基金當期缺口之和，具體計算公式同式（3.4.6）：$H_i = H_{i-1}(1+r) + G_i$，其中H_i為截止於第i年末養老保險基金的累計缺口，r為借貸利息率。

4. 相關參數假設

機關事業單位職工人數：機關事業單位工作人員屬於財政供養人員，主要包括黨政工群幹部、各類事業單位人員以及其離退休人員。本節以財政供養人數作為機關事業單位工作人數，並利用財政供養系數對機關事業單位職工人數進行預測。財政供養系數是財政供養人員數與國民人口總數之比，國際通行的財政供養系數一般以1%為標準，以3%為界線，在界線以內才是合理的。根據2002—2011年《中國統計年鑒》數據計

算，中國財政供養系數一直在5%~6%上下波動，平均值為5.02%[①]，已經超出了國際警戒線。考慮到中國政府近年來為確保財政供養人口只減不增而採取的一系列措施，如精簡財政供養人員、人工智能和互聯網等應用範圍的擴大以及行政效率的提高，本節假設各年的財政供養系數在5.02%的基礎上每年下降0.1個百分點，直至降到2%，之後保持2%不變。本節考慮到中國經濟和人口發展的基本國情，選取國際財政供養系數標準和界線的均值2%作為財政供養系數的下限。在此基礎上，之後各年機關事業單位職工人數可由各年人口總數與財政供養系數的乘積得到。

機關事業單位在職職工數量（ZZ_i）與退休職工總人數（N_i）：機關事業單位在職職工數量等於機關事業單位職工人數減去退休職工總人數，參考曾益（2016）《中國養老保險基金支付缺口及應對策略》，假設退休職工人數佔職工人數的比重以年增加0.67%的速度逐年增加，例如2014年機關事業單位工作人員總數為6,866.47萬人，2014年該比重為32.55%，因此，2014年機關事業單位退休職工人數為6,866.47×32.55%＝2,235萬人，在職職工總人數為4,631.47萬人，由此可計算出各年機關事業單位退休人數和在職職工人數。

W_i：本節以2015年平均工資為基礎，並假設2015—2020年工資增長率為7%，以後每5年下降0.5%，直至降到2%，即根據工資增長率和2015年平均工資可計算出未來各年的平均工資。

WR_i：根據國發〔2015〕2號文件的相關規定，統籌基金的繳費率為20%。

δ：中國社會科學院教授鄭秉文指出，按照養老金替代率的國際經驗，退休後低於退休前生活水準、維持基本生活水準以及維持退休前生活水準的養老金替代率分別為低於50%、60%~70%以及高於70%。綜合考慮中國養老金發展水準和目標養老金替代率，本節選取60%作為預測機關事業單位的養老金替代率。

r：本節的投資收益率參考銀行利率。根據中國人民銀行公布的一年期存款利率，本節設定投資收益率（銀行利率）或年借貸利率為2.5%。

以上有關各參數的預測值參見表3-4-5。

基於以上的模型和基準假設，本節測算了機關事業單位工作人員養老保險基金的當期缺口和累計缺口，其結果如表3-4-5、表3-4-6所示。

表3-4-5　機關事業單位養老保險基金當期缺口　　　　　　　　　　單位：億元

年份	當期缺口	年份	當期缺口	年份	當期缺口	年份	當期缺口
2016	-2,381.88	2038	213.17	2060	20,248.04	2082	55,606.71
2017	-2,441.11	2039	662.40	2061	21,647.56	2083	57,618.35
2018	-2,495.14	2040	1,154.02	2062	22,987.89	2084	59,676.09
2019	-2,542.77	2041	1,690.78	2063	24,368.74	2085	61,782.41
2020	-2,582.67	2042	2,264.72	2064	25,791.48	2086	63,939.88

[①] http://dl.mof.gov.cn/lanmudaohang/dcyj/201401/t20140124_1039216.html.

表 3-4-5(續)

年份	當期缺口	年份	當期缺口	年份	當期缺口	年份	當期缺口
2021	-2,613.41	2043	2,883.73	2065	27,257.62	2087	66,150.35
2022	-2,621.20	2044	3,550.23	2066	28,768.69	2088	68,415.90
2023	-2,616.82	2045	4,266.76	2067	30,178.30	2089	70,739.90
2024	-2,598.88	2046	5,035.95	2068	31,620.89	2090	73,126.35
2025	-2,565.94	2047	5,832.47	2069	33,097.12	2091	75,578.91
2026	-2,516.37	2048	6,678.92	2070	34,607.44	2092	78,100.47
2027	-2,436.82	2049	7,577.39	2071	36,152.34	2093	80,693.07
2028	-2,337.64	2050	8,530.05	2072	37,732.68	2094	83,358.03
2029	-2,216.97	2051	9,539.12	2073	39,349.29	2095	86,096.20
2030	-2,072.85	2052	10,555.95	2074	41,002.55	2096	88,908.23
2031	-1,903.12	2053	11,623.34	2075	42,692.60	2097	91,794.65
2032	-1,697.41	2054	12,742.79	2076	44,419.71	2098	94,756.02
2033	-1,463.43	2055	13,915.80	2077	46,184.53	2099	97,792.88
2034	-1,198.91	2056	15,143.89	2078	47,987.96	2100	100,905.82
2035	-901.44	2057	16,349.33	2079	49,830.86		
2036	-568.46	2058	17,600.79	2080	51,714.21		
2037	-196.28	2059	18,899.75	2081	53,639.13		

表 3-4-6　機關事業單位養老金累計缺口　　　單位：億元

年份	累計缺口	年份	累計缺口	年份	累計缺口	年份	累計缺口
2016	-7,603.87	2038	-71,873.35	2060	107,888.70	2082	1,224,587.42
2017	-10,235.07	2039	-73,007.78	2061	132,233.48	2083	1,312,820.46
2018	-12,986.09	2040	-73,678.95	2062	158,527.20	2084	1,405,317.06
2019	-15,853.51	2041	-73,830.15	2063	186,859.12	2085	1,502,232.39
2020	-18,832.51	2042	-73,411.18	2064	217,322.08	2086	1,603,728.08
2021	-21,916.73	2043	-72,362.73	2065	250,012.76	2087	1,709,971.63
2022	-25,085.85	2044	-70,621.57	2066	285,031.76	2088	1,821,136.82
2023	-28,329.82	2045	-68,120.35	2067	322,335.86	2089	1,937,405.15
2024	-31,636.95	2046	-64,787.41	2068	362,015.14	2090	2,058,966.63
2025	-34,993.81	2047	-60,574.63	2069	404,162.64	2091	2,186,019.70
2026	-38,385.02	2048	-55,410.08	2070	448,874.14	2092	2,318,770.67
2027	-41,781.47	2049	-49,217.94	2071	496,248.34	2093	2,457,433.01
2028	-45,163.64	2050	-41,918.34	2072	546,387.22	2094	2,602,226.87
2029	-48,509.71	2051	-33,427.18	2073	599,396.19	2095	2,753,378.74
2030	-51,795.30	2052	-23,706.91	2074	655,383.65	2096	2,911,121.44

表3-4-6(續)

年份	累計缺口	年份	累計缺口	年份	累計缺口	年份	累計缺口
2031	-54,993.31	2053	-12,676.24	2075	714,460.84	2097	3,075,694.13
2032	-58,065.55	2054	-250.36	2076	776,742.08	2098	3,247,342.50
2033	-60,980.62	2055	13,659.18	2077	842,345.16	2099	3,426,318.95
2034	-63,704.05	2056	29,144.56	2078	911,391.75	2100	3,612,882.75
2035	-66,198.09	2057	46,222.50	2079	984,007.41		
2036	-68,421.50	2058	64,978.86	2080	1,060,321.80		
2037	-70,328.31	2059	85,503.08	2081	1,140,468.98		

從表3-4-5、表3-4-6可以看出，2037年之前機關事業單位工作人員養老保險基金一直保持結餘狀態，結餘值呈先上升後下降的趨勢，2022年度的收支盈餘值最大，達到2,621.20億元。2038年機關事業單位養老保險基金開始出現年度收支缺口，此後各年度收支缺口逐年擴大，2100年的養老保險基金當期缺口為10.09萬億元。2038年機關事業單位養老保險基金出現年度收支缺口，開始動用前期累積的資金，至2055年，前期累積的資金耗盡並開始出現累計缺口，此後累計缺口規模逐年擴大，2100年累計缺口將擴大為361.29萬億元。

(四) 整體性養老保險基金缺口測算

將上文中測算出的城鎮企業職工養老保險基金缺口、城鄉居民養老保險基金缺口以及機關事業單位養老保險基金缺口進行匯總，就可以得到中國養老保險基金的各年度整體性養老保險基金當期缺口和累計缺口，其預測結果和變化趨勢見表3-4-7、表3-4-8和圖3-4-1。

表3-4-7　整體性養老保險基金當期缺口　　　　　　　　　　　單位：億元

年份	當期缺口	年份	當期缺口	年份	當期缺口	年份	當期缺口
2016	-4,569.24	2038	3,211.64	2060	79,897.43	2082	95,594.47
2017	-4,447.16	2039	2,925.83	2061	86,654.28	2083	101,471.65
2018	-3,914.05	2040	4,028.36	2062	83,716.64	2084	106,862.03
2019	-3,919.29	2041	7,688.03	2063	84,095.18	2085	111,941.60
2020	-3,379.55	2042	11,503.14	2064	83,786.02	2086	114,679.67
2021	-3,422.48	2043	17,766.02	2065	84,679.42	2087	119,035.44
2022	-2,516.91	2044	22,426.86	2066	86,577.13	2088	124,101.61
2023	-1,752.15	2045	26,459.28	2067	88,309.15	2089	130,834.71
2024	-958.99	2046	30,717.87	2068	87,460.60	2090	138,493.97
2025	-770.46	2047	35,127.65	2069	87,287.42	2091	144,650.31
2026	-44.35	2048	39,944.10	2070	84,935.06	2092	149,829.91
2027	2,233.14	2049	46,899.65	2071	85,853.98	2093	156,744.43

表3-4-7（續）

年份	當期缺口	年份	當期缺口	年份	當期缺口	年份	當期缺口
2028	962.14	2050	50,775.41	2072	84,072.29	2094	164,380.86
2029	1,656.08	2051	56,774.00	2073	81,266.76	2095	172,211.10
2030	2,001.50	2052	63,236.75	2074	80,735.70	2096	178,571.65
2031	1,954.24	2053	66,287.09	2075	80,684.97	2097	186,016.01
2032	2,177.19	2054	68,161.86	2076	81,901.66	2098	194,748.05
2033	1,875.27	2055	71,329.20	2077	82,180.92	2099	202,793.45
2034	1,171.66	2056	69,815.17	2078	84,799.26	2100	212,081.13
2035	2,079.59	2057	72,933.59	2079	88,213.14		
2036	1,616.45	2058	74,913.31	2080	90,917.81		
2037	1,580.36	2059	77,563.54	2081	92,510.24		

表3-4-8　整體性養老保險基金累計缺口　　　　　　　　單位：億元

年份	累計缺口	年份	累計缺口	年份	累計缺口	年份	累計缺口
2016	-53,377.13	2038	-105,569.91	2060	1,010,933.08	2082	4,210,172.31
2017	-59,158.72	2039	-105,283.33	2061	1,122,860.70	2083	4,416,898.26
2018	-64,551.74	2040	-103,887.05	2062	1,234,648.85	2084	4,634,182.74
2019	-70,084.83	2041	-98,796.20	2063	1,349,610.26	2085	4,861,978.91
2020	-75,216.49	2042	-89,762.97	2064	1,467,136.54	2086	5,098,208.05
2021	-80,519.39	2043	-74,241.02	2065	1,588,494.37	2087	5,344,698.70
2022	-85,049.28	2044	-53,670.19	2066	1,714,783.86	2088	5,602,417.78
2023	-88,927.68	2045	-28,552.67	2067	1,845,962.61	2089	5,873,312.93
2024	-92,109.87	2046	1,451.38	2068	1,979,572.28	2090	6,158,639.72
2025	-95,183.07	2047	36,615.32	2069	2,116,349.00	2091	6,457,256.03
2026	-97,607.00	2048	77,474.81	2070	2,254,192.79	2092	6,768,517.34
2027	-97,814.04	2049	126,311.33	2071	2,396,401.58	2093	7,094,474.71
2028	-99,297.25	2050	180,244.53	2072	2,540,383.91	2094	7,436,217.43
2029	-100,123.60	2051	241,524.65	2073	2,685,160.27	2095	7,794,333.97
2030	-100,625.19	2052	310,799.51	2074	2,833,024.97	2096	8,167,763.96
2031	-101,186.59	2053	384,856.59	2075	2,984,535.57	2097	8,557,974.07
2032	-101,539.06	2054	462,639.86	2076	3,141,050.63	2098	8,966,671.47
2033	-102,202.27	2055	545,535.06	2077	3,301,757.81	2099	9,393,631.71
2034	-103,585.67	2056	628,988.60	2078	3,469,101.02	2100	9,840,553.64
2035	-104,095.72	2057	717,646.91	2079	3,644,041.68		
2036	-105,081.66	2058	810,501.40	2080	3,826,060.53		
2037	-106,128.34	2059	908,327.47	2081	4,014,222.81		

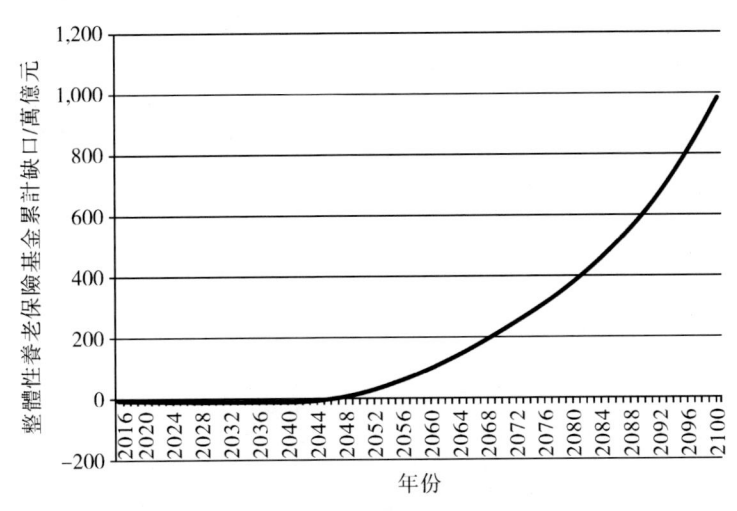

圖 3-4-1　整體性養老保險基金累計缺口變化趨勢（2016—2100 年）

從表 3-4-7、表 3-4-8 可以看出，中國養老保險基金整體性缺口確實是存在的。預測結果顯示：2016 年當期的養老保險基金結餘為 4,569.24 億元，並且隨著時間的推移，養老保險基金當期結餘在減少，2027 年養老保險基金年度收支開始出現當期缺口 2,233.14 億元，至 2100 年，當期整體性養老保險基金缺口達到 21.21 萬億元。整體性養老保險基金累計缺口也呈現出逐年遞增的趨勢，2046 年整體性養老保險基金出現累計缺口，且從圖 3-4-1 可知缺口增長的速度逐年增快，累計缺口在 2100 年擴大至 983.91 萬億元。根據 2016 年中國實際 GDP 值以及吉姆・奧尼爾對中國 GDP 增長率的預測可計算出 2100 年中國 GDP 為 2,015.06 萬億元，由此可計算出 2100 年累計缺口占 GDP 的比重為 48.84%。美國花旗銀行 2016 年發布的發達國家養老金缺口研究報告顯示，德國、法國、義大利、英國、葡萄牙和西班牙的公共養老金債務預計都將超過 GDP 的 300%。與此相比，中國養老保險基金的負擔要小得多。

為了能更清楚地看出 2016—2050 年整體性養老保險基金累計缺口的變化趨勢，對圖 3-4-1 前面部分進行放大，請參見圖 3-4-2。

圖 3-4-3 顯示了整體性養老保險基金累計結餘呈現先上升後下降的趨勢，至 2037 年整體性養老保險基金累計結餘達到峰值，以後養老保險基金累計結餘開始減少，預計一直將保持到 2045 年。到 2045 年時結餘開始出現負數，也就開始了整體性養老保險基金累計缺口，隨後累計缺口逐年遞增。第一章的研究或本章前面部分的研究已經表明，2030 年前後一段時間是中國人口老齡化速度最快的高峰時期，整體性養老保險基金結餘被快速耗盡。也就是說，與 2040—2045 年對應的圖像呈陡峭下降趨勢。

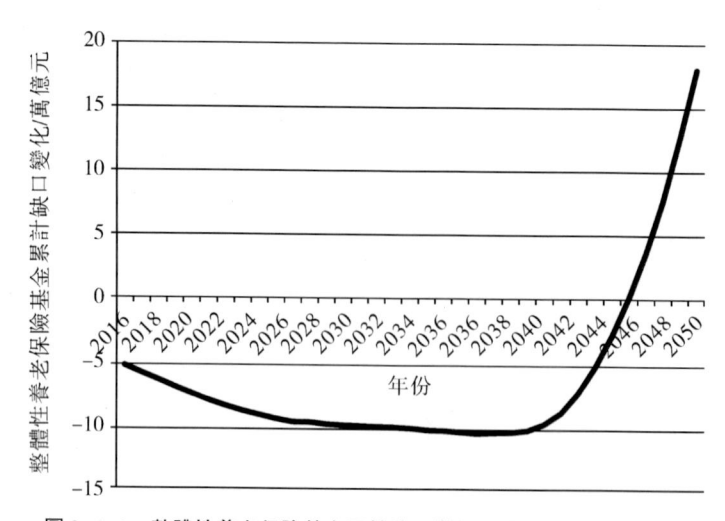

图 3-4-2　整體性養老保險基金累計缺口變化趨勢（2016—2050 年）

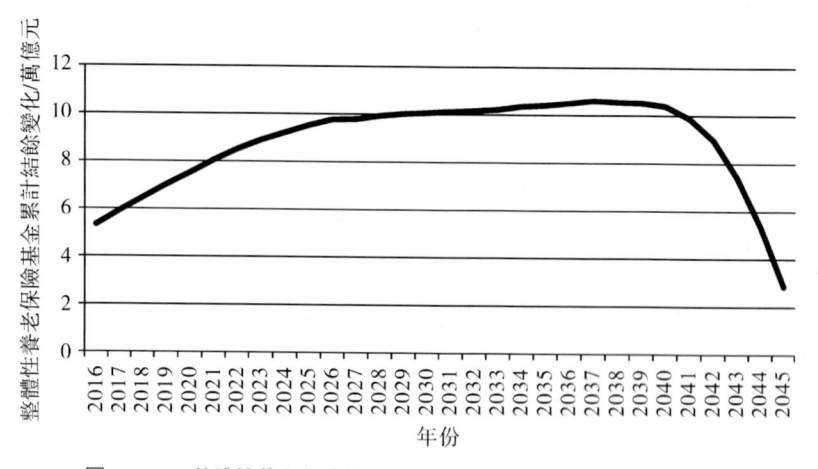

圖 3-4-3　整體性養老保險基金累計結餘變化趨勢（2016—2045 年）

　　整體性養老保險基金缺口與城鎮企業職工養老保險基金缺口的變化趨勢相似，這是因為在整個基本養老保險系統中，城鎮企業職工養老保險因為覆蓋人群最多，制度改革的成本最大，待遇也比較高，因此，城鎮企業職工養老保險基金缺口最大。對於城鄉居民養老保險基金的收支狀況，由於養老金的支付額度較小，故其在整個養老保險系統中的占比較小，所造成的缺口也較小。另外，城鄉居民養老保險基金在 2016 年開始便出現了缺口，且缺口值每年都在增加。而機關事業單位處於制度改革的初期，本節在測算養老金缺口時只考慮了統籌帳戶的收支，2016—2037 年當期養老保險基金缺口並不存在，養老保險基金盈餘額在 2022 年達到最大值，之後開始逐年下降，直至 2038 年首次出現當期缺口，且缺口擴大的速度預計將越來越快。

　　綜合分析，在城鎮企業職工、城鄉居民以及機關事業單位三種養老保險制度的共同

作用下，中國養老保險基金整體性累計缺口在2046年及其以後將一直存在，且增長速度將大幅度提高，呈指數化增長態勢。這主要是因為在中國人口老齡化程度逐年加深的背景下，在2046年時老齡化程度已經很高，60週歲老齡化系數已超過30%，65週歲老齡化系數已經超過25%，而且還會進一步提升。這意味著退休老年人口將大幅增加，從而意味著養老金支出的大幅增加。另外，由人口預測結果可知，中國勞動人口數量在下降，參保勞動人口數量也將下降，這就直接導致養老保險基金統籌帳戶的收入減少，支出的增加與收入的減少並存，因而整體性養老保險基金缺口的形成是必然的，而且缺口將越來越大。

上面分析整體性養老金當期或累計結餘與當期或累計缺口就是城鎮企業職工、城鄉居民以及機關事業單位職工養老保險基金的結餘或缺口之和。這樣相加是有意義的，因為三類參保人員都受到人口老齡化的影響，都隨著人口老齡化程度的加深而使結餘減少或缺口擴大；而且，無論哪種類型的缺口，都需要財政承擔最後的責任，因而研究整體性養老金結餘或缺口是有意義的。

3.5 中國養老保險基金收支缺口影響的敏感性分析

本節將以上節養老保險基金測算模型當中的收支預測結果為基礎，分別對影響養老保險基金收入與支出的養老金替代率、平均工資增長率等變量進行相應的敏感性分析。首先分別對以上模型中所涉及的參數或條件進行調整，然後將調整後結果進行匯總對比，得出整體性養老保險基金缺口的敏感性分析結果。

3.5.1 基本因素對中國養老保險基金收支缺口影響的敏感性分析

這裡我們將基本因素歸納為退休年齡、繳費工資增長率、繳費率、養老金替代率、總和生育率、投資收益率（或借貸利率）。首先分析單獨某一因素變化將對養老保險基金的當期缺口與累計缺口產生的影響，然後分析前面五個因素對養老保險基金缺口所產生的綜合影響。

（一）退休年齡

面對養老保險基金缺口不斷擴大的趨勢，探索縮小養老保險基金缺口的方法已迫在眉睫。上節中各養老保險基金收支測算模型並未考慮提高退休年齡因素，考慮到中國勢必會逐步推行延遲退休政策，本節對提高退休年齡進行相應的敏感性分析，旨在通過調整上述模型中部分參數假設並檢查這些調整對縮小整體性養老保險基金缺口的效果來為縮小養老保險基金缺口提出實質性的政策建議。

如前所述，中國法定退休年齡存在偏小的問題，中國現行的法定退休年齡源於1951年的《中華人民共和國勞動保險條例》，該條例規定男性退休年齡為60週歲，女幹部為55週歲，女工人為50週歲，從事特殊工種與特殊情況的從業者可適當提前退休。但是

在平均預期壽命不斷延長、人口老齡化程度不斷加深和維持養老負擔代際公平需要的背景下，提高退休年齡是應對上述問題和確保養老基金增收節支的重要措施之一。為了探索提高退休年齡的具體辦法，有關專家結合中國實際情況，不斷深入研究，適時提出中國應推行漸進式延遲退休政策的主張，其核心要點就是要提高繳費年限，相應地縮短領取養老金的年限。該政策預計將於2022年開始實施。

關於城鎮企業職工延遲退休的方式，參考漸進式提高退休年齡計算公式，並假定所有職工最多延遲到65週歲退休，從而計算出至2100年各年度城鎮職工養老保險基金收支情況。有關提高退休年齡的思路是每晚一年出生將延遲3個月退休，具體的計算公式如下：

女工人退休年齡＝50+3×（50+出生年份-2021）/12　　　　　（3.5.1）
女幹部退休年齡＝55+3×（55+出生年份-2021）/12　　　　　（3.5.2）
男性退休年齡＝60+3×（60+出生年份-2021）/12　　　　　　（3.5.3）

針對機關事業單位職工延遲退休的方式，鑒於政府尚未出抬具體的退休年齡方案，本節參照曾益（2016）《中國養老保險基金支付缺口及應對策略》的方案並結合實際情況，假定自2022年開始提高退休年齡，每年提高0.5週歲，至2050年，男性、女工人和女幹部的退休年齡將均為65週歲。

關於城鄉居民養老保險退休年齡的調整，根據中國社會科學院發布的《人口與勞動綠皮書：中國人口與勞動問題報告 NO.16》，居民養老保險的退休年齡從2033年開始，每3年提高1週歲，直至2045年完成，即至2045年退休年齡提高至65週歲。調整前後整體性養老保險基金當期缺口與累計缺口的對比如表3-5-1、表3-5-2所示。

表3-5-1　提高退休年齡前後整體性養老保險基金當期缺口　　　單位：億元

提高退休年齡前		提高退休年齡後					
年份	當期缺口	年份	當期缺口	年份	當期缺口	年份	當期結餘
2016	-4,569.24	2059	77,563.54	2016	-6,577.74	2059	68,423.05
2017	-4,447.16	2060	79,897.43	2017	-6,775.15	2060	70,835.20
2018	-3,914.05	2061	86,654.28	2018	-6,657.94	2061	77,625.07
2019	-3,919.29	2062	83,716.64	2019	-6,922.27	2062	74,393.36
2020	-3,379.55	2063	84,095.18	2020	-6,579.62	2063	74,588.07
2021	-3,422.48	2064	83,786.02	2021	-6,914.62	2064	74,014.79
2022	-2,516.91	2065	84,679.42	2022	-6,253.72	2065	74,834.53
2023	-1,752.17	2066	86,577.13	2023	-5,922.19	2066	76,603.59
2024	-958.99	2067	88,309.15	2024	-5,909.36	2067	78,062.03
2025	-770.46	2068	87,460.60	2025	-6,290.31	2068	76,808.78
2026	-44.35	2069	87,287.42	2026	-6,262.23	2069	76,353.42
2027	2,233.14	2070	84,935.06	2027	-4,353.54	2070	73,656.98

表3-5-1(續)

提高退休年齡前				提高退休年齡後			
年份	當期缺口	年份	當期缺口	年份	當期缺口	年份	當期結餘
2028	962.14	2071	85,853.98	2028	-5,795.51	2071	74,258.81
2029	1,656.08	2072	84,072.29	2029	-5,506.81	2072	72,529.98
2030	2,001.50	2073	81,266.76	2030	-5,596.85	2073	69,450.80
2031	1,954.24	2074	80,735.70	2031	-6,263.84	2074	68,626.12
2032	2,177.19	2075	80,684.97	2032	-4,201.18	2075	67,901.62
2033	1,875.27	2076	81,901.66	2033	-3,972.10	2076	68,783.22
2034	1,171.66	2077	82,180.92	2034	-4,208.79	2077	68,760.07
2035	2,079.59	2078	84,799.26	2035	-3,475.79	2078	71,120.45
2036	1,616.45	2079	88,213.14	2036	-4,128.22	2079	74,332.38
2037	1,580.36	2080	90,917.81	2037	-3,231.03	2080	76,885.04
2038	3,211.64	2081	92,510.24	2038	-1,729.93	2081	78,372.34
2039	2,925.83	2082	95,594.47	2039	-2,099.35	2082	81,429.50
2040	4,028.36	2083	101,471.65	2040	-1,223.45	2083	86,892.33
2041	7,688.03	2084	106,862.03	2041	2,196.27	2084	91,647.16
2042	11,503.14	2085	111,941.60	2042	5,700.40	2085	96,110.67
2043	17,766.02	2086	114,679.67	2043	11,705.49	2086	98,707.06
2044	22,426.86	2087	119,035.44	2044	15,896.13	2087	103,195.60
2045	26,459.28	2088	124,101.61	2045	19,563.95	2088	107,869.73
2046	30,717.87	2089	130,834.71	2046	23,558.19	2089	113,614.24
2047	35,127.65	2090	138,493.97	2047	27,913.07	2090	119,926.68
2048	39,944.10	2091	144,650.31	2048	32,212.75	2091	125,192.15
2049	46,899.65	2092	149,829.91	2049	38,349.32	2092	129,998.59
2050	50,775.41	2093	156,744.43	2050	41,393.80	2093	136,836.05
2051	56,774.00	2094	164,380.86	2051	46,621.05	2094	143,634.96
2052	63,236.75	2095	172,211.10	2052	52,437.42	2095	150,552.92
2053	66,287.09	2096	178,571.65	2053	55,375.00	2096	155,903.83
2054	68,161.86	2097	186,016.01	2054	57,458.06	2097	163,699.79
2055	71,329.20	2098	194,748.05	2055	60,974.28	2098	172,708.38
2056	69,815.17	2099	202,793.45	2056	60,046.13	2099	180,984.51
2057	72,933.59	2100	212,081.13	2057	62,264.72	2100	189,741.50
2058	74,913.31			2058	65,390.48		

表 3-5-2　提高退休年齡前後整體性養老保險基金累計缺口　　　單位：億元

\multicolumn{4}{c	}{提高退休年齡前}	\multicolumn{4}{c}{提高退休年齡後}
年份	累計缺口	年份	累計缺口	年份	累計缺口	年份	累計缺口
2016	−53,377.13	2059	908,327.47	2016	−51,882.88	2059	452,184.92
2017	−59,158.72	2060	1,010,933.08	2017	−59,955.10	2060	534,324.74
2018	−64,551.74	2061	1,122,860.70	2018	−68,111.92	2061	625,307.93
2019	−70,084.83	2062	1,234,648.85	2019	−76,736.99	2062	715,333.99
2020	−75,216.49	2063	1,349,610.26	2020	−85,235.03	2063	807,805.41
2021	−80,519.39	2064	1,467,136.54	2021	−94,280.53	2064	902,015.34
2022	−85,049.28	2065	1,588,494.37	2022	−102,891.27	2065	999,400.25
2023	−88,927.68	2066	1,714,783.86	2023	−111,385.74	2066	1,100,988.85
2024	−92,109.87	2067	1,845,962.61	2024	−120,079.75	2067	1,206,575.60
2025	−95,183.07	2068	1,979,572.28	2025	−129,372.05	2068	1,313,548.76
2026	−97,607.00	2069	2,116,349.00	2026	−138,868.58	2069	1,422,740.90
2027	−97,814.04	2070	2,254,192.79	2027	−146,693.83	2070	1,531,966.41
2028	−99,297.25	2071	2,396,401.58	2028	−156,156.69	2071	1,644,524.38
2029	−100,123.60	2072	2,540,383.91	2029	−165,567.42	2072	1,758,167.46
2030	−100,625.19	2073	2,685,160.27	2030	−175,303.45	2073	1,871,572.46
2031	−101,186.59	2074	2,833,024.97	2031	−185,949.88	2074	1,986,987.89
2032	−101,539.06	2075	2,984,535.57	2032	−194,799.81	2075	2,104,564.21
2033	−102,202.27	2076	3,141,050.63	2033	−203,641.91	2076	2,225,961.53
2034	−103,585.67	2077	3,301,757.81	2034	−212,941.75	2077	2,350,370.64
2035	−104,095.72	2078	3,469,101.02	2035	−221,741.08	2078	2,480,250.36
2036	−105,081.66	2079	3,644,041.68	2036	−231,412.82	2079	2,616,589.00
2037	−106,128.34	2080	3,826,060.53	2037	−240,429.17	2080	2,758,888.77
2038	−105,569.91	2081	4,014,222.28	2038	−248,169.83	2081	2,906,233.33
2039	−105,283.33	2082	4,210,172.31	2039	−256,473.42	2082	3,060,318.66
2040	−103,887.05	2083	4,416,898.26	2040	−264,108.71	2083	3,223,718.95
2041	−98,796.20	2084	4,634,182.74	2041	−268,515.16	2084	3,395,959.09
2042	−89,762.97	2085	4,861,978.91	2042	−269,527.63	2085	3,576,968.74
2043	−74,241.02	2086	5,098,208.05	2043	−264,560.33	2086	3,765,100.02
2044	−53,670.19	2087	5,344,698.70	2044	−255,278.22	2087	3,962,423.11
2045	−28,552.67	2088	5,602,417.78	2045	−242,096.22	2088	4,169,353.42
2046	1,451.38	2089	5,873,312.93	2046	−224,590.43	2089	4,387,201.49
2047	36,615.32	2090	6,158,639.72	2047	−202,292.12	2090	4,616,808.21
2048	77,474.81	2091	6,457,256.03	2048	−175,136.67	2091	4,857,420.57
2049	126,311.33	2092	6,768,517.34	2049	−141,165.77	2092	5,108,854.67

表3-5-2(續)

\multicolumn{4}{c	}{提高退休年齡前}	\multicolumn{4}{c}{提高退休年齡後}
年份	累計缺口	年份	累計缺口	年份	累計缺口	年份	累計缺口
2050	180,244.53	2093	7,094,474.71	2050	-103,301.11	2093	5,373,412.09
2051	241,524.65	2094	7,436,217.43	2051	-59,262.60	2094	5,651,382.35
2052	310,799.51	2095	7,794,333.97	2052	-8,306.75	2095	5,943,219.83
2053	384,856.59	2096	8,167,763.96	2053	46,860.58	2096	6,247,704.15
2054	462,639.86	2097	8,557,974.07	2054	105,490.16	2097	6,567,596.55
2055	545,535.06	2098	8,966,671.47	2055	169,101.70	2098	6,904,494.85
2056	628,988.60	2099	9,393,631.71	2056	233,375.37	2099	7,258,091.73
2057	717,646.91	2100	9,840,553.64	2057	301,474.47	2100	7,629,285.52
2058	810,501.40			2058	374,401.82		

很明顯，提高退休年齡對縮小整體性養老保險基金當期缺口和累計缺口都有較為顯著的效果。具體而言，2050年調整前後當期養老保險基金缺口絕對值相差9,381.61億元，即當期缺口縮小9,381.61億元，2100年調整後養老保險基金當期缺口縮小2.23萬億元。整體性養老保險基金當期缺口在2040年前後縮小的速度放緩。出現這種變化的原因主要是，延遲退休政策影響的主要是到2022年仍未達到法定退休年齡的人，即上文中所指的「新中人」，他們的退休年齡被提高了5週歲或10週歲。因此，隨著這部分人逐步退休，延遲退休政策所產生的效果也在逐漸減弱。另外，隨著人口老齡化的發展，養老金支出也在不斷地擴大，其增加養老金支出的效應將逐漸大於延遲退休帶來的養老保險基金收入增加的效應，因此養老保險基金當期缺口又會逐步擴大。延遲退休能顯著縮小養老保險基金累計缺口，調整後2100年累計缺口縮小到762.93萬億元，累計缺口縮小了221.13萬億元，約為調整前累計缺口的77.53%。

利用表3-5-1、表3-5-2的數據，可得出整體性養老保險基金當期缺口和累計缺口的變化趨勢圖，如圖3-5-1、圖3-5-2所示。從圖中可以看出，圖中虛線均在實線下方，即提高退休年齡起到了縮小當期缺口和累計缺口的效果。另外，圖3-5-2已清楚地顯示，提高退休年齡能有效地推遲養老保險基金累計缺口出現的時間，兩條曲線與橫坐標相交的時點表示開始出現累計缺口的時點（平衡年），實線和虛線與橫坐標的交點分別為提高退休年齡前後的平衡年，提高退休年齡使得累計缺口出現的年度從2046年延後至2053年，即延遲了7年。

由此可見，提高退休年齡能有效緩解人口老齡化帶來的養老保險基金缺口問題，但並不能完全解決基金缺口問題。並且，延遲退休可能會在一定程度上引起一些職工的不滿，抑制總和生育率的回升，甚至造成社會的不穩定，因此，在制定和實施提高退休年齡的具體政策時應當盡可能多地考慮職業特點、健康因素，廣泛聽取人民群眾的意見，有計劃、有層次、穩步小幅地提高退休年齡。不過，提高退休年齡有助於參保人員個體收支的精算平衡，從而有利於總體收支的精算平衡。

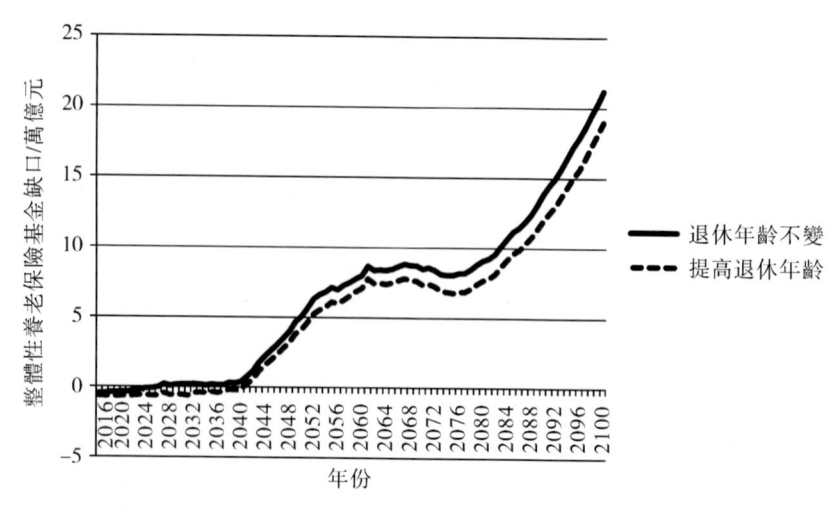

图 3-5-1 提高退休年龄对整体性养老保险基金当期缺口的影响

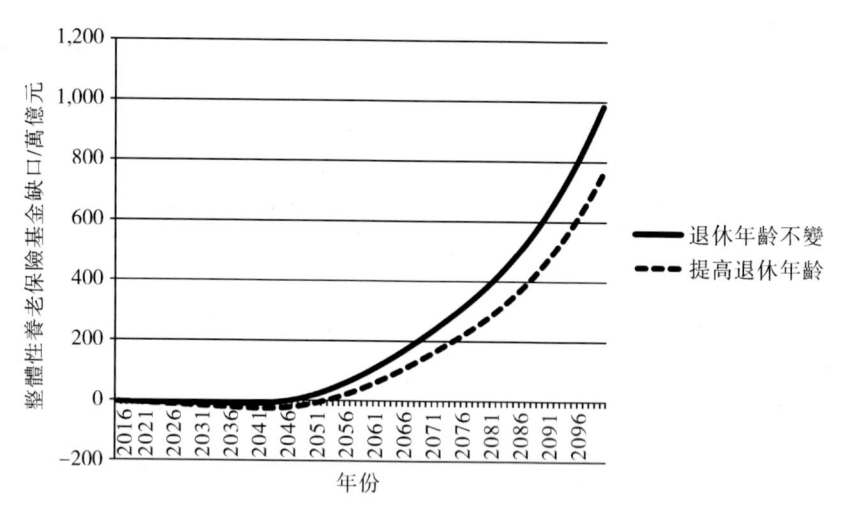

图 3-5-2 提高退休年龄对整体性养老保险基金累计缺口的影响

（二）缴费工资增长率

基于上文所提到的养老保险基金收支精算模型，保持其他条件和参数假设不变，缴费工资年增长率的取值比基准增加0.5个百分点，即调整后设定2015—2020年工资增长率为7.5%，以后每5年下降0.5个百分点，直至降到2.5%。在该假设下，整体性养老保险基金当期缺口和累计缺口的变化如表3-5-3、表3-5-4所示。

表 3-5-3　不同繳費工資增長率下整體性養老保險基金當期缺口　　單位：億元

繳費工資增長率調整前				繳費工資增長率調整後			
年份	當期缺口	年份	當期缺口	年份	當期缺口	年份	當期缺口
2016	-4,569.24	2059	77,563.54	2016	-5,766.34	2059	75,407.63
2017	-4,447.16	2060	79,897.43	2017	-5,682.15	2060	77,980.32
2018	-3,914.05	2061	86,654.28	2018	-5,098.51	2061	85,136.53
2019	-3,919.29	2062	83,716.64	2019	-5,174.52	2062	82,185.54
2020	-3,379.55	2063	84,095.18	2020	-4,583.50	2063	82,712.70
2021	-3,422.48	2064	83,786.02	2021	-4,730.50	2064	82,487.63
2022	-2,516.91	2065	84,679.42	2022	-3,685.61	2065	83,541.38
2023	-1,752.17	2066	86,577.13	2023	-2,814.17	2066	85,836.06
2024	-958.99	2067	88,309.15	2024	-1,902.16	2067	87,834.71
2025	-770.46	2068	87460.60	2025	-1751.91	2068	87001.55
2026	-44.35	2069	87,287.42	2026	-938.41	2069	86,910.30
2027	2,233.14	2070	84,935.06	2027	1,395.79	2070	84,438.02
2028	962.14	2071	85,853.98	2028	117.94	2071	90,552.73
2029	1,656.08	2072	84,072.29	2029	712.04	2072	88,297.35
2030	2,001.50	2073	81,266.76	2030	969.67	2073	85,307.93
2031	1,954.24	2074	80,735.70	2031	829.11	2074	84,734.44
2032	2,177.19	2075	80,684.97	2032	955.26	2075	84,728.08
2033	1,875.27	2076	81,901.66	2033	566.60	2076	86,108.22
2034	1,171.66	2077	82,180.92	2034	-231.49	2077	86,605.89
2035	2,079.59	2078	84,799.26	2035	559.51	2078	89,830.53
2036	1,616.45	2079	88,213.14	2036	-18.25	2079	94,041.81
2037	1,580.36	2080	90,917.81	2037	-178.62	2080	97,409.04
2038	3,211.64	2081	92,510.24	2038	1,341.64	2081	99,425.37
2039	2,925.83	2082	95,594.47	2039	927.64	2082	103,288.64
2040	4,028.36	2083	101,471.65	2040	1,912.81	2083	110,665.12
2041	7,688.03	2084	106,862.03	2041	4,893.54	2084	117,492.82
2042	11,503.14	2085	111,941.60	2042	8,255.71	2085	123,984.44
2043	17,766.02	2086	114,679.67	2043	13,921.78	2086	127,553.47
2044	22,426.86	2087	119,035.44	2044	18,125.25	2087	133,191.47
2045	26,459.28	2088	124,101.61	2045	21,778.84	2088	139,762.01
2046	30,717.87	2089	130,834.71	2046	25,689.64	2089	148,525.29
2047	35,127.65	2090	138,493.97	2047	29,757.38	2090	158,560.03
2048	39,944.10	2091	144,650.31	2048	34,229.37	2091	166,713.17
2049	46,899.65	2092	149,829.91	2049	40,737.30	2092	173,645.45

表3-5-3(續)

繳費工資增長率調整前			繳費工資增長率調整後		
年份	當期缺口	年份	當期缺口	年份	當期缺口
2050	50,775.41	2093	156,744.43	2050	44,403.86	2093	182,905.13
2051	56,774.00	2094	164,380.86	2051	50,151.05	2094	193,185.01
2052	63,236.75	2095	172,211.10	2052	56,368.17	2095	203,796.16
2053	66,287.09	2096	178,571.65	2053	59,366.06	2096	212,520.66
2054	68,161.86	2097	186,016.01	2054	61,248.28	2097	222,751.36
2055	71,329.20	2098	194,748.05	2055	68,415.65	2098	234,801.12
2056	69,815.17	2099	202,793.45	2056	67,004.20	2099	246,023.26
2057	72,933.59	2100	212,081.13	2057	70,351.52	2100	259,042.88
2058	74,913.31			2058	72,461.78		

表3-5-4 不同繳費工資增長率下整體性養老保險基金累計缺口　　單位：億元

繳費工資增長率調整前			繳費工資增長率調整後		
年份	累計缺口	年份	累計缺口	年份	累計缺口	年份	累計缺口
2016	-53,377.13	2059	908,327.47	2016	-58,905.31	2059	716,722.78
2017	-59,158.72	2060	1,010,933.08	2017	-66,060.10	2060	812,621.17
2018	-64,551.74	2061	1,122,860.70	2018	-72,810.12	2061	918,073.23
2019	-70,084.83	2062	1,234,648.85	2019	-79,804.89	2062	1,023,210.60
2020	-75,216.49	2063	1,349,610.26	2020	-86,383.52	2063	1,131,503.57
2021	-80,519.39	2064	1,467,136.54	2021	-93,273.60	2064	1,242,278.79
2022	-85,049.28	2065	1,588,494.37	2022	-99,291.05	2065	1,356,877.14
2023	-88,927.68	2066	1,714,783.86	2023	-104,587.50	2066	1,476,635.12
2024	-92,109.87	2067	1,845,962.61	2024	-109,104.34	2067	1,601,385.72
2025	-95,183.07	2068	1,979,572.28	2025	-113,583.86	2068	1,728,421.91
2026	-97,607.00	2069	2,116,349.00	2026	-117,361.87	2069	1,858,542.76
2027	-97,814.04	2070	2,254,192.79	2027	-118,900.13	2070	1,989,444.35
2028	-99,297.25	2071	2,396,401.58	2028	-121,754.69	2071	2,129,733.19
2029	-100,123.60	2072	2,540,383.91	2029	-124,086.51	2072	2,271,273.87
2030	-100,625.19	2073	2,685,160.27	2030	-126,219.00	2073	2,413,363.65
2031	-101,186.59	2074	2,833,024.97	2031	-128,545.37	2074	2,558,432.19
2032	-101,539.06	2075	2,984,535.57	2032	-130,803.74	2075	2,707,121.07
2033	-102,202.27	2076	3,141,050.63	2033	-133,507.24	2076	2,860,907.32
2034	-103,585.67	2077	3,301,757.81	2034	-137,076.41	2077	3,019,035.89
2035	-104,095.72	2078	3,469,101.02	2035	-139,943.80	2078	3,184,342.33
2036	-105,081.66	2079	3,644,041.68	2036	-143,460.64	2079	3,357,992.69

表3-5-4(續)

繳費工資增長率調整前			繳費工資增長率調整後				
年份	累計缺口	年份	累計缺口	年份	累計缺口	年份	累計缺口
2037	-106,128.34	2080	3,826,060.53	2037	-147,225.78	2080	3,539,351.54
2038	-105,569.91	2081	4,014,222.28	2038	-149,565.28	2081	3,727,260.70
2039	-105,283.33	2082	4,210,172.31	2039	-152,376.78	2082	3,923,730.86
2040	-103,887.05	2083	4,416,898.26	2040	-154,273.39	2083	4,132,489.25
2041	-98,796.20	2084	4,634,182.74	2041	-153,236.68	2084	4,353,294.31
2042	-89,762.97	2085	4,861,978.91	2042	-148,811.89	2085	4,586,111.11
2043	-74,241.02	2086	5,098,208.05	2043	-138,610.40	2086	4,828,317.36
2044	-53,670.19	2087	5,344,698.70	2044	-123,950.41	2087	5,082,216.76
2045	-28,552.67	2088	5,602,417.78	2045	-105,270.33	2088	5,349,034.19
2046	1,451.38	2089	5,873,312.93	2046	-82,212.44	2089	5,631,285.33
2047	36,615.32	2090	6,158,639.72	2047	-54,510.37	2090	5,930,627.50
2048	77,474.81	2091	6,457,256.03	2048	-21,643.77	2091	6,245,606.36
2049	126,311.33	2092	6,768,517.34	2049	18,552.44	2092	6,575,391.97
2050	180,244.53	2093	7,094,474.71	2050	63,420.12	2093	6,922,681.90
2051	241,524.65	2094	7,436,217.43	2051	115,156.67	2094	7,288,933.96
2052	310,799.51	2095	7,794,333.97	2052	174,403.75	2095	7,674,953.47
2053	384,856.59	2096	8,167,763.96	2053	238,129.91	2096	8,079,347.97
2054	462,639.86	2097	8,557,974.07	2054	305,331.43	2097	8,504,083.03
2055	545,535.06	2098	8,966,671.47	2055	381,380.37	2098	8,951,486.23
2056	628,988.60	2099	9,393,631.71	2056	457,919.08	2099	9,421,296.64
2057	717,646.91	2100	9,840,553.64	2057	539,718.57	2100	9,915,871.94
2058	810,501.40			2058	625,673.32		

　　繳費工資增長率的上調，一方面增加了養老保險基金的繳費基數，使養老保險系統的收入增加；另一方面由於在本章的養老保險基金收支測算模型中養老金的計發是以退休前的工資為基礎的，這又會使養老保險基金的支出增加。

　　從表3-5-3、表3-5-4中的數據以及圖3-5-3、圖3-5-4中的變化趨勢可以看出，增加繳費工資增長率在前期能夠縮小養老保險基金當期缺口，但由於繳費工資增長率的增加不僅使基金收入增收，也會使基金支出增加，所以對養老保險基金當期缺口的縮小效果並不理想。之後由於人口老齡化，領取養老金的人數增多，這將導致養老保險基金支出增加，養老保險基金缺口擴大，因此，在2070年前後養老保險基金支出增加的速度快於收入增加的速度，養老保險基金當期缺口又會逐年增加。但是隨著人口老齡化程度的放緩，養老金缺口也呈現出緩解的狀態。繳費工資增長率上調對整體性養老保險基金出現當期缺口和累計缺口的時點的影響不大。另外，從圖3-5-4可以看出，繳費工資增長率對養老金累計缺口並沒有顯著的影響。

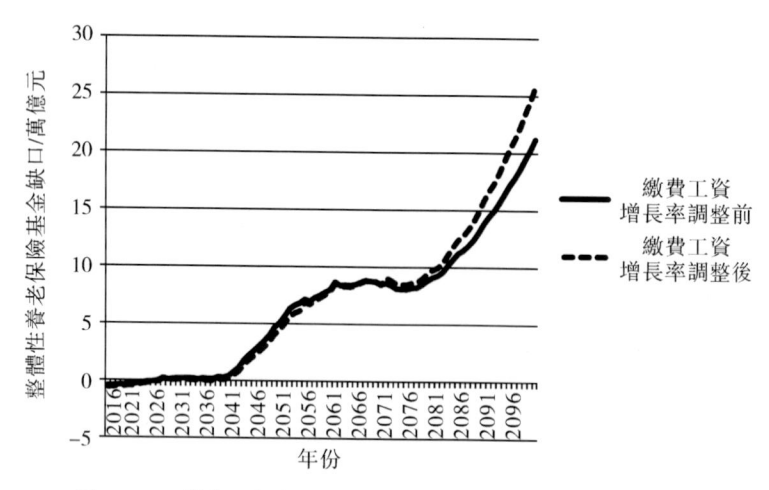

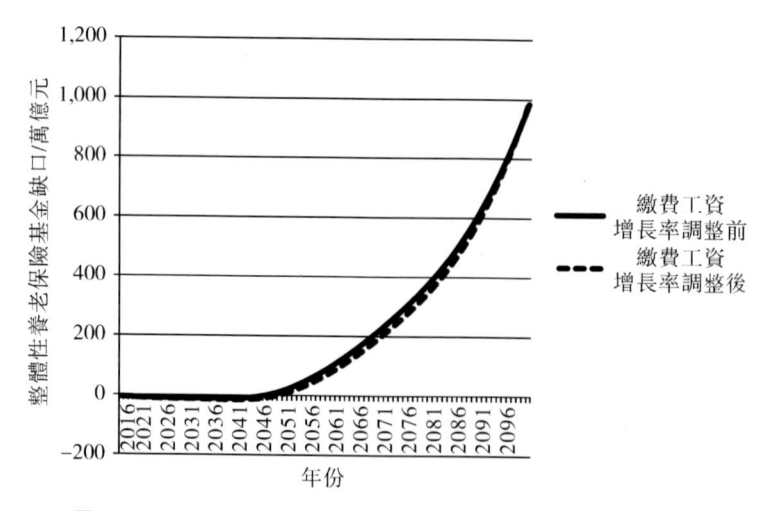

图 3-5-3 缴费工资增长率对整体性养老保险基金当期缺口的影响

由此可见，提高缴费工资增长率在一定程度上能缩小前期养老保险基金当期缺口，但存在扩大后期养老保险基金当期缺口的危险；考虑到不同职业和地区平均工资的增长率不尽相同，故在利用提高缴费工资增长率政策的时候，其调整幅度应根据各省（直辖市、自治区）、各行业的实际情况分别进行设定；同时，工资增长率的增长意味着人工成本的增加，在某种程度上意味着竞争力的削弱。这也表明，在社会经济环境运行平稳的状态下，工资增长率在低位稳健运行，有助于养老保险基金的平衡，无论是采用现收现付制，还是完全累积制。

图 3-5-4 缴费工资增长率对整体性养老保险基金累计缺口的影响

（三）缴费费率

城镇企业职工和机关事业单位基本养老保险的缴费率为28%，其中用人单位和职工的

繳費費率分別為 20%和 8%。現假設其他條件不變，將用人單位的繳費率提高 2 個百分點，則可以得到費率調整後整體性養老保險基金當期缺口與累計缺口值，見表 3-5-5、表 3-5-6。

表 3-5-5　不同繳費率下整體性養老保險基金當期缺口　　　　　　單位：億元

繳費率調整前				繳費率調整後			
年份	當期缺口	年份	當期缺口	年份	當期缺口	年份	當期缺口
2016	-4,569.24	2059	77,563.54	2016	-7,485.56	2059	58,477.97
2017	-4,447.16	2060	79,897.43	2017	-7,591.57	2060	60,189.22
2018	-3,914.05	2061	86,654.28	2018	-7,289.59	2061	66,389.72
2019	-3,919.29	2062	83,716.64	2019	-7,543.13	2062	62,862.61
2020	-3,379.55	2063	84,095.18	2020	-7,261.73	2063	62,628.77
2021	-3,422.48	2064	83,786.02	2021	-7,555.01	2064	61,684.38
2022	-2,516.91	2065	84,679.42	2022	-6,915.96	2065	61,914.49
2023	-1,752.17	2066	86,577.13	2023	-6,415.58	2066	63,257.82
2024	-958.99	2067	88,309.15	2024	-5,879.89	2067	64,390.78
2025	-770.46	2068	87,460.60	2025	-5,966.52	2068	62,986.50
2026	-44.35	2069	87,287.42	2026	-5,510.22	2069	62,247.97
2027	2,233.14	2070	84,935.06	2027	-3,517.28	2070	59,315.74
2028	962.14	2071	85,853.98	2028	-5,093.62	2071	59,637.85
2029	1,656.08	2072	84,072.29	2029	-4,706.69	2072	57,200.32
2030	2,001.50	2073	81,266.76	2030	-4,680.89	2073	53,684.31
2031	1,954.24	2074	80,735.70	2031	-5,014.54	2074	52,473.05
2032	2,177.19	2075	80,684.97	2032	-5,330.83	2075	51,711.67
2033	1,875.27	2076	81,901.66	2033	-6,058.08	2076	52,178.49
2034	1,171.66	2077	82,180.92	2034	-7,212.59	2077	51,593.40
2035	2,079.59	2078	84,799.26	2035	-6,687.98	2078	53,414.55
2036	1,616.45	2079	88,213.14	2036	-7,511.52	2079	56,003.20
2037	1,580.36	2080	90,917.81	2037	-8,037.01	2080	57,834.78
2038	3,211.64	2081	92,510.24	2038	-6,797.60	2081	58,503.63
2039	2,925.83	2082	95,594.47	2039	-7,481.00	2082	60,687.73
2040	4,028.36	2083	101,471.65	2040	-6,796.30	2083	65,711.26
2041	7,688.03	2084	106,862.03	2041	-3,508.24	2084	70,278.14
2042	11,503.14	2085	111,941.60	2042	-76.13	2085	74,515.51
2043	17,766.02	2086	114,679.67	2043	5,792.22	2086	76,361.86
2044	22,426.86	2087	119,035.44	2044	10,079.79	2087	79,773.76
2045	26,459.28	2088	124,101.61	2045	13,713.00	2088	83,899.94
2046	30,717.87	2089	130,834.71	2046	17,655.65	2089	89,769.11
2047	35,127.65	2090	138,493.97	2047	21,767.14	2090	96,552.49

表 3-5-5(續)

\multicolumn{4}{c	}{繳費率調整前}	\multicolumn{4}{c}{繳費率調整後}
年份	當期缺口	年份	當期缺口	年份	當期缺口	年份	當期缺口
2048	39,944.10	2091	144,650.31	2048	26,214.31	2091	101,788.37
2049	46,899.65	2092	149,829.91	2049	32,776.58	2092	105,935.98
2050	50,775.41	2093	156,744.43	2050	36,228.74	2093	111,779.08
2051	56,774.00	2094	164,380.86	2051	41,870.31	2094	118,374.71
2052	63,236.75	2095	172,211.10	2052	47,959.78	2095	125,126.80
2053	66,287.09	2096	178,571.65	2053	50,540.66	2096	130,382.57
2054	68,161.86	2097	186,016.01	2054	51,858.58	2097	136,737.21
2055	71,329.20	2098	194,748.05	2055	54,455.74	2098	144,530.67
2056	69,815.17	2099	202,793.45	2056	52,381.41	2099	151,522.53
2057	72,933.59	2100	212,081.13	2057	55,028.41	2100	159,725.08
2058	74,913.31			2058	56,423.56		

表 3-5-6　不同繳費率下整體性養老保險基金累計缺口　　　　　單位：億元

\multicolumn{4}{c	}{繳費率調整前}	\multicolumn{4}{c}{繳費率調整後}
年份	累計缺口	年份	累計缺口	年份	累計缺口	年份	累計缺口
2016	-53,377.13	2059	908,327.47	2016	-55,854.17	2059	236,355.88
2017	-59,158.72	2060	1,010,933.08	2017	-64,842.10	2060	302,454.01
2018	-64,551.74	2061	1,122,860.70	2018	-73,752.74	2061	376,405.08
2019	-70,084.83	2062	1,234,648.85	2019	-83,139.69	2062	448,677.82
2020	-75,216.49	2063	1,349,610.26	2020	-92,479.91	2063	522,523.53
2021	-80,519.39	2064	1,467,136.54	2021	-102,346.92	2064	597,271.00
2022	-85,049.28	2065	1,588,494.37	2022	-111,821.55	2065	674,117.26
2023	-88,927.68	2066	1,714,783.86	2023	-121,032.67	2066	754,228.01
2024	-92,109.87	2067	1,845,962.61	2024	-129,938.38	2067	837,474.48
2025	-95,183.07	2068	1,979,572.28	2025	-139,153.36	2068	921,397.84
2026	-97,607.00	2069	2,116,349.00	2026	-148,142.41	2069	1,006,680.76
2027	-97,814.04	2070	2,254,192.79	2027	-155,363.25	2070	1,091,163.52
2028	-99,297.25	2071	2,396,401.58	2028	-164,340.95	2071	1,178,080.46
2029	-100,123.60	2072	2,540,383.91	2029	-173,156.17	2072	1,264,732.79
2030	-100,625.19	2073	2,685,160.26	2030	-182,165.97	2073	1,350,035.42
2031	-101,186.59	2074	2,833,024.97	2031	-191,734.66	2074	1,436,259.35
2032	-101,539.06	2075	2,984,535.57	2032	-201,858.86	2075	1,523,877.51
2033	-102,202.27	2076	3,141,050.63	2033	-212,963.40	2076	1,614,152.94
2034	-103,585.67	2077	3,301,757.81	2034	-225,500.08	2077	1,706,100.16

表3-5-6(續)

繳費率調整前				繳費率調整後			
年份	累計缺口	年份	累計缺口	年份	累計缺口	年份	累計缺口
2035	-104,095.72	2078	3,469,101.02	2035	-237,825.56	2078	1,802,167.22
2036	-105,081.66	2079	3,644,041.68	2036	-251,282.72	2079	1,903,224.60
2037	-106,128.34	2080	3,826,060.53	2037	-265,601.80	2080	2,008,639.99
2038	-105,569.91	2081	4,014,222.28	2038	-279,039.44	2081	2,117,359.63
2039	-105,283.33	2082	4,210,172.31	2039	-293,496.43	2082	2,230,981.35
2040	-103,887.05	2083	4,416,898.26	2040	-307,630.14	2083	2,352,467.14
2041	-98,796.20	2084	4,634,182.74	2041	-318,829.13	2084	2,481,556.95
2042	-89,762.97	2085	4,861,978.91	2042	-326,875.99	2085	2,618,111.39
2043	-74,241.02	2086	5,098,208.05	2043	-329,255.67	2086	2,759,926.04
2044	-53,670.19	2087	5,344,698.70	2044	-327,407.27	2087	2,908,697.95
2045	-28,552.67	2088	5,602,417.78	2045	-321,879.45	2088	3,065,315.33
2046	1,451.38	2089	5,873,312.93	2046	-312,270.79	2089	3,231,717.33
2047	36,615.32	2090	6,158,639.72	2047	-298,310.42	2090	3,409,062.75
2048	77,474.81	2091	6,457,256.03	2048	-279,553.87	2091	3,596,077.68
2049	126,311.33	2092	6,768,517.34	2049	-253,766.14	2092	3,791,915.60
2050	180,244.53	2093	7,094,474.71	2050	-223,881.55	2093	3,998,492.57
2051	241,524.65	2094	7,436,217.43	2051	-187,608.27	2094	4,216,829.60
2052	310,799.51	2095	7,794,333.97	2052	-144,338.70	2095	4,447,377.14
2053	384,856.59	2096	8,167,763.96	2053	-97,406.50	2096	4,688,944.15
2054	462,639.86	2097	8,557,974.07	2054	-47,983.09	2097	4,942,904.96
2055	545,535.06	2098	8,966,671.47	2055	5,273.08	2098	5,211,008.25
2056	628,988.60	2099	9,393,631.71	2056	57,786.32	2099	5,492,805.99
2057	717,646.91	2100	9,840,553.64	2057	114,259.38	2100	5,789,851.22
2058	810,501.40			2058	173,539.43		

　　從表3-5-5、表3-5-6中的數據可以看出，繳費率上調2個百分點能夠顯著地縮小養老保險基金的當期缺口與累計缺口。具體來說，繳費率上調使2100年的當期缺口從21.21萬億元減少到15.97萬億元，即下降了24.71%，2100年累計缺口則從984.06萬億元下降到了578.99萬億元，調整後整體性養老保險基金累計缺口減少405.07萬億元，減少41.63%。另外，繳費率的增加使首次出現養老保險基金當期缺口和累計缺口的時點分別從2027年、2046年推遲至2043年、2055年，也就是分別推遲了16年、9年。

　　不同繳費率下的整體性養老保險基金當期缺口和累計缺口的變化情況如圖3-5-5、圖3-5-6所示。從兩條曲線的變化可看出，繳費率上調，會使養老保險基金收入相應地增加，養老保險基金缺口會逐漸縮小，也就是說上調繳費率可以有效緩解養老保險基金缺口的危機。另外，繳費率上調對養老保險基金缺口變化趨勢的影響並不顯著，表現為

圖中兩條曲線的變化趨勢幾乎是平行的。反之，如果降低繳費率，那麼變化趨勢就會發生反向變化，即可用「調整前」的結果與「調整後」的結果進行反向對比。

綜上所述，適當提高基本養老保險的繳費率可以極大地縮小養老保險基金的缺口，但運用什麼方式提高、提高的幅度應是多大，還需考慮中國經濟發展情況、繳費工資增長率、單位承擔能力、社會各行業意見和中國現行的財政政策等因素。不過，目前中國養老保險費率在世界範圍內來看已處於高位狀態，未來繳費率上調空間已非常有限，很可能是適當地或短暫地下降，同時優化費率結構，即降低基本養老保險繳費率，適當提高第二、三支柱繳費率。這也是近年來繳費率演變的基本趨勢。

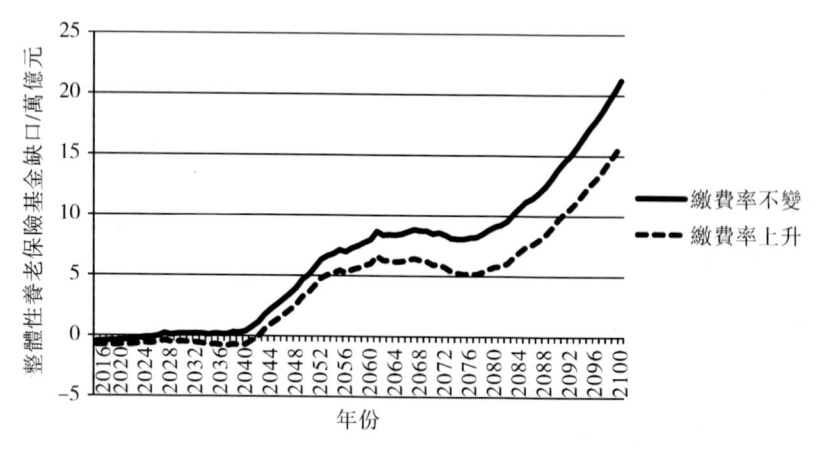

圖 3-5-5　繳費率對整體性養老保險基金當期缺口的影響

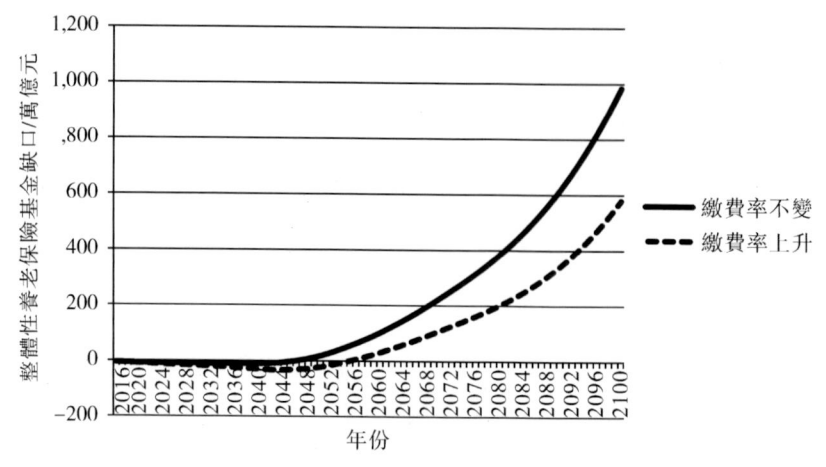

圖 3-5-6　繳費率對整體性養老保險基金累計缺口的影響

（四）養老金替代率

總的來說，降低養老保險基金缺口的方法主要是從養老保險基金收入和支出兩個方面入手，增加養老基金收入的同時採取適當的措施減少養老金支出就能達到縮小養老保

險基金缺口的效果。上文中提到的提高繳費率就是增加基金收入的有效手段，這裡將主要考慮養老金待遇水準的調整，即從養老金支出方面入手，通過降低養老金待遇水準來達到緩解養老保險基金缺口的效果。

養老金替代率是養老金待遇水準與退休前一年工資收入水準之間的比率，它是衡量勞動者退休前後生活保障水準差異的基本指標之一。這裡，養老金替代率用「某年度新退休人員的平均養老金」除以「同年度在職職工的平均工資」來計算。本小節將分析調整養老金替代率對養老保險基金缺口的影響。

為了考察養老金替代率對養老保險基金缺口的影響，將在上文中設定的各模型和各類人群養老金替代率的基礎之上下調5個百分點，例如，將機關事業單位養老保險模型中的養老金替代率從60%下調為55%。整體性養老保險基金當期缺口和累計缺口變化如表3-5-7、表3-5-8所示。

表 3-5-7　不同養老金替代率下整體性養老保險基金當期缺口　　單位：億元

養老金替代率調整前				養老金替代率調整後			
年份	當期缺口	年份	當期缺口	年份	當期缺口	年份	當期缺口
2016	-4,569.24	2059	77,563.54	2016	-6,876.29	2059	52,010.97
2017	-4,447.16	2060	79,897.43	2017	-7,033.52	2060	53,530.29
2018	-3,914.05	2061	86,654.28	2018	-6,788.83	2061	59,309.38
2019	-3,919.29	2062	83,716.64	2019	-7,099.34	2062	56,068.90
2020	-3,379.55	2063	84,095.18	2020	-6,883.99	2063	55,838.91
2021	-3,422.48	2064	83,786.02	2021	-7,260.31	2064	54,963.96
2022	-2,516.91	2065	84,679.42	2022	-6,730.56	2065	55,159.90
2023	-1,752.17	2066	86,577.13	2023	-6,398.91	2066	56,473.95
2024	-958.99	2067	88,309.15	2024	-5,967.59	2067	57,510.79
2025	-770.46	2068	87,460.60	2025	-6,185.59	2068	56,241.86
2026	-44.35	2069	87,287.42	2026	-5,853.18	2069	55,572.76
2027	2,233.14	2070	84,935.06	2027	-4,234.22	2070	52,891.72
2028	962.14	2071	85,853.98	2028	-5,717.70	2071	53,189.37
2029	1,656.08	2072	84,072.29	2029	-5,446.08	2072	51,039.83
2030	2,001.50	2073	81,266.76	2030	-5,500.62	2073	47,746.17
2031	1,954.24	2074	80,735.70	2031	-6,013.68	2074	46,633.01
2032	2,177.19	2075	80,684.97	2032	-6,426.80	2075	45,927.63
2033	1,875.27	2076	81,901.66	2033	-7,181.26	2076	46,378.74
2034	1,171.66	2077	82,180.92	2034	-8,483.79	2077	45,798.63
2035	2,079.59	2078	84,799.26	2035	-8,129.79	2078	47,442.20
2036	1,616.45	2079	88,213.14	2036	-9,160.78	2079	49,785.91
2037	1,580.36	2080	90,917.81	2037	-9,764.46	2080	51,439.97

表3-5-7(續)

養老金替代率調整前				養老金替代率調整後			
年份	當期缺口	年份	當期缺口	年份	當期缺口	年份	當期缺口
2038	3,211.64	2081	92,510.24	2038	-8,795.27	2081	52,034.04
2039	2,925.83	2082	95,594.47	2039	-9,738.81	2082	54,009.86
2040	4,028.36	2083	101,471.65	2040	-9,272.42	2083	58,567.94
2041	7,688.03	2084	106,862.03	2041	-6,254.15	2084	62,707.13
2042	11,503.14	2085	111,941.60	2042	-3,084.94	2085	66,543.21
2043	17,766.02	2086	114,679.67	2043	2,218.86	2086	68,202.59
2044	22,426.86	2087	119,035.44	2044	6,191.41	2087	71,287.52
2045	26,459.28	2088	124,101.61	2045	9,594.86	2088	75,022.93
2046	30,717.87	2089	130,834.71	2046	13,312.21	2089	80,340.05
2047	35,127.65	2090	138,493.97	2047	17,198.28	2090	86,483.94
2048	39,944.10	2091	144,650.31	2048	21,390.60	2091	91,218.82
2049	46,899.65	2092	149,829.91	2049	27,503.97	2092	94,962.95
2050	50,775.41	2093	156,744.43	2050	30,817.27	2093	100,247.92
2051	56,774.00	2094	164,380.86	2051	36,151.76	2094	106,217.31
2052	63,236.75	2095	172,211.10	2052	41,885.83	2095	112,329.76
2053	66,287.09	2096	178,571.65	2053	44,446.25	2096	117,083.04
2054	68,161.86	2097	186,016.01	2054	45,864.26	2097	122,837.34
2055	71,329.20	2098	194,748.05	2055	48,451.25	2098	129,898.27
2056	69,815.17	2099	202,793.45	2056	46,569.13	2099	136,228.67
2057	72,933.59	2100	212,081.13	2057	48,940.56	2100	143,655.53
2058	74,913.31			2058	50,204.16		

表3-5-8　不同養老金替代率下整體性養老保險基金累計缺口　　單位：億元

養老金替代率調整前				養老金替代率調整後			
年份	累計缺口	年份	累計缺口	年份	累計缺口	年份	累計缺口
2016	-53,377.13	2059	908,327.47	2016	-52,092.23	2059	100,109.97
2017	-59,158.72	2060	1,010,933.08	2017	-60,428.05	2060	156,143.00
2018	-64,551.74	2061	1,122,860.70	2018	-68,727.58	2061	219,355.95
2019	-70,084.83	2062	1,234,648.85	2019	-77,545.11	2062	280,908.76
2020	-75,216.49	2063	1,349,610.26	2020	-86,367.73	2063	343,770.39
2021	-80,519.39	2064	1,467,136.54	2021	-95,787.24	2064	407,328.61
2022	-85,049.28	2065	1,588,494.37	2022	-104,912.47	2065	472,671.72
2023	-88,927.68	2066	1,714,783.86	2023	-113,934.19	2066	540,962.46
2024	-92,109.87	2067	1,845,962.61	2024	-122,750.14	2067	611,997.31

表3-5-8(續)

養老金替代率調整前			養老金替代率調整後		
年份	累計缺口	年份	累計缺口	年份	累計缺口	年份	累計缺口
2025	-95,183.07	2068	1,979,572.28	2025	-132,004.48	2068	683,539.11
2026	-97,607.00	2069	2,116,349.00	2026	-141,157.78	2069	756,200.35
2027	-97,814.04	2070	2,254,192.79	2027	-148,920.94	2070	827,997.08
2028	-99,297.25	2071	2,396,401.58	2028	-158,361.66	2071	901,886.38
2029	-100,123.60	2072	2,540,383.91	2029	-167,766.79	2072	975,473.37
2030	-100,625.19	2073	2,685,160.27	2030	-177,461.57	2073	1,047,606.37
2031	-101,186.59	2074	2,833,024.97	2031	-187,911.80	2074	1,120,429.55
2032	-101,539.06	2075	2,984,535.57	2032	-199,036.39	2075	1,194,367.92
2033	-102,202.27	2076	3,141,050.63	2033	-211,193.56	2076	1,270,605.85
2034	-103,585.67	2077	3,301,757.81	2034	-224,957.19	2077	1,348,169.63
2035	-104,095.72	2078	3,469,101.02	2035	-238,710.92	2078	1,429,316.06
2036	-105,081.66	2079	3,644,041.68	2036	-253,839.47	2079	1,514,834.88
2037	-106,128.34	2080	3,826,060.53	2037	-269,949.92	2080	1,604,145.72
2038	-105,569.91	2081	4,014,222.28	2038	-285,493.94	2081	1,696,283.40
2039	-105,283.33	2082	4,210,172.31	2039	-302,370.11	2082	1,792,700.34
2040	-103,887.05	2083	4,416,898.26	2040	-319,201.78	2083	1,896,085.80
2041	-98,796.20	2084	4,634,182.74	2041	-333,435.97	2084	2,006,195.08
2042	-89,762.97	2085	4,861,978.91	2042	-344,856.81	2085	2,122,893.16
2043	-74,241.02	2086	5,098,208.05	2043	-351,259.37	2086	2,244,168.08
2044	-53,670.19	2087	5,344,698.70	2044	-353,849.44	2087	2,371,559.80
2045	-28,552.67	2088	5,602,417.78	2045	-353,100.82	2088	2,505,871.72
2046	1,451.38	2089	5,873,312.93	2046	-348,616.12	2089	2,648,858.56
2047	36,615.32	2090	6,158,639.72	2047	-340,133.25	2090	2,801,563.96
2048	77,474.81	2091	6,457,256.03	2048	-327,245.98	2091	2,962,821.88
2049	126,311.33	2092	6,768,517.34	2049	-307,923.16	2092	3,131,855.38
2050	180,244.53	2093	7,094,474.71	2050	-284,803.97	2093	3,310,399.69
2051	241,524.65	2094	7,436,217.43	2051	-255,772.31	2094	3,499,376.99
2052	310,799.51	2095	7,794,333.97	2052	-220,280.78	2095	3,699,191.17
2053	384,856.59	2096	8,167,763.96	2053	-181,341.55	2096	3,908,753.99
2054	462,639.86	2097	8,557,974.07	2054	-140,010.83	2097	4,129,310.18
2055	545,535.06	2098	8,966,671.47	2055	-95,059.85	2098	4,362,441.20
2056	628,988.60	2099	9,393,631.71	2056	-50,867.22	2099	4,607,730.90
2057	717,646.91	2100	9,840,553.47	2057	-3,198.34	2100	4,866,579.70
2058	810,501.40			2058	46,925.85		

從表 3-5-7、表 3-5-8 和圖 3-5-7、圖 3-5-8 可知，當養老金替代率下降時，養老保險基金當期缺口和累計缺口不僅有明顯的下降，而且缺口擴大的趨勢也變緩了，表現為養老金替代率調整後養老金累計缺口曲線較調整前累計缺口曲線更為平緩。另外，表中具體的數值顯示：養老金替代率的下調使首次出現養老金累計缺口的年度從 2046 年延後至 2058 年，即整體性養老保險基金出現累計缺口的時間推遲了 12 年，說明這剛好是有利於應對人口老齡化高峰期養老金缺口挑戰的重要措施之一。

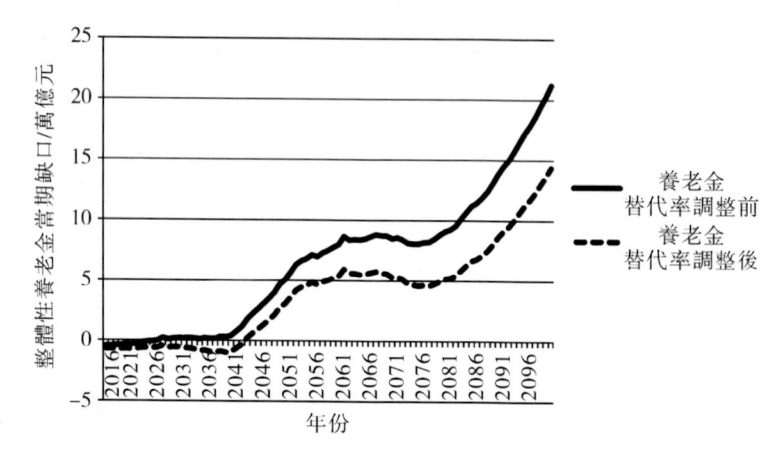

圖 3-5-7 養老金替代率對整體性養老金當期缺口的影響

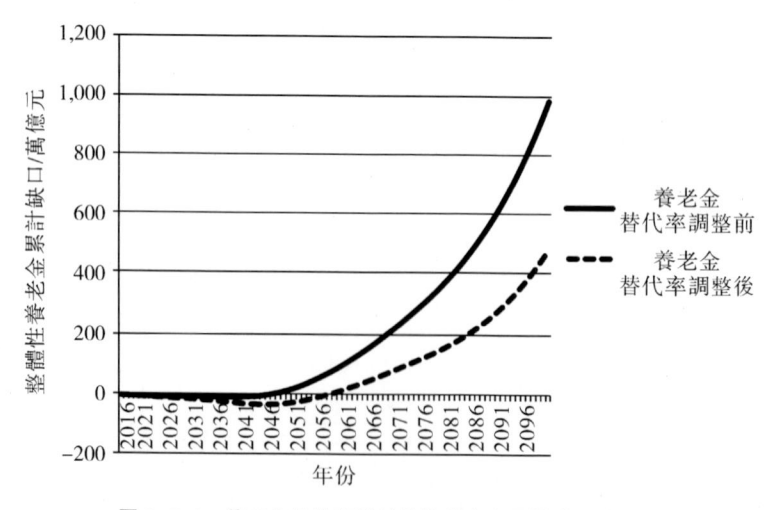

圖 3-5-8 養老金替代率對整體性養老金累計缺口的影響

另外，從圖 3-5-8 可以看出，養老金替代率對養老保險基金累計缺口的縮小效應逐年增強，具體表現為：隨著時間的推移，兩曲線的垂直距離增加，即表示養老保險基金累計缺口擴大的趨勢變慢。這是因為替代率下降意味著養老金待遇水準下降，直接減少了養老金支出。

由此可見，過高的養老金替代率不僅增加了養老金的支出，而且還因其需要較高的繳費率來維持而加重個人與企業的負擔。因此，適當降低養老金替代率是一種有效縮小養老保險基金缺口的方法。但是，替代率又是決定退休人員生活水準的重要指標，因此，降低基本養老金的替代率需要第二、三支柱養老金替代率的及時提升相配合。

（五）總和生育率

為了提高婦女的生育意願，中國於 2013 年底開始實行「單獨二孩」政策，但其實施效果並不理想，因而又在 2015 年底推行了「全面二孩」政策，以達到提高總和生育率和增加人口總數的效果，緩解了日益嚴重的人口老齡化問題。參考曾益（2016）《中國養老保險基金支付缺口及應對策略》中關於「全面二孩」政策的分析，本節將假設在「全面二孩」政策下總和生育率提高 13% 的情況下進行分析。換言之，前文模型對人口預測採取的是總和生育率變化的中方案，即 2020 年總和生育率上升為 1.7，到 2050 年總和生育率上升為 2.1，隨後總和生育率出現下降現象，到 2060 年下降為 1.7，到 2090 年總和生育率再次達到更替水準 2.1，並保持這個水準不變；調整後 2020 年總和生育率上升為 1.92，到 2050 年總和生育率上升為 2.37，隨後總和生育率出現下降現象，到 2060 年下降為 1.92，到 2090 年總和生育率上升到 2.37，並保持這個水準不變。總和生育率變動所導致的結果對比如表 3-5-9、表 3-5-10、圖 3-5-9、圖 3-5-10 所示。

當總和生育率提高時，整體性養老保險基金的收入和支出都會增加，但基金收入增加的速度和時點快於基金支出，因此，整體性養老保險基金出現當期缺口的時點推遲至 2040 年，整體性養老保險基金出現累計缺口的時點推遲至 2049 年以後，達到了縮小養老保險基金缺口的效果。由此可見，提高總和生育率可以緩解養老保險基金的支付壓力，並推遲養老保險基金缺口出現的時點，是縮小養老保險基金缺口的有效措施之一。

表 3-5-9 「全面二孩」政策實施前後整體性養老保險基金部分年度當期缺口

單位：億元

年份	「全面二孩」政策實施前	「全面二孩」政策實施後
2016	-4,569.24	-4,569.24
2020	-3,379.55	-3,379.55
2025	-770.46	-770.46
2030	2,001.50	-120.03
2035	2,079.59	-679.80
2040	4,028.36	508.68
2045	26,459.28	22,049.61
2050	50,775.41	45,057.46
2055	71,329.20	64,101.21
2060	79,897.43	70,816.69
2065	84,679.42	73,498.15

表3-5-9(續)

年份	「全面二孩」政策實施前	「全面二孩」政策實施後
2070	84,935.06	71,631.38
2075	80,684.97	64,800.44
2080	90,917.81	71,976.21
2085	111,941.60	89,840.79
2090	138,493.97	113,069.53
2095	172,211.10	143,091.20
2100	212,081.13	179,156.31

表3-5-10 「全面二孩」政策實施前後整體性養老保險基金部分年度累計缺口

單位：億元

年份	「全面二孩」政策實施前	「全面二孩」政策實施後
2016	-53,377.13	-54,200.07
2020	-75,216.49	-76,403.04
2025	-95,183.07	-96,525.54
2030	-100,625.19	-112,315.27
2035	-104,095.72	-130,431.59
2040	-103,887.05	-150,578.39
2045	-28,552.67	-102,672.09
2050	180,244.53	69,268.26
2055	545,535.06	385,504.33
2060	1,010,933.08	786,314.03
2065	1,588,494.37	1,280,255.02
2070	2,254,192.79	1,840,115.10
2075	2,984,535.57	2,440,121.62
2080	3,826,060.53	3,118,299.65
2085	4,861,978.91	3,951,672.95
2090	6,158,639.72	5,002,245.87
2095	7,794,333.97	6,341,074.77
2100	9,840,553.64	8,031,498.15

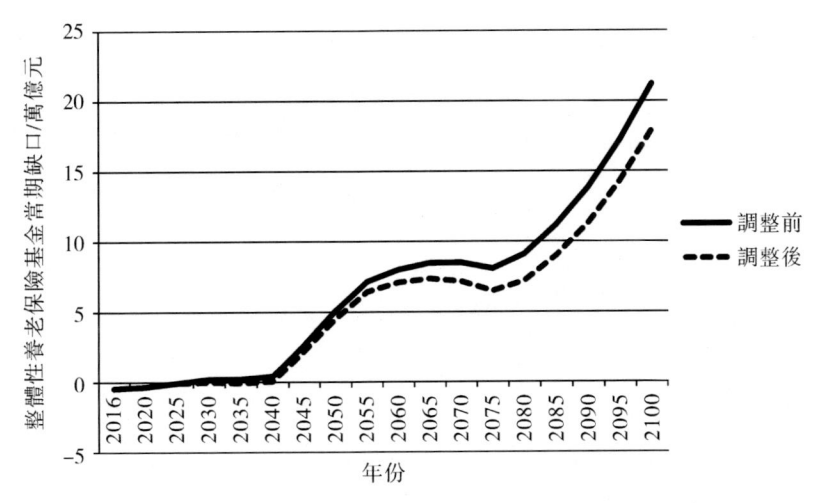

图 3-5-9　總和生育率對整體性養老保險基金當期缺口的影響

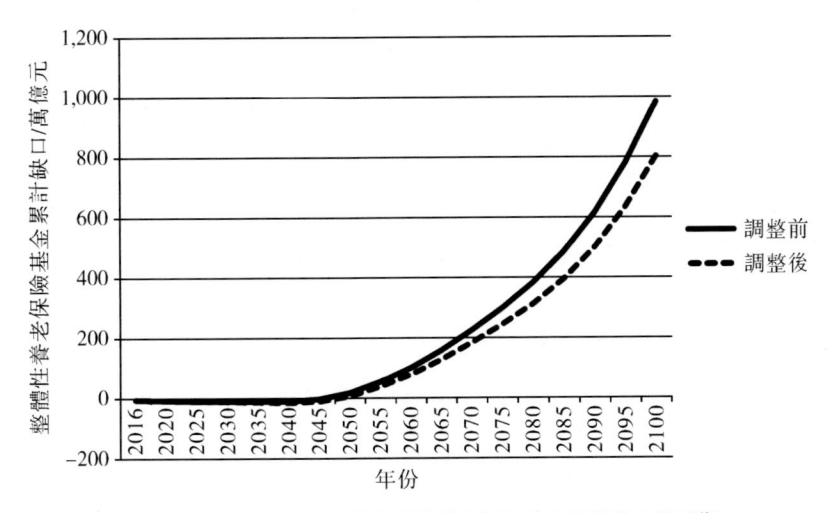

圖 3-5-10　總和生育率對整體性養老保險基金累計缺口的影響

(六) 投資收益率 (借貸利率)

養老保險基金作為退出社會勞動後的老年人的基本生活水準的保障, 為了保證養老保險制度健康可持續發展, 養老保險基金應具有一定的收益水準和實現保值增值的能力。本節中養老保險基金的投資收益率參考了銀行利率。根據中國人民銀行公布的數據, 本節設定一年期定期存款利率或年借貸利率為 2.5%, 且在未來保持不變, 以此來計算 2016—2100 年各年度的養老保險基金累計結餘或累計缺口。為了檢驗所預測結果的可信度, 本節對銀行利率進行敏感性分析, 並將利率調整前後所產生的結果進行對比。在保持其他條件不變的情況下, 將銀行一年期定期存款利率或年借貸利率的取值在

3　人口老齡化過程中中國養老金缺口的測算與敏感性分析　163

基準利率假設下上調0.5個百分點,然後考慮對整體性養老保險基金累計缺口的影響,如表3-5-11、圖3-5-11所示。

表 3-5-11 不同投資收益率(借貸利率)下整體性養老保險基金累計缺口

單位:億元

投資收益率(或借貸利率)調整前				投資收益率(或借貸利率)調整後			
年份	累計缺口	年份	累計缺口	年份	累計缺口	年份	累計缺口
2016	-53,377.13	2059	908,327.47	2016	-53,377.13	2059	903,006.34
2017	-59,158.72	2060	1,010,933.08	2017	-59,425.61	2060	1,009,993.95
2018	-64,551.74	2061	1,122,860.70	2018	-65,122.43	2061	1,126,948.05
2019	-70,084.83	2062	1,234,648.85	2019	-70,995.39	2062	1,244,473.14
2020	-75,216.49	2063	1,349,610.26	2020	-76,504.80	2063	1,365,902.51
2021	-80,519.39	2064	1,467,136.54	2021	-82,222.43	2064	1,490,665.61
2022	-85,049.28	2065	1,588,494.37	2022	-87,206.01	2065	1,620,065.00
2023	-88,927.68	2066	1,714,783.86	2023	-91,574.36	2066	1,755,244.08
2024	-92,109.87	2067	1,845,962.61	2024	-95,280.58	2067	1,896,210.55
2025	-95,183.07	2068	1,979,572.28	2025	-98,909.46	2068	2,040,557.48
2026	-97,607.00	2069	2,116,349.00	2026	-101,921.09	2069	2,189,061.62
2027	-97,814.04	2070	2,254,192.79	2027	-102,745.59	2070	2,339,668.52
2028	-99,297.25	2071	2,396,401.58	2028	-104,865.81	2071	2,495,712.56
2029	-100,123.60	2072	2,540,383.91	2029	-106,355.70	2072	2,654,656.22
2030	-100,625.19	2073	2,685,160.27	2030	-107,544.88	2073	2,815,562.67
2031	-101,186.59	2074	2,833,024.97	2031	-108,816.99	2074	2,980,765.25
2032	-101,539.06	2075	2,984,535.57	2032	-109,904.31	2075	3,150,873.18
2033	-102,202.27	2076	3,141,050.63	2033	-111,326.17	2076	3,327,301.04
2034	-103,585.67	2077	3,301,757.81	2034	-113,494.30	2077	3,509,300.99
2035	-104,095.72	2078	3,469,101.02	2035	-114,819.54	2078	3,699,379.28
2036	-105,081.66	2079	3,644,041.68	2036	-116,647.67	2079	3,898,573.80
2037	-106,128.34	2080	3,826,060.53	2037	-118,566.74	2080	4,106,448.81
2038	-105,569.91	2081	4,014,222.28	2038	-118,912.10	2081	4,322,152.52
2039	-105,283.33	2082	4,210,172.31	2039	-119,553.64	2082	4,547,411.56
2040	-103,887.05	2083	4,416,898.26	2040	-119,111.89	2083	4,785,305.56
2041	-98,796.20	2084	4,634,182.74	2041	-114,997.22	2084	5,035,726.75
2042	-89,762.97	2085	4,861,978.91	2042	-106,944.00	2085	5,298,740.15
2043	-74,241.02	2086	5,098,208.05	2043	-92,386.30	2086	5,572,382.03
2044	-53,670.19	2087	5,344,698.70	2044	-72,731.03	2087	5,858,588.93
2045	-28,552.67	2088	5,602,417.78	2045	-48,453.68	2088	6,158,448.21
2046	1,451.38	2089	5,873,312.93	2046	-19,189.42	2089	6,474,036.36

表3-5-11(續)

投資收益率（或借貸利率）調整前				投資收益率（或借貸利率）調整後			
年份	累計缺口	年份	累計缺口	年份	累計缺口	年份	累計缺口
2047	36,615.32	2090	6,158,639.72	2047	15,362.55	2090	6,806,751.42
2048	77,474.81	2091	6,457,256.03	2048	55,767.52	2091	7,155,604.28
2049	126,311.33	2092	6,768,517.34	2049	104,340.21	2092	7,520,102.32
2050	180,244.53	2093	7,094,474.71	2050	158,245.83	2093	7,902,449.82
2051	241,524.65	2094	7,436,217.43	2051	219,767.20	2094	8,303,904.18
2052	310,799.51	2095	7,794,333.97	2052	289,596.97	2095	8,725,232.40
2053	384,856.59	2096	8,167,763.96	2053	364,571.97	2096	9,165,561.02
2054	462,639.86	2097	8,557,974.07	2054	443,670.99	2097	9,626,543.86
2055	545,535.06	2098	8,966,671.47	2055	528,310.32	2098	10,110,088.22
2056	628,988.60	2099	9,393,631.71	2056	613,974.80	2099	10,616,184.32
2057	717,646.91	2100	9,840,553.64	2057	705,327.63	2100	11,146,750.99
2058	810,501.40			2058	801,400.77		

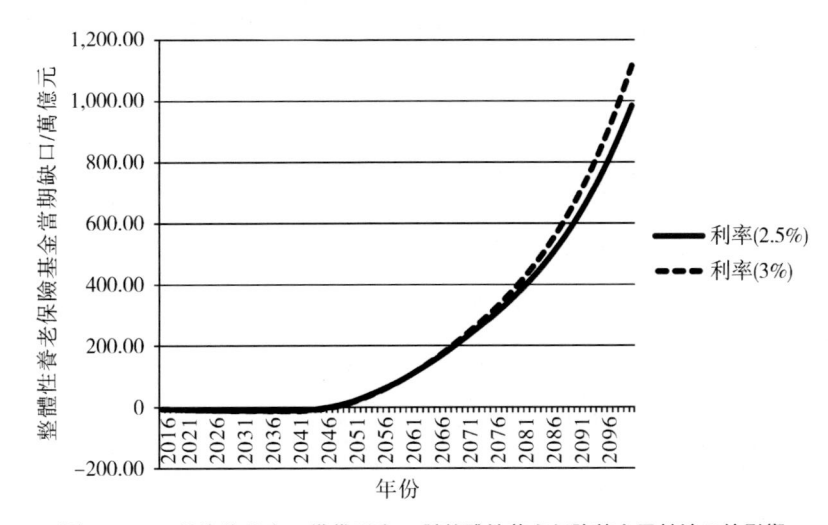

圖 3-5-11　投資收益率（借貸利率）對整體性養老保險基金累計缺口的影響

從表 3-5-11、圖 3-5-12 中的數據和前文中整體性養老金當期缺口的數據可看出，在 2026 年之前，投資收益率的上升使整體性養老保險基金各年盈餘以更快的速度累積，並表現為投資收益率（借貸利率）調整後與調整前養老金累計盈餘差額逐年增加，推遲了首次出現累計缺口的年度，且累計缺口規模有縮小的趨勢。但是由於養老保險基金各年度當期盈餘增長速度逐年遞減，且當期缺口出現後在更高的銀行借貸利率的作用下將以較高的速度擴張，這就導致前期累積的養老保險基金累計盈餘被快速耗盡，首次出現養老保險基金累計缺口的年度僅僅推遲至 2047 年。另外，2026 年之後各年養老保險基

金收不抵支，開始出現缺口，各年缺口在調整後借貸利率的作用下逐年消耗之前累積的養老保險基金盈餘，2061年及其之後各年的養老保險基金累計缺口高於投資收益率（借貸利率）調整前。

從投資收益率（借貸利率）的敏感性分析結果可看出，投資收益率（借貸利率）的變化對養老保險基金累計缺口具有先縮小後擴大的影響，且考慮到銀行利率是由多方因素決定的，故本節認為通過調整投資收益率控制養老保險基金缺口的擴張應當綜合考慮多方面的因素，謹慎調整。當然，如果投資收益率（借貸利率）下調，那麼就會出現反向變化。

這裡附帶說明一下，投資收益率（借貸利率）對整體性養老保險基金當期缺口不產生顯著影響，或者說利率對當期養老保險基金收支的影響不大。

（七）綜合影響效果分析

下面將考慮上述敏感性分析變量對養老保險基金缺口的綜合影響，即分析提高退休年齡、提高繳費工資增長率、上調繳費率、降低養老金替代率以及提高總和生育率對整體性養老保險基金缺口的影響，其預測結果如表3-5-12、表3-5-13所示。

表3-5-12 綜合調整前後整體性養老保險基金當期缺口　　　　單位：億元

綜合調整前			綜合調整後				
年份	當期缺口	年份	當期缺口	年份	當期缺口	年份	當期缺口
2016	-4,569.24	2059	77,563.54	2016	-9,265.50	2059	52,578.37
2017	-4,447.16	2060	79,897.43	2017	-9,795.70	2060	54,767.51
2018	-3,914.05	2061	86,654.28	2018	-10,019.20	2061	61,800.86
2019	-3,919.29	2062	83,716.64	2019	-10,648.31	2062	57,644.68
2020	-3,379.55	2063	84,095.18	2020	-10,679.41	2063	57,312.62
2021	-3,422.48	2064	83,786.02	2021	-11,402.30	2064	56,055.49
2022	-2,516.91	2065	84,679.42	2022	-11,156.48	2065	56,379.69
2023	-1,752.17	2066	86,577.13	2023	-11,308.91	2066	57,857.58
2024	-958.99	2067	88,309.15	2024	-11,715.58	2067	58,959.36
2025	-770.46	2068	87,460.60	2025	-12,582.93	2068	56,926.83
2026	-44.35	2069	87,287.42	2026	-12,997.77	2069	55,824.96
2027	2,233.14	2070	84,935.06	2027	-11,727.48	2070	52,071.97
2028	962.14	2071	85,853.98	2028	-13,505.02	2071	52,119.44
2029	1,656.08	2072	84,072.29	2029	-13,680.95	2072	50,647.06
2030	2,001.50	2073	81,266.76	2030	-14,233.70	2073	44,885.79
2031	1,954.24	2074	80,735.70	2031	-15,475.22	2074	43,077.42
2032	2,177.19	2075	80,684.97	2032	-13,967.14	2075	41,301.35
2033	1,875.27	2076	81,901.66	2033	-14,225.46	2076	42,121.14
2034	1,171.66	2077	82,180.92	2034	-15,153.06	2077	40,332.55
2035	2,079.59	2078	84,799.26	2035	-14,964.45	2078	42,223.14

表3-5-12(續)

綜合調整前		綜合調整後			
年份	當期缺口	年份	當期缺口	年份	當期缺口	年份	當期缺口
2036	1,616.45	2079	88,213.14	2036	-16,310.24	2079	45,139.56
2037	1,580.36	2080	90,917.81	2037	-16,060.45	2080	47,207.13
2038	3,211.64	2081	92,510.24	2038	-15,124.46	2081	47,906.57
2039	2,925.83	2082	95,594.47	2039	-16,260.60	2082	50,633.75
2040	4,028.36	2083	101,471.65	2040	-16,009.58	2083	56,433.26
2041	7,688.03	2084	106,862.03	2041	-13,046.86	2084	61,403.16
2042	11,503.14	2085	111,941.60	2042	-9,920.73	2085	66,028.41
2043	17,766.02	2086	114,679.67	2043	-3,792.98	2086	68,311.67
2044	22,426.86	2087	119,035.44	2044	152.21	2087	72,996.31
2045	26,459.28	2088	124,101.61	2045	3,606.68	2088	77,887.46
2046	30,717.87	2089	130,834.71	2046	7,540.22	2089	84,231.22
2047	35,127.65	2090	138,493.97	2047	11,974.74	2090	91,316.14
2048	39,944.10	2091	144,650.31	2048	16,267.12	2091	97,099.54
2049	46,899.65	2092	149,829.91	2049	22,481.75	2092	102,253.21
2050	50,775.41	2093	156,744.43	2050	25,480.61	2093	110,122.74
2051	56,774.00	2094	164,380.86	2051	30,902.88	2094	117,950.02
2052	63,236.75	2095	172,211.10	2052	37,072.51	2095	125,942.28
2053	66,287.09	2096	178,571.65	2053	40,160.90	2096	131,851.25
2054	68,161.86	2097	186,016.01	2054	42,294.87	2097	141,332.89
2055	71,329.20	2098	194,748.05	2055	46,025.83	2098	152,745.80
2056	69,815.17	2099	202,793.45	2056	44,575.52	2099	163,110.86
2057	72,933.59	2100	212,081.13	2057	46,532.72	2100	174,058.34
2058	74,913.31			2058	49,613.38		

表3-5-13　綜合調整前後整體性養老保險基金累計缺口　　　單位：億元

綜合調整前		綜合調整後			
年份	累計缺口	年份	累計缺口	年份	累計缺口	年份	累計缺口
2016	-53,377.13	2059	908,327.47	2016	-52,681.62	2059	-321,980.46
2017	-59,158.72	2060	1,010,933.08	2017	-63,794.36	2060	-275,262.46
2018	-64,551.74	2061	1,122,860.70	2018	-75,408.42	2061	-220,343.16
2019	-70,084.83	2062	1,234,648.85	2019	-87,941.94	2062	-168,207.06
2020	-75,216.49	2063	1,349,610.26	2020	-100,819.89	2063	-115,099.62
2021	-80,519.39	2064	1,467,136.54	2021	-114,742.69	2064	-61,921.62
2022	-85,049.28	2065	1,588,494.37	2022	-128,767.73	2065	-7,089.97
2023	-88,927.68	2066	1,714,783.86	2023	-143,295.83	2066	50,590.36

表3-5-13(續)

綜合調整前				綜合調整後			
年份	累計缺口	年份	累計缺口	年份	累計缺口	年份	累計缺口
2024	-92,109.87	2067	1,845,962.61	2024	-158,593.80	2067	110,814.47
2025	-95,183.07	2068	1,979,572.28	2025	-175,141.58	2068	170,511.66
2026	-97,607.00	2069	2,116,349.00	2026	-192,517.88	2069	230,599.42
2027	-97,814.04	2070	2,254,192.79	2027	-209,058.31	2070	288,436.37
2028	-99,297.25	2071	2,396,401.58	2028	-227,789.78	2071	347,766.72
2029	-100,123.60	2072	2,540,383.91	2029	-247,165.48	2072	407,107.95
2030	-100,625.19	2073	2,685,160.27	2030	-267,578.32	2073	462,171.44
2031	-101,186.59	2074	2,833,024.97	2031	-289,743.00	2074	516,803.15
2032	-101,539.06	2075	2,984,535.57	2032	-310,953.71	2075	571,024.57
2033	-102,202.27	2076	3,141,050.63	2033	-332,953.01	2076	627,421.33
2034	-103,585.67	2077	3,301,757.81	2034	-356,429.89	2077	683,439.41
2035	-104,095.72	2078	3,469,101.02	2035	-380,305.09	2078	742,748.53
2036	-105,081.66	2079	3,644,041.68	2036	-406,122.96	2079	806,456.81
2037	-106,128.34	2080	3,826,060.53	2037	-432,336.48	2080	873,825.36
2038	-105,569.91	2081	4,014,222.28	2038	-458,269.35	2081	943,577.56
2039	-105,283.33	2082	4,210,172.31	2039	-485,986.69	2082	1,017,800.75
2040	-103,887.05	2083	4,416,898.26	2040	-514,145.94	2083	1,099,679.02
2041	-98,796.20	2084	4,634,182.74	2041	-540,046.45	2084	1,188,574.15
2042	-89,762.97	2085	4,861,978.91	2042	-563,468.34	2085	1,284,316.91
2043	-74,241.02	2086	5,098,208.05	2043	-581,348.04	2086	1,384,736.50
2044	-53,670.19	2087	5,344,698.70	2044	-595,729.53	2087	1,492,351.23
2045	-28,552.67	2088	5,602,417.78	2045	-607,016.09	2088	1,607,547.47
2046	1,451.38	2089	5,873,312.93	2046	-614,651.28	2089	1,731,967.37
2047	36,615.32	2090	6,158,639.72	2047	-618,042.81	2090	1,866,582.69
2048	77,474.81	2091	6,457,256.03	2048	-617,226.77	2091	2,010,346.80
2049	126,311.33	2092	6,768,517.34	2049	-610,175.68	2092	2,162,858.68
2050	180,244.53	2093	7,094,474.71	2050	-599,949.47	2093	2,327,052.89
2051	241,524.65	2094	7,436,217.43	2051	-584,045.33	2094	2,503,179.23
2052	310,799.51	2095	7,794,333.97	2052	-561,573.94	2095	2,691,700.99
2053	384,856.59	2096	8,167,763.96	2053	-535,452.40	2096	2,890,844.76
2054	462,639.86	2097	8,557,974.07	2054	-506,543.83	2097	3,104,448.77
2055	545,535.06	2098	8,966,671.47	2055	-473,181.60	2098	3,334,805.79
2056	628,988.60	2099	9,393,631.71	2056	-440,435.62	2099	3,581,286.79
2057	717,646.91	2100	9,840,553.64	2057	-404,913.79	2100	3,844,877.31
2058	810,501.40			2058	-365,423.25		

從表 3-5-12、表 3-5-13 可知，在對退休年齡、繳費工資增長率、繳費率、養老金替代率以及總和生育率五個因素同時進行調節的作用下，前期整體性養老保險基金當期結餘與累計結餘已明顯提高，後期當期缺口與累計缺口明顯縮小。就當期缺口而言，首次出現缺口的年份已推遲到 2044 年，下降幅度總體上呈現出波動式下降規律，不難看出絕大多數年份下降幅度已超過 30%，其實平均下降了 40.8%，見表 3-5-14。就累計缺口而言，已大大地縮小，調整後 2066 年才首次出現累計缺口，僅為 5.06 萬億元，2100 年累計缺口最大，約為 384.49 萬億元；隨著時間的推移，累計缺口的數額在擴大，下降幅度在變小，從 2066 年的 97.05%下降到 2100 年的 60.93%，平均下降 75.66%。五個因素的綜合調整將使 2100 年養老保險基金累計缺口減少 599.57 萬億元，減少 60.93%，縮小累計缺口的效果十分明顯，見表 3-5-15。當然，如果減少某個或某些因素的調整，那麼縮減養老金缺口的效果會有所降低，這要根據未來實際情況的演變來決定。

表 3-5-14　綜合調整後整體性養老保險基金當期缺口下降幅度　　單位:%

年份	幅度	年份	幅度	年份	幅度
2044	99.32	2063	31.85	2082	47.03
2045	86.37	2064	33.10	2083	44.39
2046	75.45	2065	33.42	2084	42.54
2047	65.91	2066	33.17	2085	41.02
2048	59.28	2067	33.24	2086	40.43
2049	52.06	2068	34.91	2087	38.68
2050	49.82	2069	36.04	2088	37.24
2051	45.57	2070	38.69	2089	35.62
2052	41.38	2071	39.29	2090	34.06
2053	39.41	2072	39.76	2091	32.87
2054	37.95	2073	44.77	2092	31.75
2055	35.47	2074	46.64	2093	29.74
2056	36.15	2075	48.81	2094	28.25
2057	36.20	2076	48.57	2095	26.87
2058	33.77	2077	50.92	2096	26.16
2059	32.21	2078	50.21	2097	24.02
2060	31.45	2079	48.83	2098	21.57
2061	28.68	2080	48.08	2099	19.57
2062	31.14	2081	48.21	2100	17.93

表 3-5-15　綜合調整後整體性養老保險基金累計缺口下降幅度　　單位:%

年份	幅度	年份	幅度	年份	幅度
2066	97.05	2078	78.59	2090	69.69
2067	94.00	2079	77.87	2091	68.87
2068	91.39	2080	77.16	2092	68.05
2069	89.10	2081	76.49	2093	67.20
2070	87.20	2082	75.83	2094	66.34
2071	85.49	2083	75.10	2095	65.47
2072	83.97	2084	74.35	2096	64.61
2073	82.79	2085	73.58	2097	63.72
2074	81.76	2086	72.84	2098	62.81
2075	80.87	2087	72.08	2099	61.88
2076	80.03	2088	71.31	2100	60.93
2077	79.30	2089	70.51		

通過上述分析，我們可以得出如下結論：

（1）養老金替代率對養老保險基金缺口的影響十分顯著，將養老替代率降低 5 個百分點能使養老保險基金直至 2058 年不出現累計缺口，從結果來看降低養老金替代率是縮小養老保險基金缺口的有效措施之一。

（2）提高退休年齡可使該制度出現當期缺口的時點推遲 15 年左右，因此，提高退休年齡能緩解養老保險基金缺口問題。

（3）繳費工資增長率對養老保險基金缺口也有一定的改善效果，但通過提高繳費工資增長率來減少養老保險基金缺口需要對未來缺口的變化趨勢有著準確的預測，應根據缺口出現的預測時間來設定繳費工資增長率，才能有效規避養老保險基金缺口的風險。

（4）「全面二孩」政策的實施能提高總和生育率，從而緩解養老金支付壓力。

（5）當養老保險基金有累計結餘時，應加大基金的投資運用，提高投資收益率；當養老保險基金有累計缺口時，應降低借貸利率，這樣有利於縮小養老保險基金累計缺口。

（6）雖然提高費率有助於增加養老保險基金結餘與縮減缺口，但中國目前費率已較高，因而，我們建議適當降低費率，從而提高繳費比率，同時優化養老保險費率結構，促進第二、三支柱養老保險的發展。

上文對部分參數假設和條件進行了敏感性分析，這不僅能檢驗本章有關養老保險基金缺口結論是否會受到這些參數的變化而產生較大的影響，還能為縮小養老保險基金缺口的政策建議提供思路和驗證。通過敏感性分析，提高繳費率、提高退休年齡、提高總和生育率以及降低養老金替代率都能縮小養老保險基金缺口，但在具體制定政策時還需注意以下兩個方面：首先，考慮到政策的適用性和社會的穩定性，政策制定應具有適當性，不宜大幅度調整繳費率（而且近期下調了費率）、替代率等；其次，在制定政策時

應當考慮上述假設間相互影響的關係，避免效果相互抵消情況的出現，例如：降低養老金替代率應與降低繳費率相對應，當替代率處於低水準時，養老保險基金缺口較小，但這時退休人員能領取的養老金較少，基於公平性原則，其繳費率也應相應地下調，這又會使基金收入減少，從而導致養老保險基金缺口的擴大。因此，應充分考慮各假設之間的相互關係，制定出相對穩定、適應國情的養老保險政策。

3.5.2 其他因素對中國養老保險基金收支缺口影響的敏感性分析

這裡我們將要考慮的因素有：財政補貼、人口老齡化程度、經濟發展水準、死亡率、企業年金和商業養老保險。這些因素也會影響養老保險基金缺口規模的大小以及缺口出現時間的早晚。

（一）財政補貼

前面的養老保險基金收支模型中未考慮財政補貼對養老保險基金收入的影響，但事實上為了應對養老保險基金收不抵支情況的發生，中國政府一直對養老保險基金實施補貼制度，2007—2016 年中國養老保險財政補貼、社會保障支出、財政支出和國內生產總值的具體情況參見表 3-5-16。

表 3-5-16　2007—2017 年養老保險財政補貼相關數據

年度	養老保險財政補貼(1)/億元	社會保障支出(2)/億元	財政支出(3)/億元	國內生產總值(GDP)/億元	比重(1)/(2)/%	比重(1)/(3)/%	比重(1)/(GDP)/%
2007	1,096	5,447	40,423	270,232	20.12	2.71	0.41
2008	1,631	6,804	63,593	319,516	23.97	2.56	0.51
2009	1,777	7,607	76,300	349,081	23.36	2.33	0.51
2010	2,150	9,131	89,874	413,030	23.55	2.39	0.52
2011	2,841	11,109	109,248	489,301	25.57	2.60	0.58
2012	3,568	12,586	125,953	540,367	28.35	2.83	0.66
2013	4,087	14,491	140,212	595,244	28.20	2.91	0.69
2014	4,644	15,969	151,786	643,974	29.08	3.06	0.72
2015	6,016	19,019	175,878	689,052	31.63	3.42	0.87
2016	6,610	21,591	187,755	744,127	30.62	3.52	0.89
2017	8,004	24,812	203,330	827,122	32.26	3.94	0.97

數據來源：中華人民共和國 2007—2017 年全國財政決算數據。

從表 3-5-16 可以看出，2007 年中國養老保險基金財政補貼為 1,096 億元，僅占當年社會保障支出的 20.12%，到了 2016 年財政補貼增加到 6,610 億元，提高了將近 6 倍，占社會保障的比例也上升到 30.62%。對養老保險基金的財政補貼占財政支出的比例由 2007 年的 2.71% 增加至 2017 年的 3.94%。養老保險基金中財政補貼占 GDP 的比重逐年增加，由 2007 年的 0.41% 增至 2016 年的 0.87%，已經翻了一倍。由此可知，為了確保

社會養老保險制度的正常運行，維護社會穩定和諧，國家提供了很大的財政支持，故在當前中國養老保險基金可持續運行中，財政補貼將起到非常重要的作用。因此，本小節將在前文養老保險基金缺口測算結果的基礎上，考慮各年財政補貼對養老保險基金收入端的影響，測算加入財政補貼後各年養老保險基金的當期缺口和累計缺口。

本節假定其他條件不變，將財政補貼作為養老保險基金收入來源之一，即在上文測算出的各年養老保險基金的當期收支差的基礎上加上財政補貼作為新的當期收支差。由表 3-5-16 的計算結果可得，養老保險基金財政補貼占 GDP 的比重平均值為 0.72%。但是參考國內其他學者的研究成果以及考慮到養老保險制度實行過程中「空帳」嚴重、轉制成本大等因素，同時考慮到未來養老保險其他支柱的發展，政府財政補貼力度將維持一定水準，這裡選取的養老保險財政補貼占 GDP 的比重為 0.7%。關於 GDP 增長率，由表 3-5-16 的數據計算，可得 2015 年 GDP 增長率為 7%。亞洲開發銀行公布的《亞洲經濟展望》中預測 2017 年中國 GDP 增長率減速至 6.5%，而 2018 年將進一步減速至 6.2%。因此，在近年來中國 GDP 增長率逐年降低的事實基礎上，參考美國經濟學家吉姆·奧尼爾對中國每年平均 GDP 的預測①，根據中國經濟發展戰略和趨勢，本節假定在 2015 年的基礎上，從 2016 年起，GDP 增長率每年下降 0.125 個百分點，到 2043 年勻速下降至 3.5% 左右，之後年度 GDP 增長率保持 3.5% 不變。由此可計算出 2016—2100 年各年度整體性養老保險基金當期缺口和累計缺口，其結果如表 3-5-17、表 3-5-18 所示。

表 3-5-17　考慮財政補貼後整體性養老保險基金當期缺口　　單位：億元

年份	當期缺口	年份	當期缺口	年份	當期缺口	年份	當期缺口
2016	-8,987.79	2038	-10,943.08	2060	49,360.54	2082	30,504.75
2017	-9,163.96	2039	-11,795.09	2061	55,048.61	2083	34,103.79
2018	-8,943.34	2040	-11,262.99	2062	51,004.77	2084	37,136.30
2019	-9,275.48	2041	-8,176.75	2063	50,238.39	2085	39,775.46
2020	-9,077.19	2042	-4,936.73	2064	48,744.25	2086	39,987.72
2021	-9,476.23	2043	750.75	2065	48,411.18	2087	41,729.27
2022	-8,941.45	2044	4,816.06	2066	49,039.51	2088	44,089.73
2023	-8,562.19	2045	8,232.10	2067	49,457.71	2089	48,022.41
2024	-8,169.10	2046	11,852.74	2068	47,249.36	2090	52,783.24
2025	-8,395.14	2047	15,602.24	2069	45,668.78	2091	55,939.71
2026	-8,097.92	2048	19,735.30	2070	41,859.77	2092	58,014.44
2027	-6,263.38	2049	25,983.55	2071	41,271.05	2093	61,715.41
2028	-7,991.06	2050	29,127.24	2072	37,928.96	2094	66,025.83
2029	-7,767.17	2051	34,368.15	2073	33,508.42	2095	70,413.64
2030	-7,904.70	2052	40,046.69	2074	31,305.82	2096	73,211.28

---

① 高盛全球首席經濟學家吉姆·奧尼爾預測中國 GDP 增長率：2011—2020 年為 7.7% 左右，2021—2030 為 5.5%；2031—2040 年為 4.3%，2041—2050 年為 3.5%。

表3-5-17(續)

年份	當期缺口	年份	當期缺口	年份	當期缺口	年份	當期缺口
2031	-8,447.27	2053	42,285.37	2075	29,525.04	2097	76,968.03
2032	-8,731.38	2054	43,320.09	2076	28,951.14	2098	81,883.38
2033	-9,551.46	2055	45,617.97	2077	27,377.12	2099	85,978.53
2034	-10,783.56	2056	43,204.04	2078	28,077.33	2100	91,177.69
2035	-10,413.61	2057	45,391.07	2079	29,505.94		
2036	-11,423.33	2058	46,406.81	2080	30,155.86		
2037	-12,013.61	2059	48,059.31	2081	29,621.62		

表3-5-18　考慮財政補貼後整體性養老保險基金累計缺口　　　　單位：億元

年份	累計缺口	年份	累計缺口	年份	累計缺口	年份	累計缺口
2016	-50,844.03	2038	-347,791.37	2060	-13,619.38	2082	1,150,688.57
2017	-61,279.10	2039	-368,281.24	2061	41,088.75	2083	1,213,559.58
2018	-71,754.41	2040	-388,751.26	2062	93,120.73	2084	1,281,034.86
2019	-82,823.76	2041	-406,646.79	2063	145,687.15	2085	1,352,836.20
2020	-93,971.54	2042	-421,749.69	2064	198,073.57	2086	1,426,644.83
2021	-105,797.06	2043	-431,542.68	2065	251,436.60	2087	1,504,040.22
2022	-117,383.34	2044	-437,515.19	2066	306,762.02	2088	1,585,730.96
2023	-128,880.21	2045	-440,220.97	2067	363,888.78	2089	1,673,396.64
2024	-140,271.32	2046	-439,373.75	2068	420,235.36	2090	1,768,014.80
2025	-152,173.24	2047	-434,755.85	2069	476,410.03	2091	1,868,154.88
2026	-164,075.49	2048	-425,889.45	2070	530,180.05	2092	1,972,873.19
2027	-174,440.76	2049	-410,553.13	2071	584,705.60	2093	2,083,910.43
2028	-186,792.84	2050	-391,689.72	2072	637,252.21	2094	2,202,034.02
2029	-199,229.84	2051	-367,113.81	2073	686,691.93	2095	2,327,498.51
2030	-212,115.28	2052	-336,244.97	2074	735,165.04	2096	2,458,897.25
2031	-225,865.43	2053	-302,365.72	2075	783,069.22	2097	2,597,337.71
2032	-240,243.45	2054	-266,604.78	2076	831,597.80	2098	2,744,154.54
2033	-255,801.00	2055	-227,651.93	2077	879,764.13	2099	2,898,736.94
2034	-272,979.58	2056	-190,139.19	2078	929,835.57	2100	3,062,383.05
2035	-290,217.69	2057	-149,501.60	2079	982,587.40		
2036	-308,896.46	2058	-106,832.33	2080	1,037,307.94		
2037	-328,632.48	2059	-61,443.83	2081	1,092,862.26		

從表3-5-17、表3-5-18可以看出，考慮到財政補貼後中國整體性養老保險基金當期收入增加，首次出現養老保險基金當期缺口的年度從2027年推遲至2043年。由於前期財政補貼使各年結餘以更大的基數在投資收益率的作用下進行累積，養老保險基金累

計結餘也有大幅度的增長，2061年養老保險基金累計結餘預計將耗盡，開始出現累計缺口，之後累計缺口將逐年擴大，至2100年累計缺口預計將擴大到306.24萬億元，相較於未考慮財政補貼下的基金累計缺口，已經減少了677.82萬億元，減少了68.88%，接近於70%。

利用以上數據和假設可以得出存在整體性養老保險基金當期缺口和累計缺口的年度其缺口值占當年GDP的比重，如表3-5-19所示。

表3-5-19　整體性養老保險基金當期缺口與GDP的比值　　　單位:%

年份	占比	年份	占比	年份	占比	年份	占比
2043	0.03	2058	0.98	2073	0.42	2087	0.32
2044	0.16	2059	0.98	2074	0.38	2088	0.33
2045	0.27	2060	0.97	2075	0.35	2089	0.35
2046	0.38	2061	0.95	2076	0.33	2090	0.37
2047	0.48	2062	0.94	2077	0.30	2091	0.38
2048	0.59	2063	0.89	2078	0.30	2092	0.38
2049	0.75	2064	0.83	2079	0.30	2093	0.39
2050	0.81	2065	0.80	2080	0.30	2094	0.40
2051	0.92	2066	0.78	2081	0.28	2095	0.42
2052	1.04	2067	0.76	2082	0.28	2096	0.42
2053	1.06	2068	0.71	2083	0.30	2097	0.42
2054	1.05	2069	0.66	2084	0.32	2098	0.44
2055	1.03	2070	0.58	2085	0.33	2099	0.44
2056	0.97	2071	0.56	2086	0.32	2100	0.45
2057	0.99	2072	0.49				

表3-5-20　整體性養老保險基金累計缺口與GDP的比值　　　單位:%

年份	占比	年份	占比	年份	占比	年份	占比
2061	0.78	2071	7.87	2081	10.43	2091	12.64
2062	1.71	2072	8.29	2082	10.61	2092	12.89
2063	2.58	2073	8.63	2083	10.81	2093	13.16
2064	3.39	2074	8.92	2084	11.02	2094	13.43
2065	4.16	2075	9.18	2085	11.25	2095	13.72
2066	4.90	2076	9.42	2086	11.46	2096	14.00
2067	5.62	2077	9.63	2087	11.67	2097	14.29
2068	6.27	2078	9.84	2088	11.89	2098	14.59
2069	6.87	2079	10.04	2089	12.12	2099	14.89
2070	7.38	2080	10.24	2090	12.38	2100	14.93

從表 3-5-19 可看出，整體性養老保險基金當期缺口占 GDP 的比重有先上升後下降之後再上升的變化趨勢。2055 年當期缺口占 GDP 比重最大（1.06%），2072 年以後該比值基本維持低於 0.5%的水準。顯然，要消滅整體性養老保險基金當期缺口，可以加大財政補貼力度，前面分析時假設年補貼占 GDP 的 0.7%，大約再補貼 0.5%~0.7%，即共 1.2%~1.4%，這樣就能消滅當期缺口，從而也消滅了累計缺口，當然也要考慮財政承受能力。如果要減輕政府的負擔，就必須大力促進養老保險第二、三支柱的發展。表 3-5-20 展示了整體性養老保險基金累計缺口占 GDP 的比重，從表中數據可知該比重逐年增長，但是增長速度有逐年下降的趨勢，2095 年以後基本維持在 15%。在考慮了財政補貼的情況下，至 2100 年，整體性養老保險基金當期缺口和累計缺口大幅度減少，且隨著 GDP 的逐年增長，整體性養老保險基金累計缺口占 GDP 的比重將不會超過 15%。綜上所述，在考慮財政補貼的支持以及國家將採取的各項養老保險制度改革措施的作用下，未來整體性養老保險基金的運行並不是經濟不能負擔的。

（二）人口老齡化程度和經濟發展水準

影響養老保險基金缺口的因素有很多，要想將各種因素對其所產生的影響都分解出來，幾乎是不可能的。通過養老保險基金收支平衡問題研究的相關文獻可知，影響因素主要從人口、宏觀經濟和養老保險體制三個方面進行指標選取。因此，本節在借鑑柳如眉、赫國勝（2017）研究成果的基礎上，選取 65 週歲以及上人口占總人口比例、GDP、GDP 的二次項作為自變量，養老保險基金支出水準作為因變量[①]，進行迴歸分析，探索人口老齡化程度、GDP 與養老保險基金支出水準之間的相關關係，從而得到養老保險基金缺口與人口老齡化、GDP 的關係。本節的研究區間為 2000—2016 年，各變量數據來源於歷年《中國統計年鑑》和部分年度的《人力資源和社會保障事業發展統計公報》，並對數據進行了相關的統計處理。具體情況見表 3-5-21。

表 3-5-21　2000—2017 年養老保險基金支出及其他指標數據

年份	養老保險基金支出/%	65 週歲老齡化係數/%	GDP/萬億元
2000	0.21	7.00	10.03
2001	0.23	7.10	11.09
2002	0.28	7.30	12.17
2003	0.31	7.50	13.74
2004	0.35	7.60	16.18
2005	0.40	7.70	18.87
2006	0.49	7.90	21.94
2007	0.60	8.10	27.02
2008	0.74	8.30	31.95

---

① 自變量的選取和設定參考：柳如眉，赫國勝．養老金支出水準變動趨勢和影響因素分析 [J]．人口與發展，2017，23（1）：30-34．

表3-5-21(續)

年份	養老保險基金支出/%	65週歲老齡化系數/%	GDP/萬億元
2009	0.89	8.50	34.91
2010	1.08	8.90	41.3
2011	1.34	9.10	48.93
2012	1.67	9.40	54.04
2013	1.98	9.70	59.52
2014	2.33	10.10	64.4
2015	2.79	10.50	68.91
2016	3.40	10.80	74.41
2017	4.04	11.40	82.71

數據來源：根據2000—2017年《中國統計年鑒》及《人力資源和社會保障事業發展公報》整理。

由於本節進行分析的數據都為時間序列數據，所以先用ADF檢驗對各自變量進行平穩性檢驗，檢驗結果表明所有時間序列都為一階單整序列，即在一階差分條件下拒絕原假設，因此，這些變量能被用來進行迴歸分析。建立迴歸模型如下：

$$PB_t = c + \alpha_1 \cdot AP_t + \alpha_2 \cdot GDP_t + \alpha_3 \cdot GDP_t^2 + \varepsilon_t \quad (3.5.4)$$

上式中，PB_t為第t年養老保險基金支出水準（單位：萬億元）；AP_t為第t年65週歲及以上人口佔總人口的比重或65週歲老齡化系數；GDP_t和GDP_t^2分別表示第t年的GDP（單位：萬億元）和GDP的二次項，利用Eviews進行迴歸，結果如下：

Sample: 2000, 2017
Included observations: 18

Variable	Coefficient	Std. Error	t-Statistic	Prob.
C	-2.867,93	0.858695	-3.340	0.004,9
AP	0.470313	0.126,834	3.708	0.0023
GDP	-0.029,516	0.006112	-4.829	0.000,3
(GDP)^2	0.000587	0.000,036	16.522	0.0000

R-squared　　　　　　0.998,1
Adjusted R-Squared 0.997,7　　F-statistic: 249,0

由以上結果可知，該迴歸模型調整後的可決系數為0.997,7，說明該模型對樣本觀測值的擬合程度較好；各自變量的P值都很小，說明各變量與養老保險基金支出具有顯著的相關性。具體而言：

65週歲老齡化系數與養老保險基金支出水準呈正相關關係。人口老齡化程度的偏迴歸系數為0.470,313，表明人口老齡化程度每增加1個百分點，就會使養老保險基金當期支出水準增加0.47萬億元或4,700億元。簡單來說，當人口老齡化程度加深，養老保

險基金支出水準就越高，即養老保險基金當期缺口會增加。因此，人口老齡化程度逐年加快的事實會加重企業繳費和政府財政負擔，並且會引起養老保險基金支出以更快的速度擴大，嚴重影響養老保險制度的可持續發展。

GDP 水準與養老保險基金支出水準呈負相關關係。GDP 的偏迴歸系數為-0.029,516，表明 GDP 每增加 1 萬億元，養老保險基金當期支出將會減少 0.029,516 萬億元或 295 億元，即 GDP 的增加會起到減少養老保險基金缺口的效果。由於 GDP 基數較大，故能減少的養老保險基金缺口的數額也比較大，也就是說經濟的發展會拉動養老保險系統的良性循環。

（三）人口死亡率

造成養老保險基金缺口的一個重要原因是人口死亡率的降低，死亡率的降低使人口平均預期壽命延長，人口老齡化程度加深。目前按照人口平均預期壽命計算的實際計發月數已經超過國家規定的計發月數，這說明養老保險制度中個人帳戶的累積額已提前支取完畢，剩餘的就要依靠政府補貼。隨著中國人口死亡率的不斷下降，養老保險基金將會受到更嚴重的影響，因此，研究人口死亡率的降低對養老保險基金的影響是很有必要的。

本小節就人口死亡率降低、平均預期壽命延長對養老保險系統產生的影響進行分析，主要思路是分別計算 Lee-Carter 模型和在 2015 年死亡率條件下養老金領取者所占比例，通過人口調整系數（見表 3-5-22）調整，得出人口死亡率下降帶來的養老保險基金缺口壓力增加的結論。該壓力以死亡率降低而增加領取的養老金百分比表示。

表 3-5-22　全國人口調整系數①

年份	系數	年份	系數	年份	系數	年份	系數	年份	系數
2016	1	2018	1.008,3	2020	1.013,3	2022	1.015,7	2024	1.017,1
2017	1.004,5	2019	1.011,2	2021	1.014,7	2023	1.016,4	2025	1.017,6

數據來源：彭浩然，等. 中國養老保險隱性債務問題研究 [J]. 統計研究，2009 (3)：44-50.

相關假設如下：①評估時點和測算期間。本小節以 2015 年為評估時點，選定測算期間為 2016—2025 年。②退休年齡。根據中國現行法律的規定，目前中國男性法定退休年齡為 60 週歲、女工人為 50 週歲、女幹部為 55 週歲。除此之外，危險工作從業者、殘疾職工等人員的退休年齡較低。因此，考慮各方面的因素，本節假設男性平均退休年齡為 60 週歲、女性為 55 週歲。③存活極限年齡。由於 90 週歲以上人口的數據難以獲取，故本節所使用的最大存活年齡為 90 週歲。

利用公式

$$\Delta_{養老金} = \frac{A - B}{B} \times k_t \qquad (3.5.5)$$

---

① 數據參考：彭浩然，等. 中國養老保險隱性債務問題研究 [J]. 統計研究，2009 (3)：44-50.

上式中，A 表示 Lee-Carter 模型下 61~90 週歲男性人口占比與 56~90 週歲女性人口占比；B 表示 2015 年死亡率下 61~90 週歲男性人口占比與 56~90 週歲女性人口占比；k_t 表示人口調整係數。據此計算出人口死亡率下降所帶來的養老金支付增量的百分比，其結果如圖 3-5-12 所示。

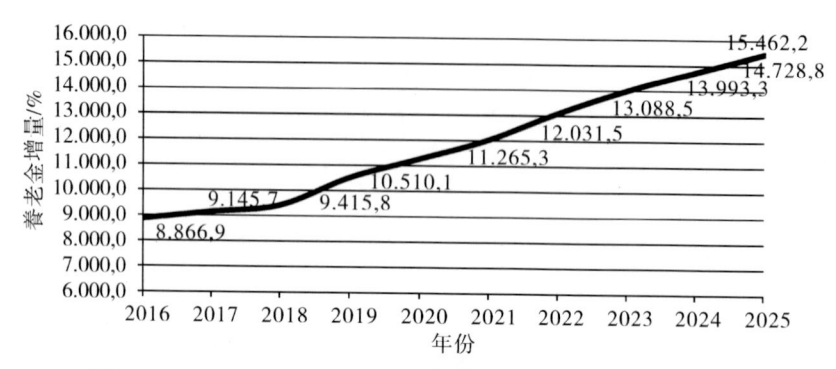

圖 3-5-12　死亡率下降帶來的養老金增量百分比（以 2015 年為基期）

從圖 3-5-12 可知，隨著時間的推移，平均預期壽命延長在養老金支付中的作用將會愈加重要。以 2015 年為基年計算，2016 年由於死亡率降低帶來的養老金支付的增加占養老金總支付的比例約為 8.87%，到 2025 年，這一比例上升為 15.46%。按照此趨勢，隨著人口死亡率的持續下降，人口死亡率下降所帶來的養老金支付壓力也在不斷增大。

這裡，我們在接近實際環境的同時，為了簡化模型，採用了相對數來建立養老金支付模型。此模型的缺點是相對數不具有絕對數一樣的直觀性，也缺乏一定的直接參考性，另外，此模型忽略了如工資增長率、參保率等重要不確定性變量。但是在分析死亡率的降低對養老保險基金缺口的影響時，此方法能反應養老保險基金缺口壓力增大的事實，從而也具有一定的參考性。

（四）企業（職業）年金和商業養老保險

企業（職業）年金即指補充養老保險，是企業或機關事業單位依據國家政策和本單位經濟狀況建立的、旨在提高職工退休後生活水準、對國家基本養老保險進行補充的一種養老保險形式。企業年金或職業年金被認為是中國多層次養老保障的「第二層次」。隨著中國人口老齡化程度加深，基本養老保險基金支付壓力不斷增大，「第二層次」養老保險對於緩解基本養老保險缺口壓力和完善中國養老保障體系具有積極作用。

但是，第二章的分析已經表明中國企業年金的發展緩慢，未能有效發揮「第二層次」或第二個支柱的作用，其表現有：第一，參保職工人數少；第二，從繳費收入情況上看，企業年金占比低，增長速度慢；第三，在養老金支付上，企業年金未對養老保障提供足夠支撐。企業年金或職業年金對退休人員的養老保障提升的作用還很小。

前文中提到，降低基本養老保險替代率是縮小基本養老保險基金缺口的方法之一，但是基本養老保險替代率的降低會影響退休人員退休後的生活水準，這使得利用替代率縮小基本養老保險基金缺口受到了一定的限制，而發展企業年金與職業年金能打破這一瓶頸。

企業年金與職業年金在保障退休人員生活水準、彌補基本養老保險替代率不足、縮小基本養老保險缺口等方面將發揮巨大的作用。例如，假設一個職工在退休前的平均工資為5,000元/月，設定基本養老保險的養老金替代率為目標替代率60%，退休後的基本養老金為5,000×60%＝3,000（元/月），和退休前的平均工資有一定的差距，會使職工退休後的生活水準下降。現又假定職工退休後每月可領取企業年金為退休前工資的30%，則退休後可每月領取1,500元的企業年金，加上基本養老保險金，該職工退休後每月領取4,500元的養老金，養老金與退休前的平均工資差不多，可以保證退休後的生活能基本維持退休前的生活水準。另外，假定基本養老保險替代率降為50%，企業年金替代率上升到20%，可以確保退休人員基本生活需要。但是基本養老保險替代率降低，基本養老保險基金支出減少，達到了縮小基本養老保險基金缺口的效果。因此，在保證退休人員生活水準的前提下，降低基本養老保險替代率，發展企業年金與職業年金，使縮小養老保險基金缺口成為可能。

　　個人商業養老保險是針對職工的個人需求，為職工提供養老保險保障，即中國養老保險體系的第三個層次或第三個支柱。在中國人口老齡化進程不斷加快的背景下，基本養老保險基金存在巨大的支付壓力。商業養老保險作為補充性的養老保險，如果能夠健康地發展，不僅能夠滿足更高層次的養老保障需求，還能減輕政府財政壓力，增強基本養老保險制度的可持續性。

本章附表

附表 3-1　城鎮企業職工 2016—2100 年各變量預測值

年份	城鎮化率 /%	參保率 /%	平均工資 /元/年	參保在職職工 /人	退休的參保總人數 /人
2016	54.98	86.10	45,213.00	255,287,725	94,718,095
2017	56.11	87.24	48,377.91	257,600,953	99,260,638
2018	57.24	88.29	51,764.36	258,376,790	102,958,943
2019	58.36	89.27	55,387.87	259,216,718	106,198,849
2020	59.47	90.17	59,265.02	259,334,077	109,068,757
2021	60.57	91.01	63,413.57	258,886,586	111,252,977
2022	61.60	91.78	67,535.45	258,490,833	114,548,112
2023	62.74	92.49	71,925.26	256,634,352	118,662,027
2024	63.81	93.15	76,600.40	253,159,543	119,452,172
2025	64.86	93.75	81,579.43	249,986,690	120,753,839
2026	65.90	94.30	86,882.09	247,198,440	121,132,748
2027	66.92	94.80	92,095.01	244,507,554	128,064,306
2028	69.89	95.27	97,620.71	242,211,986	122,897,140

附表3-1(續)

年份	城鎮化率/%	參保率/%	平均工資/元/年	參保在職職工/人	退休的參保總人數/人
2029	68.92	95.69	103,477.96	239,166,891	122,451,583
2030	69.89	96.08	109,686.63	236,021,255	120,972,013
2031	70.85	96.43	116,267.83	232,140,919	120,789,100
2032	71.79	96.75	122,662.56	239,421,837	123,721,694
2033	72.71	97.05	129,409.00	240,073,014	122,489,064
2034	73.61	97.32	136,526.50	240,807,110	123,385,922
2035	74.49	97.56	144,035.46	237,900,756	122,929,529
2036	75.35	97.79	151,957.41	235,152,679	122,777,031
2037	76.20	97.99	159,555.28	236,514,530	122,423,699
2038	77.02	98.17	167,533.04	233,700,308	122,997,598
2039	77.82	98.34	175,909.69	230,600,811	123,016,827
2040	78.60	98.49	184,705.18	227,690,553	122,315,373
2041	79.36	98.63	193,940.44	224,553,453	122,016,591
2042	80.11	98.76	202,667.76	221,432,358	121,551,627
2043	80.83	98.87	211,787.81	218,323,467	124,284,896
2044	81.53	98.98	221,318.26	214,374,590	123,513,188
2045	82.21	99.07	231,277.58	210,855,412	121,834,734
2046	82.87	99.16	241,685.07	206,614,370	119,926,311
2047	83.51	99.24	251,352.47	201,878,834	117,712,979
2048	84.13	99.31	261,406.57	198,655,895	116,307,609
2049	84.74	99.37	271,862.84	195,787,035	116,651,564
2050	85.32	99.43	282,737.35	193,360,102	114,330,313
2051	85.84	99.49	294,046.84	190,837,535	113,701,950
2052	86.39	99.54	304,338.48	188,505,406	113,301,157
2053	86.92	99.58	314,990.33	187,808,059	110,902,558
2054	87.43	99.62	326,014.99	188,425,488	108,219,914
2055	87.92	99.66	337,425.52	188,953,145	106,400,556
2056	88.40	99.69	349,235.41	190,404,364	104,098,621
2057	88.86	99.72	359,712.47	190,143,834	104,098,621
2058	89.31	99.75	370,503.84	191,469,250	103,757,448
2059	89.73	99.77	381,618.96	192,686,927	104,098,621
2060	90.15	99.79	393,067.53	194,023,955	104,098,621
2061	90.55	99.81	404,859.55	195,542,756	106,111,664
2062	90.93	99.83	414,981.04	197,311,958	103,633,400
2063	91.30	99.84	425,355.57	199,165,752	102,917,053
2064	91.66	99.86	435,989.46	201,088,992	101,895,423

附表3-1(續)

年份	城鎮化率/%	參保率/%	平均工資/元/年	參保在職職工/人	退休的參保總人數/人
2065	92.00	99.87	446,889.20	203,135,841	101,535,493
2066	92.33	99.88	458,061.43	205,001,378	101,767,469
2067	92.65	99.90	467,222.65	207,258,077	102,047,194
2068	92.96	99.90	476,567.11	208,798,602	100,845,212
2069	93.25	99.91	486,098.45	210,298,551	100,004,951
2070	93.53	99.92	495,820.42	211,814,889	98,311,991
2071	93.80	99.93	505,736.83	213,370,899	98,031,169
2072	94.07	99.94	515,851.56	215,437,542	96,499,863
2073	94.32	99.94	526,168.59	217,933,173	95,524,002
2074	94.56	99.95	536,691.97	219,903,592	94,953,564
2075	94.79	99.95	547,425.81	222,024,945	94,669,523
2076	95.01	99.96	558,374.32	224,376,141	94,820,923
2077	95.22	99.96	569,541.81	227,711,684	95,306,865
2078	95.43	99.96	580,932.64	230,139,987	96,197,202
2079	95.62	99.97	592,551.30	232,647,835	97,383,420
2080	95.81	99.97	604,402.32	235,417,208	98,381,589
2081	95.99	99.97	616,490.37	238,452,392	99,070,846
2082	96.16	99.98	628,820.18	241,043,888	100,094,728
2083	96.33	99.98	641,396.58	243,000,464	101,811,128
2084	96.49	99.98	654,224.51	244,498,598	103,136,278
2085	96.64	99.98	667,309.00	245,987,254	104,308,359
2086	96.78	99.98	680,655.18	247,727,484	104,772,315
2087	96.92	99.99	694,268.29	249,721,763	105,819,071
2088	97.06	99.99	708,153.65	251,485,822	106,952,369
2089	97.18	99.99	722,316.72	252,441,381	108,246,209
2090	97.31	99.99	736,763.06	253,328,769	109,734,721
2091	97.42	99.99	751,498.32	254,401,521	110,777,502
2092	97.54	99.99	766,528.29	256,156,324	111,742,766
2093	97.64	99.99	781,858.85	258,010,681	113,195,906
2094	97.75	99.99	797,496.03	259,441,841	114,628,896
2095	97.85	99.99	813,445.95	260,960,074	116,080,683
2096	97.94	99.99	829,714.87	262,482,034	117,074,334
2097	98.03	99.99	846,309.17	263,716,368	118,191,260
2098	98.12	100.00	863,235.35	263,754,601	119,134,932
2099	98.20	100.00	880,500.06	264,432,483	120,087,485
2100	98.28	100.00	898,110.06	265,167,747	121,322,986

附表 3-2　機關事業單位 2016—2100 年各變量預測值

年份	平均工資（元/年）	參保在職職工人數（人）	參保退休職工總人數（人）
2016	60,287.00	46,423,781	23,798,244
2017	64,507.09	46,149,741	24,372,480
2018	69,022.59	45,856,690	24,942,584
2019	73,854.17	45,541,756	25,506,225
2020	79,023.96	45,203,180	26,061,490
2021	84,160.52	44,840,273	26,606,943
2022	89,630.95	44,454,111	27,142,138
2023	95,456.96	44,047,055	27,667,460
2024	101,661.66	43,622,400	28,184,020
2025	108,269.67	43,182,809	28,692,706
2026	114,765.85	42,729,234	29,193,395
2027	121,651.80	42,262,104	29,685,638
2028	128,950.91	41,782,922	30,169,759
2029	136,687.97	41,293,238	30,646,201
2030	144,889.24	40,794,368	31,115,324
2031	152,858.15	40,287,243	31,577,265
2032	161,265.35	39,772,549	32,032,016
2033	170,134.94	39,250,970	32,479,604
2034	179,492.37	38,723,075	32,919,987
2035	189,364.45	38,189,363	33,353,093
2036	198,832.67	37,650,406	33,778,936
2037	208,774.30	37,106,623	34,197,418
2038	219,213.02	36,558,127	34,608,170
2039	230,173.67	36,004,901	35,010,683
2040	241,682.35	35,447,014	35,404,503
2041	252,558.06	34,884,761	35,789,391
2042	263,923.17	34,318,507	36,165,180
2043	275,799.71	33,748,464	36,531,553
2044	288,210.70	33,174,834	36,888,173
2045	301,180.18	32,597,848	37,234,731
2046	313,227.39	32,017,805	37,570,990
2047	325,756.48	31,435,016	37,896,736
2048	338,786.74	30,849,754	38,211,706
2049	352,338.21	30,262,292	38,515,644
2050	366,431.74	29,672,931	38,808,331

附表 3-2(續)

年份	平均工資（元/年）	參保在職職工人數（人）	參保退休職工總人數（人）
2051	379,256.85	29,082,159	39,089,804
2052	392,530.84	28,490,378	39,360,010
2053	406,269.42	27,897,738	39,618,569
2054	420,488.85	27,304,334	39,864,999
2055	435,205.96	26,710,448	40,099,077
2056	448,262.14	26,116,468	40,320,744
2057	461,710.00	25,523,130	40,530,519
2058	475,561.30	24,931,491	40,729,534
2059	489,828.14	24,342,769	40,919,347
2060	504,522.99	23,757,946	41,101,312
2061	517,136.06	23,177,482	41,276,027
2062	530,064.46	22,601,669	41,443,866
2063	543,316.08	22,031,056	41,605,731
2064	556,898.98	21,466,154	41,762,577
2065	570,821.45	20,907,340	41,915,196
2066	582,237.88	20,354,864	42,064,221
2067	593,882.64	19,808,791	42,209,966
2068	605,760.29	19,269,042	42,352,455
2069	617,875.50	18,735,434	42,491,474
2070	630,233.01	18,207,820	42,626,860
2071	642,837.67	17,686,244	42,758,882
2072	655,694.42	17,170,718	42,887,756
2073	668,808.31	16,661,034	43,013,156
2074	682,184.47	16,156,938	43,134,579
2075	695,828.16	15,658,268	43,251,693
2076	709,744.73	15,165,017	43,364,574
2077	723,939.62	14,677,259	43,473,529
2078	738,418.41	14,195,016	43,578,758
2079	753,186.78	13,718,332	43,680,547
2080	768,250.52	13,247,260	43,779,258
2081	783,615.53	12,781,814	43,875,163
2082	799,287.84	12,322,054	43,968,738
2083	815,273.60	11,868,131	44,060,855
2084	831,579.07	11,420,212	44,152,597
2085	848,210.65	10,978,401	44,244,944

附表3-2(續)

年份	平均工資（元/年）	參保在職職工人數（人）	參保退休職工總人數（人）
2086	865,174.86	10,542,616	44,338,257
2087	882,478.36	10,112,786	44,432,987
2088	900,127.93	9,688,991	44,530,321
2089	918,130.49	9,271,309	44,631,652
2090	936,493.10	8,859,698	44,737,992
2091	955,222.96	8,453,970	44,849,751
2092	974,327.42	8,053,831	44,966,781
2093	993,813.96	7,658,931	45,088,528
2094	1,013,690.24	7,268,913	45,214,214
2095	1,033,964.05	6,883,448	45,343,014
2096	1,054,643.33	6,502,243	45,474,119
2097	1,075,736.20	6,125,048	45,606,776
2098	1,097,250.92	5,751,651	45,740,300
2099	1,119,195.94	5,381,875	45,874,073
2100	1,141,579.86	5,015,572	46,007,540

4　應對養老金缺口的國際經驗與啟示

　　人口老齡化是世界人口發展演變的基本趨勢，但其發展是極不平衡的。各洲之間、各國之間、各地區之間的老齡化發展水準差異很大。人口老齡化的一個直接後果就是各國養老、醫療等社會保險方面的開支不斷增加，尤其是養老金面臨巨大的支付壓力，養老金缺口有不斷擴大的趨勢。各國各地區養老金制度的建立與發展差異很大，在面臨與日俱增的人口老齡化壓力下都對養老金制度進行過多次改革，基本的目的就是增收節支、開源節流，以確保養老金制度具有可持續性。諸如提高養老金領取條件，降低公共年金待遇標準，提高養老保險繳費基礎與費率，發展第二、三支柱產業，都是值得中國在養老保險制度改革與完善過程中借鑑的經驗。

　　本章我們將選擇一些國家來分析人口老齡化對其養老金制度所形成的挑戰以及它們的應對措施。這些國家人口老齡化程度比較高，人口規模比較大，經濟發展水準比較高，養老金制度已多次改革，人口老齡化與養老金制度方面有一定的特色，有較大的國際影響力，能為中國養老保險制度的改革與完善提供一定的參考價值。為此，我們選擇了日本、法國、美國、英國、德國進行國別研究，同時研究了「歐債危機」與福利待遇之間的關係。日本人口老齡化發展速度快、老齡化程度高，已處於世界第一水準，「全民皆年金/皆保險」的現狀使養老金制度面臨巨大的壓力。法國第一個成為老年型國家，雖然人口老齡化發展速度比較慢，但同樣承受著人口老齡化的壓力。法國在養老金制度改革過程中注重對弱勢群體的照顧。美國經濟發達，人口眾多，注重通過稅收優惠措施發展企業年金和商業年金以減輕國家基本養老金的支付壓力，而且美國在養老金制度改革過程中注重立法先行。英國是典型的歐洲福利國家，二戰後給予國民「從搖籃到墳墓」的全方位保障，但在經歷石油危機與經濟轉型後，也不得不對養老金制度進行改革以應對人口老齡化的挑戰，其簡化年金體系、發展多層次養老保險制度的做法值得我們借鑑。德國是世界上第一個對養老保險立法的國家，人口老齡化發展速度比較快，其老齡化程度已位居世界前茅。雖然德國是歐盟中最有活力的經濟體，但人口老齡化對其養老金制度產生了巨大的影響，不得不對養老金制度進行多次改革以減輕支付壓力，其採取「母親年金」與「兒童撫育津貼」等措施提升了婦女生育率，緩解了人口老齡化的影響。由於「歐債危機」與歐洲福利國家、豐厚的養老金待遇有或多或少的關係，所以也需要花些篇幅來研究其經驗和教訓。

4.1 日本應對養老金缺口的經驗與啟示

日本人口老齡化發展速度快，人口老齡化程度高、平均預期壽命長，「全民皆年金/皆保險」的現狀面臨著嚴峻的人口老齡化挑戰，日本不得不對其養老金體系進行改革，增收節支以緩解養老金缺口擴大的壓力。在改革過程中，注重多層次養老金體系的建設，明確政府在養老金體系中的責任。這些經驗值得我們借鑒。

4.1.1 引言

日本近年來人口老齡化嚴重、出生率下降，老齡少子化現象已經是日本社會關注的焦點，這種情況必定影響日本養老金體系的正常運行。從歷史上看，日本在1961年就強制實行了國民皆年金的政策，並對國民年金進行了巨額的財政補貼。2014年日本養老金規模占GDP比重的30.2%，而中國不到10%。但是經濟疲軟、老齡化嚴重、代際養老負擔加大，日本公共養老金在2001年以後每年都有幾萬億日元的虧空，即便是有龐大的養老基金的累積，可能也堅持不到2030年。為此，日本政府採取了一系列措施來應對養老金赤字的危機。人們不得不思考日本的養老金制度本身是否存在問題，是否具有可持續性。一方面，Oshio Takashi（1997）、Manow（2001）認為養老金制度設計之初有利於日本戰後經濟的增長，有利於勞動者和企業之間建立長期的協調關係；Tsunao Okumura（2012）通過實證分析，認為日本提高退休年齡不會對未來公共養老金的預期水準造成影響。另一方面，隨著人口老齡化程度的加深，經濟增長長期疲軟。Shigeki Kunieda（2002）認為日本的現收現付制度是代際剝削，過於樂觀的養老金政策可能會抑制日本的經濟增長，爆發隱性債務危機；David Miles（2003）同樣認為，龐大的政府養老金擠占了私人投資，隨著養老金赤字的增加，未來GDP水準將會低於現有水準。為此，一些學者提出了一些改革措施。Sagiri Kitao（2015）認為日本人口老齡化將會增加30%到40%的財政支出。為了減輕財政負擔，他提出用個人退休帳戶替代現有的現收現付制度，構建一個反應人口和經濟的一般均衡世代交疊模型；Takayama Noriyuki（2004）認為養老保險改革是一個緩慢的過程，提出減少公共養老金的給付額，漸漸地用私人DC模式替代。中國學者杜軍（2004）則認為日本公共養老金與日本經濟財政有密切關係，公共養老金要產生革命性的變化依然取決於日本的經濟情況是否發生革命性變革。中國同樣將面臨人口老齡化帶來的養老金缺口問題，借鑒日本的改革經驗是非常有意義的。

從資本角度來看，Inna Stecenko（2013）認為隨著老年人口的增長，國家對資本的需求也在增加，應該重新定位資本投資模式，特別是外匯儲備。

4.1.2 日本的人口老齡化

（一）人口老齡化概況

日本在二戰後出現了第一次生育高峰期（1947—1949年），在20世紀50年代總和生育率急遽下降，60年代又穩定回升，直到第二次生育高峰期（1971—1974年）出現，此後的總和生育率就一直下降且低於更替水準，但人均壽命得到了很大的提高，1980年以後日本已是世界第一長壽大國。這個時候日本對有關人口的認知意識也在增強，對人口老齡化的抑制、老年人福利提供等都被列入政府對策而進行討論。1990年日本總和生育率僅為1.57，使社會意識到了少子化危機，為此政府出抬了一系列的措施鼓勵生育，比如產假期間免繳養老保險費，但收效甚微。日本人口數量在2008年達到了頂峰的12,808萬人後就開始減少，2015年日本人口總數為12,657萬人，其中65週歲及以上的老年人已占26.3%，穩居世界第一。

根據聯合國人口司的統計數據，日本在20世紀50年代之前就開始了人口老齡化的進程，其60週歲老齡化系數、65週歲老齡化系數穩步上升，見表4-1-1。1970年，日本已成為老年型國家。1970—1995年，65週歲老齡化系數由7%上升到14.4%，25年時間翻了一倍；1995—2020年，65週歲老齡化系數由14.4%上升到28.5%，幾乎又是25年時間再翻一倍，見表4-4-1。從60週歲老齡化系數年均增長幅度來看，1950—2010年，老齡化系數年均增幅一直穩步上升，從1950—1955年的年均增幅0.08個百分點上升到2005—2010年的年均增幅高峰的0.84個百分點，已達到10倍速度。從2010年起，年均增幅逐步下降，2050—2055年的年均增幅為0，這個增幅可望保持到2060年。也就是說，在2050年、2055年、2060年，日本的60週歲老齡化系數預計將達到頂峰的42.5%。從2060年起到21世紀末，60週歲老齡化系數總體上年均增幅呈現負數，也就說60週歲老齡化系數從2060年的42.5%下降到2095年的40.8%，然後在2100年略微回升到42.9%。1985—2015年是60週歲老齡化系數增長很快的時期，年均增幅幾乎超過0.5個百分點，增幅最快的時間段是2005—2010年。

表4-1-1 1950—2100年日本人口老齡化系數　　　　　　　　　　單位:%

年份	60週歲老齡化系數	65週歲老齡化系數	年份	60週歲老齡化系數	65週歲老齡化系數
1950	7.7	4.9	2030	37.3	30.4
1955	8.1	5.3	2035	39.8	31.9
1960	8.9	5.7	2040	41.2	34.2
1965	9.7	6.3	2045	42.0	35.5
1970	10.6	7.0	2050	42.5	36.3
1975	11.7	7.9	2055	42.5	36.8
1980	12.8	9.0	2060	42.5	36.7
1985	14.6	10.2	2065	42.2	36.5

表4-1-1(續)

年份	60週歲老齡化系數	65週歲老齡化系數	年份	60週歲老齡化系數	65週歲老齡化系數
1990	17.4	11.9	2070	41.7	36.0
1995	20.3	14.4	2075	41.3	35.5
2000	23.3	17.2	2080	41.0	35.3
2005	26.5	19.8	2085	40.9	35.2
2010	30.7	22.9	2090	40.8	35.2
2015	33.1	26.3	2095	40.8	35.3
2020	34.3	28.5	2100	40.9	35.4
2025	35.6	29.4			

資料來源：POPULATION DIVISION. World Population Prospects（Median Variant and Estimates）：The 2015 Revision［R］. New York：United Nations，2015.

從65週歲老齡化系數來看，1950—2015年，老齡化系數一直穩步上升，從1950—1955年的年均增幅0.08個百分點上升到2010—2015年的年均增幅高峰的0.68個百分點，已達到8倍速度。從2015年起年均增幅逐步下降，2050—2055年的年均增幅降到0.1個百分點，這個增幅可望保持到2055年，也就是說在2055年，日本65週歲老齡化系數預計將達到頂峰的36.8%。從2055年起到2085年，65週歲老齡化系數總體上年均增幅呈現負數，也就是說65週歲老齡化系數從2055年的36.8%下降到2085年的35.2%，然後逐步小幅回升，在2100年回升到35.4%。1990—2015年是日本65週歲老齡化系數增長很快的時期，年均增幅幾乎超過0.5個百分點，最快時間段是2010—2015年。

(二) 人口老齡化的原因

日本人口老齡化速度快、程度高，而且還將持續大約40年，這是非常重大的事。除了飲食、環境、醫療條件改善使得人口平均預期壽命延長以外，還有更重要的原因就是出生率下降，2015年，14週歲以下的人口僅占總人口的12.7%。

導致日本出生率下降的第一個原因就是未婚率一直在上升。1990—2000年，男性未婚率從5.6%上升到20.1%，女性未婚率從4.3%上升到10.6%[1]。日本內閣一項關於婚姻、家庭意識的調查顯示，在沒有結婚的人中，超過55%的認為他們還沒有合適的結婚對象，男性更關注結婚的花費以及婚後養家的問題，女性考慮的是婚後自己會受到約束以及不想失去工作和學業。

第二個原因是晚婚化。日本人口動態統計顯示，1990年，女性平均初婚年齡是25.9週歲，男性平均初婚年齡是28.4週歲；第一個孩子出生時女性的平均年齡是27週歲。到了2014年，女性平均初婚年齡是29.4週歲，男性平均初婚年齡是31.1週歲；第一個孩子出生時女性的平均年齡是30.6週歲，而且結婚時妻子的年齡越大，每對夫婦的孩

---

[1] 平成二十七年厚生勞動省白皮書：人口減少社會的思考［EB/OL］. https://www.mhlw.go.jp/wp/hakusyo/kousei/15/.

子數量也就越少。

　　第三個原因是人口遷移。越來越多的年輕人為了追求更好的就業機會和公共服務，從鄉鎮遷移到城市，人口過度集中在一些大城市。例如，2015 年東京的人口占整個日本人口的 10.67%，東京都市圈的人口更是占日本人口的 1/3，而在東京這樣的大都市，人口出生率比其他地方更低。

　　第四個原因就是總和生育率下降速度快、下降程度深。見表 4-1-2。20 世紀 50 年代前半期，日本總和生育率接近 3，然後就開始下降，後半期僅僅略高於更替水準。然後繼續下降，到 2005 年時就已下降到 1.30 的最低水準，接著開始了緩慢回升的進程，預計到 21 世紀末將達到 1.79 的水準。過去和未來很長一段時間（1990—2030 年），日本總和生育率將低於 1.60。總和生育率顯著低於更替水準，導致日本人口老齡化速度非常快，老齡化程度非常高。另外，從各年齡段的生育率來看，隨著時間的推移，生育高峰期年齡在向高齡段推移。

　　日本人口老齡化加深的原因，除了總和生育率急遽下降外，人口平均預期壽命不斷延長並名列世界前茅也是重要的原因。表 4-1-3 反應了日本人口的平均預期壽命的增長情況。就女性來講，大約比平均預期壽命高 1~4 週歲，而男性則比平均預期壽命低 1~4 週歲。目前日本人口平均預期壽命為 83.99 週歲，其中男性為 80.72 週歲，女性為 87.18 週歲。20 世紀末，日本人口平均預期壽命已突破 80 週歲，2065—2070 年期間預計會突破 90 週歲，到 21 世紀末將達到 93.88 週歲，其中男性為 90.67 週歲，女性為 97.14 週歲。

表 4-1-2　1950—2100 年日本育齡婦女生育率、總和生育率

時期	15~19 週歲/‰	20~24 週歲/‰	25~29 週歲/‰	30~34 週歲/‰	35~39 週歲/‰	40~44 週歲/‰	45~49 週歲/‰	總和生育率
1950—1955 年	8.9	133.8	207.0	144.2	74.9	22.0	1.3	2.96
1955—1960 年	4.9	110.5	184.7	88.5	36.3	8.6	0.5	2.17
1960—1965 年	4.1	107.3	193.9	76.4	20.1	3.9	0.3	2.03
1965—1970 年	4.0	103.7	200.5	77.4	19.4	2.8	0.2	2.04
1970—1975 年	4.6	111.5	209.9	79.2	18.9	2.6	0.1	2.13
1975—1980 年	3.7	90.4	190.8	65.1	14.2	1.9	0.1	1.83
1980—1985 年	4.3	72.2	184.5	74.3	15.1	1.8	0.1	1.76
1985—1990 年	4.0	55.7	163.5	85.4	19.3	2.0	0.1	1.65
1990—1995 年	3.7	44.6	131.8	88.4	24.0	2.6	0.1	1.48
1995—2000 年	4.4	39.3	109.1	88.3	29.4	3.4	0.1	1.37
2000—2005 年	5.7	38.7	92.6	83.9	34.1	4.5	0.1	1.30
2005—2010 年	5.1	37.4	87.6	88.6	42.4	6.5	0.2	1.34
2010—2015 年	4.5	32.2	86.0	98.5	51.0	9.2	0.3	1.41
2015—2020 年	4.1	29.8	83.1	105.6	60.1	12.5	0.3	1.48
2020—2025 年	3.9	28.3	81.2	110.8	67.1	15.4	0.3	1.54
2025—2030 年	3.7	27.4	80.1	114.6	72.2	17.9	0.3	1.58

表4-1-2(續)

時期	15~19 週歲/‰	20~24 週歲/‰	25~29 週歲/‰	30~34 週歲/‰	35~39 週歲/‰	40~44 週歲/‰	45~49 週歲/‰	總和生育率
2030—2035年	3.7	26.9	79.6	117.5	75.9	19.9	0.3	1.62
2035—2040年	3.7	26.7	79.6	119.8	78.6	21.5	0.3	1.65
2040—2045年	3.7	26.7	79.8	121.6	80.4	22.6	0.3	1.68
2045—2050年	3.7	26.8	80.3	123.2	81.6	23.3	0.3	1.70
2050—2055年	3.7	27.0	81.1	124.6	82.4	23.7	0.4	1.71
2055—2060年	3.8	27.3	81.8	125.7	83.1	23.9	0.4	1.73
2060—2065年	3.8	27.5	82.5	126.7	83.7	24.1	0.4	1.74
2065—2070年	3.8	27.6	82.9	127.5	84.2	24.2	0.4	1.75
2070—2075年	3.8	27.8	83.3	128.0	84.6	24.3	0.4	1.76
2075—2080年	3.8	27.9	83.7	128.6	85.0	24.5	0.4	1.77
2080—2085年	3.9	28.0	84.0	129.1	85.3	24.5	0.4	1.78
2085—2090年	3.9	28.1	84.3	129.5	85.6	24.6	0.4	1.78
2090—2095年	3.9	28.2	84.6	129.9	85.9	24.7	0.4	1.79
2095—2100年	3.9	28.2	84.7	130.2	86.0	24.8	0.4	1.79

資料來源：POPULATION DIVISION. World Population Prospects（Median Variant and Estimates）：The 2017 Revision[R]. New York：United Nations, 2017.

表4-1-3　1950—2100年日本人口平均預期壽命　　　　　　　　單位：週歲

時期	平均預期壽命	時期	平均預期壽命
1950—1955年	62.80	2025—2030年	85.33
1955—1960年	66.41	2030—2035年	86.00
1960—1965年	69.16	2035—2040年	86.64
1965—1970年	71.41	2040—2045年	87.28
1970—1975年	73.28	2045—2050年	87.92
1975—1980年	75.40	2050—2055年	88.56
1980—1985年	77.01	2055—2060年	89.17
1985—1990年	78.53	2060—2065年	89.76
1990—1995年	79.42	2065—2070年	90.36
1995—2000年	80.51	2070—2075年	90.95
2000—2005年	81.80	2075—2080年	91.55
2005—2010年	82.66	2080—2085年	92.13
2010—2015年	83.28	2085—2090年	92.72
2015—2020年	83.99	2090—2095年	93.29
2020—2025年	84.68	2095—2100年	93.88

4.1.3 日本養老金制度

（一）日本養老金制度發展過程

1. 二戰前的年金初建

日本養老金制度最早可以追溯到明治時期的「軍人恩給」制度。1875 年頒布的《陸軍武官傷痍扶助及死亡者祭奠及其家族扶助概則》《海軍隱退令》中規定了對負傷和陣亡的陸海軍官及其家屬的撫恤金原則，這種制度不需要個人繳納費用，完全由國家給付。1884 年頒布的《官吏恩給令》，標誌著國家公務員恩給制度的開始（週日欣，2005）。1905 年，鐘淵紡織經營者面向企業職工創立了年金制度，標誌著最早面向勞動者的養老金制度誕生，同時也是最早的企業年金制度。1923 年，日本政府制定了《恩給法》，把以軍人和國家公務員為對象的兩種「恩給」合併，初步確立了以「公人」為對象的「恩給制度」（李今，2016），起初的軍人和公務員年金制度給付額只與最後的收入相關，給付額相當豐厚。之後《船員保險法》（1939 年）、《勞動者年金保險法》（1942 年）中強制船舶、工礦業、運輸業的男性勞動者參加養老金制度。1944 年《厚生年金保險法》，把年金制度的適用範圍擴大到了女性，覆蓋全體國民的年金制度開始起步。

2. 二戰後的年金制度重建

隨著戰後日本經濟復甦，1954 年厚生年金重建，把以前只與工資相關的制度轉變成基於工資與固定利率的雙重福利制度。1961 年 4 月《國民年金法》正式實施，把以前被排除在養老金體系外的自由職業者（自營業者）和從事農業、漁業、林業者還有無業者以及沒有年金保障的小公司從業者都納入年金的保障範圍，強制這些以前沒有加入年金制度的 20~60 週歲的日本公民加入國民年金。年金法案當時規定每人每月繳納 100 日元，退休後每人每月可以領取 24,000 日元，國庫負擔費用的 1/3，至此實現了「國民皆保險/皆年金」的全覆蓋。

在早期階段，厚生年金的給付水準還沒有私人雇主一次性給付的養老金豐厚，公務員的養老金待遇更高一些。日本政府為了縮小企業職員與公務員養老金水準的差距，在 1965—1973 年之間上調了厚生年金的替代率，由 40% 提高到 60%（Noriyuki Takayama，2004）。1965 年後對養老金實行了一系列的改革，首先提高養老金的費率，其次規定了年金的最低保障額度。1973 年引進了養老金物價浮動制，當物價浮動超過 5% 時，養老金就要相應地變動。這種制度可以確保即使在物價大幅上漲的情況下也能維持養老金的實際購買力。這種物價浮動制只存在於公共養老保險中，私人保險中沒有這種機制（若林健吾，2013）。1986 年後，農民人口減少，城市就業人口增加，這種轉變需要就業人員與非就業人員進行養老保險費用的分攤。首先，為避免各種年金的重複給付，在原來的國民基礎年金的基礎上，按工資水準增加厚生年金，並實現了厚生年金和國民年金的整合；其次，對厚生年金的給付水準進行標準化處理；最後，保障了婦女的年金權，那些自己沒有工作而其丈夫參加了年金保險的婦女必須加入國民年金，其保險費由其丈夫所加入的年金來支付，婦女退休後也有養老金。1989 年創立了由政府主導的國民年金基

金制度，並強制20週歲以上的學生加入國民年金。

3. 年金轉型時期

20世紀90年代後期，日本經濟泡沫破滅，財政赤字達到GDP的10%以及新生嬰兒的減少，使60週歲及以上老人越來越多，人口和經濟的因素使日本養老金面臨很大的支付壓力。以前累積的龐大養老基金逐漸收不抵支，政府開始上調養老金領取年齡，男性每兩年就延遲一年領取養老金，一直到65週歲。女性推後5年施行，並提高了保險費月給付額度，國民年金在2009年4月以後，由以前政府負擔1/3增加到1/2（王偉，2007）。2013年4月1日修訂的《高齡者就業安定法》規定企業有義務讓職員工作到65週歲，目的是使退休年齡與年金領取年齡保持一致。

隨著日本養老金制度的發展，它在政府社會保障中所占的給付比例也逐步增加。1950年日本社會保障開支1,261億日元，1961年開支上升到7,900億日元，1970年開支35,239億日元，是1950年的近28倍。1980年達到24.8萬億日元，是1970年的7倍。1990年社會保障開支大約是1980年的2倍。見表4-1-4。1970—1980年，社會保障開支年均增長21.63%，1980—1990年、1990—2000年、2000—2010年、2010—2015年年均增長分別下降到6.69%、5.16%、3.00%、1.74%。社會保障所得在國民所得中所占比例也在逐年增加，2015年時約為30%。年金在社會保障開支中的占比由1970年的24.3%增加到2000年的52.6%，以後略有下降，但仍然有47.8%的占比。見表4-1-4。由此可以看出，日本養老金已經是社會保障的主要支出項目，養老金也是老年人的主要收入來源。從費用負擔角度來看，1970年，日本社會保險繳費負擔占國民所得的5.4%，2015年這一比例已上升到17.3%，已經超過3倍。

表4-1-4 日本養老金發展情況　　　　　　單位：萬億日元

種類	1970年	1980年	1990年	2000年	2010年	2015年
國民所得（A）	61.0	203.9	346.9	386.0	361.9	388.5
社會保障給付總額（B）	3.5（100%）	24.8（100%）	47.4（100%）	78.4（100%）	105.4（100%）	114.9（100%）
年金	0.9（24.3%）	10.5（42.2%）	24.0（50.7%）	41.2（52.6%）	53.0（50.3%）	54.9（47.8%）
醫療	2.1（58.9%）	10.7（43.3%）	18.6（39.1%）	26.2（33.5%）	33.2（31.5%）	37.7（32.8%）
其他	0.6（16.8%）	3.6（14.5%）	5.0（10.2%）	11.0（14.0%）	19.2（18.2%）	22.2（19.3%）
B/A	5.77%	12.15%	13.67%	20.31%	29.11%	29.57%

資料來源：平成二十三年厚生勞動省白皮書［EB/OL］. https://www.mhlw.go.jp/wp/hakusyo/kousei/05/；平成二十九年厚生勞動省白皮書［EB/OL］. http://www.mhlw.go.jp/wp/hakusyo/kousei/17/dl/1-01.pdf.

（二）現行日本養老金制度

日本的公共養老金制度採取了代際養老負擔的現收現付制度，政府事先評估未來保險費繳納與待遇支付情況，再根據評估情況確定保險費率。評估情況與人口結構和經濟

情況相關，每 5 年進行一次調整。

日本養老金制度是由三個層次構成的。

第一層次是最基礎的、覆蓋最廣的國民年金，它規定居住在日本的、20~60 週歲的、不分職業的公民都有義務參加國民年金，繳納保費 25 年，滿 65 週歲可領取國民年金，多繳多得。2016 年，每人每月定額繳費 16,260 日元；2017 年，每人每月定額繳費 16,490 日元，在 65 週歲以後每人每月可領取 64,941 日元。截至 2016 年 3 月末，日本有 6,712 萬人加入了國民年金。

第二層次是厚生年金和共濟年金制度。公司職員參加厚生年金，到 2016 年 3 月末，有 3,686 萬公司職員加入厚生年金，費用由企業和員工對半負擔；有 443 萬公務員加入了厚生年金，年金由政府和個人對半負擔。從 2004 年開始，保費每年提高 0.354%。到 2016 年 9 月，每月社會和個人共同負擔收入的 18.182%，男性領取年齡是 61 週歲，女性則是 60 週歲，以後都會逐步提高到 65 週歲。退休時加上參加的國民年金，平均每人每月可領取 221,277 日元。基礎年金有收入再分配的效果，使低收入者在退休時可以領取更高數額的養老金。厚生年金採取部分強制儲蓄，對不完善的保險市場的風險也有一定的抑制作用。

自營業者、公司職員、公務員等扶養的配偶都可以加入國民年金。自營業者、外國人、私營企業、農民等屬於第 1 號被保險人；公司職員、公務員、教職工等屬於第 2 號被保險人，其中公司職員加入厚生年金，公務員、教職工等加入共濟年金。加入厚生年金和共濟年金的第 2 號被保險人所扶養的配偶是第 3 號被保險人，但是自營業者所扶養的配偶是第 1 號被保險人，即便自己沒有收入也要每月繳納養老保險費。公司職員和公務員等的全職主婦配偶作為第 3 號被保險人而不用繳納保險費，由厚生年金或共濟年金負擔養老金。第 1 號被保險人所扶養的配偶和第 3 號被保險人所扶養的配偶所領取養老金無差異。

第三層次是非公共養老保險，如企業年金。它針對那些對養老金有更高需求的人，加入的條件是加入了第一層次或者第二層次公共養老保險的人。公共養老保險由政府負責管理，具有強制性，而非公共養老保險可以由企業自主營運，個人自願參加。包括厚生年金基金、國民年金基金、待遇確定型企業年金制度（DB）、繳費確定型企業年金制度（DC）。截至 2016 年 3 月末，共有 1,666 萬人參加了第三層次的非公共養老保險。

（三）公共養老金給付種類

日本公共養老金給付種類包括老年養老金、殘疾養老金、遺屬養老金。老年養老金與中國的基本養老保險相似。殘疾養老金提供給殘疾者，屬於國民年金的殘疾基礎年金部分，領取這種年金時，除了達到規定的事故標準之外，國民年金的繳納期間須繳滿規定期間的 2/3，而且殘疾養老金所得收入與工作收入差距很大，只相當於工作收入的一半（杜軍，2004）。而厚生年金的遺屬年金加入者，其國民年金繳費期間須滿足規定期間的 2/3 才能領取遺屬年金。按照年金制度，符合條件的困難個體可以申請全部減免或部分減免年金費用。見表 4-1-5。

表 4-1-5　公共年金給付標準

種類	國民年金	厚生年金
老年養老金	與保險費繳納的期限及金額相關 如：65,008 日元（2015 年）	與保險費繳納的期限和工資比率相關
殘疾養老金	與殘疾等級對應的金額 如：1 級 81,258 日元，2 級 65,000 日元（2015 年）	平均工資、加入時間、殘疾等級對應金額
遺屬養老金	國民養老金+子女追加額 如：子女每人 83,717 日元（2015 年）	厚生老年養老金的 3/4

此外，還有針對外國居民退出國民年金和厚生年金的一次性退出補助金。因為大部分外國人在日本居住時很難繳夠 25 年，為了保障外國人所繳納保費的權益，設立了參保日本公共年金的外國人回國時可以退還養老金繳費的機制。

4.1.4　日本養老金制度存在的主要問題

（一）公共年金加入人數在減少，領取人數在增加

2010—2014 年，加入公共年金的總人數在不斷地小幅減少，由 6,826 萬人減少到 6,713 萬人，減少了 1.66%。從 2010 年到 2014 年的公共年金加入者數據（見圖 4-1-2）可以看出，自由職業者和家庭婦女加入國民年金的人數逐年減少，第 1 號被保險人從 2010 年的 1,938 萬人減少到 2014 的 1,742 萬人，減少了 10.11%；3 號被保險人從 2010 年的 1,005 萬人，減少到 2014 年的 932 萬人，減少了 7.3%；加入共濟年金的公務員比較穩定，在 440 萬人左右小幅波動，而加入厚生年金的公司職員呈穩步增長的趨勢，增長了 4.6%。由此可見，第 1 號被保險人加入人數減少幅度最大。

2016 年末公共年金加入者中第 1 號被保險人有 1,575 萬人，第 2 號被保險人有 4,264 萬人，第 3 號被保險人有 889 萬人；公共年金加入者合計 6,728 萬人。公共年金繳費率已達到 97%。

如圖 4-1-1 和圖 4-1-2 所示，從 2010 年到 2014 年公共年金的領取人數來看，2010 年總人數為 6,188 萬人，其中至少領取 2 種年金的人數為 3,796 萬人，2014 年領取總人數為 6,988 萬人，其中至少領取 2 種年金的人數為 3,991 萬人，分別較 2010 年增加了 12.93%、5.14%。國民年金領取人數增加最快，比 2010 年增加了 14.36%，厚生年金增加了 11.89%，共濟年金增加了 10.73%。2015 年公共年金領取者（沒有計算多種年金重複領取）有 4,025 萬人。

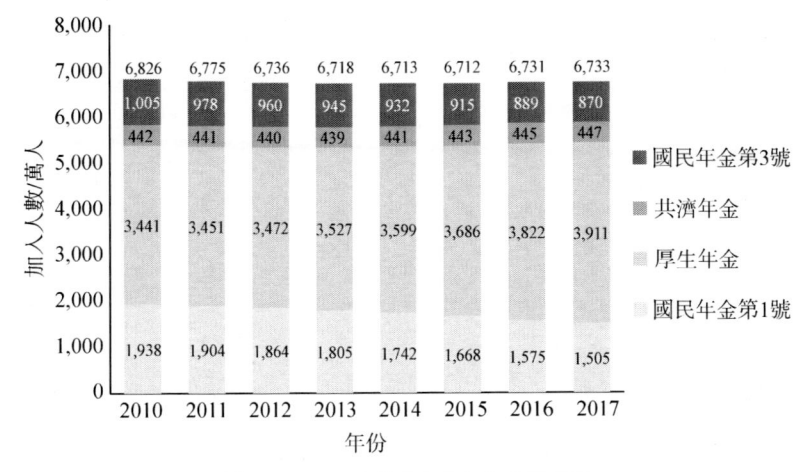

图 4-1-1 日本公共年金加入人数情况

資料來源：平成二十六年度與二十九年度厚生年金保險、國民年金事業概況［EB/OL］. https://www.mhlw.go.jp/file/06-Seisakujouhou-12500000-Nenkinkyoku/H26.pdf 及 https://www.mhlw.go.jp/content/000453010.pdf.

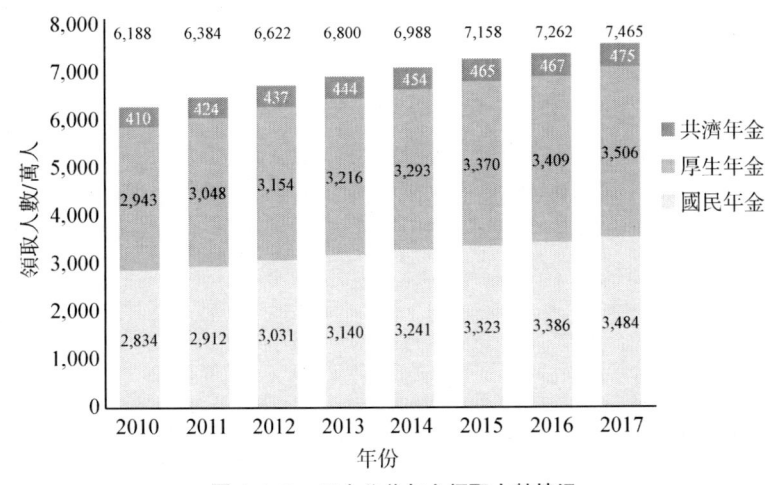

图 4-1-2 日本公共年金領取人数情况

資料來源：平成二十六年度與二十九年度厚生年金保險、國民年金事業概況［EB/OL］. https://www.mhlw.go.jp/file/06-Seisakujouhou-12500000-Nenkinkyoku/H26.pdf 及 https://www.mhlw.go.jp/content/000453010.pdf.

从表 4-1-6 可以看出，日本公共年金的被保險人總人數呈波動式下降，由 2000 年的 7,049 萬人減少到 2015 年的 6,712 萬人，減少了 337 萬人。而同期領取年金人數則由 2000 年的 4,079 萬人增加到 7,158 萬人。鑒於一些人受幾種年金覆蓋，剔除重複人數，領取養老金人數從 2000 年的 3,400 萬人增加到 2015 年的 4,862 萬人，增加了 1,462 萬人。顯然，這與這段時期日本老齡化速度最快有著密切的關係。

4 應對養老金缺口的國際經驗與啟示 | 195

表 4-1-6　2000—2015 年日本公共年金被保險人總數與受領人總數　單位：萬人

年份	被保險人總數	受領人總數	真實受領人總數（剔除重複）
2000	7,049	4,079	3,400
2001	7,017	4,273	3,508
2002	7,046	4,475	3,621
2003	7,029	4,677	3,740
2004	7,029	4,871	3,846
2005	7,045	5,057	3,935
2006	7,038	5,254	4,030
2007	7,006	5,480	4,146
2008	6,936	5,744	4,283
2009	6,874	5,988	4,414
2010	6,826	6,188	4,527
2011	6,775	6,384	4,618
2012	6,736	6,622	4,699
2013	6,718	6,800	4,742
2014	6,713	6,988	4,801
2015	6,712	7,158	4,862

資源來源：厚生勞動省白皮書，平成二十九年版 [EB/OL]. https://www.mhlw.go.jp/wp/hakusyo/kousei/17/.

表 4-1-7 反應了日本自 2000 年以來公共年金支付總額及其構成情況。公共年金支付總額由 2000 年的 388,411 億日元增加到 2015 年的 545,509 億日元，增加了 40.45%，年均增長 2.29%。其中，國民年金支付總額由 2000 年的 115,706 億日元增加到 221,751 億日元，幾乎翻倍，年均增長 4.43%。國民年金占公共年金的比例逐年上升，由 2000 年的 29.79% 上升到 2015 年的 40.65%。

表 4-1-7　2000—2015 年日本公共年金支付情況　單位：億日元

年份	總額	國民年金	厚生年金（含共濟年金）第 1 號	第 2~4 號（含共濟年金）	福祉年金
2000	388,411	115,706	211,018	60,554	563
2001	401,904	123,155	216,428	61,123	442
2002	421,316	130,886	227,491	61,879	337
2003	434,056	136,701	233,971	62,603	254
2004	442,774	143,156	236,195	63,130	190
2005	455,700	150,681	240,934	63,233	138
2006	465,444	158,168	242,932	63,947	98
2007	474,395	165,637	244,254	64,245	69
2008	488,658	173,646	249,461	64,436	47
2009	502,554	180,421	255,333	66,768	32
2010	511,332	185,352	258,761	67,199	21

表4-1-7(續)

年份	總額	國民年金	厚生年金（含共濟年金）		福祉年金
			第1號	第2~4號(含共濟年金)	
2011	522,229	191,168	263,023	68,026	13
2012	532,397	199,912	263,902	68,575	8
2013	528,436	206,546	256,672	65,214	5
2014	534,031	213,040	255,993	64,994	3
2015	545,509	221,751	258,123	65,633	2

資源來源：厚生勞動省白皮書，平成二十九年版［EB/OL］. https://www.mhlw.go.jp/wp/hakusyo/kousei/17/.

（二）國庫負擔增大

就基礎年金而言，1987年給付總額為56,108億日元，1990年上升為71,948億日元，2000年已進一步增加到142,140億日元，2010年增加到199,701億日元，2014年已達到218,294億日元。1987年財政負擔的費用為52,150億日元，1990年增加到67,563億日元，到2000年、2010年、2014年時財政負擔已增為137,307億日元、196,401億日元、215,008億日元，1990—2000年、2000—2010年、2010—2014年財政負擔年均增長分別為7.35%、3.64%、2.29%。雖然財政對基礎年金負擔的年均增幅在下降，但絕對數額在增長，財政負擔基礎年金的費用占比也是逐年增加的，由1987年的92.95%逐步上升到2014年的98.49%。見表4-1-8。

表4-1-8 日本基礎年金的繳費、給付與財政負擔比例

年份	繳費總額/億日元	財政負擔的繳費/億日元	給付總額/億日元	財政繳費負擔比例/%
1987	56,108	52,150	56,108	92.95
1990	71,948	67,563	71,948	93.91
1995	109,779	104,865	109,779	95.52
2000	142,140	137,307	142,140	96.60
2001	148,173	143,255	148,173	96.68
2002	154,563	149,653	154,563	96.82
2003	159,559	154,692	159,559	96.95
2004	163,886	159,044	163,886	97.05
2005	169,246	164,416	169,246	97.15
2006	174,536	169,862	174,536	97.32
2007	181,518	176,893	181,518	97.45
2008	188,821	184,065	188,821	97.48
2009	197,400	193,998	197,400	98.28
2010	199,701	196,401	199,701	98.35
2011	200,615	197,382	200,615	98.39
2012	206,258	203,015	206,258	98.43
2013	213,421	210,147	213,421	98.47
2014	218,294	215,008	218,294	98.49

資源來源：厚生勞動省白皮書，平成二十九年版［EB/OL］. https://www.mhlw.go.jp/wp/hakusyo/kousei/17/.

2015年國民年金、厚生年金保費收入合計為338,065億日元，年金支付506,592億日元[①]，約占GDP的10%，差額部分由國庫與年金累積金來分攤。

（三）年輕人保費繳納率下降

保費繳納率公式如下：

$$保費繳納率 = 實際繳納月數/應該繳納月數 \times 100\% \qquad (4.1.1)$$

保費繳納率從1989年的85.5%下降到2011年最低的58.6%，近幾年來有小幅回升，2012—2014年繳納率分別為59.0%、60.9%、63.1%，2015年保費繳納率為63.4%，2016年已回升到65.0%，但是相比於最高點，保費的繳納率還是呈下降的趨勢。不過，上述繳納率是當年繳費率，最終繳費率大約要在此基礎上增加7%~10%。在保費繳納年齡段中，25~29週歲的保費繳納率最低，僅為53.47%，55~59週歲的保費繳納率最高，為74.91%，但相比於歷史最高位，這些繳納率還是比較低的。

繳納率在城市和農村也有區別。對比2015年全國各地區的繳納率，東京23區繳納率最低，平均為58.36%；而鄉村的繳納率最高，平均為68.81%。東京同樣也是年輕人聚集最多的地區。

年輕一代非正規就業人數在增加。正規部門就業者的人數已經從2006年的3,411萬人下降到2009年的3,380萬人，而非正規部門就業者從2000年的1,273萬人上升到2009年的1,721萬人（劉桂蓮，2015）。有些甚至沒有能力支付每月16,000日元左右的國民養老金費用，有些已不堪養老金的代際負擔，再加上近年來日本經濟一直疲軟，年輕人對退休後能領取的政府養老金持悲觀態度。2014年10月日本生命保險公司實施的一項關於養老金的問卷調查顯示，20週歲以下受訪者中有17.4%認為年老後拿不到政府提供的養老金，這凸顯了年輕一代對政府養老金制度的不信任，因而減少了保險費的繳納。2015年保費平均繳納率是63.39%，而達到此平均數的只有50週歲以上的年齡段。見圖4-1-3。

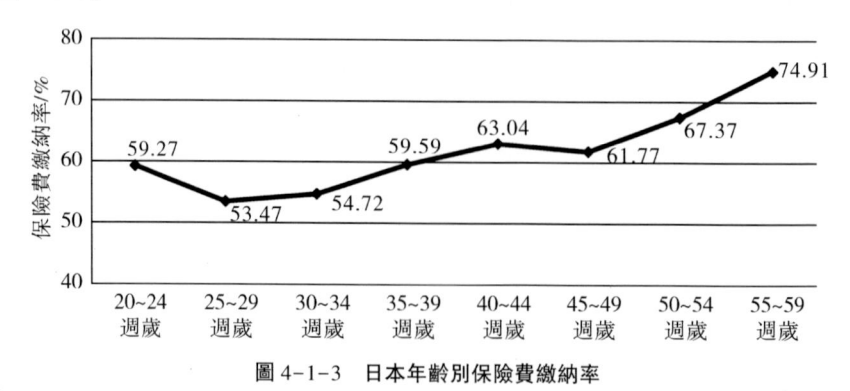

圖4-1-3　日本年齡別保險費繳納率

資料來源：厚生勞動省年金局：平成二十七年國民年金繳納情況［EB/OL］. https://www.mhlw.go.jp/topics/bukyoku/nenkin/nenkin/toukei/dl/k_h27.pdf.

---

① 資料來源：http://www.nenkin.go.jp/info/annual/2016.files/2016nenkin_all.pdf.

4.1.5 日本應對養老金缺口的措施

新參加公共養老保險的人數在減少，而領取養老保險金的人數在增加，這勢必會引起養老金資金缺口日益擴大，養老金的繳納率逐年下降。為此，日本近幾年採取了一些措施來應對養老金的這種支付危機。

（一）擴大養老保險基金來源

1. 提高投資收益率

2001年4月，日本政府開始對公共年金的管理體制進行大幅度改革，厚生勞動省新成立「政府養老金投資基金」，並負責公共年金的市場化管理。截至2014年末，厚生年金公積金有136.7萬億日元，國民年金公積金有9.3萬億日元。為了應對之前公共養老金收益率低下甚至虧空嚴重的問題，2014年日本厚生勞動省社會保障審議會決定擴大養老保險基金的投資渠道，把以前一半以上的基金用於投資國債和政府債券，增加投資物價聯動國債和不動產投資信託等金融產品，保證資產穩定增值（王鵬，2014），也增加了對外國資產的投資。同時，日本在年金管理上也注重收益率，從2010年到2014年厚生年金投資收益率來看，依次為0.26%、2.17%、9.57%、8.22%、11.61%，收益率逐年上升。

2. 提高繳費比率

厚生養老金的保險費率從2004年10月起，在13.58%的基礎上每年提高0.354%，直到2017年9月達到上限18.3%；國民養老金從2005年4月起，在13,300日元基礎上每年提高280日元，到2017年已達到16,900日元的上限。2003年，日本政府負擔基礎年金的比例由1/3提高到1/2，在2012年又提出將基礎年金負擔比例永遠保持在1/2之上。

3. 提高消費稅率

從2014年4月1日起，日本消費稅率上調至8%，並把增加的消費稅額的60%用於與養老金相關的項目。這筆增加的稅收收入可以減輕政府財政負擔。預計消費稅率會更進一步提高，將達到10%。消費稅率的提高在一定程度上鼓勵了退休老年人再就業，以便在高物價水準下能夠繼續生存下去。

（二）鼓勵老年人再就業

據日本總務省數據，預計到2060年日本人口將減少到8,674萬人，其中65週歲以上的將占40%。人口總數不斷減少、老齡化程度不斷加深、適齡就業年輕人口下降，增加了國家社會保障的支付壓力。為保障勞動力水準，經驗豐富的日本老年人成為首選目標，其中1971年頒布的《高年齡者雇用安定法》中提出了提高退休年齡、引入繼續雇傭制度、廢除退休年齡限定等措施。再加上日本經濟持續低迷，為了增加收入，提高消費，帶動經濟復甦，同時老年人為了確保退休後的生活水準不變，願意繼續工作的人越來越多，老年人再就業時會繼續繳納養老保險費。日本總務省的勞動力調查統計顯示，65~69週歲老年人的就業率突破了40%，其中，男性就業率超過一半，女性就業率超過

30%。增加老年人就業減緩了養老金支付壓力,有利於彌補養老金缺口。

(三) 實行多方面財政優惠

日本公共年金在保費繳納階段、基金管理階段、年金領取階段都有不同程度的稅收優惠。在保費繳納階段,企業為職工支付的保險費作為企業成本計算,員工繳納的保險費可以以社會保險費的方式在年終時從個人所得稅中扣除,對於基金的投資回報收益實行免稅,領取年金時,扣除法定扣除額後,繳納10%的個人所得稅(席衛群,2007)。對於失業者和收入暫時降低者,其收入少於一定金額以下,可以申請國民年金的保險費減免和延期繳納,減免種類有全額減免、四分之三減免、半額減免、四分之一減免,申請人數也在逐年增加。

(四) 降低公共年金替代率

養老金替代率是指退休金水準與在職收入水準之間的比率。為了控制不斷增加的養老金支出,日本引入了一個自動平衡機制。日本厚生勞動省發布的財務預測報告顯示:2014年公共年金替代率為62.7%,預計到2050年後替代率會降為50.6%[①]。此舉是在相對於工資上漲率和物價上漲率穩定的情況下,減少養老金上漲的比率來調整養老金替代率,目的就是減少養老金支出。替代率的下降進一步減輕了日本的財政負擔。

(五) 大力發展企業年金

企業年金是企業員工自願加入的補充養老保險,相較於公共年金,企業年金加入者近年來逐漸增加。以繳費確定型年金制度(DC)為例,它指的是事先並未約定參保人退休後的待遇支付水準,退休後的養老金是繳費和投資收益的總和。其繳費水準是固定的,而投資收益是不確定的,投資風險由參保者自己承擔的一種年金制度。繳費確定型年金制度下,其養老金計入個人帳戶,相對於近年來公共養老金財政的前景黯淡而言,這種個人帳戶形式的養老保險有很大的吸引力。由圖4-1-4可以看出,企業加入者由2006年的173.3萬人增加到2016年3月末的548.2萬人;個人加入者由2002年6.3萬人增加到2016年3月末的25.7萬人,而且還在增加。

以DC年金計劃替代DB年金計劃的趨勢也很明顯。DC年金計劃在員工離職時損失更小,而且不因為換工作而消亡,可以帶到新雇主的名下,其會計成本和工會談判成本也更低,特別是在一些電子器械、運輸設備、貿易行業中採取了這樣的年金計劃(Kazuo Yoshida,2012)。相較於公共年金,企業年金的投資渠道更廣泛,普遍投資於各種不同的國外政府債券和公司債券。企業年金對國內債券投資有所減少,滿足了一些具有投機需求的員工的需求。同時,日本為鼓勵企業更好地建立企業年金制度,往往給予一些稅收優惠,企業可以在稅前繳費、基金投資收入免稅等。這些稅收優惠、傾斜政策也對企業年金計劃的普遍實施起到了推動作用(毛慧紅,2004)。

[①] 日本厚生勞動省. 平成二十六年國民年金和厚生年金的財政現狀及展望 [EB/OL]. https://www.mhlw.go.jp/file/05-Shingikai-12601000-Seisakutoukatsukan-Sanjikanshitsu_Shakaihoshoutantou/0000049369.pdf.

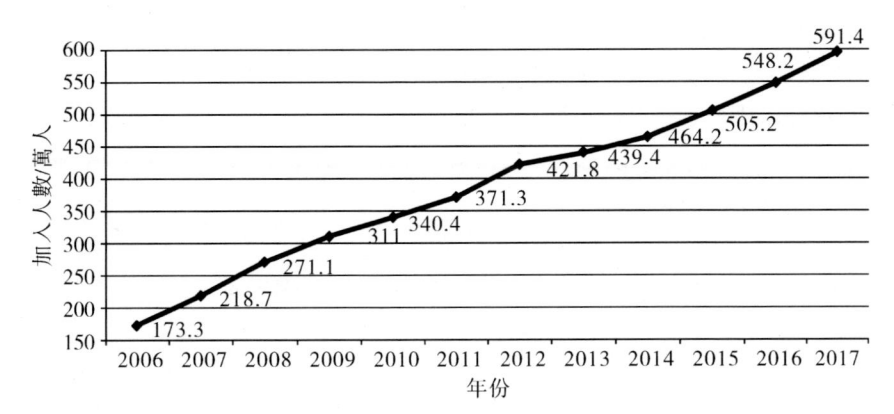

A. 企業型

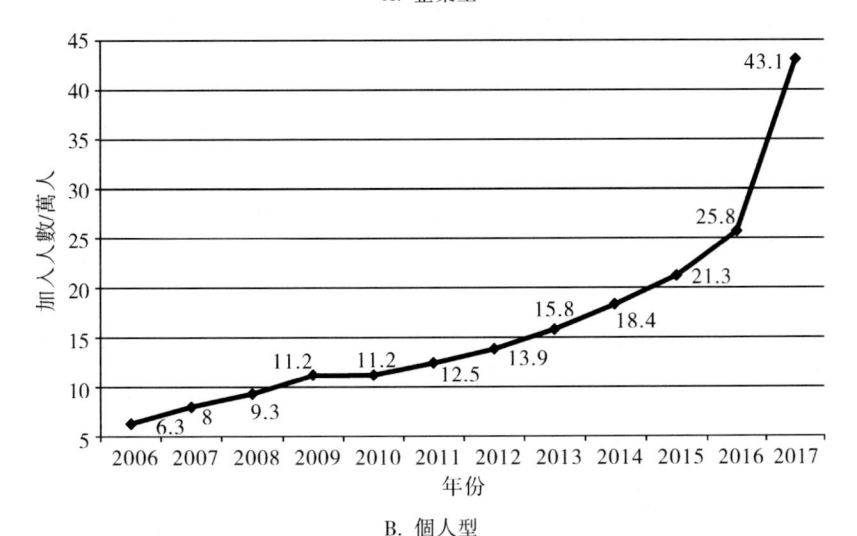

B. 個人型

圖 4-1-4　日本確定繳費年金加入人數的變遷

資料來源：日本厚生勞動省年金局（https://www.pfa.or.jp/activity/tokei/nenkin/suii/suii03.html）。

4.1.6　日本的應對經驗對中國的啟示

《中國養老金發展報告 2015》顯示，中國養老金基金結餘並不能補齊所有的養老金個人帳戶，將會有 1 萬億元人民幣的空帳。面對這筆空帳，現階段單純地延遲退休和提高繳費比率是一個很被動的政策，因為中國藍領工作者居多，情況與日本等發達國家不同。基於日本年金制度的應對措施，本書提出如下幾點啟示：

（一）根據繳費水準建立公平的基礎養老金制度

目前，中國的養老保險是以基本養老保險為主，以企業補充養老保險和個人儲蓄性養老保險作為補充的一種制度。這並不能解決某些自由職業者和企業職工的退休金偏低的問題。例如現在企業退休職工的養老金平均到了 1,800 元/月左右，但是實際上只有 1/3

的人在平均線以上，而 2/3 的人在平均線以下（唐鈞，2013）。機關事業單位的退休金比普通企業退休金高出三倍。針對未來養老金收入替代率低的情況，很容易出現非機關事業單位欠繳保費的情況。因此，將養老保險基金的貢獻度與所領取養老金的金額掛勾是很重要的。

（二）建立多層次的養老金制度，擴大農村養老保險的覆蓋率

根據 2014 年人力資源和社會保障部的報告，城鎮職工基本養老保險的覆蓋達到了 80.2%，基本實現了城鎮基本養老保險的覆蓋。但是農村覆蓋率偏低，其原因就是目前養老金的繳費水準並不適合農村人口，且其退休後的退休金也不符合現在的生活水準的要求，例如新農保的基礎養老金僅為每月 55 元。同時，在不同地區，省際養老保險水準也因為經濟支撐力、福利消費力、養老負擔能力等多方面的因素形成差異（解靜，2013）。中國養老保險個人繳費率 8%，也比日本的厚生年金個人繳費比例高。適時建立不同層次繳費水準的養老金對增加養老金農村覆蓋率很有必要。

日本頒布的多項法律措施服務於全民皆年金，從而使公共年金具有了強制性。為了擴大養老金的覆蓋率，不僅要增加養老金的服務層次，而且要加大宣傳力度，從法律的角度強制符合條件的公民參加。

（三）發展企業年金，減少公共養老金壓力

日本除了政府主導的國民年金和厚生年金以外，DC 模式的企業年金近年來參保率逐漸提高，這不僅得益於企業年金的稅收優惠政策，而且其選擇範圍也廣，這種模式增加了養老金帳戶的透明度和可選擇性，同時也鼓勵人們自力更生，把 DC 模式養老金計入個人帳戶。中國 2,000 多萬家企業中只有 7 萬多家企業加入了企業年金，相較於日本還有很大的差距，因此在企業年金方面還有很大的發展空間來彌補公共養老保險的缺口。這種由專門機構負責管理的年金，收益率與投資活動有關，且計入個人帳戶，對有投資需求和擔心代際影響的勞動者來說，具有很強的吸引力。除了國家政策的引導外，重要的是要有足夠吸引力的稅收優惠政策以及合理的繳費水準，這樣才能累積更多的養老保險基金。

（四）擴大養老保險基金投資渠道，提高養老保險基金的投資收益率

面對日益增長的養老金給付需求和通貨膨脹壓力，除了協調穩定的養老金監管體系外，養老保險基金的保值增值也是重要的問題。日本近年來放開了養老金的投資渠道，其投資的收益率有顯著的回升，這對中國的養老保險基金管理有很好的借鑑作用。單靠龐大的中央財政補貼並不能很好地解決養老金缺口問題，善於利用養老保險基金，可以很好地實現養老保險基金的保值增值，從源頭上擴大保險基金的來源。根據國務院發布的《基本養老保險基金投資管理辦法》，投資股票、基金等交易性金融資產的比例不超過基金總資產的 30%，其目的還是以套期保值為主。日本養老金投資產品不僅包括國內債券和國內的公司股票，還包括外國債券和公司股票，不僅在股權市場上有投資，還在債權市場上有投資，近年來又增加了境外投資，收益率有所上升。對於中國來說，我們應該逐步開放養老保險基金在債權市場上以及實體經濟上的投資，不能僅僅局限於股權投

資。這樣既可保證養老保險基金的投資運用，也可促進資本市場甚至實體經濟的發展。

(五) 明確政府在養老保險中的作用

在人口老齡化加速發展的背景下，日本的年金繳費人數在下降，而享受待遇的人數卻在增加，年金支付規模日益擴大，政府財政補貼的數額也越來越大，而且明確了固定的補助比例，確保了年金制度平穩運行。政府每五年對年金制度做全面檢查，適時進行改革調整，並提高了個人、企業繳費的數額與比例。財政補助與個人繳費的增加不僅僅滿足當期支付，而是留有一定的結餘，以便投資運用，而且保持保費的增長具有一定的規律性，以便國民與企事業單位事先有所預期。

4.2 法國應對養老金缺口的經驗與啟示

法國是世界上第一個老年型國家，雖然其人口老齡化速度發展比較緩慢，但同樣面臨著人口老齡化的挑戰。法國不斷進行養老金制度改革以應對養老金支付的壓力，在改革過程中注意照顧弱勢群體等措施值得我們借鑑。

4.2.1 引言

自工業革命以來，各國的人口結構都在發生深刻的變化，在人口慣性的作用下，老年人口所占比例越來越高，養老壓力越來越大。Cankar 和 Retkovsek（2013）認為自 2008 年金融危機爆發以來，歐盟各國的公共財政都面臨著巨大的壓力，各國都在尋找穩定財政的措施，並且都在採取緊縮措施以緩解支付壓力，但是對於養老金赤字不能貿然採取減少支出的對策。因此，這些國家現如今都在尋找適合本國國情的應對措施。Carnegy Hugh（2012）認為 2011 年法國的養老金缺口已達 140 億歐元，估計 2017 年會達到 188 億歐元，2020 年達到 200 億歐元。Horlick（2007）預計公共養老金的支出將逐漸增大，預計由 2010 年占 GDP 的 10.4%上升到 2050 年的 13.3%。Bourdieu（2011）等人認為養老金產生缺口的原因在於市場經濟不完善，導致該體系產生信任危機，從而導致該模式不能有效運轉。為此，法國財政部長 Pierre Moscovici（2012）認為法國養老金改革是必須的，但要考慮公平等問題。Bosworth 和 Burtless（1997）提出應對養老金缺口的方法：提高繳納額度，一般手段就是提高費率；增加就業人口，採取的方法主要有提高移民率和總和生育率。陳雷、汪連新（2011）系統地分析了法國養老金制度的發展與改革歷程，指出了其存在的問題，對中國的養老保險制度提出了有針對性的建議。

目前，中國經濟正處於轉型時期，社會保障制度的建立和完善依賴經濟的發展，經濟的可持續發展也離不開一定的社會保障，因此，我們也要重視社會保障制度的發展和完善。而中國社會保障制度建立時間不長，一直都處於改革與完善之中，還有很多不足之處。目前又面臨著「未富先老」的困境，養老壓力越來越大，進一步改革勢在必行。為此，本節介紹法國社會保障，特別是其養老金的發展歷程、特點、目前面臨的問題以

及應對措施,以期為中國養老保險改革提供參考。

本節將主要研究法國養老金制度的發展歷程、法國養老金制度的特點、法國養老金制度的問題所在、法國養老金缺口的應對措施以及法國應對經驗對中國養老保險改革的啟示。法國養老金制度從建立到逐步完善經歷了上百年之久,最初的幾十年由於勞動力和經濟總量持續增長,現收現付制度以及社會保障制度沒有體現出它的缺陷,但是近幾十年來隨著老齡化問題的加劇和制度的不合理,原有模式越來越不適合現有的經濟和人口發展狀況,因此,法國早在20世紀90年代就開始了養老金的改革,已取得了一定的成效。

4.2.2 法國的人口老齡化

早在1865年,法國65週歲及以上人口占總人口的比例就已達到7%,率先成為老年型國家,到1871年時這一比例已經達到7.4%。人口老齡化屬於人口結構變化的範疇,其形成原因主要有:人口慣性(也就是人口結構)、總和生育率走低、死亡率走低、壽命延長。Martine(2003)分析了低生育率和長壽風險對人口老齡化的影響。聯合國對法國人口的平均預期壽命進行了統計預測,如表4-2-1所示。該表顯示法國人口的平均預期壽命一直在持續增加,從20世紀50年代前半期的67.05週歲預計將會增加到21世紀50年代前半期的87.91週歲,足足增加了20週歲;預計21世紀後半葉還將增加5週歲。法國人口平均預期壽命不斷延長,從而成為其人口老齡化程度不斷加深的重要原因之一。

表4-2-1　法國新生嬰兒平均預期壽命　　　　　　　　　　單位:週歲

時期	平均預期壽命	時期	平均預期壽命
1950—1955 年	67.05	2025—2030 年	84.20
1955—1960 年	69.20	2030—2035 年	84.84
1960—1965 年	70.66	2035—2040 年	85.47
1965—1970 年	71.33	2040—2045 年	86.10
1970—1975 年	72.32	2045—2050 年	86.71
1975—1980 年	73.50	2050—2055 年	87.33
1980—1985 年	74.63	2055—2060 年	87.91
1985—1990 年	75.94	2060—2065 年	88.51
1990—1995 年	77.20	2065—2070 年	89.09
1995—2000 年	78.29	2070—2075 年	89.68
2000—2005 年	79.44	2075—2080 年	90.28
2005—2010 年	80.82	2080—2085 年	90.86
2010—2015 年	81.89	2085—2090 年	91.44
2015—2020 年	82.80	2090—2095 年	92.02
2020—2025 年	83.53	2095—2100 年	92.59

資料來源:POPULATION DIVISION. World Population Prospects (Median Variant and Estimates): The 2017 Revision [R]. New York: United Nations, 2017.

法國是世界上第一個老年型國家，從其成為老年型國家算起過去了150餘年，2015年其60週歲老齡化係數、65週歲老齡化係數分別為25.2%、19.1%，顯著低於日本，也低於德國，而在1950年時老齡化係數已高於所有在本書第一章分析的典型國家的老齡化係數。法國人口老齡化發展速度比較緩慢，主要原因就是總和生育率總體上呈現緩慢下降趨勢，1975年以前顯著高於更替水準，而1975年後經歷了一個20年的緩慢下降，然後開始緩慢回升，在2010年前後一段時間裡達到1.98的水準，接著又更進一步地緩慢下降，預計在21世紀末降到1.94的水準。儘管法國育齡婦女的生育率保持下降趨勢，但下降速度非常緩慢，僅僅略低於2.1的更替水準，幾乎進入穩定狀態。見表4-2-2。總之，法國人口老齡化程度不斷加深的主要原因是平均預期壽命不斷延長（根本原因就是死亡率下降），其次就是總和生育率緩慢下降。

表4-2-2　1950—2100年法國育齡婦女生育率　　　　　單位:‰

時期	15~19週歲/‰	20~24週歲/‰	25~29週歲/‰	30~34週歲/‰	35~39週歲/‰	40~44週歲/‰	45~49週歲/‰	總和生育率
1950—1955年	30.78	166.95	164.02	108.47	59.47	18.49	1.27	2.75
1955—1960年	30.05	168.60	166.95	101.58	53.41	16.23	1.07	2.69
1960—1965年	36.55	184.24	176.22	103.13	50.27	14.94	1.02	2.83
1965—1970年	36.52	176.41	160.85	95.23	45.23	12.71	0.87	2.64
1970—1975年	37.93	157.90	139.75	77.75	36.17	9.92	0.66	2.30
1975—1980年	28.70	130.07	126.66	60.81	22.30	5.11	0.36	1.87
1980—1985年	20.09	119.01	136.74	69.18	23.15	4.59	0.30	1.87
1985—1990年	13.65	94.54	139.29	79.56	28.50	5.16	0.31	1.81
1990—1995年	10.99	72.85	133.62	86.05	33.03	6.14	0.29	1.71
1995—2000年	9.81	60.96	133.82	100.48	39.60	7.45	0.30	1.76
2000—2005年	10.77	62.27	134.53	112.06	47.05	9.39	0.40	1.88
2005—2010年	10.03	61.16	134.62	123.24	54.76	11.26	0.53	1.98
2010—2015年	9.44	58.78	131.07	126.01	57.82	12.63	0.67	1.98
2015—2020年	8.64	54.23	125.67	131.15	61.33	12.95	0.71	1.97
2020—2025年	8.02	48.18	121.52	140.17	63.71	11.09	0.55	1.97
2025—2030年	8.00	48.03	121.16	139.74	63.52	11.06	0.55	1.96
2030—2035年	7.98	47.92	120.88	139.42	63.38	11.03	0.55	1.96
2035—2040年	7.97	47.85	120.69	139.20	63.27	11.01	0.55	1.95
2040—2045年	7.96	47.80	120.58	139.07	63.22	11.00	0.55	1.95
2045—2050年	7.95	47.76	120.47	138.95	63.16	10.99	0.55	1.95
2050—2055年	7.95	47.71	120.36	138.82	63.10	10.98	0.55	1.95
2055—2060年	7.94	47.69	120.29	138.74	63.06	10.98	0.55	1.95
2060—2065年	7.94	47.68	120.28	138.73	63.06	10.98	0.55	1.95
2065—2070年	7.93	47.65	120.18	138.62	63.01	10.97	0.55	1.94
2070—2075年	7.93	47.65	120.18	138.62	63.01	10.97	0.55	1.94
2075—2080年	7.94	47.65	120.20	138.63	63.01	10.97	0.55	1.94

表4-2-2(續)

時期	15~19 週歲/‰	20~24 週歲/‰	25~29 週歲/‰	30~34 週歲/‰	35~39 週歲/‰	40~44 週歲/‰	45~49 週歲/‰	總和生育率
2080—2085 年	7.93	47.62	120.11	138.54	62.97	10.96	0.54	1.94
2085—2090 年	7.93	47.61	120.09	138.51	62.96	10.96	0.54	1.94
2090—2095 年	7.92	47.53	119.90	138.29	62.86	10.94	0.54	1.94
2095—2100 年	7.92	47.56	119.98	138.38	62.90	10.95	0.54	1.94

資料來源：POPULATION DIVISION. World Population Prospects (Median Variant and Estimates): The 2017 Revision [R]. New York: United Nations, 2017.

根據聯合國的人口統計預測資料，我們能清晰地看出法國人口老齡化正在緩慢加深，老齡化係數呈現波動式增長的趨勢，如表4-2-3所示。從60週歲老齡化係數變化來看，2005—2025年是增幅比較大的時期，年均增長的百分點數超過0.3，其中最快的時期是2005—2010年，年均增長0.44個百分點。65週歲老齡化係數增幅比較大的時期是2010—2030年，年均增長的百分點個數超過0.3，其中最快的時期是2010—2015年，年均增長0.42個百分點。總之，2005—2030年是法國人口老齡化高峰時期。可以看出，不論是60週歲及以上人口還是65週歲及以上人口，從1950年到2015年，這些人口所占比例都在增加，並且按照這個趨勢在接下來的近100年裡將會增長到更高的水準，60週歲老齡化係數、65週歲老齡化係數預計將分別超過35%、30%，而且還保持著繼續上升的趨勢。

表4-2-3 1950—2100年法國人口老齡化係數　　　　單位:%

年份	60週歲老齡化係數	65週歲老齡化係數	年份	60週歲老齡化係數	65週歲老齡化係數
1950	16.3	11.4	2030	29.9	23.9
1955	16.2	11.5	2035	31.0	25.1
1960	16.7	11.6	2040	31.3	26.0
1965	17.5	12.1	2045	31.6	26.1
1970	18.0	12.8	2050	31.8	26.3
1975	18.3	13.4	2055	31.7	26.5
1980	16.9	13.9	2060	31.8	26.4
1985	18.2	12.7	2065	32.3	26.6
1990	19.1	14.0	2070	32.9	27.2
1995	20.2	15.1	2075	33.4	27.8
2000	20.7	16.1	2080	33.9	28.4
2005	21.1	16.6	2085	34.4	29.0
2010	23.3	17.0	2090	34.9	29.4
2015	25.2	19.1	2095	35.4	29.9
2020	26.9	20.8	2100	35.9	30.4
2025	28.5	22.4			

資料來源：POPULATION DIVISION. World Population Prospects (Median Variant and Estimates): The 2015 Revision [R]. New York: United Nations, 2015.

4.2.3 法國的養老金制度

法國是一個典型的西方福利國家，其養老金體系覆蓋面廣、保障水準比較高，雖然相對於其他西方發達國家起步較晚，但發展很迅速。法國養老金制度同樣面臨日益嚴峻的人口老齡化壓力。為應對挑戰，自 20 世紀 80 年代初以來就不斷進行養老金制度改革，以確保其具有可持續性。

(一) 法國養老金制度的發展歷程

法國退休養老制度可追溯到 19 世紀初的工人互助組織，這可以看成是私營的行業保險，比如 Schneider 公司 (法國最大的鋼鐵公司) 早在 1877 年 5 月就為員工建立了養老保險制度，但這僅僅是個別企業為員工設立的退休金制度。最初的制度比較簡單，僅僅要求滿足一定的工作年限。後來通過立法進一步系統地闡釋了該項制度，並且法律要求統一所有養老保險體系，重新組織並進行規範，大幅度地擴大系統內的成員，比如涵蓋教師和郵政人員等。法國在 1901 年頒布了《非營利性社團法》來規範類似互助組織的退休養老體系，而系統地正式地確立養老金制度是 1946 年的《社會保障法》，從此退休養老保險制度終於建立起來。1960 年，該體系覆蓋農業從業人員。基本上覆蓋全體公民則是在 1970 年以後。儘管該法律被修改多次，但是最基本的規則保持不變，比如仍然是四類制度：普遍類制度 (涉及私有工商企業的雇員)、農業類制度、自由職業制度 (包括私人老板和手工業者等)、特殊類制度 (主要包括公務員和鐵路公司職員)。

法國經歷了 1945—1975 年的「輝煌的 30 年」之後不久又迎來了「糟糕的 30 年」(1979—2009 年)，由於養老金的高標準待遇是在前 30 年確定的，後來養老金體系便出現了問題，主要原因就在於經濟由繁榮走向衰落，失業率走高，該退休養老金制度下的支出日益增加，逐步拉大了與養基金收入的差距，赤字逐年擴大，改革便勢在必行。不僅自身赤字促使改革，外界壓力也起到了一定的作用。作為歐盟創始國，養老金赤字也突破了歐盟要求的警戒線。對此，中國的彭姊祎 (2014) 和國外的 Blanchet 都對法國退休制度的改革歷程做了一些研究。

1982 年，法國宣布對養老金制度進行改革。1986 年，將作為計算養老金基礎的 10 年最高工資的平均值改為 25 年最高工資的平均值，領取全額養老金的繳費要求由 37.5 年逐步提高到 40 年。

1993 年巴拉迪爾改革。面對日益擴大的財政赤字，特別是養老金支出日益增加，法國政府不得不採取一些措施，首先就是壓縮福利制度。具體改革方案有：將普遍類制度下的私有工商業雇員領取全額退休金的繳費年限由 37.5 年提高至 40 年；決定從 1994 年起，每年提高一個季度的繳費，領取全額退休金的條件逐步由 160 個季度提高到 170 個季度，將養老金的參照計算標準由職業生涯中的最高 10 年平均工資逐步提高到最高 25 年平均工資，逐步將退休金與物價掛鈎，與工資脫鈎，實現更廣泛範圍內的公平。但此次改革繞開了「特殊制度」，沒有對既得利益的公共部門進行改革。Blanchet (2005) 認為這次改革雖然僅僅涉及私人部門的養老問題，但邁出了養老金改革的第一步，具有里

程碑一般的重要意義。

1995 年朱佩改革。朱佩政府嘗試把 1993 年的改革拓展至所有部門，但是遭到了大規模的抗議，導致大罷工浪潮，朱佩下臺，此次改革宣告失敗。

改革受到了嚴重的阻力，被迫擱置了一段時間。但是，人口老齡化在繼續深化，養老金缺口仍在持續擴大，Barry 和 Gary 在 1997 年的文章中預測法國到 2030 年老年負擔系數將達到 40%。根據歐盟統計局的數據（Eurostat），自 2004 年以來，法國的財政赤字僅有 2006 年、2007 年低於 GDP 的 3%（具體數據見表 4-2-4）。造成政府赤字的主要原因正是養老金支付的壓力。可以看出，法國每年的赤字都很大，特別是 2009 年和 2010 年，分別高達 7.2% 和 6.8%，因此，法國的養老金制度改革必須繼續進行下去。

表 4-2-4 2004—2015 年法國財政赤字占 GDP 的比例 單位:%

年份	財政赤字	年份	財政赤字
2004	3.5	2011	5.1
2005	3.2	2012	4.8
2006	2.3	2013	4.0
2007	2.5	2014	4.0
2008	3.2	2015	3.5
2009	7.2	2016	3.4
2010	6.8		

資料來源：歐盟統計局政府財政赤字，http://ec.europa.eu/eurostat/tgm/table.do?tab=table&init=1&language=en&pcode=teina205&plugin=1.

2003 年拉法蘭改革。2002 年法國公共財政赤字占法國 GDP 的 3.1%，超過了歐盟的規定，必須進行改革。拉法蘭政府汲取了巴拉迪爾政府和朱佩政府的教訓，對特殊制度中工會參與率較低的公務員的養老金制度率先進行改革，逐步將其標準向私有部門標準看齊，將領取全額養老金的繳費年限逐步由 37.5 年提高至 40 年。為了緩解抵觸情緒，建立了強制性的補充退休金制度，這其中包括 RAFP（公務員補充保險）、PERP（人民退休養老儲蓄計劃）和 RERCO（集體養老儲蓄計劃）。但是，改革仍然留有「特區」，對法國國營鐵路公司、巴黎獨立運輸公司暫時沒有進行改革。

2008 年菲永改革。此次改革的目標就是對特殊制度中還未進行改革的部分進行改革，比如法國國營鐵路公司、巴黎獨立運輸公司。自 2003 年拉法蘭政府進行養老金制度改革以來，法國人民也在慢慢地接受改革。在民眾的支持下，通過數次談判，最終敲定了改革方案：繳費年限向公務員看齊，養老金與物價掛鉤。但是政府也做出了妥協：為他們建立補充退休金制度，提高他們的工資水準。雖然改革的效果不大，但改革的意義卻是顯著的。前幾次改革的成功之處就是領取全額養老金的最低繳費年限由 37.5 年提高至 40 年。

2010 年薩科齊改革。自 1993 年以來，改革大多圍繞提高繳費年限進行。該措施雖然起到了一定的積極作用，但還是沒能應對巨大的養老金支出壓力。2010 年法國退休金

赤字達 320 億歐元，而法國的每位在職職工大約都要將自己收入的 23%用於支付醫療保險費和退休金等。如果沒有更好的措施來應對財政赤字，法國民眾將不堪重負。因此，薩科齊政府將改革方向指向退休年齡，主要措施就是把全體國民的退休年齡從 60 週歲提高至 62 週歲，領取全額養老金的年齡由 65 週歲提高到 67 週歲，繳費年限提高到 41 年，公共部門的費率由 7.85%提高到 10.55%。然而這導致了全國大規模的抗議反對浪潮，迫使薩科齊下臺。

2013 年奧朗德改革。奧朗德在競選時承諾廢除提高退休年齡的法令，但是迫於巨額財政赤字的壓力，只能繼續推行改革，規定從 2020 年起至 2035 年，逐步提高基本養老保險的費率，同時提高領取全額養老金的繳費年限至 43 年。

(二) 法國養老金制度與改革的特點

1. 養老金體系的特點

首先，多種養老金體制共同存在。總體上分為四大類，每類的養老標準都不同，特別是一些群體的待遇過好，明顯會激發社會矛盾，這已顯示出法國養老金體系的「碎片化」特徵。「拼貼畫」似的養老制度雖然將所有的法國人納入養老金體系，但該體系有失合理性，在運行和監管方面帶來了巨大壓力。其次，行業掌握著大部分權力。各種細化的標準和制度均由雇主和雇員談判決定，這樣很容易為了行業自身的利益而忽略了國家整體利益。最後，社會經費自行籌集，空缺不足的部分由政府財政補充。政府被動地籌集資金，給財政帶來了巨大壓力，當養老金缺口持續增大時，也就意味著財政赤字將隨之擴大。

2. 制度改革的特點

外部力量（歐盟）或外部事件的推動，比如歐洲經濟和貨幣聯盟要求年度財政赤字不能超過 GDP 的 3%，而 1993 年法國財政預算赤字占 GDP 的 6%，嚴重超過了歐盟的准入標準，致使政府改革的決心更足；在各種制度下，改革循序漸進，先改革普遍類制度，然後再對特殊類制度進行改革；政府需要和工會談判協商改革方案，效率低下，特別是在對鐵路部門的改革過程中，阻力最大；改革很艱難，但是一旦開始就只能繼續進行下去；雖然是為了解決財政赤字問題，但同時也在根除特權，實現全民福利平等方面做出了重大貢獻；不再以政黨為區分，經濟利益的考量超越了意識形態的分歧，不論是哪個政黨執政，只要採取的措施能夠減緩養老金赤字，各個政黨都會採取支持態度。從前面的分析可以看出，法國的養老金制度改革堅持了由易到難、循序漸進、各個擊破的原則。

堅持現收現付制為主。法國現收現付制一直可行的原因之一就是該國人口總量基本不變。法國的一項調查顯示，法國的出生率在近 40 年幾乎保持不變，每名法國婦女一生大約生育兩個孩子，穩定的出生率讓其在一定程度上保持了一個較為合理的人口結構，緩解了人口老齡化帶來的問題，這就為一直實行現收現付制創造了條件。雖然其人口結構有所改變，但被經濟的高速發展掩蓋了；改革中注重保障弱勢群體的利益，設置各種形式的基金，以便更加全面地維護弱勢群體的權益，實現更加廣泛、更加公平的養老金模式。

3. 支付制度的特點

法國在二戰後一直實施家庭政策以確保人口不減，其投資總額約占 GDP 總值的 5%，從孩子出生到成年總計 20 餘項補貼，這在一定程度上緩解了家庭的壓力。同時，法國的托兒所基本是公立免費的，孩子一般在 2~3 週歲時就被送到托兒所，而婦女也會受到再就業政策的照顧，產後也相對容易重歸工作崗位。歐洲各國的統計數據顯示，家庭主婦的生育意願更低一些；對法國來說，政府積極引導婦女再就業，這不僅對婦女的生育意願起到了激發作用，而且對增加就業人口也有一定的促進作用。

法國的養老金制度運行效率很高，正如錢運春（2004）所說，法國在全國高度統一地強制徵收養老保險基金，將收上來的錢交由「社會保險和家庭補助徵收聯合會」管理，而在給付方面由「社會保障中央基金管理局」專門負責匯入個人帳戶。該制度下的「社會保險和家庭補助徵收聯合會」是一個獨立於國家之外的公益部門，與社會保障中央基金管理局相互獨立，這樣就保證了收支兩條線管理，有利於相互監督和制約。問題就在於現收現付制很可能發生繳納的保費不夠支付的問題，所以政府需要填補其缺口，地位非常被動。正如週日弘（1997）提到的，在英國的養老金制度中，政府根據社會需求和社會承受力決定稅收的數額和保障水準，政府的地位是主動的；而在法國，各行業養老金體系根據各自的原則和具體情況決定公眾繳納的保費和給付的待遇水準，而在此過程中，政府沒有直接介入，只有在入不敷出時政府才會通過統一稅收來補貼，此時的法國政府是很被動的。目前，法國社會保障資金的 25% 左右來源於政府，75% 左右來源於強制繳費。也就是說，養老金支出越大，在沒有積極應對措施的情況下，政府潛在的養老金方面的赤字也會越大，因此，有關養老金的改革將繼續進行下去。

4.2.4　法國養老金制度存在的主要問題

（一）法國養老金存在支付缺口

伴隨著人口老齡化而來的養老金支付壓力的增大或養老金缺口的產生並擴大，主要是因為繳納養老保險費的勞動者變少或者繳納率降低，而領取養老金的人變多或者每人領取的數額增加，形成了支付壓力，出現收不抵支的現象。而繳費人數的減少除了與勞動力人口減少有關之外，還與相應的勞動力體系和稅務體系不合理有關，勞動力供需不平衡和累進稅率不合理都會抑制勞動力的供給，這樣集體帳戶資金總額就會減少。勞動力供需不平衡主要是隨著科技的發展，有關的高科技人員短缺，體力勞動者過剩，這樣就會導致有效勞動人口減少，有效繳納養老保險費的人數減少。收入不足的另外一個原因可能是養老保險的費率不盡合理，如果費率過低也可能出現養老金收不抵支的現象。養老金出現缺口的另一個原因就是養老金支出的增大，領取養老金的人越來越多，導致支付總額增大，缺口增大。Carnegy Hugh（2012）稱 2011 年法國養老金缺口已達 140 億歐元，若不採取有效措施，估計到 2017 年將會達到 188 億歐元，2020 年達到 200 億歐元。Horlick（2007）也預計公共養老金的支出將逐漸增大，由 2010 年占 GDP 的 10.4% 上升到 2050 年的 13.3%。Bourdieu（2011）等人還提到養老金缺口的產生原因就是市場

經濟不完善，比如信用市場和勞動力市場的缺陷導致未來不能按約定支付養老金，這樣就會導致該體系的信任危機，從而導致該模式無法有效運轉。為此，法國財政部長 Pierre Moscovici（2012）認為法國的養老金改革是必須的，但要考慮公平等問題。

(二) 養老金制度改革面臨的困境

法國養老金制度改革的困境主要在於法國社會保障福利的剛性和既得利益群體的阻撓。就福利剛性而言，簡單地說可以是人們從窮日子過渡到富日子自然很高興，但是當客觀條件發生變化時，要將富日子過渡到窮日子，將難上加難，並且很有可能會受到大規模反抗，甚至引起社會衝突。換言之，福利剛性就是待遇上升容易下降難。法國過去實行福利國家制度，相關待遇已經提升上去了，要削減待遇就會變得很困難。

改革的另一大阻礙就是既得利益者的無理阻撓。他們一般通過工會擴大其影響，穩固自己的福利地位。政府需要和代表各個既得利益群體的工會進行談判、商量具體的改革細節，在大多數情況下政府都需要做出讓步，這往往會讓改革舉步維艱。對此，Bosworth 和 Burtless（1997）創造性地提出了「工會重組」的想法，讓不同利益群體之間相互制衡。從大的範圍來分，法國有四種不同的養老金制度，不同的制度之間待遇水準、退休條件等都不同。普遍類制度下私有工商企業雇員的退休年齡為 65 週歲，特殊條件下的退休年齡為 55 週歲，甚至更早。最初的退休年齡也不盡相同。以鐵路公司為例，若在職滿 25 年或以上年限，則可在 55 週歲時退休，其他職業則需滿足在職 30 年及其以上年限並在 60 週歲退休。公共部門群體的社會保障水準相對較高，他們自然十分反對改革，因為改革的總體思路是增收節支。同時，錢運春（2004）認為不同養老金制度下的群體會相互攀比，導致養老金支出劇增，同時也加深了社會矛盾。Lagoutte 和 Reimat（2012）也提到金融危機加劇了改革的難度，認為自危機以來勞動力需求減少，工資增長率降低，導致需要幫助的人越來越多，社會保障的收入會減少，同時社會保障的支出會增加，使社會保障制度受到衝擊，政府卻對此沒有有效的解決辦法。總之，法國人口老齡化在逐步加深，人口平均預期壽命在不斷地延長，必須對養老金制度進行改革，才能使養老金制度具有可持續性。

4.2.5 法國應對養老金缺口的措施

從表 4-2-3 可以看出，在 1960 年以前，法國的人口老齡化進程比較緩慢，而且由於處於經濟發展迅速時期，法國的養老金體系也沒有顯現出嚴重的弊端。但是，自 1960 年起，法國 65 週歲及以上的人口所占比例從 11.6% 上升到 1980 年的 13.9%，而且自 1970 年起經濟發展有所放緩，養老金的計算方法也在這個時候進行了調整，提高了待遇水準，養老金支出與日俱增。為應對養老金支付的壓力，法國政府當時採取了簡單的應對措施：將個人的養老保險繳費率從 1960 年個人工資的 3% 提高到 1980 年的 6.5%，企業也要為職工繳納養老保險費，其繳費率從 1960 年的不繳費提高到 1980 年的 10.8%。但是，提高養老保險費率並沒有真正地遏制住養老保險基金赤字的增長。

法國養老金體系改革措施總的來說可以分為兩大類：一是對現有的現收現付制進行

修修補補，二是另闢蹊徑去尋找另一種制度——累積制。從法國 1993 年以來歷屆政府的改革措施來看，改革主要還是圍繞現收現付制進行的，累積制僅僅是以補充的形式存在，這就導致法國一直是歐盟裡私人養老保險發展程度最低的國家。但是，對累積制的研究早在 20 世紀 70 年代就已經開始，其中一些議員在 70 年代末就開始討論養老金私有化問題了。Naczyk（2016）在論文中介紹法國早在 20 世紀 80 年代就已提出 PEE（plans d'epargne d'entreprise），將計劃儲蓄業務作為退休養老的一個補充方法。20 世紀 90 年代法國財政赤字持續擴大，養老金支出越來越多。1991 年，工業部長在報告中強調 PPE 對法國經濟的融資作用，因為 PPE 計劃指出職工可以將部分收入存入銀行或者保險公司（這部分錢不能隨意支取），職工可以將這部分錢從稅基中扣除，這在某種程度上激發了職工的儲蓄意願，同時這樣做的好處就是這些儲蓄起來的資金可以用來投資以擴大生產。在 1995 年改革失敗以後，養老金體系的改革曾一度停滯，但是人口老齡化問題和養老金缺口問題卻繼續嚴重化。2000 年以來，針對改革的停滯，政府又相繼提出 PPESV（plans partenariaux d'epargne salariale volontaires）和 PEI（plans d'epargne inter-entreprise），這些方案和 PEE 很相似，並且都要求職工自覺地、自願地儲蓄。法國政府在 2002 年決定建立養老儲備基金（FRR-fonds de reserve pour les retraites），將其交由資產管理公司營運，希望能對養老金赤字起到一定的緩衝作用。2003 年，伴隨著拉法蘭的改革，政府又建立了補充退休制度（比如 RAFP、PERP 和 RERCO），這實質上就是累積型的養老保險。而 Berger 和 Lavigne（2007）認為 FRR 資金來源不穩定，不是一個有效的解決辦法。他們認為二戰後的「嬰兒潮」人群在 2025 年將基本上全部退休，因此，他們建議在 2020 年開始逐步提高繳納率與費率。在隨後的 2008 年改革中，累積型養老保險仍然只是以補充保險的形式出現，政府改革的重點仍然是對現收現付制進行完善，這就導致退休儲蓄等計劃沒能得到廣泛推廣。Clayton（2012）介紹了另外一種養老儲蓄的迂迴方法，建議徵收金融交易稅（Financial Transaction Tax），居民和機構進行投資時將繳稅，因此會有一部分資金被存儲起來。這樣政府就能達到鼓勵居民進行養老儲蓄的目的。

　　法國的社會福利水準很高，主要屬於現收現付制的養老金模式。1993 年的改革主要考慮增加資金的來源，提高領取全額養老金的繳費年限，同時也考慮了減少給付，修改養老金領取額的計算方法。此次改革在養老金的「收」「付」方面同時展開，拉開了改革的序幕。各界學者也對養老金制度的改革紛紛建言獻策。Bosworth 和 Burtless（1997）提出應對養老金缺口的方法：提高繳納額，一般是提高繳納的費率，從勞動者的收入中提留出更大一部分用來贍養當代老年人；增加就業人口，文中提到的方法有提高移民率和總和生育率。提高移民率能夠明顯地改善人口結構，迅速增加就業人口，增加養老保險基金來源與總額，而提高總和生育率短期內效果不佳，並且會增大當代人的負擔。增加就業人口還有一個方法就是讓退休人員再就業，加大對勞動者的技能培訓，最大限度地滿足勞動力市場的需求。Lagoutte 和 Reimat（2012）就提到自 2007 年到 2010 年，法國 55~64 週歲人口的就業率已經上升了 67%，這在一定程度上緩解了養老金缺口問題。以上方法屬於增加供給方面，而在減少需求方面有提高退休年齡和提高養老金給付條件

兩種方法。提高退休年齡，一般是指延遲退休，同時減少提前退休，這種方法不僅能夠減少老年人的領取總額，還能增加就業人口，提高養老保險基金總量；對於減少給付額，由於會遭到抗議，這個方法一般不常採用。

同樣，Horlick（2007）也認為社會保障體系的改革大體相同：增加繳納年數，這方面主要是指延遲退休，並且很多國家正在推行；提高全額給付的年齡，比如提前退休只能領取全額退休金的一部分；提高繳納比率與費率，這個方法很少得到廣泛應用，因為發達國家的繳納比率與費率早已很高；用價格指數而不是工資指數來調整過去盈餘的現值，減少領取金額，這是因為如果用工作中最後幾年的平均工資決定退休金的數額，這樣很多人會選擇前期工資領少一些，最後幾年多領取一些，這樣就會造成退休金支付的增多。而 Alex 和 Andy（2004）認為提高移民率和提高繳納率都是不可行的舉措，因為效果難以持續。而更受歡迎的解決辦法是增加繳納期限，提高退休年齡，但是這種方法雖然不是很激進但仍有超過70%的人不同意提高退休年齡，工會也是積極地組織遊行來反對。對此，Bosworth 和 Burtless（1997）創造性地提出了「工會重組」這一概念，認為重組後的工會能夠從全局出發，會轉變態度支持養老金改革。同時他們認為現收現付制可行的情況就是勞動力增長率為正，實際工資不減，這在當下顯然是不合適的。他們又提出養老金個人帳戶累積制，它採用兩層系統抵禦風險，第一層公共福利層面，第二層個人帳戶層面。直觀上理解就是養老金的來源分為公共和個人兩個帳戶。也提到應對養老金缺口的解決方案還有大力發展經濟，經濟的持續增長能有效緩解此類問題，但在全球經濟低迷的情況下這種方法顯然不可行。同時法國民間也在摸索新的養老金制度，比如芭芭雅嘉互助養老模式，這是由一群退休職工發起的一個自我管理、相互幫助、一起度過餘生的社區養老模式。當這些直接措施不能有效地解決問題時，Sonnet、Olsen 和 Manfredi（2014）提出應對養老金缺口的三個間接措施：一是政府對老年就業者進行獎勵，引導和鼓勵老年人再就業；二是破除雇主障礙，嚴禁歧視老年就業者，鼓勵企業雇用老年就業者；三是拓展第三區域，加大對他們的培訓，努力發展經濟，吸引老年人就業，形成老年人的特有行業。而關於養老保險基金對經濟的促進作用，Ajina、Lakhal 和 Sougne（2015）強調養老保險基金能夠提高資本的利用效率，可以對企業進行投資融資，促進經濟的持續增長，從而緩解養老金缺口問題。

從法國的歷次養老金改革中，我們可以看出：1993年巴拉迪爾和1995年朱佩兩次改革的內容主要針對普遍類制度下的領取者，採取提高繳費年限的方式，由至少繳費37.5年提高至40年，同時修改退休金額的計算方法。2003年拉法蘭和2008年菲永兩次改革的內容主要針對特殊制度，將該制度下的退休和領取養老金標準逐步向普遍類制度下的標準看齊。2010年薩科齊和2013年奧朗德兩次改革的內容主要是延遲退休，並逐步提高養老金的繳納費率。總而言之，法國的歷次改革採用的方法都是增加繳費年限、提高繳納費率和延遲退休以增收節支，並緩解養老金支付的壓力與危機。

4.2.6 法國的應對經驗對中國的啟示

中國的養老問題將更為突出，因為自實施計劃生育政策以來，每對夫妻生育一個孩子，這可以簡單地認為這個小孩將要贍養兩位老人，這將對中國的養老金系統帶來巨大的考驗。中國老齡化不僅是「未富先老」，而且來勢也很凶猛。法國成為老年型國家後用了150年（1865—2015年）形成的老齡化水準（60週歲老齡化係數為25.2%），中國在成為老年型國家後僅僅用30年（2000—2030年）時間就可達到。因此，我們要高度重視中國的人口老齡化問題，充分借鑑國外經驗並與中國實際情況相結合，提前採取合理的對策。目前，中國的養老保險制度體系仍然處於分割的狀態，有機關事業單位離退休養老保險制度、城鎮職工養老保險制度、城鄉居民養老保險制度，等等，分割嚴重，存在管理協調的難度。當然這與中國社會保障制度起步較晚，發展路徑多元有關，但我們仍要提早預防一些比較突出而棘手的問題，比如養老金的支付壓力、待遇相差較大、延遲退休。我們必須進行改革，努力將中國社會養老保險制度及早引向科學合理可持續的發展道路。

法國的養老金改革經驗對中國的啟示主要有：適當對弱勢群體進行照顧，加快取消養老保險制度雙軌制，取消公共部門的養老特權，逐步實現公平，同時逐步提高退休年齡和繳納年限與保險費率，促進企業年金和職業年金的發展。

（一）適當對弱勢群體進行照顧

法國養老保險制度改革的主要思路就是增收節支，在降低基本養老保險待遇的同時，也注重對弱勢群體的保障。婦女在生育期間、產假期間的補貼也納入最後計算養老金的基礎之中，失業者可以最多免交六個季度的養老保險費，從事重體力工作的勞動者可以提前退休。正是法國養老金制度改革過程中注重對弱勢群體的照顧在一定程度上減輕了改革過程中的阻力，這也是值得我們學習和借鑑的。今後，在中國養老保險制度改革的過程中，也應注重對婦女、低收入者等弱勢群體的照顧。在當前已全面實施二孩政策但效果不夠理想的情況下，應從養老保險等社會保障政策入手，對婦女生育、產假、女性就業、兒童入托入園等多方面給予關照，解除婦女生育的後顧之憂，讓中國總和生育率能夠適當回升，使中國人口老齡化得以延緩，這也是法國人口老齡化發展緩慢所給予我們的啟示。

（二）擴大養老保險基金的收入規模

擴大養老保險基金收入規模的方法有增加就業人口、提高繳費率和繳費年限。但中國的操作空間非常有限，因為中國的養老保險費率已相當高了。而且這種方法容易引起勞動者的抵制。因此，中國可在增加就業人口方面著手。目前的具體方法有延遲退休、退休人員再就業、鼓勵生育等方法。在增加就業人口方面，中國需要注重供需改革，比如加大培訓技術人員的力度，減少非必要的失業，同時也要減少提前退休。社會和政府可以提供再就業崗位，接納退休人員再就業，退休人員也可以被看成是一種資產，具體來說，就是他們有豐富的工作經驗、熟練的操作技能。可以讓這些退休人員作為培訓

師，把專業技能傳授給剛剛就業的人。在作為輔助手段的累積型養老保險制度方面，中國可以充分借鑑法國的經驗，通過納稅優惠的方法鼓勵公民自願儲蓄養老資金。在醫療方面，法國研發的「非藥物療法」值得我們借鑑，它在減少過度醫療的同時也減少了社保支出，提高了老年人的生活水準。對於法國的其他經驗我們需要慎重參考，因為中國養老保險體系還處於改革完善之中，面臨著「未富先老」的情況。法國人在觀念上已對福利制度產生依賴，而中國福利制度剛剛起步，並且水準比較低，發展程度和速度是否合理也需要一步一步地摸索，迅速趕上發達國家的保障水準難免會給經濟帶來過大的負擔，那樣非但不能促進經濟發展，為社會累積財富，反而會減緩經濟的發展和社會保障水準的提高，所以中國的養老保險制度改革事先要做好充分的評估工作。

　　Jones（2012）的費率操控理論表明稅率的變化可以有效地改變勞動供給，這和我們的經濟學理論也是一致的。稅率低的時候，勞動者可以得到更多的財富，一般是願意增加勞動供給的；而稅率過高時，勞動者綜合考慮之後，可能會減少勞動供給。如果退休金和工作年限緊密相連，提前退休的現象會有所緩和。而對年長者徵收更低的個人所得稅和養老金繳納率也會激勵延遲退休，這些都會降低養老金缺口，有效地緩解政府的財政危機。

（三）控制基本養老金支出規模

　　控制乃至縮小基本養老金支出規模的方法有：

　　一是重視發揮家庭養老的功能。雖然政府必將成為老年人養老的核心提供者，家庭養老不會是最終的有效解決辦法，但中國特色的養老制度仍然需要充分發揮家庭養老的作用。弘揚中華民族傳統美德，以家庭養老作為補充，只有這樣，才能在養老方面緩解政府財政壓力。目前中國有很多年輕人工作後沒有時間照看小孩，因為很少有人產後做全職太太，大多數都選擇了重返崗位，孩子大多只能由爺爺、奶奶或者外公、外婆照料，而此時他們大多數剛剛退休或者即將退休，身體還算強壯，有時間和精力照顧小孩，這正緩解了剛剛工作不久的年輕夫妻的壓力。當小孩長大後，該對夫妻的父母也已年邁，需要照顧，工作已久的夫妻正好有能力照顧他們的父母，這恰好在時間和代際做了交換，有利於緩解社會養老壓力。因此，中國傳統的養老方式還不能被完全摒棄。

　　二是提供完善的養老服務。我們也要全面客觀地看待老齡化所帶來的問題，因為在挑戰面前一定會有機遇。比如法國政府十分重視養老服務業，法國政府在2007年批准了《高齡互助2007—2012》和《安度晚年2007—2009》兩項養老規劃，豐富養老體系。考慮到無論是私立還是公立的養老機構都將對提高社會保障水準有一定的促進作用，因此，中國也要大力發展養老服務業。這種產業專門針對老年人，市場需求旺盛，主要有：一是為老年人提供養老產品和護理服務，比如家政服務、長期護理服務等；二是建立養老機構和設施，比如養老院和康復中心等；三是為老年群體專門研製生產的生活用品，比如保健品、特殊生活用品；四是針對老年人的再就業培訓服務。這些措施不僅能有效地提高養老服務水準，還能促進服務業和實體經濟的發展，有利於經濟結構的轉型升級。

三是根據個人生理年齡延遲退休。不同行業的退休應有不同的退休年齡。不同行業的工作性質不同，要求也不同，對身體的損害程度也不同。很多人僅從表面上判定退休年齡不同是不公平的，顯然也有失嚴謹。顯然，僅僅按日曆年齡定義退休時間是不精準的，每個人的體質不同，器官衰老程度也不盡相同，因此，能否考慮其他標準？比如，選擇生理退休年齡。生理年齡是指一個人生理上的年齡，衡量著一個人的生命活力。目前中國退休主要以日曆年齡為準，日曆年齡滿一定歲數即可退休。當然也存在提前退休的情況，而提前退休將不能全額領取退休金。如果這樣的話，假若一個接近退休的人因身體原因不得不提前退休，這是否會影響其退休金的領取？若扣除一定的比例，那麼對於家庭條件本來就不好並且身患疾病的老年人是不是一種雪上加霜？這表明，根據每個人實際身體狀況確定退休年齡似乎更加公平合理。比如，對雖然已經達到日曆退休年齡但身體狀況仍然很好的老年人，是否能讓其再多工作幾年？這樣，所有勞動者就會各盡所能，為社會發展多做貢獻，勞動力供應量也可達到最高值。按照生理退休年齡，需要區分模稜兩可的特性，比如疾病程度或健康程度，要用一個新的計量標準，一個容易衡量的定量標準。當醫療水準達到一定程度後，通過血液、血壓等生理特點可以很容易地測量一個人的生理年齡。用該年齡判斷該勞動者是否應該退休，這樣我們就不用全部「一刀切」式地延遲退休了。當然這種標準也可能會存在一定的問題，比如道德風險，另外，操作起來也有些難度。雖然這會遇到種種問題，但相信未來會有相應的解決辦法，也就是說未來將實行更加靈活的富有彈性的退休政策，以增加勞動者的選擇。

4.3 美國應對養老金缺口的經驗與啟示

美國人口老齡化速度比較緩慢，人口老齡化程度不算太高，但老年人口規模大，同樣面臨著人口老齡化的壓力。在對養老金體系進行改革的過程中，美國注重利用稅收優惠政策發展職業年金以減輕政府在養老保險體系中的責任，充分利用其世界第一經濟大國地位與金融市場高度發達的優勢加強養老保險基金的投資運用。同時，在改革過程中堅持立法先行，也是其重要特點。

4.3.1 引言

持續關注養老金制度的改革和管理，對中國具有非常重要的意義。首先，完善養老金制度，可以探索出解決養老金缺口問題的有效方法，使退休人員能夠老有所養，保持社會穩定。其次，養老金制度的改革可以提高收入再分配的能力，也是緩解社會矛盾、縮小貧富差距的一個途徑。另外，養老金制度的改革可以促進中國金融市場的發展，調節國民經濟的增長。最後，完善的養老保障體系對於公民個人來說，可以為個人退休後的生活提供有效的保障。

陳星（2005）不僅從理論上介紹了養老金的不同理論體系，而且通過對國際上具有

代表性的國家的養老金制度進行分析，發現了英國、美國養老金制度的成功之處。他對政治經濟學和新古典學派的觀點和研究成果進行了詳細闡述，並將每個理論體系的主張清晰地呈現出來。同時，他對英國和美國的養老金制度的發展、結構內容以及最新的改革動態進行了探究，最終根據中國養老金制度的現狀提出了可以借鑑的經驗。

屈毅博（2012）分析了美國人口老齡化產生的原因、對美國社會各方面所產生的具體影響，得出美國政府、社會和老年人都應該正確認識、客觀面對人口老齡化問題，提高老齡化意識和養老意識，支持老齡事業的發展的結論。他認為應從價值觀念、保障制度、社會興論、老齡資源等諸多方面來從容應對、合理解決美國逐步加劇的人口老齡化問題。劉清芝（2009）以美國、日本、韓國為例考察了發達國家人口規模和人口老齡化狀況，總結出了這些國家應對人口老齡化的主要經驗：政府制定相關的法律法規、方針政策；不斷完善養老保險制度，並結合中國國情提出了中國應對人口老齡化問題的有益啟示。

馬凱旋、侯風雲（2014）認為自美國實施社會保障法案以來，美國的養老保險制度已經為2.13億人支付了約11萬億美元的養老金，90%以上老年人的主要收入來自養老金，使老年人貧困率從1935年的50%下降到2013年的10%以下的水準。他們分析了美國養老保險制度的演進規律與特徵，提出中國養老保險制度改革過程中可以借鑑的經驗以及不可以採取的做法。他們反對帳戶投資風險由個人承擔，也反對養老保險私有化改革。

申策（2013）介紹了美國養老保險制度的發展演變過程，認為社會保障是聯邦政府開支最大的兩個項目之一，2011年美國65週歲及以上人口中73%的收入來自社會保障基金、17%來自養老金計劃。他分析了美國養老保險制度的優勢與作用，特別是信息的透明，使參保人員對自己的繳費與待遇之間的聯繫有清楚的認識，從而激發其參保積極性。他也意識到中、美國情的巨大差異，認為應該兼收並蓄，探索出一條適合中國具體國情的養老保險之路。

總之，美國養老保險制度發展早於中國，也日趨完善，有很多成功經驗，但也有其特殊性。美國對養老保險制度的改革完善以應對人口老齡化挑戰的經驗對中國有一定啟示。

4.3.2 美國人口老齡化

（一）美國人口老齡化的發展演變過程

美國65週歲及以上老年人口數自1900年以來一直處於不斷增長的狀態，1900年時大約有65週歲及以上人口300萬人，到1950年時突破1,000萬人大關，1970年時突破2,000萬人大關，1990年時突破3,000萬人大關，2018年已突破4,000萬人大關，預計將在2050年達到8,374萬人。另外，從65週歲老齡化系數來看，美國的老齡化程度在不斷加深，由1900年的4.08%增加到2010年的13.84%，預計在2050年時將達到20.90%。2010年之前美國人口老齡化進程是漸進式的，增長較為平穩。但是2010年以

後，美國人口老齡化的進程明顯加速，不過到 2030 年時老齡化速度又將開始放緩，2010—2030 年是美國人口老齡化快速發展時期。另外，由線性插值法可知，1942 年美國 65 週歲老齡化系數已超過 7%，即進入老年型國家行列。見表 4-3-1。

表 4-3-1　1900—2050 年美國人口老齡化演變趨勢

年份	總人口/千人	65 週歲及以上人口/千人	65 週歲老齡化系數/%
1900	75,994	3,099	4.08
1910	91,972	3,986	4.33
1920	105,711	4,929	4.66
1930	122,755	6,705	5.46
1940	131,669	9,031	6.86
1950	152,271	12,397	8.14
1960	180,671	16,675	9.23
1970	205,052	20,107	9.81
1980	226,546	25,549	11.28
1990	249,051	31,697	12.73
2000	267,767	34,921	13.04
2010	283,238	39,195	13.84
2020	333,896	55,969	16.80
2030	358,471	72,774	20.30
2040	380,016	79,719	21.00
2050	399,803	83,739	20.90

數據來源：JENNIFER M ORTMAN, VICTORIA A VELKOFF, HOWARD HOGAN. An Aging Nation: The Older Population in the United States [J]. Population Estimates and Projections, 2014 (5): 31.

2015 年聯合國人口預測資料顯示，美國人口老齡化系數總體上呈現出波動上升的趨勢。60 週歲老齡化系數快速增長的時期是 2005—2025 年，年均增幅超過 0.3 個百分點，其中最快時期是 2015—2020 年，年均增幅為 0.48 個百分點。65 週歲老齡化系數快速增長的時期是 2010—2030 年，年均增幅超過 0.3 個百分點，其中最快時期是 2020—2025 年，年均增幅為 0.44 個百分點。總而言之，我們可以認為 2005—2030 年是美國人口老齡化快速發展時期，其中 2015—2025 年是美國人口老齡化高峰時期。2030 年後美國人口老齡化速度將逐步放緩，預計 2030—2100 年美國人口老齡化系數大約將增長 6.5 個百分點、6.4 個百分點，而在過去的 70 年間（1960—2030 年）大約增長了 12.9 個百分點與 11.6 個百分點。見表 4-3-2。

表4-3-2　1950—2100年美國人口老齡化系數　　　　　單位：%

年份	60週歲老齡化系數	65週歲老齡化系數	年份	60週歲老齡化系數	65週歲老齡化系數
1950	12.5	8.3	2030	26.1	20.7
1955	13.1	8.8	2035	26.8	21.4
1960	13.2	9.1	2040	26.9	21.9
1965	13.4	9.5	2045	27.4	21.8
1970	14.1	9.7	2050	27.9	22.2
1975	14.8	10.5	2055	28.6	22.7
1980	15.8	11.4	2060	29.0	23.5
1985	16.5	12.0	2065	29.4	23.9
1990	16.8	12.5	2070	30.0	24.4
1995	16.4	12.6	2075	30.3	24.9
2000	16.2	12.3	2080	30.8	25.2
2005	16.7	12.3	2085	31.3	25.6
2010	18.4	13.0	2090	31.7	26.1
2015	20.7	14.8	2095	32.2	26.6
2020	23.1	16.7	2100	32.6	27.1
2025	25.2	18.9			

資料來源：POPULATION DIVISION. World Population Prospects (Median Variant and Estimates)：The 2015 Revision [R]. New York：United Nations, 2015.

（二）美國人口老齡化的原因

美國的人口老齡化主要有以下兩個原因：

第一，出生率下降。出生率下降意味著人口結構將日趨老化。第一次世界大戰以後，美國人口出生率雖有起伏，但是出生率的變化總趨勢是一直下降的（二戰後出生率在短期有所上升）。例如，1985年，美國的人口出生率為16‰，比1955年的24.7‰降低了8.7個千分點[1]。出生率下降使得年輕人口占總人口的比例下降，這樣就相對提高了老年人在總人口中所占的比例。美國18週歲及以下人口的占比將由2012年的23.5%逐步下降，到2020年、2030年、2040年、2050年將分別降到22.8%、22.4%、21.7%、21.5%[2]。二戰後的「嬰兒潮」時期將近有8,000萬人出生，2020年後這一時期的人口逐步進入65週歲以上的群體中，進一步推動了老年人口占比的增加，剛好這段時間美國進入人口老齡化高峰時期。

第二，死亡率下降。1900年以來，由於經濟、社會的發展和醫療衛生水準的提高，

---

[1] 曾念華，李虹. 美國人口老齡化及相關社會福利政策 [J]. 人口與經濟, 1991 (6)：60.
[2] JENNIFER M ORTMAN, VICTORIA A VELKOFF, HOWARD HOGAN. An Aging Nation：The Older Population in the United States [J]. Population Estimates and Projections, 2014 (5)：46.

美國人口的死亡率和人口平均預期壽命都有了較大變化。1900年，只有40%新生嬰兒能活到65週歲以上，如今的新生兒中有80%的人可望活到65週歲以上。死亡率的下降使65週歲以上的老年人人數不斷增加。另外，平均預期壽命的不斷延長，也在一定程度上加快了美國的人口老齡化進程。

（三）美國人口老齡化的特點

美國老齡化程度在西方發達國家中處於比較低的水準，是現代人口出生率最高和人口增長最快的發達國家。美國的人口老齡化具有以下三個特點：

（1）進入老年型社會的時間比較早。在1942年美國就已成為老年型國家，2000年美國65週歲及以上老年人口占總人口的比例為13.04%，2012年為13.7%，屬於典型的老齡化社會。美國步入老年型社會已有70多年，而中國進入老年型國家行列還不到20年。

（2）人口老齡化發展比較緩慢。美國進入老齡化社會雖已經70多年，但是較高的人口出生率以及不斷吸收大量的世界各國的青壯年移民，在一定程度上緩解了美國老齡化的進程，美國的人口老齡化程度在西方發達國家中處於中等偏下的水準。

（3）高齡老年人口比重大。隨著人口平均預期壽命的不斷延長，美國高齡老人占比還將不斷上升。美國發布的相關數據表明，2012年美國80週歲及以上高齡老人所占比例為3.7%，預計該比例在2020年、2030年、2040年、2050年會分別上升到3.9%、5.4%、7.3%、7.7%[①]。

4.3.3 美國的養老金制度

（一）美國養老金制度發展歷程

美國的養老金制度經過上百年的發展與改革，逐漸形成了包括「社會保障計劃」「雇主發起的退休養老金計劃」「個人儲蓄型養老金」在內的多支柱養老保障體系。

美國現行的多支柱養老金制度並非在一開始就成形並一直延續下來，而是在經濟危機、人口老齡化程度不斷加深的背景下逐步累積與改革完善而形成的。

1. 美國養老金制度的早期情況

關於美國養老金制度的起源，不同的學者有不同的見解。比如約翰·威廉姆森等認為1776年美國第一個全國軍人退休金計劃的制定標誌著美國養老金制度初步形成。1850年開始在一些城市為教師、警察提供養老金的政府雇員養老保險，1875年美國運通公司建立了美國第一個企業養老保險，1911年美國馬薩諸塞州建立了第一個政府雇員養老保險計劃，1920年美國公務員退休法案開始實施。1930年由雇主出資的養老保險計劃覆蓋了15%的工人，但在20世紀30年代發生的經濟大蕭條給養老保險的執行帶來了財務危機，引起了社會的廣泛關注。

---

① JENNIFER M ORTMAN, VICTORIA A VELKOFF, HOWARD HOGAN. An Aging Nation: The Older Population in the United States [J]. Population Estimates and Projections, 2014 (5): 46.

20世紀初，針對日益嚴重的老年工人養老問題，美國社會各界圍繞老年工人養老困境提出瞭解決方案，其中三大主要改革團體有不同的主張。第一個團體以簡·亞當姆斯和保羅·科洛革為代表，主要強調扶貧政策下的自願捐助和改革；第二個團體主要由勞動立法協會的經濟學家組成，他們主張建立公司養老金制度；第三個團體則倡導一種義務的養老保險制度。雖然由社會改革主義者組成的第三團體為養老保險制度做出了許多努力，但是成效不佳。1911年，國會強烈反對眾議員維克多·伯格提出的養老救濟金法案。之後，雖然少數的州制定了建立養老救濟金制度的法規，但最終都因美國高等法院宣布違憲而被擱置。

2.「三大支柱」養老金體系的形成與發展

(1)「第一支柱」——社會保障計劃

社會保障計劃是美國最基礎的養老保險制度安排。1929—1933年發生的經濟大危機帶來的結構性失業和老年貧困促使羅斯福總統於1934年起草社會保障法案，試圖改善市場需求不足狀況，解決老年雇員養老困境等問題。1935年羅斯福總統正式簽署《社會保障法案》，這標誌著美國公共養老金制度的正式建立。該社會保障法案利用聯邦政府向企業和雇員同時徵稅的方式籌集養老保險基金，其主要目的是保障老年人的基本生活。兩年後，美國社會保障計劃正式實行。但由於政治上的原因，養老金計劃只覆蓋了約60%的雇員。之後，隨著對老年雇員利益的重視，美國通過立法和頒布相關法規使社會保障計劃的保障範圍更加廣泛，受益範圍更大一些。

隨著美國人口老齡化程度的不斷加深以及社會保障津貼成為老年人的主要收入來源局面的形成，社會保障制度也受到了非議。美國政府為應對人口老齡化背景下的社會保障問題多次進行了探討，並對這一制度進行了一系列的改革。

里根政府於1983年頒布了《社會保障改革法案》，其主要目的是增加基金收入、控制支出，並以此解決人口老齡化背景下的社會保障基金缺口困境。20世紀90年代，克林頓政府提出了在不否定社會保障制度的前提下，以提高制度效率、減輕政府支出負擔為目標的改革計劃。2000年，《社會保障修改法案》刪除了對已經達到退休年齡雇員的收入限制。2001年，小布什總統以「保護老一代社會保障福利，保證新一代社會保障福祉」為宗旨成立了加強社會保障總統委員會，並在同年提交的報告中主張建立社會保障個人帳戶，實行社會保障私有化改革，旨在解決老年退休金不足的問題。此後，面對養老金缺口進一步擴大的危險，小布什總統以修改美國現行法律為突破口，進一步對社會保障制度進行改革。2005年，美國民意調查顯示，80%的民眾認為，政府應該對提高老年人的生活標準負責。但也有研究表明，多數比較瞭解社會保障計劃的人對社會保障私有化持反對意見。

(2)「第二支柱」——雇主發起的養老金計劃

雇主發起的養老金計劃可以分為私人養老金計劃和公共部門養老金計劃。

私人養老金計劃以美國運通公司1875年建立的「雇主養老金計劃」為起點。之後，許多企業建立了待遇確定型的職業年金計劃。待遇確定型計劃是一種非政府強制的計劃，實行現收現付的資金籌集模式，而且多數計劃是由雇主單方面提供資金，所以養老

金的資金來源和雇員利益都存在很大的不確定性。待遇確定型計劃的資金不足、人口年齡結構的變化和經濟滯脹推動了私人養老金計劃的改革。1974年《雇員退休收入保障法案》出抬，該法案明確規定實行待遇確定型計劃的雇主必須實行基金累積制，同時推出繳費確定型計劃即401（k）計劃。1979年401（k）計劃得到法律上的認可，這標誌著美國私人養老金計劃進入待遇確定型向繳費確定型轉軌的時代。401（k）計劃在20世紀90年代迅速發展，並逐漸取代了傳統的社會保障體系，成為美國諸多雇主首選的養老保障計劃。2001年，小布什政府出抬《經濟增長與減稅協調法案》，旨在鼓勵更多的企業和雇員參加401（k）計劃，進一步提高繳費確定型養老金計劃的覆蓋率。2001年的安然公司事件暴露了繳費確定型養老金計劃的缺陷。美國政府隨即在2002年的《薩班斯—奧克斯利法案》、2006年的《養老金保護法案》以及2010年的《健康照顧受益人和養老金減稅法案》等法案中對繳費確定型計劃的管理和投資做出限制和規定。此後，隨著相關法律法規的不斷健全，美國的私人養老金計劃日趨成熟。

具有代表性的公共部門養老金計劃於1920年出現。為了應對《公務員法案》導致的冗員問題，聯邦政府建立了公務員退休金制度，並覆蓋了幾十萬聯邦雇員。這一部分雇員被1935年建立的公共養老金制度排除在外。1983年修訂的《社會保障法案》中規定聯邦政府新雇員必須參加社會保障計劃。據美國媒體報導，2003年標準普爾500指數成分股中的企業養老基金缺口為2,260億美元，而且缺口還有進一步擴大的趨勢。對此，小布什總統採取減少企業養老金保證金免稅額度等措施，防止缺口進一步擴大的危險。公共部門養老金計劃改革側重於對計劃構成的調整，並努力與私人部門養老金構成保持一致，推動職業養老金制度一體化整合發展。雖然許多州和地方政府都對公共部門養老金計劃進行了改革，但多數地方政府並未完全放棄待遇確定型養老金計劃。因此，2008年經濟危機期間，又一次引發了關於公共部門待遇確定型養老金計劃基金支付能力的大討論。為了規範州和地方政府的改革方向，進一步緩解公共部門養老金制度的財政壓力，2012年出抬的面向所有州和地方政府的《政府雇員養老金改革法案》規定，自2013年年初起，所有政府雇員和作為雇主的政府要均攤繳費和管理成本，其目的在於阻止養老金計劃被濫用，減少政府雇員的養老金成本和債務，推動公共部門養老金制度趨同於私人部門。此後，2013年年底，肯塔基州對公共部門新雇員養老金制度進行了改革，其主要內容是新雇員直接加入現金餘額帳戶計劃①。

（3）「第三支柱」——個人儲蓄養老金計劃

個人儲蓄養老金計劃是一個完全自願參加的計劃，美國政府為推動個人儲蓄養老金計劃的發展而提供了一些稅收優惠，如稅收延遲繳付。

1974年美國國會修改了《國內稅收法》，規定全部養老基金帳戶享受免稅優惠，並增加「個人退休帳戶」。此後，相關法律又經過多次修改和完善，形成了較為完善的個人退休帳戶制度。同年，傳統個人退休帳戶被建立起來。20世紀90年代，美國經濟進入蕭條期，由於個人儲蓄養老金計劃具有較強的累積儲蓄功能而受到大眾的追捧，美國

---

① 劉海寧. 美國養老金制度改革——權變而非顛覆 [J]. 老齡科學研究，2016（2）：74.

政府借機加大了發展私人養老金計劃的力度。20世紀末，美國政府為滿足中小企業為雇員提供退休金計劃的願望和要求，建立了新型的小企業個人退休帳戶。2001年的《經濟增長和稅收減少協調法案》對個人帳戶繳費限額進行了上調。但受到經濟危機的影響，美國個人儲蓄養老金計劃的繳費額和儲蓄額出現了較大的波動。2013年，美國政府對個人儲蓄養老金計劃的繳費限制再次進行了調整，其中規定50週歲及以下雇員繳費限額增長到5,500美元，50週歲以上雇員繳費限額可達6,500美元[①]。

　　隨著金融市場的發展，投資方式和工具也越來越多樣化，人們在金融市場上的收益也能為退休雇員的晚年生活提供充足的資金來源，美國養老金制度也逐漸向傳統「三大支柱」、自有住房、其他資產投資等構成的多層次保障方向發展。

　　表4-4-3反應了美國老年遺屬保險領取待遇人數的變化情況，總體情況是享受待遇人數逐年增加。1970年有2,300萬人享受待遇，1979年超過3,000萬人，2005年超過4,000萬人，2016年已突破5,000萬人大關。美國老年遺屬保險由退休工人及其扶養人、遺屬兩部分構成，前者占絕大多數，這個比例逐年遞增，1970年時為72%，1990年時上升到80%，2017年已進一步上升到88%。

　　表4-3-4反應了美國老年遺屬保險信託基金資產儲備情況，總體而言，信託基金儲備值保持逐年遞增趨勢（1980年例外），2001年時突破1萬億美元，2007年時突破2萬億美元，2016年末資產已達到2.8萬億美元。

表4-3-3　1970—2017年美國老年遺屬保險領取人數　　　　單位：人

年份	合計	退休工人及其扶養人	遺屬
1970	23,035,295	16,566,674	6,468,621
1975	27,509,170	20,140,731	7,368,439
1980	30,843,914	23,243,078	7,600,836
1985	33,119,529	25,958,585	7,160,944
1990	35,558,711	28,361,385	7,197,326
1995	37,528,576	30,140,418	7,388,158
2000	38,741,343	31,756,099	6,985,244
2005	40,120,122	33,467,225	6,652,897
2010	43,846,211	37,487,862	6,358,349
2015	49,156,959	43,073,398	6,083,561
2016	50,297,237	44,266,144	6,031,093
2017	51,492,108	45,497,828	5,994,280

資料來源：https://www.ssa.gov/oact/STATS/OASDIbenies.html.

---

① 劉海寧. 美國養老金制度改革——權變而非顛覆 [J]. 老齡科學研究, 2016 (2): 72.

表 4-3-4　1937—2016 年美國老年遺屬保險信託基金資產儲備值

單位：百萬美元

年份	總收入	總費用	年度增值	年末資產儲備值
1937	767	1	766	766
1940	368	62	306	2,031
1950	2,928	1,022	1,905	13,721
1960	11,382	11,198	184	20,324
1970	32,220	29,848	2,371	32,454
1980	105,841	107,678	−1,837	22,823
1990	286,653	227,519	59,134	214,197
2000	490,513	358,339	132,174	930,986
2001	518,100	377,546	140,554	1,071,540
2002	539,706	393,749	145,957	1,217,497
2003	543,811	405,978	137,833	1,355,330
2004	566,338	421,047	145,292	1,500,622
2005	604,335	441,920	162,415	1,663,037
2006	642,231	460,965	181,266	1,844,304
2007	675,035	495,723	179,312	2,023,616
2008	695,462	516,192	179,270	2,202,886
2009	698,208	564,295	133,912	2,336,798
2010	677,111	584,866	92,245	2,429,043
2011	698,781	603,750	95,031	2,524,075
2012	731,075	645,482	85,593	2,609,668
2013	743,793	679,475	64,317	2,673,985
2014	769,417	714,170	55,247	2,729,233
2015	801,561	750,542	51,019	2,780,251
2016	797,457	776,359	21,097	2,801,349

資料來源：https://www.ssa.gov/oact/STATS/table4a1.html.

　　表 4-3-5 反應了 1937—2016 年由美國老年遺屬保險信託基金支付的待遇呈逐年增加的趨勢。由於美國社會保障制度剛剛實施，符合領取待遇要求的人數比較少，再加之人口老齡化程度相對較低，因而 1937 年僅僅支付了 1 百萬美元的待遇，到 2016 年時已達到 7,686 億美元；同時，我們看到：1960 年支付的待遇突破 100 億美元，1980 年、1989 年、1996 年、2004 年、2008 年、2012 年、2014 年分別突破 1,000 億美元、2,000 億美元、3,000 億美元、4,000 億美元、5,000 億美元、6,000 億美元、7,000 億美元的重要關口，間隔時間越來越短，這也與美國已於 2005 年進入人口快速老齡化時期、2015 年已進入老齡化高峰時期有極大的關係。自 2000 年以來，年度支付的待遇金額以每年 3%~9%的速度增長，大約一半的時間裡增長率超過 5%。很明顯，美國老年遺屬保險支

付的待遇的年度增長率已顯著超過 GDP 的增長率。

表 4-3-5　1937—2016 年美國老年遺屬保險信託基金支付的待遇

單位：百萬美元

年份	支付的待遇	年份	支付的待遇
1937	1	2005	435,373
1940	35	2006	460,457
1950	961	2007	485,881
1960	10,677	2008	509,056
1970	28,796	2009	557,160
1980	105,074	2010	577,448
1990	222,993	2011	596,212
2000	352,706	2012	637,948
2001	372,370	2013	672,175
2002	388,170	2014	706,821
2003	399,892	2015	742,939
2004	415,082	2016	768,633

資料來源：https://www.ssa.gov/oact/STATS/table4a5.html.

（二）現行美國養老金制度的特點

1.「立法先行，強制實施」是美國社會保障制度的基本特點

根據美國社會保障制度的發展歷程，我們不難發現美國聯邦政府及州政府的嚴格監督在養老保障計劃的發展中起到了重要的作用。一方面，美國具有較為完善的配套法律法規。1935 年頒布的《社會保障法》是實施社會保障制度的基礎，之後幾乎所有的社會保障法律都是在此基礎上完成的。另一方面，社會保障計劃是由美國政府強制實施並監督的，這確保了社會保障基金的良好運作與管理。

2. 多支柱的養老保障體系能夠有效滿足絕大多數老年人的養老金需求

美國養老金制度的基本理念是：社會保障應由政府、雇主和個人共同負責。其中，第一支柱即社會保障計劃是通過社會財富再分配的方式確保絕大多數老年人的基本養老生活。調查數據顯示，2011 年美國社會保障津貼已經占到了 52% 的老年夫婦和 74% 的退休單身人士總收入的 50% 以上。結合第二、三支柱，相當多的人可以在退休後獲得保持生活水準不變的養老金收入。有關數據顯示，美國絕大多數高薪員工可以在就職企業獲得替代率為 60.5% 的企業年金，其養老金總替代率可以達到 92.1%[①]。顯然，在美國現有的養老金制度下，通過各支柱的相互結合，美國絕大多數的老年人可以獲得充足的養老金收入。

---

① 劉海寧.美國養老金制度改革——權變而非顛覆[J].老齡科學研究，2016（2）：76.

3. 社會保障計劃覆蓋面積廣，能夠保障低收入者晚年的基本生活需要

美國社會保障計劃的覆蓋面很廣，所有在職職工，如政府公務員、私人企業雇員、自由職業者、工人、國外就業者等都得參與養老保險、殘障保險以及傷殘保險計劃。另外，美國社會養老保險的受益人包含範圍寬泛，不僅包括投保人自身還包括和投保人有連帶親屬關係的人，這樣一來，即使投保人過世，連帶受益人仍然享有一定的福利待遇。因此，對於低收入人群來說，社會保障計劃尤其是社會養老保險支付的保險金能夠保障其退休後的基本生活需要。

4. 形式多樣的雇主養老金計劃給雇員提供了多種選擇

美國政府通過修改法律以及稅收優惠等方式鼓勵和號召雇主發起雇主養老金計劃，時至今日，美國的雇主養老金計劃已是世界上最為發達的退休金計劃，其中包括待遇確定型和繳費確定型兩種模式。在雇主養老金計劃形成之初，待遇確定型計劃佔有很大的比重。但是，隨著社會經濟環境的改變，待遇確定型計劃暴露出的缺點也越來越多，繳費確定型計劃也就應運而生，其所占比例也逐漸增加。由於雇主養老金計劃具有非強制性，因此，雇員可以自由選擇這兩種計劃。

5. 美國養老金制度的改革具有很大的適應性

20世紀80年代以來美國退休者的福利在逐漸增長。2012年美國家庭平均退休資產是1985年的2.7倍、1975年的5.6倍①（不考慮通貨膨脹的影響）。即使是在2008年金融危機期間，美國65週歲退休員工的收入仍有一定的增長。分析其原因，首先是因為美國社會保障具有強制性，社會保障計劃的收入再分配功能使社會財富在全社會相對公平地分配。其次是美國養老金基金的投資方式隨著經濟環境的變化一直在進行有效的調整。如何充分利用市場競爭機制來確保經濟波動環境下養老金基金的安全以及分散養老基金的投資風險是美國養老金基金投資的出發點。最後是近年來美國政府通過大量改革法案，積極推動待遇確定型計劃向繳費確定型計劃轉軌，但這種轉軌並非強制性的，這樣一來，雇主養老金計劃的改革非但沒有損害雇員的利益，反而還促進了雇員晚年財富的累積。

6. 社會保障計劃在美國養老金結構中所占比重較小

截至2011年6月30日，美國雇主養老金總資產達13.340萬億美元，個人退休帳戶基金達4.895萬億美元，公共養老金總資產達2.609萬億美元。在全美養老金總儲備中，公共養老金儲備大約僅占12.5%，職業年金儲備約占64%，個人退休帳戶約占23.5%②。這些數據表明社會保障計劃中的養老金在整個養老金體系中所占的比例很小，雇員的養老金更多地來自雇主養老金計劃和個人退休帳戶。這也體現了美國養老金結構具有公平性和可持續性的特點。通過社會保障計劃保證基本，同時公共養老金在所有養老金中的低比例以確保養老保險基金的可持續性，當然也為其他養老支柱的發展提供了巨大的空間。

---

① 劉海寧. 美國養老金制度改革——權變而非顛覆[J]. 老齡科學研究, 2016 (2): 78.
② 董才生, 陳靜. 美國養老金制度對中國企業職工養老金制度改革的啟示[J]. 社會科學戰線, 2014 (9): 191.

4.3.4 美國養老金制度存在的主要問題

在運行的過程中，美國養老金制度也在逐漸地顯現出一些問題。

(一) 雇員承擔投資風險在一定程度上阻礙了繳費確定型計劃的發展

繳費確定型計劃是指參加計劃的雇員和雇主按事先確定的標準費率進行繳費，參加此計劃的雇主提供部分費用。另外，參加計劃的雇員根據個人帳戶餘額確定退休時可以獲得的養老金的多少。由於參加計劃的雇員個人做出投資決策並承擔相應的投資風險，因此，退休時雇員可獲得的養老金具有很大的不確定性。在繳費確定型計劃下，雇主將風險轉嫁給雇員，當雇員帳戶發生虧損時，雇主不承擔任何責任。這較之待遇確定型計劃中雇主需要彌補虧損來說，雇員養老金的保障程度大大下降。這也是雇主養老金計劃改革這麼多年來待遇確定型計劃仍占較大比重的原因。對於美國政府來說，如何傳遞對繳費確定型計劃的信心，吸引更多的人參加到繳費確定型計劃中來，仍然是當務之急。

(二) 隨著人口老齡化程度加深，社會保障計劃將面臨支付困境

美國政府養老金管理採用大數法則原理，即參加的人越多，養老金的支付就越容易實現。而且根據社會保障法的規定，社會保障體系的資金只能投資於美國國債，這有效地保證了資金的安全性，從而使美國社會保障體系正常運作。然而，隨著美國人口老齡化程度加深、金融危機後失業率上升等因素的出現，社會保障計劃的缺陷也逐步顯現出來。一方面，平均預期壽命的延長使養老金的給付額不斷增大；另一方面，有關數據表明，1945 年，美國在職和退休人員的比例為 41.9：1，即 41.9 個工作的人供養 1 名退休老人，然而到了 1999 年，這個比例就變成了 3.1：1。據估算，到 2030 年，這一比例會逐步縮小到 2 名在職人員供養 1 名退休老人。這意味著養老金基金的收入將小於支出。加上社會失業率的增加，使得養老金基金的增加大大減少。如何維持社會保障基金的正常運作是美國政府養老金制度的改革目標。雖然美國政府已經採取了一些措施，但是養老金缺口問題依然很嚴峻。

(三) 待遇確定型計劃資金缺口具有較大的隱患

待遇確定型養老金計劃由於多年的泡沫經濟的影響，加上美國會計制度的創新，雇主實際上拖欠了大量養老金資金。據美國養老金福利保障公司估計，美國企業界的待遇確定型計劃在 2013 年共有 3,000 億美元的資金缺口，加上醫療保障福利，資金缺口超過 6,000 億美元。如何解決待遇確定型計劃資金缺口增大的困境，也是美國政府養老金制度改革應該考慮的問題。

4.3.5 美國應對養老金缺口的措施

美國人口老齡化程度的加深以及金融危機的影響造成了美國養老金缺口的出現與擴大。相關統計數據顯示，2003 年美國公共養老金缺口是 2,780 億美元，2012 年美國公共

養老金缺口擴大到了1.2萬億美元。除了公共養老金存在巨大的缺口外,美國很多公司的企業養老金計劃也受到了重創。2008年底通用汽車公司的養老金計劃的資金缺口約為200億美元,克萊斯勒公司的缺口約為90億美元①,而政府給這兩個公司的資金補助只能彌補部分缺口。美國斯坦福大學的一項研究表明,2016年美國養老金體系產生了3.4萬億美元的缺口,並且缺口還在不斷地擴大。養老金缺口的增大不僅會使經濟增長的動力下降,而且還會抑制消費,影響社會穩定。

美國人口老齡化程度的加深使社會養老保障面臨更大的壓力。社會保障基金支出增多而收入卻在縮水,這導致社會養老保險的壓力越來越大,社會保險基金的缺口也會加大。另外,人口老齡化也會對消費、家庭收入等方面產生影響。

美國在人口老齡化程度不斷加深的情況下,仍能取得較快的經濟發展,這與美國採取的一系列措施是密不可分的。這些措施包括:為解決人口老齡化問題,美國政府制定了相關的法律法規和政策;建立完善的社會養老保險制度;美國政府加大對社會保障資金的投入力度;建立健全有效的老年人服務系統。

(一) 減少養老金的支付

減少養老金支出可以有兩種形式:減少養老金的支付金額和縮減養老金的支付年限。為解決養老金缺口問題,美國一些州不得不通過限制養老金計劃,如限制收入相關養老金計劃的擴張,以達到減少實際支付退休福利的目的。1986年,美國各州收入相關養老金計劃的增長率從25%下降到20%②,美國部分州通過調低養老金支付水準或是減少養老金的可支付年限,從源頭上減少養老金的支出,以緩解養老金缺口逐步擴大的趨勢。但是,由於福利水準的剛性特徵以及美國政治選舉的特點等因素的影響,該措施的實施力度並不強。

(二) 美國政府提高稅率以增加財政收入

面對人口老齡化問題,美國政府早在20世紀80年代初,當美國「嬰兒潮」一代人進入勞動力市場時,就開始逐步提高社會保障稅率,增加社保養老基金的累積。1980年雇主和雇員繳納的養老保險稅率分別為5.08%,後來稅率多次被上調,1990年達到12.4%。2011—2012年,雇員繳納的養老保險稅率從6.2%短暫下降到4.2%,使得養老保險總稅率降到10.4%。為了應對從2010年開始出現的養老金缺口,2013年奧巴馬政府又將養老保險稅率恢復到12.4%③。到2012年,養老統籌帳戶資金累積額超過2.7萬億美元,占當年GDP的18%。美國社會養老金發放水準不高,且比較平均④。

---

① 劉祁,王宣植,劉源. 解決養老金缺口的國際比較與經驗啟示——以俄、日、加、美為例 [J]. 地方財政研究,2012 (1):73.

② K N KOTECHA. The United Kingdom State Pension System: Analysis of Proposed Reforms and The Viability of Immigration-Based Policies [M]. Response To Demographic Ageing, 2007 (2).

③ 林雙林. 如何從根本上消除養老金缺口 [EB/OL]. http://www.econ.pku.edu.cn/displaynews.php? id = 2996, 2013-04-09.

④ http://www.bxd365.com/xuetang/20140416/baa0.html, 2014-04-16.

（三）調整標準退休年齡

從 2000 年開始，美國標準退休年齡在 65 週歲的基礎上每年提高兩個月，到 2005 年提高到 66 週歲，之後一直保持這個水準到 2016 年。2017 年開始在 66 週歲的基礎上再次開始每年提高兩個月，直到退休年齡達到 67 週歲。

（四）激勵延遲退休

美國的退休政策分三個層次，第一個層次是提前退休，即年滿 62 週歲就可以開始領退休金，但要打折，每推遲一個月領取，打的折扣就少一些。第二個層次是正常退休，根據出生日期的不同，美國社會保障局設定了不同的正常退休年齡，比如 1943—1954 年之間出生的人，退休年齡是 66 週歲。在正常退休年齡內退休的人，可以領取全額退休金。第三個層次是延遲退休。選擇延遲退休的人在原有的退休金基礎上還能獲得獎勵性的收益。如果你選擇延遲退休，那麼可以多拿退休金。如果 70 週歲退休，就可以多領 30% 的退休金。反之，如果提前退休，就只能減額領取養老金。如果在 62 週歲退休，就要扣減 30% 的養老金。美國的退休政策以自願為原則，採用漸進式的延遲退休制度，讓人們根據自身情況進行選擇。不同檔次的退休金獲得比例，特別是對於延遲退休的獎勵性收益，在一定程度上鼓勵了美國人延遲退休。延遲退休既可以從源頭上增大養老金的繳費基數，又能減少退休人員的養老金領取金額，縮減養老金的現實需求，在一定程度上緩解了養老金缺口問題。

（五）拓寬投資渠道，加強法律保障力度

美國養老金種類繁多，投資渠道廣泛，其養老金投資不僅逐步實現了更加靈活的股票、債券投資，還開拓了不同市場資產類別的多元化配置，如基礎設施、房地產、投資基金等渠道。金融危機使美國養老金體系遭受了較大的衝擊，對此，美國政府採取了直接救助和調整養老金資源配置和投資比例等措施，保證了養老金的保值增值。另外，由於有《社會保障法案》《稅法》《雇員退休收入保障》等法律的支撐與保護，聯邦社保基金幾乎 100% 投資於特種國債而躲過了金融危機，2008 年收益率高達 5.1%，私營養老金的跌幅也遠遠低於股票市場的跌幅[1]。

（六）大力發展企業年金

養老金制度的改革，提高了企業年金在職工養老金中所占的比例，使之成為美國人養老金中最主要的組成部分。美國發達的企業年金計劃減輕了政府的責任，也增加了對雇員的養老保障。

另外，由於美國大多數州的法律都不允許對養老金做出調整，為解決養老金缺口問題，各州還通過減少如醫療保健、教育、警務等公共服務等措施，以減少預算的方式來解決養老金缺口問題。

---

[1] 胡繼曄. 美國養老金保值增值的法律保障及其經驗借鑑[J]. 保險研究，2012 (5)：119.

4.3.6 美國的應對經驗對中國的啟示

在中國人口老齡化問題日益嚴峻的背景之下，傳統現收現付模式下的養老金制度面臨著入不敷出的危機，代際養老負擔日漸沉重，如果不及時對中國養老金制度進行改革，養老金缺口現象將會越來越嚴重。但是，中國人口基數大，制度改革成本高，阻力大，要解決養老金缺口問題並不容易。美國作為世界第三人口大國，其在人口老齡化背景下應對養老金缺口的方法，無疑可以為中國應對養老金缺口問題提供可借鑑的經驗和啟示。

（一）加快發展企業年金與職業年金，優化養老體系結構

根據國際經驗，發展多支柱養老金體系是未來養老金發展的潮流趨勢。中國「三支柱」養老保險體系自建立以來有所發展，但是結構不合理是現行養老保險體系依然存在的問題。中國的養老制度過度依賴於第一支柱的社會基本養老保險，而第二支柱企業年金發展十分緩慢，第三支柱個人儲蓄性保險才剛剛起步。美國的經驗表明，增大雇主發起的養老金計劃在整個養老保險體系中所占比例是應對人口老齡化背景下養老金缺口問題的一個十分有效的方法。分析其原因可以看出：由於企業年金計劃是由政府號召、雇主發起，雇主和雇員共同參與，分擔責任，因此，當人口年齡結構發生變化的時候，雇主為了減輕養老金支付負擔、雇員為了減少養老金損失，必然會選擇養老金損失最小的計劃方案，從而有效地推動了養老金制度的可持續發展。未來中國養老金缺口巨大的一個原因就是：由於企業年金發展長期停滯不前，覆蓋面不廣，中國民眾養老主要依靠國家社保，這樣長期持續下去，國家財政將面臨巨大的支付壓力。基於同樣的道理，要提高機關事業單位職工的養老保障水準，也應大力發展職業年金。因此，加快中國企業年金與職業年金的發展，緩解第二支柱年金缺失問題，是解決中國養老金缺口日益突出問題的有效途徑之一。

（二）加快農村養老保險的發展

擴大養老保險的覆蓋面，逐步消除城鄉二元社會養老保險的體系結構，實現城鄉統一的社會保障計劃。在醫療、教育等消費開支急遽上升的背景下，大多數農民根本顧及不了自己的養老問題，如何實現養老保險在農村的全面覆蓋，解決農村老人的晚年生活保障是刻不容緩的問題。在美國，農民和城鎮居民一樣，在統一的制度下參加社會保障計劃。美國沒有中國的戶籍制度，農民也可通過不同的渠道參加到三大養老保險制度中。再加上美國作為農業生產的大國，其農業是一個受高度保護和重視的傳統行業，這使得美國農民不僅沒有受到歧視，反而獲得了大量的補貼和優惠政策。這直接保證了美國農民的養老問題。另外，從美國農民所享有的養老保險制度來看，將農民養老保險制度的建立和其他相關改革相掛勾，可以獲得更好的社會效益。值得注意的是：中國廣大農民雖然參加了城鄉居民養老保險，但國家基本養老保險提供的待遇偏低，第二、三支柱的發展幾乎缺失。如何調動各方積極性，促進各支柱協調發展，從而提升保障水準，應對養老金缺口問題應成為社會各界積極思考的問題。隨著人口老齡化的發展，農村老

年人的養老問題將會越來越嚴峻。作為建立覆蓋城鄉居民的社會保障體系的重要組成部分，農村養老保險制度的推進，不僅能夠有效解決大部分農民的養老問題，同時，對於增強農民消費意願，緩解養老金缺口問題將發揮重要作用。

（三）加快制定與完善有關法律法規

美國的養老金計劃都是以法案的形式出現和存在的，其法律形式不僅規範，各方必須嚴格實行，而且保證了公平性和一致性。因此，美國的各種養老金計劃都必須遵循養老金制度的相關法案，以法律為基礎的公平性促進了美國養老金制度的持續發展。相對而言，中國的養老保險制度的法律背景還比較薄弱，中國雖已出抬了《社會保險法》，但是近年來的多項養老保險改革方案都只是以「條例」「決定」或是「建議」的形式出現的，法律層次低。因此，為了促進中國社會養老保險制度的可持續運行，有必要學習美國經驗，一旦各項改革方案確認可行，就應盡快形成相關的法律法規，從而切實保證改革方案被有效執行。

（四）放鬆養老金的投資限制，實行多元化投資

過於苛刻的養老基金投資限制是引發養老金缺口問題的原因之一。美國養老金投資渠道廣泛，美國養老金投資對象不僅包括股票、債券，還開拓了諸如基礎設施、房地產、私募股權投資基金等投資渠道。投資渠道寬廣是養老保險基金實現保值增值的基礎，也是應對養老金缺口的重要方法。但是，放鬆投資限制並不是一味地開放。為了保證養老資金的安全性，必須隨著市場的發展將風險限制在一定的範圍內，並隨著經驗的累積與市場的成熟，不斷放寬投資限制，以避免長期過於保守的心理而導致養老保險基金的投資收益率偏低。

對於中國這樣一個人口大國而言，人口老齡化帶來的養老金缺口問題必然要求對中國養老保險制度進行深化改革。中國應該根據實際情況，借鑑國外成功經驗，保持穩健的改革步伐，確保中國養老保險制度的相對穩定和可持續發展。

4.4 英國應對養老金缺口的經驗與啟示

在《貝弗里奇報告》的指引下，英國在二戰後建成了「從搖籃到墳墓」全方位保障的福利國家，後來在經濟發展停滯不前的背景下，養老金體系受到了極大的挑戰，同樣也面臨著人口老齡化對養老金支付帶來的壓力。自20世紀80年代以來，英國進行了一系列的養老金制度改革，特別是最近簡化養老金體系、推動職業年金發展、推行漸進式延遲退休等改革措施值得我們借鑑。

4.4.1 引言

自20世紀中葉以來，世界經濟進入穩定發展時期，隨著經濟的增長、科技的進步以及人們觀念的改變，平均預期壽命逐漸延長而總和生育率卻在持續下降，世界人口不

可避免地開始呈現日益嚴重的老齡化趨勢。而這一問題在發達國家首先顯現出來。英國早在1930年便成為老年型國家。從1930年至今，英國雖然一直面臨著人口老齡化日益嚴重的問題，但總體來說經濟穩步而持續增長，這弱化了人口老齡化的影響。1908年，英國便開始了養老金立法的進程。百餘年來，英國根據人口老齡化和社會經濟的現實問題，不斷對其養老金體系進行改革，這對英國經濟的持續發展功不可沒。不少學者對英國在應對人口老齡化方面的探索進行了研究，取得了豐碩的成果。

王玲、張紅、苗潤蓮（2015）認為英國「人口老齡化和高齡化的程度進一步加深」，並且「已經進入到一個發展節點」。史青宇（2015）則進一步分析了英國人口老齡化的現狀與趨勢。他認為相比於美國、澳大利亞、西班牙等發達國家，英國的人口老齡化程度更高，是世界上人口老齡化程度較高的國家之一。這主要表現在其老年人口占總人口的比例不斷提高、平均預期壽命不斷延長、退休年齡不斷提高、老年就業人口不斷增加等方面。

Anotine Bozio、Rowena Crawford 和 Gemma Tetlow（2007）把英國養老金體系的發展過程主要分為三個階段。第一個階段是《貝弗里奇報告》發布之前的萌芽期，包括1908年頒布的《養老金法案》和1925年的《寡婦、孤兒和老年人納費型養老金法案》。而1942年頒布的《貝弗里奇報告》因其引入了基於社會保險模型的普遍保障而成為劃時代的標誌。英國養老金體系的發展也由此進入了第二個階段，即成長期。1946年，《國民保險法案》正式引入了國家養老金體制。但 Anotine Bozio、Rowena Crawford 和 Gemma Tetlow（2007）認為國家養老金的設立有違《貝弗里奇報告》的初衷。因為政治上的考慮而使得國家養老金不能如《貝弗里奇報告》所設想的那樣為經歷了大蕭條也為戰爭出了力的居民提供全面的政府資助，而現收現付模式更是有損代際公平性。進入20世紀70年代以後，隨著世界經濟危機的蔓延，英國的養老金體系也進入了改革階段。總的來說，他們對於英國養老金體系的研究主要集中在國家養老金部分。

就傳統的養老金體系而言，孫博（2015）認為目前英國養老保險體系是典型的多層次的四支柱體系，其中零支柱為由國家財政負擔的、不用繳費的國民年金，第一支柱為國家基本和第二養老金，第二支柱為職業養老金，第三支柱為個人養老金。但孫博所提出的零支柱並不是英國社會養老金體系的主流，完全依靠政府財政支持的國民年金對中國而言也不具有實際意義。結合劉璇（2008）、吳慧瓊（2009）、李貴強（2014）的觀點以及英國政府官網對於養老金制度的介紹和解釋，英國養老金體系主要分為三個支柱，即國家基本養老金計劃、職業養老金計劃以及個人養老金計劃。

王玲、張紅、苗潤蓮（2015）認為英國的應對措施主要包括調整移民政策，發揮外來人口的作用；改革退休制度，緩解勞動力不足和政府財政壓力；改革養老金制度，建立多層次的社會養老保障制度；引入社區照料模式，提高老年人生活質量四個方面。謝韜（2012）認為英國應採取改革退休制度、倡導積極老齡化、鼓勵外來移民、促進就業等措施。事實上，英國近年來正在收緊其移民政策，取消了一系列原有的鼓勵海外留學生留英工作和移民的政策。近期的歐洲難民危機帶來的移民問題令英國居民倍感不滿，成為英國公投脫離歐盟的直接導火索。因此，鼓勵外來移民並非英國目前的政策。而在

養老金制度方面，2014年初，英國財政大臣喬治‧奧斯本公布了一系列養老金改革措施，受到了各方的高度關注，被稱為「近百年來英國最大的養老金改革」。這也將是本節要重點探討的內容。結合《2014年養老金改革法案》以及《2014年財政預算報告》中涉及養老金改革方面的內容，此輪養老金改革中的幾項重要舉措為：改革國家養老金，將原有的基本養老金和補充養老金合二為一；提高領取國家養老金的年齡，根據國家養老金領取者的消費情況定期重新評估領取年齡；簡化原有的喪親者福利；養老金自動轉移和自動註冊；發行養老債券；取消關於領取養老金的稅收限制，等等。許多學者還普遍認為此次養老金改革包括了職業養老金市場化運作。此外，雖然社區照料模式起源於英國，是英國老年社會保障體系的一大特色，被美國、澳大利亞等國借鑑而引入到本國，但社區照料模式重點在於提供養老服務，對於應對人口老齡化程度加深的意義不大，因此不納入本節的討論範圍。

　　李貴強（2014）認為中國應立足國情，借鑑英國，探索有效的養老金多支柱體系；明確政府、雇主與個人的養老金分擔責任；整合養老金制度，防止制度破碎化；實施漸進式提高退休年齡的政策。關於退休年齡的問題，孫博（2015）認為「中國養老金改革有時呈現單兵突進的狀態，比如提高退休年齡……面臨較大阻力。因此，應該在延遲參保者退休年齡的同時，政府給予繳費匹配及稅收優惠等措施，建立科學合理的一攬子改革措施」。國務院批轉國家發展改革委《關於2016年深化經濟體制改革重點工作的意見》中已經明確提出2016年將制定漸進式提高退休年齡方案，說明目前中國已經開始了漸進式延遲退休的進程。此項方案可通過深入研究英國這方面的經驗，再結合中國的國情來具體擬定。此外，孫博還提出中國應借鑑英國經驗，建立市場化的養老金投資營運體制，促進養老金實現保值增值。宋論升（2014）建議中國整合公共養老金制度，防止制度碎片化影響公平和效率。同時他還指出，針對三大支柱不同的情況，中國應給予相應的政策支持。首先針對基本養老保險，應研究逐步提高繳費比例，提高退休年齡，推動養老金投資營運，加強監管；其次在企業年金方面，可大力發展企業年金、職業年金，嘗試推動強制性或半強制性養老金制度的建立和發展，鼓勵和發展企業年金等養老金產品；最後針對個人養老保險，積極支持建立和發展個人帳戶，鼓勵基金公司等發行養老基金公共產品以服務個人養老金市場。事實上，中國已經有了全國通用、終身不變的養老保險個人帳戶。但中國的個人帳戶問題在於「統帳結合」的制度設計中的個人帳戶能夠被輕易地挪用，暴露出「空帳」的病症。

　　距離英國2014年初公布新一輪養老金改革後已經過去了一段時間。總的來說，在此期間，業界做了有關英國養老金體系及其改革、中國養老保險體系現狀和問題分析等諸多研究。有許多學者根據英國的改革措施，結合中國的國情，提出了一些切實有效的對中國養老金改革具有參考價值的建議。本節將在已有的相關學術成果的基礎上，進一步研究英國養老金改革對於中國的啟示。

4.4.2　英國的人口老齡化

　　英國早在1930年便進入老年型社會。到1950年時，60週歲老齡化系數、65週歲老

齡化係數已分別上升到15.7%、15.8%。自1950年以來,英國人口老齡化總體上呈現出不斷加深的趨勢,儘管個別時期老齡化係數有短期的小幅回調。從60週歲老齡化係數的變化來看,1980年已達到20%,預計2045年將達到30%,到21世紀末將超過35%,見表4-4-1。2020—2030年是老齡化程度快速加深時期,老齡化係數年均增幅超過0.3個百分點,其中2020—2025年老齡化高峰時期,老齡化係數年均增幅為0.4個百分點。從65週歲老齡化係數的變化來看,2030年將超過20%,預計2055年將超過25%,到21世紀末將接近30%,見表4-4-1。2025—2035年是老齡化程度快速加深時期,老齡化係數年均增幅超過0.3個百分點,其中2025—2030年老齡化高峰時期,老齡化係數年均增幅為0.36個百分點;容易看出,2010—2015年是次高峰時期。總體而言,英國人口老齡化快速發展時期是2020—2035年,人口老齡化高峰時期是2020—2030年。在第一章所分析的典型國家中,1950—2015年英國人口老齡化速度是最慢的,年均增長0.11個百分點,還不到日本的1/3。2015—2100年,英國人口老齡化速度有所加快,年均增幅為0.14個百分點,大約也只有中國、韓國的一半,也僅僅小幅度超過日本、法國和俄羅斯。同時,我們還發現英國人口老齡化快速發展時期與高峰時期都比較短,並且峰值也比較小。

從人口規模上來看,2015年英國總人口為6,511萬人,其中65週歲及以上人口為1,160萬人;而2011年,英國總人口為6,320萬人,65週歲及以上人口為1,040萬人;4年來,英國總人口增長了3.02%,而65週歲及以上人口卻增長了11.54%[①]。由此可見,英國老年人口增速遠高於總人口增速。此外,英國人口的年齡中位數也從38.7週歲(2005年年中)提高到了2015年的40.0週歲。同時,儘管2015年5~16週歲人口相對於2005年有所減少,但4週歲以下人口數量卻增加了約58萬人。這表明在經歷了21世紀之初人口出生率低潮之後,英國目前新出生人口進入了增長期,這可以緩解其人口老齡化的壓力。總的來說,近年來英國65週歲及以上老年人口增速遠高於總人口增速,老年人口所占比例保持上升趨勢,年齡中位數不斷提高,新出生人口雖有一定的增長,但英國人口老齡化程度高且還將持續加深已是不爭的事實。

表4-4-1 1950—2100年英國人口老齡化係數　　　　　單位:%

年份	60週歲老齡化係數	65週歲老齡化係數	年份	60週歲老齡化係數	65週歲老齡化係數
1950	15.7	10.8	2030	27.8	21.4
1955	16.3	11.3	2035	28.8	23.1
1960	17.0	11.8	2040	29.2	23.8
1965	17.8	12.2	2045	30.0	24.1
1970	18.8	13.0	2050	30.7	24.7
1975	19.7	14.1	2055	31.3	25.4

---

① 數據來源:英國國家統計局,2015年年中人口報告。

表4-4-1(續)

年份	60週歲老齡化系數	65週歲老齡化系數	年份	60週歲老齡化系數	65週歲老齡化系數
1980	20.0	14.9	2060	31.5	26.0
1985	20.7	15.1	2065	31.3	26.2
1990	20.8	15.7	2070	31.9	26.1
1995	20.7	15.9	2075	32.5	26.7
2000	20.7	15.8	2080	33.2	27.3
2005	21.2	16.0	2085	33.7	28.0
2010	22.3	16.2	2090	34.2	28.6
2015	23.0	17.8	2095	34.6	29.1
2020	24.1	18.4	2100	35.1	29.6
2025	26.1	19.6			

資料來源：POPULATION DIVISION. World Population Prospects (Median Variant and Estimates)：The 2015 Revision [R]. New York：United Nations, 2015.

　　追本溯源，造成英國目前人口老齡化現狀的主要原因有以下兩個：第一個原因是20世紀60年代「嬰兒潮」所必然帶來的人口年齡結構的改變。1950—1970年英國育齡婦女生育率經歷了一個先上升後下降的過程，總和生育率均超過2.1的更替水準，20世紀60年代（特別是前半期）總和生育率達到了一個高峰，見表4-4-2。然後，在60年代後半期開始下降，1970—1975年的總和生育率略低於更替水準。這極大地延緩了英國的人口老齡化進程，這期間60週歲老齡化系數、65週歲老齡化系數僅分別增長了4個百分點、3.3個百分點，年均增長0.16個百分點、0.13個百分點。1975年以後，英國總和生育率就圍繞1.8小幅度波動，目前達到1.87的水準，預計未來將在1.86附近小幅度波動，這也說明了英國人口老齡化發展緩慢的原因之一就是總和生育率不太低。第二個原因則是人均預期壽命的延長。面對人口老齡化帶來的困難與挑戰，英國政府主要通過調整移民政策、改革退休制度與養老金制度等措施來增強養老保障能力，提高老年人生活質量，豐富老年人生活。這些措施都起到了一定的作用，但也不可否認地仍然存在弊端。英國新生嬰兒的平均預期壽命在逐步延長，由20世紀50年代前半期的69.4週歲提升到2010—2015年的80.97週歲[1]，而且隨著時間的推移，平均預期壽命增長速度在加快，1950—1975年平均每年約增長0.11週歲，而1975—2015年平均每年約增長0.20週歲。英國未來的平均預期壽命還將繼續延長，預計21世紀末將達到91.83週歲。

　　受傳統觀念的影響，英國社會對待移民態度比較保守。而近年來湧入歐洲的難民潮更是讓英國社會原本保守的態度更加保守，成為英國公投脫離歐盟的直接導火線。

　　改革退休制度最直接的結果便是老年就業人口不斷增加。事實上，在退休制度和維

---

[1] POPULATION DIVISION. World Population Prospects (Median Variant)：The 2017 Revision [R]. New York：United Nations, 2017.

持經濟狀況的雙重作用下，英國老年人就業率從 2001 年便開始持續攀升。根據英國國家統計局發布的數據，2001 年英國 65 週歲及以上人口就業率僅為 5%，2012 年為 9%，兩年之後這個數據便達到了 10.2%，遠高於歐盟國家 5.4% 的平均水準。

表 4-4-2　1950—2020 年英國育齡婦女總和生育率

時期	總和生育率	時期	總和生育率
1950—1955 年	2.18	1985—1990 年	1.84
1955—1960 年	2.49	1990—1995 年	1.78
1960—1965 年	2.81	1995—2000 年	1.74
1965—1970 年	2.57	2000—2005 年	1.66
1970—1975 年	2.01	2005—2010 年	1.87
1975—1980 年	1.73	2010—2015 年	1.88
1980—1985 年	1.78	2015—2020 年	1.87

資料來源：POPULATION DIVISION. World Population Prospects（Median Variant and Estimates）：The 2017 Revision [R]. New York：United Nations，2017.

4.4.3　英國的養老金制度

英國是世界上最早建立福利國家制度的國家之一，其養老金制度最早可追溯到 1601 年的《伊麗莎白濟貧法》。該法案規定：政府有責任向沒有工作能力的貧困者提供幫助以保障其基本生活，政府還有義務為貧困孩子提供學徒機會。1908 年，英國正式批准《養老金法案》，確立了免費的國家養老金制度，也奠定了英國養老金制度的基礎。一戰後，為了促進戰後重建，加快經濟復甦，提高國民生活水準，英國在社會保障制度方面進行了改革。1925 年，英國政府頒布了《寡婦、孤兒和老年人納費型養老金法案》，標誌著英國免費國家養老金制度的結束和繳費養老金制度的確立。1943 年，英國發布了著名的《貝弗里奇報告》，這個報告主要描繪英國社會保障制度未來發展的宏偉藍圖，奠定了當今英國「從搖籃到墳墓」的福利制度的基石。隨著《貝弗里奇報告》之後頒布的一系列社會保障制度的實施，英國養老保險制度進入了快速發展期。在這一時期，英國正式建立起了今天三大支柱養老金體系的雛形。

受 20 世紀 70 年代世界經濟危機和養老金支出不斷膨脹的影響，英國社會保障制度面臨巨大的壓力，英國政府開始對養老保險制度進行了一系列的改革。

1979 年，撒切爾上臺成為首相，保守黨成為執政黨，開始推行激進的養老金改革措施，著重削減政府財政支出，將政府承擔的養老責任逐漸向社會私人部門轉移。具體措施包括：將國家養老金的增長率與價格指數而不是與國民平均收入相關聯；取消退休年金保單，允許保險公司和其他金融機構提供「個人養老金計劃」；雇主可以設立繳費確定型職業年金計劃，養老基金的投資風險由參加計劃的成員個人承擔；強制雇主必須向所有職業養老金計劃成員提供附加自願繳費的選擇。經過 20 餘年的改革，英國的養老

金制度終於形成了三大支柱體系。雖然保守黨的改革措施減輕了政府的財政負擔，對經濟復甦也起到了一定的積極作用，但後期也逐漸暴露出一些問題。1997年，執政黨變成工黨，開啓了新一輪的養老金改革。與保守黨相比，工黨的改革措施在保留減少國家養老金給付成本的思路上，將關注點放到了因保守黨激進的改革措施所帶來的貧困群體上，致力於針對貧困人口的社會再分配。其改革措施主要包括：發布《簡易、安全和選擇：為退休而工作、儲蓄》綠皮書；將國內2/3的養老金資產投資於股市；鼓勵工作到70週歲，延遲退休。然而，由於股市在養老金改革之後連續三年縮水，英國養老金的儲蓄受到巨大影響，許多公司的養老金計劃因此陷入危機，面臨倒閉風險。雖然政府後來採取了通過徵稅建立公司養老金「救生船」基金的措施，但仍然難以阻止養老金帳戶出現巨大虧空的危機。2005年，英國政府提出新的改革提議，一方面逐步提高退休年齡，另一方面則提高國家基本養老金給付水準，重新調整養老金增長率，並與人均收入增速掛鉤。

總的來說，這一時期，英國政府的改革措施著重於嘗試把以前國家所承擔的一部分養老責任轉移給私人部門。但是在這個過程中，改革效率低，頻繁的改革缺乏連續性和穩定性以及利益團體阻礙等問題都造成了養老金支付壓力隨著改革進程的推進而愈發嚴重，而日趨嚴峻的人口老齡化問題使本就艱難的養老金體系更是雪上加霜。

目前英國的養老金體系有三大支柱。

第一支柱：國家養老金計劃。包括國家基本養老金和第二養老金兩部分。前者強制所有受雇人員（包括自由職業者）以繳納國民保險稅的方式參加。這部分養老金在參加者達到國家法定退休年齡後便可領取。國家基本養老金的資金來源包括雇主和雇員所繳納的保險費和部分財政撥款。而後者（second state pension, S2P）為前者的補充，主要目的是為中低收入人群、特殊職業者、終身患病者和殘障人士提供更加慷慨和豐厚的保障。國家第二養老金的主要目標人群還包括了長期患病或殘障人士的看護者。S2P的准入門檻較低，包括已參加國家基本養老金但是沒有參加職業年金或者個人養老金計劃的雇員。與國家基本養老金相比，第二養老金的資金主要來源於雇主和雇員根據國家規定標準繳納的保險費。

第二支柱：職業養老金計劃。此計劃由雇主發起，資金來源於雇員或雇主的繳費，包括待遇確定型（defined benefit, DB）與繳費確定型（defined contribution, DC）。作為養老金體系第二支柱的職業養老金計劃是英國養老金體系中最為重要的組成部分。職工退休後，最低生活保障由第一支柱的國家基本養老金提供，而主要收入來源則是職業養老金，因此第二支柱的地位相當重要。具體來說，DB型計劃要求雇主做出定額養老金待遇的承諾，同時承擔相應財務風險。與此相反，在DC型計劃中，投資風險主要由雇員承擔，但同時雇員也可以享有更多的投資選擇權。根據英國國家統計局的報告，2014年職業養老金計劃中，DC型占到了82%，已成為主流模式。不過，《2015年養老金計劃法案》（*The Pension Schemes Act* 2015）設置了一個新的關於私人年金的立法框架，立法的主要目的就是在雇主、雇員及第三方之間進行更大的風險分擔，鼓勵建立風險分擔方案和享受集體待遇。這對於雇主來說，比起傳統養老金計劃更容易提供。該養老金計劃

法案將養老金計劃分成了三類：DB 計劃、DC 計劃與風險分擔（shared risk）計劃（或者稱為 defined ambition，DA）。風險分擔計劃或風險分擔方案的基本思路就是在成員繳費後承諾能夠獲得一部分而不是全部待遇，然而，這比起 DC 方案來說具有更大的確定性。所謂集體待遇指的是該法案允許把成員的資產混合在一起來管理，這意味著當一個成員退休時將從共享資產中獲得收入。來自其他國家的證據表明，享受集體待遇比享受單獨繳費確定型養老金計劃所提供的待遇更穩定，可以在一定程度上規避金融市場波動的風險；顯然，它具有風險分擔的特徵。

第三支柱：個人養老金計劃。這部分屬於個人自願參加，並不強制，通常由商業保險公司承保，目的在於為有能力負擔個人養老保險繳費的個人提供更高的生活質量與更多的保障。資金主要來源於投保者自己繳納的保險費，當然也有生存者得利因素。

4.4.4 英國養老金制度存在的主要問題

在養老金制度方面，由於英國養老金制度實行現收現付模式，在人口老齡化程度不斷加深的衝擊下，養老保險基金開始面臨入不敷出的困境。2010 年，英國養老金支出達 805 億英鎊，收入卻為 759 億英鎊，缺口達 46 億英鎊，這是英國首次出現養老金收不抵支的情況。根據英國最大精算諮詢公司 LCP 在 2013 年發布的英國養老金年度會計報告，2013 年英國養老金缺口達到 430 億英鎊，比 2010 年增長了 834.78%。由此可見，隨著人口老齡化程度的繼續加深，英國養老金體系將正面臨著巨大的支付壓力，未來養老金缺口有進一步擴大的趨勢。

人口老齡化的不斷加劇不僅給政府帶來了巨大的壓力，也將對社會各方面產生不同的影響。英國政府發布的《人口老齡化的未來》報告顯示，未來人口老齡化還將對退休收入市場、工作條件和環境、健康和社會關愛服務、代際關係、家庭照顧、對人口老齡化的社會態度、交通與流動性、社交科技、醫療和工作場所的基礎設施建設等帶來巨大的影響。

4.4.5 英國應對養老金缺口的措施

（一）養老金改革的主要內容

由於英國人口老齡化程度不斷加深，再加上從 20 世紀 70 年代以來英國養老金制度改革期所留下的沉疴宿疾，英國養老金體系在 2010 年首次出現收不抵支的情況，隨後幾年基金結餘不斷減少，缺口越來越大。為了解決養老金缺口問題，更好地應對人口老齡化帶來的挑戰，英國頒布了《2014 年養老金改革法案》，發布了《2014 年財政預算報告》。這兩份政府文件涉及多項養老金方面的改革，此輪改革也被稱為「近百年來英國最大的養老金改革」。改革的主要內容為：

1. 簡化國家養老金

由於經歷了多次改革，一方面，英國的養老金制度越來越複雜，甚至呈現出制度「碎片化」趨勢。為了改變這一現狀，從 2016 年 4 月起，現行的國家基本養老金和第二

養老金將被一個統一的養老金計劃取代。另一方面，英國將推出新的喪親支付賠償以替代原有的喪親賠償，這項改革將把原有的複雜制度大幅度地簡化，新的支付結構更加關注喪親初期階段，同時也將大幅簡化原有的給付條件。

統一第一支柱的國家養老金方面的改革主要內容和變化如表 4-4-3 所示。

表 4-4-3 英國統一國家養老金的主要內容和變化

主要內容	改革前後的主要變化
給付水準高於現行，將根據經濟狀況調查確定基本給付標準	單一養老金計劃開始實施後，每週日將給付 144 英鎊，並將根據通貨膨脹上浮。而當前基本給付為 107 英鎊，通過經濟狀況調查確定的基本給付為 142.7 英鎊
取代國家第二養老金、協議退出及其他一些過時的措施	例如 D 類養老金和年齡附加補貼，在單一養老金計劃實施後退休的人，將不再享有養老金補貼中的儲蓄補貼
全額領取單一養老金要求 35 年的國民保險繳費年限或相應的繳費金額	領取養老金的最低年限為 7~10 年，繳費年限在最低年限和 35 年之間的退休人士將按比例獲得較少的單一養老金
繼續允許民眾延遲領取養老金，並在最終領取時獲得一個較高的金額	遞延率的計算將更加貼近在原定執行日領取的情況，但不再允許一次性領取全部遞延養老金

2. 提高養老金領取年齡

《2014 年養老金改革法案》指出，參保者領取養老金的年齡將被漸進式提高到 67 週歲。法案同時提出，從 2015 年起，英國將每 5 年一次重新評估國家養老金的領取年齡，以確保國家養老計劃的長期可持續性和代際公平性；與此同時，保證參保者退休後的生活質量保持不變。

3. 實現養老金自動轉移，繼續推動職業養老金的自動加入

新的改革法案規定收入達到一定標準的雇員，必須加入職業養老金計劃。事實上，自 2012 年起，英國已開始實施「自動加入」職業養老金政策。該項政策從規模最大的企業開始實施，計劃於 2017 年最終完成，屆時也將包括規模最小的企業。預計覆蓋最終完成時將累積 80 億~120 億英鎊的養老金[1]。英國國家統計局的數據顯示，2014 年英國職業養老金體系中約有 1,020 萬在職員工，其中的 530 萬人來自公共養老金系統，而剩下的 490 萬人則來自個人養老金系統。相較於 2011 年而言，個人養老金系統中的在職成員僅有 290 萬人。職業養老金自動加入政策被認為是參加員工大幅增加的主要原因。此外，在新的養老金「自動轉移」機制下，原有的養老金將隨個人工作變動而自動轉移進新的養老金計劃，從而盡可能地整合小帳戶，降低養老金帳戶營運成本。同時，改革也將涉及職業養老金的繳費比例和稅收減免比例。見表 4-4-4。

---

[1] https://www.gov.uk/government/uploads/system/uploads/attachment_data/file/310896/pensions-act-ia--summary-of-impacts.pdf. Pension Act 2014 Impact Assesment. 英國政府官網. 養老金法案影響評估.

表 4-4-4　英國雇員及雇主繳費比例下限及其稅收減免改革時間表① 　　單位:%

時間段	員工最低繳費（占收入比例）	雇主最低繳費（占收入比例）	稅收減免（占收入比例）	合計（占收入比例）
2012年10月至2017年9月	0.8	1.0	0.2	2.0
2017年10月至2018年9月	2.4	2.0	0.6	5.0
2018年10月起	4.0	3.0	1.0	8.0

4. 加強職業養老金的市場化營運

強制雇員加入職業年金計劃的改革措施開始實施後，預計將有120萬中小企業和600萬員工逐步加入職業養老金計劃。據統計，截至2013年底，市場的供給量要達到以往正常水準的7倍才能滿足強制職業養老金所帶來的市場需求。為了保證「自動加入」職業養老金政策能夠順利推行，降低為中小企業提供養老金服務的成本，避免大量不盈利甚至負盈利（虧損）的中小帳戶需求超出市場的承受能力，英國建立了國民儲蓄養老金信託計劃（national employment savings trust），即NEST生命週期基金。它由政府提供財政補助，並以低至0.3%的年管理費承接這些中小帳戶的投資管理服務。具體來說，NEST默認選擇生命週期產品，並提供臨近退休基金、較低風險基金、較高風險基金等多種風險程度不同的產品。在投資管理方面，NEST採取基金中選基金的方式，選擇了7家基金管理人管理的10個子基金。投資範圍方面，NEST包含了全球市場股票、貨幣市場工具、各類債券、不動產、等等。目前從投資收益率來看，表現良好②。其中NEST2021主要針對即將在5年內退休的老年人群，NEST2040主要針對40週歲左右的中年階層，而NEST2055則面向剛參加工作的青年階層。總的來說，產品針對性很強。見表4-4-5所示。

表 4-4-5　2012—2013 年英國 NEST 產品投資收益率 　　單位:%

產品類型	投資收益率	產品類型	投資收益率
NEST2021	9.73	較高風險基金	19.00
NEST2040	12.57	較低風險基金	0.36
NEST2055	10.28	臨近退休基金	1.12

5. 發行養老金債券

英國《2014年財政預算報告》宣布在2015年1月發行高達150億英鎊的養老金債券以支持國民養老事業。此債券僅向65週歲及以上人群發售，一年期利率為2.8%，三年期利率為4%，認購額度從500英鎊到10,000英鎊不等。此前英國國家級債券利率最

---

① 英國政府官網. 2014養老金法案細則 [EB/OL]. https://www.gov.uk/government/collections/pensions-bill Pension Act 2014.

② https://www.nestpensions.org.uk/schemeweb/nest.html.

高的是專為兒童發行的，年利率為 2.5%。而此養老金債券利率也遠高於當年市場平均 0.5%的存款利率，比當年市場表現最佳的一年期投資回報 1.85%和三年期 2.5%也高出一大截。由國家發行的養老金債券不僅風險幾乎為零，且認購數額下限較低，利率高，期限短，旨在提高老年階層的收入，為貧窮節儉的老年人在普遍低利率的情況下提供投資支持。在英國公投「脫歐」之後，英鎊匯率下跌，英國央行宣布降息的背景下，此類債券是養老金保值的極佳選擇。同時，此類債券徵稅與其他儲蓄方式相同，而由於英國個人年度免稅存款額上限為 1.5 萬英鎊，這意味著所有養老金債券儲蓄都將免徵利息稅。

6. 取消一次性養老金領取的稅收限制

《2014 年財政預算報告》同時也宣布，將允許 DC 型計劃參保者在 55 週歲領取全部養老金。而在原來的體系中，參保者若想一次性領取養老金則必須支付稅率高達 55%的懲罰性稅收。除此之外，將不再強制參保者用退休後的養老金購買年金保險，而是允許其以投資的方式累積養老金收入。

(二) 養老金改革的影響

總的來說，此輪養老金改革主要涉及開源節流、提高養老待遇水準、加強市場化營運等方面，預計將帶來以下幾個方面的影響：

1. 增加養老金儲備，減輕政府長期財政壓力

擴大職業養老金覆蓋範圍和提高繳費比例都將直接擴大養老金的資金來源，增加養老金儲備。而漸進式提高養老金領取年齡則將直接減少養老金支出，緩解養老金缺口的壓力。相關測算表明，改革後政府養老金支出占財政支出的比重將逐步下降，因此對緩解政府長期財政壓力有一定的積極作用。

2. 擴大個人選擇權，提高養老待遇水準

允許 DC 計劃參保者一次性領取養老金以及發行養老金債券都能提高退休者管理個人養老金的自由度和靈活度，而近乎無風險卻又高收益的養老金債券更有助於增加退休者的養老金，提高退休者的生活水準與生活質量。

3. 簡化養老金體系，提高效率

在此之前，英國養老金改革一直在做加法，公共養老金制度變得越來越複雜，甚至一度成為世界上最複雜的養老金制度。此次簡化國家養老金制度，實現養老金自動轉移後，將有利於參保人對養老金體系有更明確的瞭解和認識，從而更加有效地做好個人養老規劃。

4. 養老金行業將受到一定負面影響

在英國財政大臣發布與養老金債券相關的《2014 年財政預算報告》的當天，倫敦股市壽險類股大幅下跌。相比於商業養老保險而言，國家養老金債券具有風險低、期限短、收益高的優勢。因此，市場普遍認為養老金債券的發行將削弱英國商業養老保險服務的吸引力，大幅削減每年約 150 億英鎊的養老金市場。商業養老金對於許多人壽保險公司而言是一筆數額較大且相對盈利的業務。因此，養老金市場規模的大幅度縮水必然

會給此類公司帶來負面影響。另外，惠譽評級也指出，很多儲蓄者會選擇以現金的形式支取他們的商業養老金以購買養老金債券。

5. 代際公平性受到質疑

目前，英國年輕一代已經因為國家養老金而背負了沉重的負擔。據代際基金會報告，英國老年人所領取的國家養老金越來越多，佔國民健康服務體系（NHS）支出的比例也越來越大。每個勞動者每年要拿出2,846英鎊來支付國家養老金。而此次養老金改革將進一步提高退休年齡，對於年輕的納稅人而言，他們非但不能像上一代一樣在相同年齡退休，反而還不得不繳納更多的養老保險費。

4.4.6 英國的應對經驗對中國的啟示

隨著老齡化社會的來臨，各個國家的養老金體系都不可避免地面臨著巨大的壓力，完全依賴於政府的養老方式已變得不再現實。因此，目前世界各主要國家都已陸續啟動養老金體系的改革，英國就是其中的一個典型。自1986年以來，英國經歷了多次養老金改革，總體上按照將養老責任由原先的政府作為主要承擔者向社會和個人作為主要承擔者轉移的思路進行。從表4-4-6可以看出，英國養老金體系中國家和政府主導的第一支柱養老金和企業、個人主導的第二、第三支柱養老金之間的比例正在日趨均衡，並有後者超過前者的趨勢①。這為作為人口大國的中國提供了很好的借鑒思路。

表4-4-6　英國養老金體系中各支柱所占比例變化　　　　單位:%

年份	國家年金	第二、第三支柱	年份	第一支柱	第二、第三支柱
1997/1998	55	45	2008/2009	54	46
1998/1999	54	46	2009/2010	54	46
1999/1990	55	45	2010/2011	54	46
2000/2001	53	47	2011/2012	53	47
2001/2002	55	45	2012/2013	53	47
2002/2003	56	44	2013/2014	51	49
2003/2004	54	46	2014/2015	51	49
2004/2005	54	46	2015/2016	51	49
2005/2006	55	45	2016/2017	51	49
2006/2007	53	47	2017/2018	52	48
2007/2008	52	48	2018/2019	51	49

（一）整合、簡化養老金體系

經過此前的歷次改革，英國的養老金制度越來越複雜化，其結果只是不斷加深對養

---

① 英國養老金政策協會．http://www.pensionspolicyinstitute.org.uk/pension-facts/pension-facts-tables Pension Policy Instituite.

老市場公平和效率的負面影響。一直到此次改革，英國才終於提出簡化養老金體系的措施。總結和汲取英國養老金體系制度破碎化的教訓，可為中國養老金制度的設計提供前車之鑒。此前中國社會養老保險分為機關事業單位養老保險、城鎮職工養老保險、城鄉居民養老保險等，複雜程度不亞於英國。儘管如此，「養老金並軌」仍然是重要的話題，原因在於企業退休人員和機關事業單位退休人員的差別待遇。因此，整合和簡化養老保險體系，爭取實現不同種類人群的養老金制度並軌，不僅有利於提高養老保險制度的執行和養老金市場的效率，也更能促進社會公平，確保公平與效率協調。

（二）加強精算在養老金中的作用

英國之所以能成為目前世界上較為成功的高福利國家之一，其較為先進的社會福利系統尤其是養老金體系便是一個重要的原因。而這個系統背後，有著完善而精準的數據統計和保險精算的支撐。英國此輪養老金改革除了一些政策上的調整外，通過金融市場本身來實現養老金的保值增值是此輪養老金改革的一個重要內容。在整合國家養老金的改革措施中，英國提出要用採取固定費率的統一型國家養老金以取代原有的基本國家養老金和補充國家養老金。英國在《2014年國家養老金法案》中細分了不同人群在不同情況下的費率。此外，英國養老金體系第二支柱中的 DB 型與 DC 型的養老金計算都將依靠強大的統計和精算支持。而在加強養老金的市場化營運，發行養老金債券的過程中，充分發揮精算的作用也將為養老金的管理提供更高效的投資回報，從而減輕養老金缺口擴大的壓力。目前中國已開始意識到精算的重要性，在「十三五」規劃建議中的社會保險體系方面，提出要堅持精算平衡以及適當降低社會保險費率。加強精算在養老金體系中的作用，不僅能更為科學、準確地為養老金的管理提供技術支持，防止養老金缺口過大、養老基金投資不當等金融風險，推動費率市場化進程，還能提供更有效的投資建議，促進更多養老型基金產品的開發，從而有助於提高養老保險基金的投資收益率，促進養老金市場更加繁榮地發展。

（三）鞏固發展多支柱的養老金模式

相對於英國而言，雖然中國的養老金體系也包含了三大支柱，但受人們普遍觀念的影響，商業保險的市場競爭力較弱，商業養老保險還不足以作為社會養老保險制度的重要組成部分。在這一點上，中國可借鑑英國的經驗，推動政府主導和市場化相結合的養老保險制度。如此一來，既可以減輕政府的財政壓力，緩解養老金缺口較大的壓力，還可以提高個人養老金的自由度和靈活度，使個人能夠針對自身情況制訂更有效的養老計劃，推動養老金市場的發展。

具體來說，雖然社保基金和企業年金基金已經實現市場化運作，但規模仍然較小。截至 2015 年底，中國養老基金總規模約有 5.5 萬億元，其中社保基金規模為 46,012 億元，企業（職業）年金基金規模為 9,525.51 億元①，養老基金占同年 GDP 的比例大約

---

① 人力資源和社會保障部基金監督局. 全國企業年金基金業務數據摘要（2015年度）[R]. 2016年3月. http://www.mohrss.gov.cn/SYrlzyhshbzb/shehuibaozhang/zcwj/jijinjiandu/201603/t20160331_236972.html.

为10%。而相比之下，根据OECD统计，2014年英国养老基金规模占GDP比重高达84.6%。由此可见，中国养老基金规模还有很大的发展空间。此外，养老基金的投资收益也相当可观，尤其是全国社保基金表现非常突出。见表4-4-7[①]。

因此，大力推动养老金多元化、市场化、专业化运作，扩大养老金规模，能有效鞏固中国养老金体系，积极应对老龄化高峰期所带来的挑战。在具体如何推动的问题上，中国可以借鉴英国NEST的经验。NEST的一大特点在于采用生命週期基金形式，以生命週期產品作為默認选择，根据持有人的年龄，不断地调整投资组合以提供风险不同的產品。这样的操作更加具有针对性，能夠满足投资者在生命週期中不同阶段的需求，从而提供更為有效的养老保障模式。

表4-4-7　全国社保基金与企业年金基金投资收益率　　　　　单位:%

年份	社保基金	企业年金基金
2010	4.23	3.41
2011	0.84	-0.78
2012	7.01	5.68
2013	6.20	3.67
2014	11.69	9.30
2015	16.52	9.88
2016	5.44	3.03

（四）探索渐进式提高退休年龄的方式

在提高领取养老金年龄的问题上，英国采取了渐进式提高领取养老金年龄的方式，稳步推进改革，而非「一刀切」。具体而言，女性开始领取养老金的年龄每2年提高1週日岁，直至与男性持平。之后男、女领取养老金的年龄都将以每10年增加1週岁的方式进一步提高。从图4-4-1可知，渐进式提高领取国家基本养老金年龄（State Pension Age, SPA）能大幅度降低老年扶养比（此处老年扶养比为达到国家基本养老金年龄人口数量比每1,000名在职人口）[②]。

这样的政策为中国如何提高退休年龄提供了借鉴。令人欣慰的是，2016年3月31日，国务院批转的《关于2016年深化经济体制改革重点工作的意见》中明确表示，中国将制定渐进式提高退休年龄的方案。虽然现在一些发达国家普遍采取了渐进式的提高退休年龄政策，但这样的政策如何在中国更好地本土化仍是一个值得关注和探索的重点。

[①] 历年全国社会保障基金年度报告、历年人力资源和社会保障部企业年金基金投资数据摘要。
[②] 英国国家统计局。https://www.ons.gov.uk/Office for National Statistics。

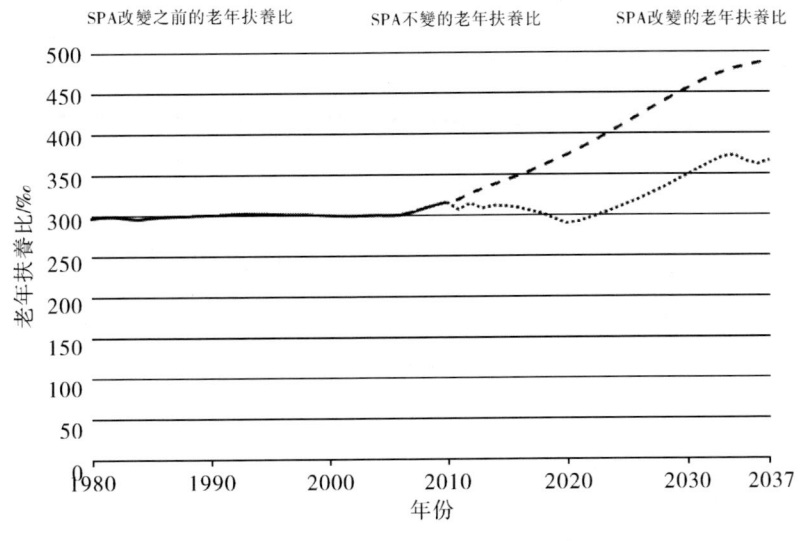

圖 4-4-1　英國社會老年扶養比變化情況

4.5　德國應對養老金缺口的經驗與啟示

德國於1930年成為老年型國家，但是自20世紀60年代以來，由於總和生育率下降迅速，並且維持在遠低於更替水準的低生育水準上，因而其人口老齡化迅速加深，其老齡化水準已名列世界前茅，而且還將繼續加深。德國是世界上第一個為養老保險立法的國家，在人口老齡化加速發展與經濟轉型的雙重壓力下，過分慷慨的養老金待遇使得養老金制度面臨諸多挑戰。為了緩解養老金支付壓力，德國自20世紀90年代起進行了一系列的改革，總體上就是開源節流，其中所推行的「母親年金」及「兒童撫育津貼」給予我們重要的啟示，因為這一舉措有助於提高總和生育率，緩解人口老齡化帶來的壓力，進而緩解養老金缺口擴大帶來的挑戰。

4.5.1　引言

隨著總和生育率的持續下降和平均預期壽命的不斷延長，人口老齡化成為各個國家必須面對的問題。德國的總和生育率自20世紀60年代以來持續下降，人口老齡化的陰霾從80年代起就一直籠罩著德國。人口老齡化對德國現收現付制的公共養老金制度造成了嚴重的影響。德國從20世紀90年代起對養老金制度進行了一系列的改革，目前已基本實現了改革伊始所設定的各項目標，有效地穩固了養老金制度（Borsch-Supan，2013）。研究德國養老金制度的改革歷程，有助於我們理解人口老齡化如何對養老金體製造成影響和發現養老金制度改革的可行性選項。

關於德國公共養老金制度改革的研究主要集中在改革思路和籌資模式兩方面。鄭春榮（1998）對其籌資模式進行了梳理，討論德國從俾斯麥時期到 1992 年改革後籌資模式從基金累積模式向現收現付制轉變的原因，同時指出現收現付模式無法抵禦人口老齡化所帶來的問題，可考慮採取部分累積模式。徐聰（2008）梳理了 2005 年及其以前的改革思路，認為德國養老金制度已從保障退休前後生活水準不變轉變為保持繳費與稅率的穩定，並從以支定收的體系轉變為以收定支的體系，但公共養老金體系收不抵支的現象未能得到根本性的解決。Borsch-Supan（2013）除了對當時德國的人口現狀、養老金體制、國民的退休行為進行分析外，還著重分析了 Riester 計劃的目標、實行方式和 2004 年的施行結果。他認為，Riester 養老金的執行率正在緩慢上升，但就算整個計劃被完全執行，公共養老金仍是養老金系統的主要支柱。Riester 計劃不能穩固德國的養老金系統。但 2013 年 Borsch-Supan 的另一份報告表示，在一系列的後續改革後，Riester 計劃讓目標人群受惠，參與率平穩上升，彌補了新舊兩種養老金體制下的國民養老金缺口。韓偉、穆懷中（2007）則將研究的重點放在調整指數的改革上，在 Borsch-Supan 研究的基礎上，梳理了自 20 世紀 90 年代以來德國養老金計算公式的改革歷程，從調整指數改革的角度分析了改革動因，認為選擇養老金調整指數不可忽視調整指數對市場效率的影響。華穎（2016）分析了德國 2014 年法定養老金改革及其效應與啟示，改革應考慮社會公平效應、經濟效應和政治效應。她認為改革是各方博弈後妥協的產物，各方意見不一致是改革中的正常現象，但改革需要理性、責任意識以及具有長遠眼光的政治家。

本節將總結現行的德國公共養老金制度，分析人口老齡化對德國養老金體系所帶來的影響，並在前人研究的基礎上分析德國的養老金制度改革是如何有效應對人口老齡化所帶來的挑戰的。

4.5.2 德國的人口老齡化

德國在 1930 年因 65 週歲老齡化系數達到 7% 而成為老年型國家。自此以後，德國人口老齡化程度不斷加深，1950 年時 60 週歲老齡化系數、65 週歲老齡化系數分別達到了 14.5%、9.7%，但其老齡化程度低於英國、法國。

據法國《費加羅報》2017 年 6 月 22 日報導，法國國家統計與經濟研究所的一項研究顯示，德國是歐洲人口密度最高的國家，其次為法國和英國，近 25 年（1991—2016 年）來，德國人口的老齡化程度也遠遠超過了法國和英國（http://www.mofcom.gov.cn/article/i/jyjl/m/201706/20170602598131.shtml）。2015 年德國 60 週歲老齡化系數僅低於日本（33.1%）、義大利（28.6%），排名第三（27.6%）；德國 65 週歲老齡化系數僅低於日本（26.3%）、義大利（22.4%）、希臘（21.4%），排名第四（21.2%）[①]。

從德國過去與未來人口老齡化演變歷程來看，人口老齡化系數總體上呈現出不斷增大的趨勢，儘管一段時期會出現縮小的情形。德國 60 週歲老齡化系數首次在 1975 年突

---

① POPULATION DIVISION. World Population Prospects (Median Variant): The 2015 Revision [R]. New York: United Nations, 2015.

破20%，接著有一段時間的年輕化過程，在1990年再次突破20%，預計2020年將突破30%大關，在2055年達到39.4%的高峰，然後逐漸小幅回落，在2075年達到極小值，然後回升，並於21世紀末以39.7%再創新高。德國65週歲老齡化系數在1980年突破15%後達到15.7%，然後經歷一個年輕化過程，在1995年再次突破15%，2010年突破20%，2025年將突破25%，2035年將突破30%大關，然後繼續增加，在2065年達到33.2%的高峰，然後小幅下調，2080年預計達到32.8%的極小值，然後回升上行，在21世紀末達到34%的新高。見表4-5-1。

表4-5-1　1950—2100年德國人口老齡化系數　　　　　　　　　單位：%

年份	60週歲老齡化系數	65週歲老齡化系數	年份	60週歲老齡化系數	65週歲老齡化系數
1950	14.5	9.7	2030	36.1	28.0
1955	15.7	10.6	2035	36.8	30.8
1960	17.3	11.5	2040	37.3	31.3
1965	18.8	12.5	2045	38.3	31.6
1970	19.8	13.6	2050	39.3	32.3
1975	20.5	14.9	2055	39.4	33.0
1980	19.2	15.7	2060	39.3	33.1
1985	19.8	14.5	2065	39.0	33.2
1990	20.4	14.9	2070	38.7	33.1
1995	20.6	15.4	2075	38.7	32.9
2000	23.1	16.2	2080	38.9	32.8
2005	25.0	18.8	2085	39.1	33.0
2010	26.0	20.6	2090	39.4	33.3
2015	27.6	21.2	2095	39.5	33.7
2020	30.1	22.7	2100	39.7	34.0
2025	33.2	25.0			

資料來源：POPULATION DIVISION. World Population Prospects（Median Variant）：The 2015 Revision［R］. New York：United Nations, 2015.

從德國人口老齡化系數增長幅度來看，總體上呈現出波動趨勢。2015—2030年是德國60週歲老齡化系數快速增長時期，年均增幅不低於0.5個百分點，高峰期是2020—2025年，年均增幅為0.62個百分點，1995—2000年為60週歲老齡化系數發展的次高峰期，年均增幅為0.5個百分點。2020—2035年是德國65週歲老齡化系數快速增長時期，年均增幅超過0.45個百分點，高峰期是2025—2030年，年均增幅為0.6個百分點，2000—2005年是65週歲老齡化系數發展的次高峰期，年均增幅為0.52個百分點。綜上所述，2015—2035年是德國人口老齡化快速發展時期，2020—2030年是其人口老齡化高峰時期。

人口老齡化產生的原因主要是平均預期壽命的延長和婦女總和生育率的下降。隨著

醫療技術的不斷發展，德國人口的平均預期壽命逐年提升。1960年德國新生嬰兒的平均預期壽命為69.1週歲，2013年已上升到80.9週歲。同時，德國的總和生育率呈下降的趨勢。1960年總和生育率為2.37，1970年降為2.03，2002年已下降至1.34，2014年略有回升，達到了1.47。平均預期壽命的不斷延長和總和生育率的大幅下降使德國人口老齡化形勢日益嚴峻。見圖4-5-1。

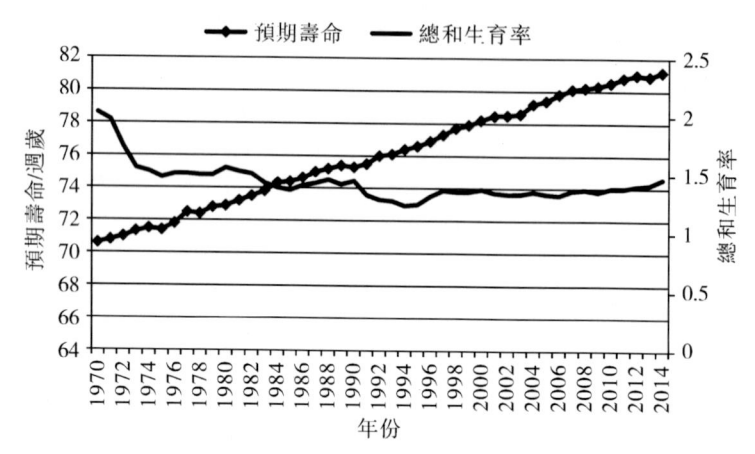

圖4-5-1　1970—2014年德國人口出生時的平均預期壽命和總和生育率變化趨勢
數據來源：OECD統計數據。

德國的人口老齡化與總和生育率下降有極大的關係。在1965年之前，總和生育率從2.13增加到2.47，1965年後開始下降，在1970年前總和生育率都超過了更替水準，但1970年後總和生育率繼續下降，1990—1995年達到歷史最低水準1.30，未來將緩慢回升，在21世紀末達到1.73。見表4-5-2。1975—2040年預計總和生育率低於1.60。也就是說，德國在過去與未來很長一段時間裡，育齡婦女的生育率都保持在很低的水準上，這也加快了其人口老齡化進程。德國總和生育率低於英國，更低於法國，並顯著低於更替水準，因而其人口老齡化程度高於英國更高於法國。

表4-5-2　1950—2100年德國育齡婦女生育率與總和生育率

時期	15~19週歲/‰	20~24週歲/‰	25~29週歲/‰	30~34週歲/‰	35~39週歲/‰	40~44週歲/‰	45~49週歲/‰	總和生育率
1950—1955年	29.1	128.9	131.3	83.1	41.1	11.3	0.7	2.13
1955—1960年	31.1	137.8	140.3	88.8	43.9	12.1	0.8	2.27
1960—1965年	42.4	153.7	151.5	91.5	43.2	11.7	0.6	2.47
1965—1970年	49.2	155.3	136.4	82.6	38.4	9.7	0.6	2.36
1970—1975年	42.3	117.1	97.2	53.5	24.6	6.6	0.4	1.71
1975—1980年	29.6	106.3	98.1	47.9	15.8	3.6	0.3	1.51
1980—1985年	22.5	97.2	101.6	52.2	16.4	2.7	0.2	1.46
1985—1990年	17.0	80.0	105.8	60.7	19.2	3.1	0.1	1.43

表4-5-2(續)

時期	15~19 週歲/‰	20~24 週歲/‰	25~29 週歲/‰	30~34 週歲/‰	35~39 週歲/‰	40~44 週歲/‰	45~49 週歲/‰	總和生育率
1990—1995 年	15.9	62.4	92.9	63.9	21.5	3.4	0.2	1.30
1995—2000 年	13.1	59.0	92.2	74.0	26.5	4.1	0.2	1.35
2000—2005 年	12.4	52.4	87.9	79.5	32.7	5.2	0.2	1.35
2005—2010 年	9.8	43.3	82.5	87.7	41.7	7.2	0.3	1.36
2010—2015 年	8.1	36.7	80.5	97.5	52.8	9.5	0.4	1.43
2015—2020 年	6.5	30.8	76.5	104.7	63.0	12.0	0.5	1.47
2020—2025 年	5.6	27.2	73.9	109.6	70.2	14.0	0.5	1.51
2025—2030 年	5.1	25.2	72.4	113.1	75.8	15.2	0.6	1.54
2030—2035 年	4.8	24.1	71.7	115.5	79.5	16.9	0.6	1.57
2035—2040 年	4.7	23.5	71.6	117.7	82.1	18.0	0.6	1.59
2040—2045 年	4.6	23.3	71.8	119.5	83.8	18.7	0.6	1.61
2045—2050 年	4.6	23.3	72.4	121.1	84.9	19.3	0.7	1.63
2050—2055 年	4.6	23.4	73.2	122.6	85.4	19.6	0.7	1.65
2055—2060 年	4.7	23.6	73.8	123.7	86.2	19.7	0.7	1.66
2060—2065 年	4.7	23.8	74.4	124.7	86.8	19.9	0.7	1.68
2065—2070 年	4.7	24.0	74.9	125.6	87.5	20.0	0.7	1.69
2070—2075 年	4.8	24.1	75.3	126.1	87.9	20.1	0.7	1.70
2075—2080 年	4.8	24.2	75.7	126.8	88.3	20.2	0.7	1.70
2080—2085 年	4.8	24.3	76.0	127.3	88.6	20.3	0.7	1.71
2085—2090 年	4.8	24.4	76.3	127.8	89.0	20.4	0.7	1.72
2090—2095 年	4.8	24.5	76.6	128.3	89.4	20.5	0.7	1.72
2095—2100 年	4.8	24.6	76.8	128.6	89.6	20.5	0.7	1.73

資料來源：POPULATION DIVISION. World Population Prospects（Median Variant and Estimates）: The 2017 Revision [R]. New York: United Nations, 2017.

4.5.3 德國的養老金制度

德國是現代社會保險制度的發源地，也是最早頒布養老保險法律的國家。俾斯麥政府為了緩和國內階級矛盾，推出了一系列社會保險法律：1883 年正式頒布《疾病社會保險法》，雇主負擔 1/3 的費用，雇員負擔 2/3 的費用；1884 年頒布了《工傷保險法》，保費由雇主全部負擔；1889 年頒布了《老年、殘廢和遺屬保險法》，其保險費由雇主和雇員平均分攤，標誌著德國的社會養老保險制度從此確立。在經歷了 120 多年的發展演變以後，德國現行的社會養老保險制度已經對覆蓋範圍、資金來源、繳費標準、待遇發放、養老金調整等各個方面都進行了明確的規定。

（一）德國養老金制度發展改革歷程

進入21世紀以後，德國對養老保險制度不斷改革，由過去的唯一支柱模式轉變化為三支柱模式，即法定養老保險、企業養老保險以及私人養老保險。早期的德國養老保險制度屬於完全累積模式。兩次世界大戰後，因為大量累積基金被用於購買政府債券，導致養老保險基金被消耗殆盡（李勇、王一峰，2013）。1957年，德國將養老金制度轉變為現收現付制度，以總工資指數作為養老金給付的計算基礎，確立了養老金制度的基本框架。後來的改革都沒有對養老金制度進行根本性的變動，只是在此基礎上小修小補，主要集中在PAI（養老金調整指數）上進行參數式的改革。

在1957年，PAI以總工資指數表示，即

$$PAI_t = \frac{AGI_t}{AGI_{t-1}} \tag{4.5.1}$$

上式中，AGI為平均總工資收入。由於數據的可得性，德國政府以上一年的總工資指數為依據調整養老金的發放數，即

$$PAI_t = \frac{AGI_{t-1}}{AGI_{t-2}} \tag{4.5.2}$$

$$PV_t = PV_{t-1} \cdot PAI_t = PV_{t-1} \cdot \frac{AGI_{t-1}}{AGI_{t-2}} \tag{4.5.3}$$

在經濟平穩發展且人口結構趨於穩定的情況下，以變動不大的總工資指數為基礎計算養老金，可以保證退休人員的體面生活，不會比退休前的收入下降太多。穩定帶來的另一個結果就是PV因子造成了一種精算平衡的感覺，在職人員認為他們繳納的不是「稅」，而是「保險費」（Axel Borsch-Supan，2004）。但是，隨著人口老齡化的加劇，公共養老金體系出現了巨大的資金缺口，改革勢在必行。於是，德國政府開始了一系列的改革，力求穩定養老金制度。

1. 1992年以淨工資指數作為計算基礎的改革

在人口老齡化的背景之下，1992年的改革將養老金系統的計算基礎從總工資指數改為淨工資指數：

$$PAI_t = \frac{AGI_{t-1}}{AGI_{t-2}} \cdot \frac{1-\tau_{t-1}}{1-\tau_{t-2}} \tag{4.5.4}$$

上式中的τ是在職者向公共養老金繳納養老金稅的稅率。

德國政府還引入了「精算調整因子」，提前退休者的養老金承諾會根據提前退休時間的長短打一定的折扣。與此同時，又提高包括失業者、殘障人士和婦女養老金在內的所有種類養老金領取的退休年齡。

2. 1999年引入「人口因子」

1999年，德國政府向養老金系統引入了「人口因子」，在養老金計算中考慮到平均預期壽命不斷延長的事實，嘗試借此減緩人口老齡化對養老金系統所造成的支付壓力，以對代際養老負擔進行平衡。具體而言：

$$PAI_t = \frac{AGI_{t-2}}{AGI_{t-3}} \cdot \left| 1 + 0.5\left(\frac{LE(t-3)}{LE(t-2)} - 1\right) \right| \tag{4.5.5}$$

上式中，$LE(t)$ 表示第 t 年的 65 週歲的人的剩餘壽命期望值；0.5 表示人口因子中在職者與退休者對人均預期壽命延長的風險負擔的分配系數。

此外，德國政府還提高增值稅的稅率，從 15% 提高到 16%，以維持法定養老金體系繳納的稅率。

這一改革計劃由於 1998 年的執政黨變更而沒能實施。新政府臨時決定，1999 年和 2001 年用消費者價格指數 CPI 確定養老金的調整幅度。同時，提高婦女和失業者提前退休的條件，並提高環保稅（ecological tax）的稅率。

3. 2001 年李斯特計劃

2001 年生效的李斯特（Riester）計劃令德國養老保險制度從單一支柱模式轉變成多支柱模式。這項改革最重要的影響在於在養老金系統的資金累積制度裡加入了基金制的成分，使養老保險制度從完全的現收現付制轉變成現收現付制與基金制的混合模式。李斯特計劃力圖實現三個目標：一是保持可持續的養老金繳稅率；二是保證養老金給付水準的長期穩定性；三是加強私人養老金的作用。養老金調整公式變為

$$PAI_t = \frac{AGI_{t-1}}{AGI_{t-2}} \cdot \frac{\frac{d_t}{100} - AVA_{t-1} - \tau_{t-1}}{\frac{d_t}{100} - AVA_{t-2} - \tau_{t-1}} \tag{4.5.6}$$

上式中，AVA 為在職者向私人養老金的繳稅率。此因子從 2003 年的 0.5% 逐漸升高到 2009 年的 4%。另外，這裡還引入敏感因子 d_t。d_t 在 2010 年前取 100，之後降低至 90 來提高養老金值 PV 對 τ 的敏感度。

除養老金體制變化和計算公式變化外，2001 年改革還在很多細節上對養老金體系做了修改和補充。如對殘障者（disability）重新定義、提高兒童教育津貼、改革幸存者津貼（survivors pensions），等等。

4. 2003 年 Rürup 委員會的改革

2003 年，在李斯特改革的基礎上，德國政府又對養老金系統做出了一些修正。Rürup 改革委員會的兩項主要改革措施是：一是將退休年齡從 65 週歲提高至 67 週歲；二是引入可持續發展因子（the sustainability factor），將養老金承諾和贍養比（dependence ratio）聯繫起來。引入可持續發展因子的改革於 2004 年 3 月 31 日在德國議院通過，而提高退休年齡的改革措施則沒有被寫入法律。

退休年齡的提高是緩慢、漸進的。從 2011 年開始，每年提高一個月或兩個月，到 2035 年時退休年齡最終達到 67 週歲。順便提一下，目前的退休年齡計算方式是：1947 年前出生的人為 65 週歲；1947 年到 1959 年前出生的人，退休年齡每過一年提高一個月；1959 年到 1963 年前出生的人，退休年齡每過一年提高兩個月；1963 年後出生的人，退休年齡均為 67 週歲。同時，還提高了提前退休的年齡限制，對提前退休者的養老金承諾做出精算調整。

引入可持續發展因子後，養老金承諾中養老金調整指數 PAI 的計算公式變為

$$PAI_t = \frac{AGI_{t-2}}{AGI_{t-3}} \cdot \frac{1-\delta_{t-2}-\tau_{t-2}}{1-\delta_{t-3}-\tau_{t-3}} \cdot \left[\left(1-\frac{PQ_{t-2}}{PQ_{t-3}}\right)\alpha + 1\right] \qquad (4.5.7)$$

上式中，PQ 為養老金系統的贍養率 $PQ = \frac{養老金領取人數}{養老金繳費人數 + 失業人數}$，$\alpha$ 為贍養率的權重。當 $\alpha = 0$ 時，原有的養老金承諾計算公式繼續使用；當 $\alpha = 1$ 時，新公式下公共養老金系統將完全變成以收定支的體系（a purely income-oriented pension benefit adjustment policy）。改革委員會將 α 設定成 0.25，在此水準下，此次改革應能完成 Riester 改革的三項目標。

5. 德國 2014 年法定養老保險制度改革

2014 年 5 月，德國聯邦議院以壓倒性多數通過了《法定養老保險改進法案》，與以往縮減養老金待遇不同，這次改革提高了部分參保人員的養老金水準。這次改革的主要內容有：一是繳費滿 45 年者可以提前到 63~65 週歲退休並領取全額養老金，當然也可繼續工作，可以提前退休的時間依據出生年份的先後而遞減；撫育孩子、照料家人、短期失業等時間都可視同繳費。二是推行「母親養老金」，即對 1992 年前生育孩子的母親（包括少數父親）提供額外的養老金。以前，對她們在計算養老金積分時給予 1 分，這次改革改為計 2 分。這項改革將惠及 950 萬母親或父親。

(二) 德國現行的養老金制度

1. 框架和結構①

目前，德國養老金體系為三支柱結構：公共養老金、職業養老金和私人養老金。其中，公共養老金是強制參加的，由法律規定，面向全體國民。它包括老年養老金（old-age pension）、老年就業能力降低保險（pensions on account of reduced earning capacity）、失業者養老金（pension for the unemployed or under a progressive retirement plan）（1952 年前出生的人才可以申請）、遺屬津貼（pensions payable on account of the insured person's death）、孤兒津貼（orphan's pension）和育兒津貼（child-raising pension）等。德國公共養老金體系繁瑣複雜，根據具體情況，被保險人可以同時領取一種或一種以上的公共養老金。職業養老金和私人養老金均是自願參加的。本節主要討論德國的公共養老金制度。

德國公共養老金體系中包含私人部門養老金和公務員養老金兩大類別。私人部門養老金覆蓋全國 85% 的勞動力，是國民養老計劃的主要部分。私人部門養老金可分為年老養老金、工作能力衰退津貼和生存者津貼三大類，各種養老金針對不同人群又有各自的領取規定。公共養老金制度在國民養老中承擔了大部分責任，是一個與收入相關聯的現收現付制（PAYG）體系。養老金的計算基於與個人收入相關的養老金積分。當公共養老金不足以滿足領取人的生活需要時，缺失部分由自願性質的職業養老金和個人養老金補充。

目前，大部分年老養老金的領取條件是年滿 65 週歲零兩個月和繳納養老金稅 5 年

---

① 本節內容根據德國養老保險（Deutsche Rentenversicherung）網站的介紹整理。http://www.deutsche-rentenversicherung.de/Allgemein/en/Navigation/englisch_index_node.html。

或以上。從 2012 年開始，退休年齡在 20 年內將逐漸上升至 67 週歲。超長繳稅期者的退休年齡在 2028 年也將從目前的 63 週歲上升至 65 週歲。對於不在法定退休年齡退休者，提前退休的行為在不同種類的養老金下都會減少領取的養老金，部分養老金甚至規定不可提前退休。延遲退休則可以增加領取的養老金數額，每延遲退休一個月，養老金將增加 0.5%。

此外，公共養老金在兒童撫育方面有特別的規定。在 1992 年或之後生育的父母，兩人中的一人可在養老金積分中獲得額外的 3 分。1992 年之前生育的，可以獲得額外的 2 分。兒童年滿 10 週歲前，父母還可以獲得其他的優惠規定，如在子女年滿 10 週歲前一直工作（不失業），或有同時撫養沒有年滿 10 週歲的子女，父母每年可獲得 0.33 點的養老金積分獎勵。

下面對各種養老金進行詳細介紹。

（1）年老養老金（old-age pensions）

它包括標準年老養老金、超長繳稅期者的年老養老金、較長繳稅期者的年老養老金、殘障者的年老養老金、失業者年老養老金、女性年老養老金。

（2）工作能力衰退津貼（pension for reduced earning capacity）

此項津貼的申請條件有三個：一是工作能力因為健康原因完全或部分衰退；二是繳納了 5 年或以上的養老金稅；三是在工作能力減退前的 5 年裡，有 3 年或以上的強制養老保險繳稅記錄。

這項津貼會持續給付，直至領取人達到正常的退休年齡。領取人達到退休年齡後，將領取相應的年老養老金。退休年齡的規定為：1947 年前出生的人，退休年齡為 65 週歲；1947 年到 1963 年出生的人，退休年齡逐漸上升；1964 年及以後出生的人，退休年齡為 67 週歲。

（3）生存者津貼（survivor benefits）

生存者津貼可分為三類，即喪偶津貼（pensions to widows and widowers）、孤兒津貼（orphan's pensions）和兒童撫育津貼（child-raising pensions）。當家庭中的某一成員死亡，且他或她正在領取養老金或滿足最低繳稅年限 5 年時，家庭中的其他成員（配偶、子女）有權獲得該成員的養老金。能獲得的養老金比例根據其配偶、子女的收入狀況、工作能力、年齡等因素決定，可能全額，也可能只有 50%、20% 或 10%。當其他成員的收入超過一定標準時，此項津貼會停止發放。孤兒津貼的領取人年滿 18 週歲時，津貼也會停止發放，但此期限可以在接受教育、服兵役等條件下延長至 27 週歲。

2. 公共養老金給付的計算方式

公共養老金給付主要考慮以下四點因素：

（1）收入點數 EP（earning points），是指被保險人個人年度收入占所有被保險人年度平均收入的比例。退休時將歷年的所有收入點數加總。

（2）服務年限 SY（years of service life），是指繳費期和沒有繳費但按規定可以算入繳費期的年限的總和。

（3）調整因子 AF（adjustment factor），其大小取決於養老金的種類和退休年齡。

(4) 養老金現值 PV（current pension value），是指養老金的現在價值的大小。PV 的計算公式為式 (4.5.3)，即 $PV_t = PV_{t-1} \cdot PAI_t$，這裡 PAI_t 為養老金調整指數。目前，它包含「可持續因子」，在計算中反應養老金體系的贍養率。

公共養老金給付的計算公式為

$$P_{t,i} = EP_i \cdot SY_i \cdot AF_i \cdot PV_t \qquad (4.5.8)$$

4.5.4　德國養老金制度存在的主要問題

人口老齡化為德國養老金體制的運行帶來了很多問題。國家或政府統籌組織的養老金計劃，一方面，源於社會希望老年人避免陷入貧困，保證當老年人由於年齡原因不能工作時獲得收入；另一方面，在當今環境下，一個人不需要在其一生都進行工作。這引發了將收入轉移到未來的各種辦法[①]。在人口老齡化持續發展的背景下，社會贍養率將日益提高，每名勞動者需要供養更多的退休人員。這將為養老金體制帶來許多問題，如公共養老金的「空帳」問題、代際給付的公平問題和民眾對養老金體制的信賴問題。

（一）養老金存在「空帳」

養老金的兩個基本目的，一是確保個人一生的「平滑消費」，即將工作期間的一部分收入加入養老金計劃中以換取退休期間的養老金收入；二是提高針對長壽風險的「保險度」。

德國養老金制度正從現收現付制度向基金累積制發展，同時努力完善三支柱結構，加強第二支柱（自願的職業養老金）和第三支柱（自願的私人養老金）在養老金體系中的作用，即加強個人在養老金系統中的作用。Riester 計劃已初見成效，但目前以現收現付制度作為資金籌集模式的第一支柱公共養老金仍在承擔國民養老的大部分責任。OECD 的統計數據顯示，2011 年德國公共養老金支出與 GDP 的比率為 10.57%，私人養老金占 GDP 比率僅為 0.19%。

現收現付制度下，人口老齡化將為德國養老金體制帶來巨大的資金問題。德國的公共養老金制度是典型的俾斯麥制度（Bismarckian）模式，以慷慨聞名，退休人員可以依賴養老金使生活維持在較高水準。即便多次改革，降低養老金水準後，淨養老金替代率仍為 50%（男性），高於美國的 44.8%。老齡人口的急遽增加使養老金支出迅速攀升，與此同時養老金體系中每一位退休者的供養人（在職人口）正在下降。2015 年德國社會的贍養率已達到 51.8%，即每 1.93 位勞動者要養活 1 位退休人員或兒童。支出增加而收入來源減少，養老金制度將面臨巨額的資金缺口。Richard A. Marin 預測，2010 年德國累計養老資金需求為 GDP 的 232%，2050 年為 GDP 的 433%，淨資金缺口 317%。根據保險機構 Aviva 於 2016 年 9 月發布的報告，德國養老金缺口已達到 4,610 億歐元，占 GDP 的 15%，僅次於英國。

（二）代際公平問題和信賴問題

為解決養老金「空帳」問題，減少養老金的資金缺口，政府採取了一系列的改革措

[①] 伯托奇，等. 人口老齡化、退休安排與養老金困境的優化 [M]. 趙建國，李佳，譯. 大連：東北財經大學出版社，2015：3.

施來開源節流。「開源」主要是指通過提高養老金繳稅率以提高稅收等增加養老金收入的措施。「節流」則是指降低養老金水準，減少養老金領取人數等減少養老金支出的改革。這一系列的改革，將引發公平問題。為了讓老年人維持現有的豐厚養老金承諾，年輕一代要繳納更多的養老保險費、工作更長的年限。但是，當他們達到退休年齡時，因改革措施生效，他們能領取的養老金比起上一代人要少得多。讓年輕一代完全承擔人口老齡化帶來的養老金體系的負擔無疑是不公平的。應如何在兩代人之間或幾代人之間分攤養老負擔以達到平衡並確保代際公平必將成為改革路上的一個重要問題。

如果無法達到平衡，加上養老金的「空帳」問題，國民可能會對公共養老金系統產生懷疑，進而出現信賴問題。吳雪（2014）對日本公共養老金信用危機的研究表明，當人們失去信心時，會拒絕參加公共養老金計劃，養老金體系很可能難以為繼，甚至有可能崩潰。

4.5.5　德國應對養老金缺口的措施

20世紀90年代，安然度過兩次世界大戰的德國養老金體系正面對巨大的挑戰，人口老齡化和經濟疲軟威脅著養老金體系的正常運轉。人口老齡化對德國現收現付制度下的養老金體系帶來了前所未有的壓力。1992年，德國政府便開始對養老金制度做出一系列的調整，力圖使歷經百年的養老金體系在新的環境下也能持續運轉。下面將對其各項改革進行分析。

（一）修改養老金計發基礎

1992年改革之前，德國養老金承諾的計算以總工資指數為基礎。在經濟環境良好、人口結構穩定的情況下，這樣的計算方式能保證養老金體系正常運行。但是德國人口老齡化現象日益嚴重，老齡人口在總人口中的占比急遽上升，當養老金計劃中贍養比不斷上升時，原有的穩定結構就被打破。為了能彌補不斷增加的養老金支出，政府必須提高養老金的繳稅率和降低養老金水準，以達到收支平衡。1992年將總工資指數替換成淨工資指數的改革，正是在此背景下提出的。

1992年的改革暗含幾代人共同分擔人口老齡化給養老金體系帶來的負擔的含義（韓偉、穆懷中，2007）。以淨工資指數為基礎計算養老金，在提高在職者的繳稅率的同時，降低領取者的養老金收入，將人口老齡化帶來的養老金支出的上升在在職者和領取者之間進行分攤。

此外，1992年的改革還在養老金承諾的計算中引入「精算調整因子」和提高所有種類領取養老金的退休年齡。提前退休者，根據提前時間的長短，其領取的養老金數額有一定的折扣。這項改革抑制了養老金領取者通過轉換養老金種類達到提前退休目的的趨勢，增加提前退休行為給養老金承諾帶來的損失，從而達到迫使其延遲退休的目的。

（二）引入人口因子

1992年的改革來得太晚，未能從根本上彌補養老金體系的資金缺口。改革後，年輕一代要繳納更多的保險費卻只能領取較少的養老金。1999年引入的人口因子，體現了德

國政府希望通過將養老金計算和人口老齡化程度聯繫的方法彌補資金缺口的同時，以各代人的平均預期壽命或餘命為依據重新分配每代人所承擔的養老金體系的負擔。雖然引入人口因子的改革沒有被實行，但此項改革有效地改變了人們的退休行為，婦女和失業者的退休年齡逐漸地從 60 週歲上升到 65 週歲（Axel Borsch-Supan, Christina B. Wilke, 2004）。

人口因子在 2003 年的改革中以某種方式迴歸。2003 年在養老金計算公式中引入的可持續因子可以被視為人口因子在某種意義上的延伸。贍養率是養老金領取人數與社會勞動力人數之比，它從另一角度反應了人口平均預期壽命延長對養老金體系的影響，同時也反應了其他人口流動和經濟狀況等因素的影響。贍養率的比重 α 反應養老金體系的負擔在每代人之間的分配關係。

（三）建立多支柱的養老金體系

李斯特計劃在德國養老金制度改革的歷史進程中具有劃時代的意義。改革最重要的部分在於將一部分現收現付制度改為基金制（Axel Borsch-Supan, Christina B. Wilke, 2004）。另外，它還為德國的養老金體系引入新的支柱，使養老金體系變成世界銀行所提倡的三支柱模式。李斯特計劃之前，德國公共養老金計劃承擔了第一層與第二層的功能，為單一支柱結構。特別是 1992 年改革之前，淨養老金替代率一度達到 70%，而同期美國的淨社保替代率僅為 53%。經過一系列的改革，替代率有所下降，2001 年前約為 64%，仍高於同期 OCED 國家的水準。李斯特計劃的實施，將公共養老金的沉重支出分攤到自願的養老金計劃中。新支柱的引入，降低了第一支柱養老金計劃在國民退休養老收入中的作用，可以進一步降低公共養老金替代率，穩定繳費水準。2014 年德國的淨公共養老金替代率已經降低至 50%。

這三個目標與過去的養老金改革思路一脈相承，力求開源節流，但又做了一定的改進。過去的改革先以提高繳稅率為目標，後改為穩定地提升繳稅率和保證代際在養老金體系中的公平，以維繫人們對公共養老金系統的信心。在李斯特計劃裡，德國政府放棄了提高繳稅率的目標，轉為穩定繳稅率，確保未來公共養老金的繳稅率維持在一個可以讓人接受的水準上。同時控制和穩定養老金支出，讓公共養老金水準能從 2001 年的 70% 降到 2030 年時的 67% 或 68% 的水準。而公共養老金水準的降低對領取人帶來的退休收入的減少將由新支柱私人養老金計劃補充。換言之，德國政府改變思路，引入新支柱來彌補原有養老金計劃的不足，將「開源」的壓力轉移到私人養老金上，希望用私人養老金的完全累積制的籌資模式解決目前人口老齡化帶來的資金困局。

為實現這三個目標，現收現付制的公共養老金通過新定義的養老金計算公式進一步降低養老金替代率。這個複雜的 PAI 公式，反應了改革在兩個相反的目標之下所達成的平衡：讓繳稅率保持在一個合理水準和讓新定義的標準替代率在 2030 年前高於 67%（Axel Borsch-Supan, Christina B. Wilke, 2004）。同時政府通過一系列措施，如提供直接的津貼或稅費減免等，鼓勵人們加入私人養老金計劃，彌補公共養老金水準降低帶來的收入減少。

但這項改革真的能拯救德國養老金體系嗎？2004 年，B. Wilke 和 Borsh-Supan 的報告指出，李斯特計劃無法穩固德國的養老金系統。雖然李斯特養老金的執行率正在緩慢上升，但即使整個計劃被完全執行，第一支柱的公共養老金仍是養老金系統的主要支柱。並且，由於計劃提出時對人口變化和經濟發展的預期過於樂觀，此項改革很可能不能達到預期目標。替代率將有效地降低，可能穩定在62%，但是繳稅率無法保持合理水準，會推高到24%與28%之間。

但在 2003 年及其後續的改革之後，李斯特計劃已顯示出它應有的效果。特別是 2005 年簡化李斯特養老金的各項規定，讓民眾易於理解後，參保率迅速上升，到2008 年時已趨於平穩。2013 年，Borsh-Supan 的另一份報告指出，李斯特計劃達到了預期的目標。2008 年，1 份直接津貼可以帶來 2.1 份李斯特養老金存款。目標人群的參保率達到目標水準，2010 年，有兩個孩子或以上的家庭中，60%加入了李斯特養老體系。總體上，德國人彌補了日益擴大的養老金缺口。通過此項計劃，超過 2/3 的人能彌補新舊公共養老體系轉變帶來的養老金收入的減少，但李斯特計劃的長遠效應和替代效應還需時間來檢驗。

（四）提高退休年齡

從 1992 年的改革開始，提高退休年齡幾乎成了每一次改革的必備選項。1992 年提高了所有種類養老金領取人的退休年齡，並引入「精算調整因子」對提前退休者施加「懲罰」。1999 年提高了婦女與失業者提前退休的條件，2003 年將法定退休年齡從 65 週歲提高到 67 週歲。近來，德國議會還在討論是否要把法定退休年齡進一步提高至 69 週歲。

提高法定退休年齡是一個很具吸引力的改革選項。在人口老齡化和現代醫療技術迅猛發展的背景下，一個 50 多週歲接近退休的人更可能被人們視為身強體壯的中年人，而不是白髮蒼蒼的老年人。他們仍可以並且有意願和精力繼續職業生涯。首先，提高退休年齡可以提高就業水準，增加就業市場上的勞動力。對老齡化情況極其嚴峻的德國而言，這將有助於緩解目前勞動力短缺的問題。其次，提高退休年齡可以有效地緩解養老金制度的資金短缺問題。人們將為自己更短的養老金領取年限繳納更多的養老保險費，無疑能緩解當前的資金困局。最後，提高退休年齡比起降低養老金水準等其他改革選項更容易被國民理解。平均預期壽命大幅度延長已經是一個人人皆知的事實，而且受教育年限也在不斷增加。提高退休年齡，延長工作年限，比起直接降低養老金水準更容易被人們接受。

4.5.6 德國的應對經驗對中國的啟示

對德國養老體系改革歷程的總結可以給中國養老保險制度的深化改革帶來一些啟示。面對人口老齡化，德國的改革思路從最初單純地提高繳稅率，降低養老金水準確保收支平衡，轉變為改變養老金體系結構，進一步降低養老金水準，穩定繳稅率，引入新支柱分擔公共養老金的責任。德國在整個改革過程中相當重視代際公平，力求平衡幾代

人承擔的改革負擔。提高法定退休年齡這項改革，一直緩慢持續地推進。值得注意的是，李斯特計劃簡化規則前後的參保率變化表明，過於複雜的養老金計劃會使人們難以理解，進而影響人們的參保熱情。此外，李斯特計劃運行 10 年後的結果表明，公共養老保險水準不應定得過高，不應承擔國民養老的全部責任。

目前，中國的人口老齡化現象也不容忽視。國家統計局的數據顯示，2015 年出生率為 12.07‰，死亡率為 7.11‰，自然增長率為 4.96‰，平均預期壽命 76.3 週歲。老齡人口占比日益攀升，1990 年 65 週歲及以上的人口占比為 5.6%。2000 年為 7.0%，2010 年為 8.9%，2014 年為 10.1%。老年扶養比從 1990 年的 9.0%增加至 2014 年的 13.7%。而總和生育率則持續下降，從 1990 年的 2.51 降低至 2013 年的 1.67。2010 年，中國人口年齡結構圖已成「風箏」狀。可以預見，未來中國的老年人口占比將大幅度提升，嚴重老齡化的社會即將到來。

在人口老齡化壓力下，中國養老金制度的發展前景不容樂觀。2014 年 Richard A. Marin 研究預測，2050 年中國累計養老金資金需求為 GDP 的 239%，淨資金缺口為 GDP 的 134%。中國的養老金制度改革勢在必行。在德國應對養老金缺口經驗的啟示下，政府在進行養老保險制度改革時應注意以下幾點：

（1）在設計公共養老金制度時，應考慮留出餘地，讓職業養老金計劃和個人養老金計劃擁有發展的空間。公共養老金水準不應定得過高，重視第二、第三支柱的作用。這樣才能使養老金體系在人口結構變化和經濟環境改變時擁有彈性，保持活力。

（2）養老保險的繳稅率應維持在穩定的民眾可以接受的水準上，避免過高的稅率導致居民消費減少，影響國民對養老金體系的信心。

（3）提高法定退休年齡是一個可行的改革選項，但執行此項改革應保持漸進式的緩慢速度，避免造成制度混亂。同時還要考慮中國的就業壓力，避免此項改革影響中國年輕人就業。

（4）養老金制度不宜設計得過於複雜，應盡量讓群眾易於理解，從而積極主動地配合養老保險制度改革。

（5）強調生育子女的重要性，並在養老金體制中給予適當的優惠，鼓勵人們生育，提高總和生育率，可以緩解人口老齡化給養老金體系帶來的壓力。

4.6 「歐債危機」的應對經驗與啟示

進入 21 世紀，人口老齡化已經成為世界普遍現象，各國紛紛將老齡化問題提升到國家戰略層面，積極研究對策。歐洲福利國家對國民提供全方位高福利的保障在經濟轉型與人口老齡化雙重壓力下難以為繼，因而發生債務危機就在所難免。本節首先闡述歐洲國家人口老齡化狀況和影響，然後分析「歐債危機」的發生過程和原因，接著說明人口老齡化趨勢下「歐債危機」發生的必然性，最後結合歐洲國家應對人口老齡化的措施總結得出對中國的啟示。

4.6.1 希臘債務危機的原因

復旦大學歐洲問題研究中心主任丁純（2010）認為，希臘發生債務危機，首先是因為希臘入圍歐盟心切，與高盛公司聯手操作，變相重組和隱瞞了自己龐大的債務；其次是本身的經濟基礎薄弱，經常項目連年赤字，較容易受到外部經濟的衝擊；最後是希臘的養老金、失業金等福利開支過大，政府腐敗，公務員隊伍龐大，公民偷稅漏稅嚴重，養老金管理混亂，使得希臘財政不堪重負[①]。黃宇紅（2010）認為希臘的高福利政策是債務危機的根本原因，希臘工會和政黨為了最大化自身利益，對政府施加壓力，政府多年來被迫增加福利支出，過度提高社會福利待遇，給希臘政府的公共財政帶來了沉重負擔；此外，盲目增加工資還和國民的勞動生產率脫節，削弱了希臘的經濟活力，經濟缺乏競爭力。同時，美國的金融危機是希臘危機的直接導火索，加之對沖基金的背後助推，債務危機一發而不可收拾[②]。復旦大學經濟學院教授孫立堅（2010）在《上海商報》上撰文指出，希臘債務危機爆發的根源是國家的經濟運行模式存在很大的缺陷，高福利和高公共服務是危機爆發的主要原因。希臘經濟發展水準在歐元區中屬於比較靠後的，為了維持高福利，希臘政府只能依靠向發達國家長期舉債來維持政府開支。經濟繁榮時，投資者過度自信和盲目樂觀；金融危機爆發時，投資者紛紛出逃尋求安全地帶，降低了資金的流動性，希臘政府債務難以獲得「展期」，主權債務危機就顯現無遺[③]。趙珍（2011）認為希臘加入歐盟後，舉債便利並且成本低，使希臘政府更加大規模地舉債來謀求發展。從支出方面來看，希臘的高福利政策，使政府財政收入大多被用於非生產性支出，降低了經濟發展速度。就失業救濟來看，希臘的失業率一直在10%左右，是歐盟中失業率最高的國家之一，龐大的失業救濟金支出給國家財政帶來了沉重的負擔。從養老金支出來看，希臘的養老金支出已經占了國民生產總值的15.9%，人口老齡化程度的加深還造成勞動人口減少，社會產出不斷降低。從收入方面看，希臘經濟收入低，稅收制度不完善，導致財政收入很少[④]。張超和譚春彥（2011）認為希臘是由新民主黨和泛希臘社會主義運動競選執政的，政黨在競選過程中，為了贏得更多的選票，不斷推出遠高於生產力水準的福利政策，造成希臘政府財政赤字嚴重[⑤]。徐明棋（2013）認為部分國家財政寅吃卯糧，福利制度難以為繼是「歐債危機」發生的重要原因之一[⑥]。

希臘財政部部長、經濟學家Yannis Stournaras（2010）認為，此次希臘的債務危機是一個歷史遺留問題。長期以來希臘政府過度提高養老金以及工人工資等福利項目，使得政府財政入不敷出，赤字長期存在。此外，希臘政府部門公務員數量過多，龐大的公務員隊伍給政府造成了巨大的財政負擔。政府行政效率低，尤其是在打擊偷稅漏稅方面

---

① 丁純. 從希臘債務危機看後危機時代歐盟的經濟社會狀況 [J]. 求，2010（7）：58.
② 黃宇紅. 希臘債務危機的原因及其影響 [J]. 中國證券期貨，2010（4）：38.
③ 孫立堅. 希臘的債務危機與歐元區的缺陷 [N]. 上海商報，2010-05-13.
④ 趙珍. 淺析希臘主權債務危機的原因 [J]. 知識經濟，2010（11）：34.
⑤ 張超，譚春彥. 對希臘主權債務危機的思考 [J]. 時代金融，2011（3）：16.
⑥ 徐明棋.「歐債危機」的理論評述與觀點辨析 [J]. 國際金融研究，2013（6）：36-43.

乏力，政府流失了大筆財政收入。倫敦政治經濟學院教授 Kevin Featherstone 提出了探索治理的問題，認為希臘危機的根源是國內治理悖論。希臘政府在公共收支控制及預算管理方面存在著諸多問題，政府腐敗嚴重，不統一的政治態度長期存在，這些嚴重地制約了希臘政府改革的力度和執行力①。國際貨幣基金組織（IMF）常務董事 Miranda Xafa（2010）認為希臘等國的債務危機主要是因為政府大肆揮霍，財政預算赤字居高不下。國際貨幣基金組織經濟學家 Carlo Cottarelli 與 Lorenzo Forni（2010）等認為，目前希臘等相關發達經濟體面臨的主要挑戰在於其財政赤字過高，而不是融資成本上升。解決這一問題的最佳途徑不是債務違約，而是經濟體制改革和財政政策調整。巴基斯坦的 Akram、Ali、Noreen 和 Karamat（2011）也持同樣的觀點，認為長期以來的政府赤字財政是債務危機的起因②。

4.6.2 歐洲的人口老齡化

從世界總人口來看，根據 WPP2017 年修訂的結果，到 2017 年年中，世界人口接近 76 億人，這意味著在過去 12 年裡，世界新增了大約 10 億居民。世界上 60% 的人生活在亞洲（45 億人），17% 在非洲（13 億人），歐洲（7.42 億人）占 10%，9% 的人生活在拉丁美洲（6.46 億人），剩下的 6% 生活在北美洲（3.61 億人）和大洋洲（4,100 萬人）。中國（14 億人）和印度（13 億人）仍然是世界上人口最多的兩個國家，分別占全球的 19% 和 18%③。見表 4-6-1。

表 4-6-1　2017—2100 年各大洲人口預測值　　　　單位：百萬人

區域	2017 年	2030 年	2050 年	2100 年
世界	7,550	8,551	9,772	11,184
非洲	1,256	1,704	2,528	4,468
亞洲	4,504	4,947	5,257	4,780
歐洲	742	739	716	653
拉丁美洲	646	718	780	712
北美洲	361	395	435	499
大洋洲	41	48	57	72

資料來源：POPULATION DIVISION. World Population Prospects (Median Variant): The 2017 Revision [R]. New York: United Nations, 2017.

從老齡人口規模來看，聯合國在世界人口老齡化報告（WPA2015）中對 60 週歲及

---

① KEVIN FEATHERSTONE. The Greek Sovereign Debt Crisis and EMU: A Failing State in a Skewed Regime [J]. Journal of Common Market Studies, 2011: 12.
② MUHAMMAD AKRAM, LIAQAT ALI, HAFSA NOREEN, et al. The Greek Sovereign Debt Crisis: Antecedents, Consequences and Reforms Capacity [J]. Journal of Economics and Behavioral Studies, 2011: 61.
③ (UN) DEPARTMENT OF ECONOMIC AND SOCIAL AFFAIRS. World Population Prospects 2017 [R]. New York: United Nations, 2017.

以上人口的數量及比例做出了預測,發現到 2030 年,全世界 60 週歲及以上人口將達到 14.02 億人,2050 年達到 20.92 億人,2000—2015 年增長率約為 48.4%,2015—2030 年增長率約為 55.7%。而從地區來看,亞洲是老齡人口數量最多的地區,主要原因是中國和印度的人口基數很大。2000—2050 年,亞洲老年人口增長率遠高於其他地區,而歐洲的老年人口數量僅次於亞洲①。見表 4-6-2。

表 4-6-2　2000—2050 年世界 60 週歲及以上老年人口數量及比率預測及其分佈

類型		60 週歲及以上人口/百萬人				變動/%		老年人口分佈/%			
年份		2000	2015	2030	2050	2000—2015 年	2016—2030 年	2000	2015	2030	2050
世界水準		607.1	900.9	1,402.4	2,092.0	48.4	55.7	100	100	100	100
按發展程度分	較發達地區	231.3	298.8	375.2	421.4	29.2	25.6	38.1	33.3	26.8	20.1
	欠發達地區 小計	375.7	602.1	1,027.2	1,670.5	60.3	70.6	61.9	66.8	73.2	79.9
	欠發達國家	341.9	550.1	938.7	1,484.9	60.9	70.6	56.3	61.1	66.9	71.0
	最不發達國家	33.9	52.1	88.5	185.6	53.8	70.0	5.6	5.8	6.3	8.9
按區域分	非洲	42.4	64.4	105.4	220.3	51.9	63.5	7.0	7.2	7.5	10.5
	亞洲	319.5	508.0	844.5	1,293.7	59.0	66.3	52.6	56.4	60.2	61.8
	歐洲	147.3	176.5	217.2	242.0	19.8	23.1	24.3	19.6	15.5	11.6
	拉丁美洲	42.7	70.9	121.0	200.0	66.1	70.6	7.0	7.9	8.6	9.6
	大洋洲	4.1	6.5	9.6	13.2	56.2	47.4	0.7	0.7	0.7	0.6
	北美洲	51.0	74.6	104.6	122.7	46.4	40.5	8.4	8.3	7.5	5.9
按收入分	高收入國家	230.8	309.7	408.9	483.1	34.2	32.0	38.0	34.4	29.2	23.1
	中高收入國家	195.2	320.2	544.9	800.6	64.0	70.2	32.1	35.5	38.9	38.3
	中低收入國家	159.7	237.5	393.9	692.5	48.8	65.9	26.3	26.4	28.1	33.1
	低收入國家	21.2	33.2	54.0	114.8	56.2	63.0	3.5	3.7	3.9	5.5

資料來源:POPULATION DIVISION. World Population Prospects (Median Variant): The 2015 Revision [R]. New York:United Nations, 2015.

在第一章的研究中,我們發現歐洲是人口老齡化進程最早開始、老齡化程度最高的洲,歐洲也是經濟最發達的地區之一,是福利制度盛行的地區,「歐債危機」爆發有其必然性,其影響與教訓是非常深刻的。

4.6.3 「歐債危機」

(一) 「歐債危機」的爆發

在 2009 年 10 月至 2010 年 4 月的大約半年之間,德國、希臘、葡萄牙、西班牙普遍提高了財政赤字比例。其中,希臘和西班牙的財政赤字占 GDP 的比重分別達到了 12%

---

① (UN) DEPARTMENT OF ECONOMIC AND SOCIAL AFFAIRS. World population Ageing 2015 [R]. New York:United Nations, 2015.

和11.4%，遠遠高於歐盟成員國允許的3%的上限；葡萄牙和德國的財政赤字占GDP的比重也達到了8%和5.5%，也超過了上限。與此同時，惠譽將希臘和葡萄牙的主權信用評級下調了一級，穆迪和標準普爾對希臘的長期主權信用評級和希臘主權評級也分別下調，這標誌著「歐債危機」真正開始。

希臘雖然在「歐債危機」開始時也採取了一系列的財政緊縮措施，但由於財政負擔過重，已經積重難返。在2010年4月23日，希臘不得不向歐盟與IMF（國際貨幣基金組織）申請援助，歐元區成員國財政部長召開特別會議，決定啟動希臘救助機制，與國際貨幣基金組織一道在未來3年內為希臘提供總額1,100億歐元的貸款。希臘同日宣布了大規模財政緊縮計劃，歐盟與IMF對希臘進行了第一輪救援。同時，穆迪直接將希臘的主權信用評級連降4級，淪為垃圾級。之前被評級公司警告的義大利、愛爾蘭、葡萄牙相繼成為危機的主角，也都變成了重災區。義大利10年期國債收益率升至7.48%，創1997年以來的最高記錄。與此同時，愛爾蘭政府正式請求歐盟和國際貨幣基金組織提供救助，成為在「歐債危機」中倒下的第二個歐元區成員國。2010年9月30日，愛爾蘭政府宣布，由於救助本國五大銀行最高可能耗資500億歐元，預計財政赤字會驟升至國內生產總值的32%。除此之外，「歐債危機」還蔓延到了包括比利時這種外界認為較為穩健的國家以及歐元區經濟實力較強的西班牙，而西班牙依然在提高財政預算赤字。2011年11月25日，標準普爾將比利時的長期主權信用評級由「AA+」下調至「AA」，評級展望為負面。此前一天，惠譽國際評級將葡萄牙的評級下調至垃圾級，並警告存在評級進一步下調的可能性。穆迪在同日也宣布下調匈牙利的評級。西班牙整體公共預算赤字占GDP的9.8%。「歐債危機」升級，情況變得更加嚴重，整個歐盟區都深受影響。

在各個歐盟成員國自身採取一系列財政緊縮措施和IMF給予援助之後，歐盟五國的財政赤字率都出現了小幅減少，但是為了維持國內居民的高福利保障制度，政府不得不繼續舉債，導致負債率進一步上升。2011年11月9日，義大利10年期國債收益率突破7%大關，義大利破產風險急遽上升，市場普遍擔憂義大利可能步希臘後塵。2011年11月17日，西班牙2022年到期的36億歐元10年期國債的平均收益率飆升至6.975%，創1997年以來新高。2011年7月27日，標準普爾下調希臘評級至「CC」，展望為負面。標準普爾認為歐盟的希臘債務重組計劃是「廉價交換」，希臘債務交換和展期選項「對投資者不利」，希臘債務重組相當於「選擇性違約」。違約信用互換合約CDS利差走高，融資成本不斷上升。

（二）「歐債危機」爆發的原因

引發「歐債危機」的原因有很多，既有外部的原因，也有內部的原因。

1. 外部原因

（1）金融危機中加槓桿化使債務負擔加重

金融危機中政府加槓桿化使債務負擔加重。金融危機使得各國政府紛紛推出刺激經濟增長的寬鬆政策，高福利、低盈餘的希臘無法通過公共財政盈餘來支撐過度的舉債消費

（2）評級機構煽風點火，助推債務危機蔓延

評級機構不斷調低主權債務評級，助推債務危機進一步蔓延。全球三大評級機構不斷下調上述四國的主權評級。評級機構對危機起到了推波助瀾的作用，也成為危機向深度發展的直接性原因。

2. 內部原因

（1）產業結構不平衡：實體經濟單一，經濟發展失衡

以希臘為例，希臘以旅遊業和航運業作為其經濟發展的主要支柱產業，但其資源配置不均衡、不合理。旅遊和航運很大程度上要靠外需來拉動，因此，當面臨經濟危機時，全球經濟下滑，只靠外需是很難維持經濟發展的。同樣，義大利以出口加工製造業和房地產業為經濟發展的支柱產業，也屬於外需拉動型；西班牙與愛爾蘭雖然是以房地產和建築業投資來拉動本國經濟，但刺激內需的方式也比較單一；主要依靠服務業推動經濟發展的葡萄牙，經濟基礎也比較薄弱。

（2）人口結構不平衡，過高的福利水準加重了財政負擔

雖然歐洲各國經濟發展緩慢並引起了「歐債危機」，但我們認為人口結構不平衡才是最重要的危機根源。歐洲很多國家都是福利很高的國家，人口老齡化的成本過高，嚴重地拖累了各國的經濟發展，經濟發展緩慢又反作用於政府的財政收入，因財政收入的降低與福利水準的提高而導致的巨大缺口則必須通過外債來緩和。這樣，年年高昂的外債勢必會引起「歐債危機」。因此，我們認為，控制人口老齡化成本才能解決歐洲經濟問題。

（3）歐盟內部機制存在缺陷，各國經濟發展失衡

經濟一體化與政治一體化不同步是「歐債危機」爆發的原因之一。歐元區成員國經濟發展水準差異很大，各國對貨幣政策的需求各不相同，而歐盟建立在國家聯合的基礎上，重大決策由超國家機構做出，歐元區國家缺少獨立的貨幣政策，缺少這一重要的宏觀調控工具。財政政策與僵硬的貨幣政策之間存在的矛盾是希臘乃至整個歐元區國家的隱患。歐洲央行的決策難以兼顧所有歐元區成員國的利益，這種經濟一體化和政治一體化之間的矛盾是「歐債危機」爆發的潛在原因。

4.6.4 人口老齡化推動「歐債危機」

導致「歐債危機」發生的原因眾多，其中人口結構不平衡和老齡化問題是引起「歐債危機」重要原因。這裡將探討人口老齡化是如何引起「歐債危機」的，主要從歐盟成員國的老齡化水準和老齡化成本的主要構成這兩個角度來研究。

（一）歐盟成員國老齡化水準分析

1. 歐盟 27 國老齡化水準

這裡將分析歐盟 27 國在 1960—2015 年的老齡化水準，觀察時間段為 1960—2015 年，見表 4-6-3。在 1960 年，除塞浦路斯、斯洛伐克、波蘭和羅馬尼亞外的其餘歐盟成員國都進入了老齡化階段，其中比利時、丹麥、德國、愛沙利亞、愛爾蘭、法國、奧地利、

表 4-6-3　1960—2015 年歐盟 27 國 65 週歲老齡化系數　　　　　單位：%

國別	1960年	1965年	1970年	1975年	1980年	1985年	1990年	1995年	2000年	2005年	2010年	2015年
比利時	11.87	12.61	13.44	14.05	14.45	13.76	14.99	15.93	16.87	17.29	17.33	18.14
保加利亞	7.58	8.42	9.62	10.86	11.85	11.33	13.14	15.10	16.59	17.35	18.12	20.08
捷克	9.36	10.60	12.11	13.10	13.56	11.71	12.68	13.22	13.80	14.04	15.44	17.99
丹麥	10.60	11.40	12.30	13.42	14.43	15.11	15.60	15.24	14.85	15.15	16.67	19.05
德國	11.47	12.47	13.61	14.85	15.65	14.56	14.90	15.46	16.47	18.86	20.54	21.12
愛沙尼亞	10.55	11.05	11.79	12.37	12.51	11.47	11.66	13.60	15.02	16.76	17.52	18.82
愛爾蘭	11.15	11.12	11.03	10.58	10.61	10.65	11.07	10.85	10.59	10.65	11.19	13.23
希臘	7.05	7.76	10.18	11.56	12.48	12.76	13.55	14.74	16.38	17.82	18.35	19.95
西班牙	8.19	8.72	9.62	10.25	11.08	11.85	13.41	15.13	16.70	16.71	17.20	18.88
法國	11.59	12.06	12.83	13.41	13.92	12.69	14.02	15.11	16.01	16.46	16.82	18.94
義大利	9.49	10.16	11.10	12.15	13.33	13.12	14.86	16.56	18.15	19.54	20.50	22.36
塞浦路斯	5.90	6.48	10.08	9.72	9.35	9.84	9.91	10.12	10.23	10.77	11.42	12.83
拉脫維亞	10.57	10.88	12.02	12.83	13.07	11.74	11.88	13.72	14.99	16.86	18.18	19.28
立陶宛	7.93	8.96	10.15	11.38	11.35	10.41	10.88	12.29	13.91	15.99	17.27	18.69
盧森堡	10.82	11.52	12.56	13.23	13.64	13.29	13.40	13.91	14.07	14.42	13.99	13.99
匈牙利	8.99	10.32	11.58	12.69	13.60	12.12	13.46	14.26	15.10	15.62	16.09	17.50
荷蘭	8.91	9.50	10.08	10.66	11.38	11.95	12.73	13.13	13.58	14.13	15.44	17.92
奧地利	12.15	13.09	13.97	14.73	15.20	14.14	14.92	15.19	15.39	16.20	17.80	18.84
波蘭	5.69	6.81	8.21	9.62	10.21	9.24	9.95	10.95	12.02	13.08	13.47	15.61
葡萄牙	7.99	8.59	9.68	10.52	11.49	12.16	13.66	15.03	16.31	17.26	18.69	20.74
斯洛伐克	6.78	7.93	9.18	9.99	10.48	9.31	10.24	10.73	11.29	11.64	12.45	14.06
斯洛文尼亞	7.78	8.96	9.86	10.98	11.38	9.85	10.64	12.29	14.10	15.49	16.67	18.03
羅馬尼亞	6.83	7.91	8.46	9.42	10.19	9.48	10.41	12.05	13.61	15.22	15.69	17.00
英國	11.76	12.20	13.03	14.06	14.97	15.16	15.77	15.90	15.89	16.05	16.60	18.12
芬蘭	7.33	8.05	9.18	10.65	12.02	12.52	13.44	14.28	14.99	16.03	17.23	20.26
瑞典	11.76	12.68	13.70	15.14	16.32	17.27	17.82	17.51	17.30	17.31	18.22	19.60
馬耳他	7.27	7.74	9.37	9.80	9.83	9.74	10.56	11.44	12.23	13.54	15.55	18.37
歐盟 27 國	9.81	10.57	11.57	12.54	13.29	12.79	13.77	14.73	15.70	16.69	17.53	19.14

資料來源：Databank. Database-世界發展指標。

英國和瑞典面臨較為嚴重的老齡化問題，這些國家65週歲老齡化系數超過了10%。如圖4-6-1所示，在1960年，所有歐盟成員國65週歲老齡化系數都超過了世界平均水準。1960—2015年，愛爾蘭65週歲老齡化系數從11.15%增長到13.23%，在歐盟國家中增長幅度最小，並且在1960—1975年、1990—2000年還有所下降。1960—2015年，歐盟其餘國家65週歲老齡化系數都急遽上升，直到2010年前後，即「歐債危機」爆發時，保加利亞、德國、希臘、義大利、拉脫維亞、葡萄牙和瑞典65週歲老齡化系數已經超過18%，其中德國和義大利超過20%，這些國家都面臨著非常嚴重的人口老齡化問題。2010年，歐盟27國65週歲老齡化系數仍遠高於世界平均水準，並且差距與1960年進一步拉大。在經歷了「嬰兒激增」和「嬰兒銳減」這一交替的時段後，歐盟國家勢必會面臨老齡人口的激增，使「金字塔」形狀的人口結構變成類似「倒金字塔」形狀。而隨著老齡化的加劇，就會伴隨著方方面面的挑戰，比如缺乏經濟活力、經濟增速下降、老年扶養壓力變大、財政支出壓力變大、老年生活質量變差，等等。就如「歐債危機」的發生一樣，老齡化問題帶來了嚴重的財政支出負擔，對高福利國家而言，這無疑是將政府推向了龐大債務危機的邊緣。在經濟全球化的趨勢下，隨著金融危機的發生和擴散，就造成了「歐債危機」。

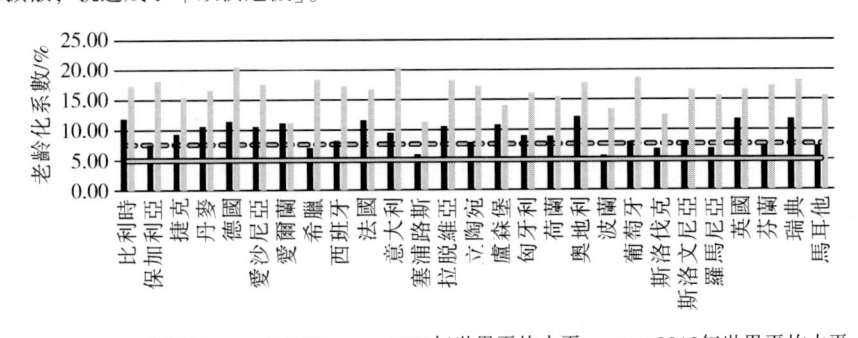

圖4-6-1　歐盟27國老齡化水準與世界平均水準比較

資料來源：Databank. Database-世界發展指標。

2.「笨豬五國」的老齡化水準

在「歐債危機」發生後，「笨豬五國」（PIIGS）① 的主權債券信用評級很低，從而反應了「笨豬五國」的債務危機非常嚴重。這裡我們再來重點分析一下「笨豬五國」的老齡化水準。1960—2015年，就65週歲老齡化系數而言，除愛爾蘭只有小幅度上升外，希臘、西班牙、義大利、葡萄牙都急遽上升。特別是義大利，65週歲老齡化系數從1960年的9.49%上升到2015年的22.36%，而葡萄牙65週歲老齡化系數也從1960年的7.99%上升到2015年的20.74%。從圖4-6-2可以發現，1960—1985年，「笨豬五國」

---

① 笨豬五國（PIIGS），也叫「群豬五國」或者「歐豬五國」，是國際債券分析家、學者和國際經濟界媒體對歐洲五個主權債務信用評級較低的經濟體的貶稱。最初稱為笨豬四國（PIGS），分別指葡萄牙（Portugal）、義大利（Italy）、希臘（Greece）、西班牙（Spain），後來加入了愛爾蘭（Ireland），被稱為笨豬五國（PIIGS）。

65週歲老齡化系數上升比較緩慢，基本都低於歐盟27國的平均水準。1985—2015年，愛爾蘭的這一系數低於歐盟27國的平均水準，西班牙與平均水準相差不大，而義大利、葡萄牙和希臘的老齡化水準遠高於歐盟27國的平均水準，特別是義大利人口老齡化水準已位居世界第二，僅次於日本；而希臘65週歲老齡化系數已排名世界第三了。並且，1985—2015年，除愛爾蘭外的「笨豬五國」65週歲老齡化系數都在飆升，面臨著嚴重的老齡化危機。正是在這一背景下，「歐債危機」悄然醞釀，2008年金融危機爆發之後，「歐債危機」一發而不可收拾，各國紛紛將養老金改革再次提上議程。這足以表明：人口老齡化程度越高的國家越有可能發生嚴重的債務危機。

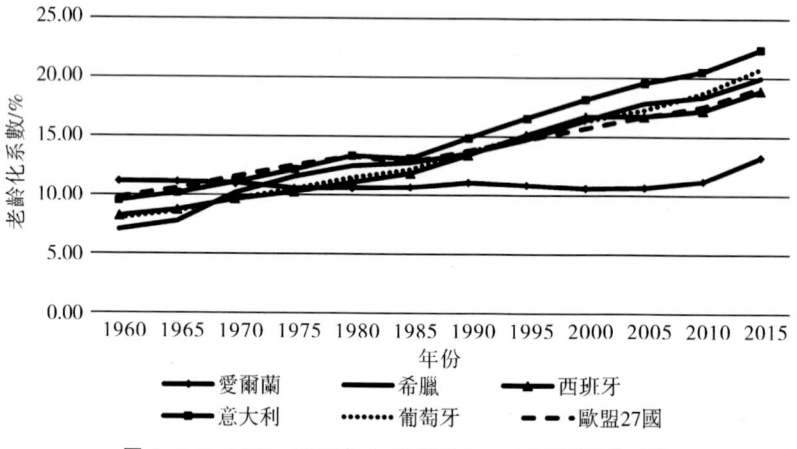

圖4-6-2 1960—2015年「笨豬五國」65週歲老齡化系數

資料來源：Databank. Database-世界發展指標。

(二) 老齡化成本分析

就公共財政收入而言，我們知道，公共財政收入最主要的部分就是稅收收入，而稅收收入的多少取決於國民經濟的發展狀況，國民經濟與勞動力市場密切相關，因而人口老齡化勢必會減少公共財政收入。公共財政支出有很多方面，而最主要的部分體現在公共養老金支出、衛生醫療、長期照料等方面。這裡僅針對這三個方面分析人口老齡化是如何增加公共財政支出的，其中對公共養老金支出的分析分為扶養比、覆蓋率、就業率、津貼率以及勞動強度五個因素。分析框架見圖4-6-3。

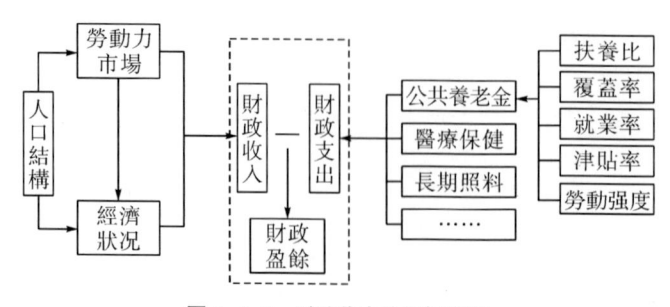

圖4-6-3 財政收支分析框架圖

1. 公共養老金支出

公共養老金的可持續性受很多種因素影響，我們必須清楚地將這些因素進行分解，才能從本質上認識到各個因素的重要性和影響程度，也才能找到合適的改革方法。國際上為了分析養老支出占 GDP 比重的影響因素，採用以下分解方法：

$$\frac{PensExp}{GDP} = \frac{Pop65+}{Pop(20\sim64)} \times \frac{PensNumber}{Pop65+} \times \frac{Pop(20\sim64)}{WorkingPeople20\sim64} \times \frac{AveragePens}{GDP/HoursWorked20\sim74} \times \frac{Workingpeople20\sim64}{HoursWorked20\sim64} \times \frac{HoursWorked20\sim64}{HoursWorked20\sim74} \quad (4.6.1)$$

公共養老金支出占 GDP 的百分比（簡稱「養老金占比」）的總體變化可以表示為五個主要因素的貢獻，即扶養比貢獻、覆蓋率貢獻、就業率貢獻、津貼率貢獻以及勞動強度貢獻。

扶養比效應量化了老年扶養比對養老金占 GDP 的百分比所產生的影響。扶養比 $\frac{Pop65+}{Pop(20\sim64)}$ 被定義為年齡在 65 週歲及以上的人口與 20~64 週歲之間的人口比率。這一比率的增加表明，老年人對勞動年齡人口的比例在提高，即人口老齡化。隨著扶養比的增加，養老金占比也將同方向變化。

覆蓋率 $\frac{PensNumber}{Pop65+}$ 指的是領取養老金的人數占 65 週歲及以上的老年人口的比例。覆蓋率的變化反應了老年人口中享有養老金待遇人數的比例變化。隨著覆蓋率的增加，養老金占比也隨之增加。

就業率效應 $\frac{Pop(20\sim64)}{WorkingPeople20\sim64}$ 被定義為 20~64 週歲的人口與 20~64 週歲的勞動人口的比率（即 1/就業率）。隨著就業率的提高，養老金占比就會下降。

津貼率效應 $\frac{AveragePens}{GDP/HoursWorked20\sim74}$ 反應了平均養老金（公共養老金支出/養老金領取者）相對於平均工資的比例（以每小時工作 GDP 的變化來衡量）。

勞動強度效應 $\frac{Workingpeople20\sim64}{HoursWorked20\sim64}$ 定義為 20~64 週歲勞動人口與 20~64 週歲人口的工時比率（即 1/勞動強度）。勞動強度的提高使養老金支出占 GDP 的比例下降。

勞動系數 $\frac{HoursWorked20\sim64}{HoursWorked20\sim74}$ 反應了 20~64 週歲勞動年齡人口的勞動時間占 20~74 週歲勞動年齡人口的勞動時間的比例，該比例越高說明 65 週歲及以上老年人口參加勞動就業的時間越少，從而需要支付的養老金也就越多。

表 4-6-4 是對 2010—2060 年期間歐盟國家公共養老金支出增加因素的分解，我們發現 2010 年公共養老金支出較大的國家有比利時、希臘、法國、義大利、匈牙利、奧地利、葡萄牙和芬蘭，而預計 2060 年公共養老金支出較大的國家有比利時、德國、希臘、西班牙、法國、義大利、塞浦路斯、盧森堡、匈牙利、馬耳他、奧地利和芬蘭等。除丹麥（-0.6%）、愛沙尼亞（-1.2%）、義大利（-0.9%）、拉脫維亞（-3.8%）、波

蘭（-2.2%）的養老金支出有所下降之外，其他國家養老金支出的壓力都在增加，並且國家之間的差異也很大。從分解的結果來看：①老年扶養比對養老金支出造成的壓力最大，波蘭達到了14%，這表明歐盟國家普遍面臨著人口老齡化的壓力。②覆蓋率對養老金支出壓力的影響都是積極的，都伴隨著一定的下降，義大利的下降幅度達到了5.5個百分點。③就業率因素對養老金造成的壓力除盧森堡和羅馬尼亞外都是積極的，即減少養老金支出。④津貼率的影響差異性最大，愛沙利亞、希臘、塞浦路斯、拉脫維亞、奧地利、波蘭、葡萄牙、羅馬尼亞8國的養老金支出的減少超過3%，僅僅在愛爾蘭和英國有小幅度增加。⑤勞動強度的影響很小，僅僅在幾個國家有0.1%的負向作用。

表4-6-4　2010—2060年歐盟成員國公共養老金支出占GDP比例
及其增加因素的分解　　　　　　　　　　　　　單位:%

國別	2010年水準	老年扶養比	覆蓋率因素	就業率因素	津貼率因素	勞動強度因素	相互作用影響	2060年水準
比利時	11.0	7.6	-0.9	-0.3	-0.6	0.0	-0.2	16.6
保加利亞	9.9	8.6	-3.9	-0.8	-2.1	0.0	-0.8	11.1
捷克	9.1	9.3	-4.6	-0.6	-0.2	0.0	-1.1	11.8
丹麥	10.1	5.9	-4.2	-0.4	-1.2	0.0	-0.6	9.5
德國	10.6	7.9	-1.8	-0.5	-2.2	0.0	-0.9	13.4
愛沙尼亞	8.9	6.7	-2.7	-1.1	-3.3	0.0	-0.6	7.7
愛爾蘭	7.5	5.3	-2.0	-0.4	0.1	0.0	1.2	11.7
希臘	13.6	10.4	-3.4	-1.9	-3.6	0.1	-0.6	14.6
西班牙	10.1	9.7	-0.8	-2.2	-2.3	0.0	-0.9	13.7
法國	14.6	9.1	-3.5	-1.2	-3.1	0.0	-0.8	15.1
義大利	15.3	9.5	-5.5	-1.3	-2.9	0.0	-0.8	14.4
塞浦路斯	7.6	10.6	2.8	-0.6	-3.4	0.0	-0.6	16.4
拉脫維亞	9.7	7.0	-1.9	-1.2	-6.8	0.0	-0.9	5.9
立陶宛	8.6	8.2	-2.9	-1.1	-0.2	0.0	-0.5	12.1
盧森堡	9.2	11.2	0.3	0.1	-2.1	0.1	-0.1	18.6
匈牙利	11.9	11.1	-4.3	-1.3	-1.8	0.0	-0.9	14.7
馬耳他	10.4	11.3	-2.6	-1.5	-1.0	0.1	-0.8	15.9
荷蘭	6.8	6.0	-1.0	-0.2	-0.8	0.1	-0.4	10.4
奧地利	14.1	11.0	-2.9	-0.6	-4.5	0.1	-1.1	16.1
波蘭	11.8	14.0	-5.0	-0.4	-8.7	0.0	-2.0	9.6
葡萄牙	12.5	10.4	-2.5	-1.0	-5.5	0.0	-1.1	12.7
羅馬尼亞	9.8	12.9	-4.7	0.4	-3.7	0.0	-1.2	13.5
斯洛文尼亞	11.2	12.8	-3.1	-1.0	-0.9	0.0	-0.8	18.3
斯洛伐克	8.0	13.5	-3.9	-0.5	-2.8	0.0	-1.0	13.2

表4-6-4(續)

國別	2010年水準	老年扶養比	覆蓋率因素	就業率因素	津貼率因素	勞動強度因素	相互作用影響	2060年水準
芬蘭	12.0	8.6	-3.2	-0.5	-0.9	0.0	-0.7	15.2
瑞典	9.6	5.0	-0.8	-0.5	-2.7	0.0	-0.4	10.2
英國	7.7	3.1	-1.4	-0.2	0.8	0.0	-0.8	9.2
歐盟27國	11.3	8.5	-2.9	-0.8	-2.7	0.1	-0.6	12.9

資料來源：EUROPEAN COMMISSION, ECONOMIC POLICY COMMITTEE. The 2012 Ageing Report：Economic and budgetary projections for the 27 EU Member States（2010—2060）[J]. European Economy, 2012（2）.

從預測結果來看，人口老齡化依然是造成財政壓力的主要因素，而覆蓋率和津貼率效應都有效地緩解了財政壓力。再結合「歐債危機」發生前後部分歐洲國家的養老金支出占比的變化，「歐債危機」前大部分國家財政支出占比急遽上升，而義大利、英國、瑞典都在2013年之後有所下降，這得益於這些國家進行的養老金改革。這從側面反應慷慨的養老金制度增大了「債務危機」發生的可能性。要緩解「歐債危機」就必須開源節流，給予適度的養老金待遇。見圖4-6-4。

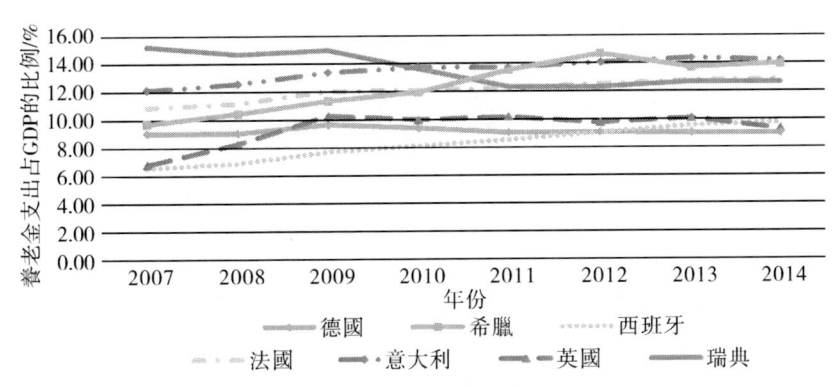

圖4-6-4 2007—2014年歐盟7國養老金支出占GDP的比例

資料來源：http://ec.europa.eu/eurostat/search.

2. 醫療保健支出

從「債務危機」前後的醫療保健支出比較來看，各國在危機發生前醫療保健支出都有一定的上升趨勢，特別是在希臘、英國、義大利。而隨著「歐債危機」的爆發，希臘、義大利、西班牙都開始削減醫療保健支出，希臘從2010年占GDP的7.05%下降到2014年的4.98%。醫療保健支出在財政支出中的比重雖然沒有養老金支出比重高，但也具有舉足輕重的作用。希臘的醫療保健支出削減計劃就很好地說明了慷慨的醫療保健支出也會對公共財政造成很大的壓力。為了緩解危機，就必須建立合理、有效、可持續的醫療保健制度。見圖4-6-5。

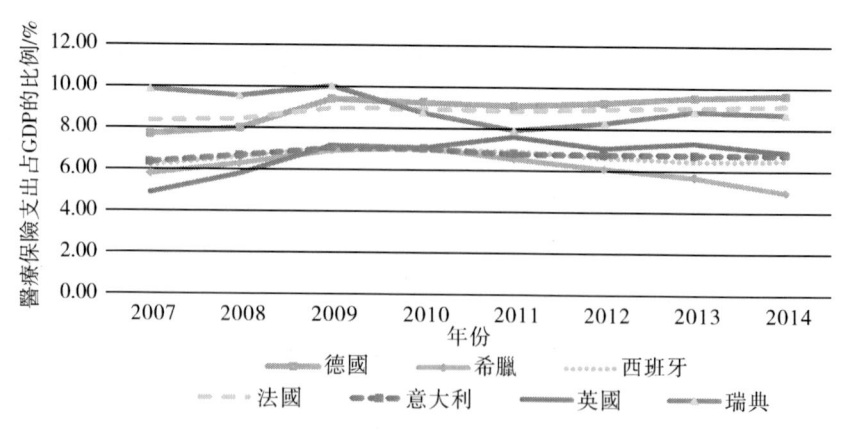

圖 4-6-5　2007—2014 年歐盟 7 國醫療保健支出占 GDP 的比例

資料來源：http://ec.europa.eu/eurostat/search.

　　從過去幾十年的運行結果可以看出，由於人口結構的變動或發病率所引起的醫療保健費用的增長非常有限。相反，那些意欲提高醫療服務質量的政策決定往往會導致人們生活水準和社會預期提高，並推動醫療技術的發展。這些因素成為過去幾十年歐洲國家衛生保健支出上漲的動因。從醫療保健支出占 GDP 的比例預測來看，2010—2060 年會持續上漲。見表 4-6-5。由於人口老齡化的影響，老齡人口的發病率會逐步提高，加上醫療成本的推動，勢必會增加醫療保健支出，但歐盟 27 國整體的占比到 2060 年僅增大了 1.1 個百分點。這表明醫療保健支出受人口老齡化的影響不是很大，或者說現有開支已經較大。這也從側面反應了公共養老金對公共財政壓力的主導地位，但慷慨的醫療保健制度也會在一定程度上造成財政壓力。但是對醫療保健支出的過分削減和吝嗇，會透支人們未來的身體健康，因此對這一政策的實施必須謹慎。既要保持合理的醫療保健支出水準，又要不造成浪費和無效率，從而降低財政壓力，這才是最優的選擇。

表 4-6-5　歐盟國家醫療保健支出占 GDP 比例預測　　單位：%

國別	增幅	2010年	2015年	2020年	2025年	2030年	2035年	2040年	2045年	2050年	2055年	2060年
比利時	0.4	6.3	6.4	6.4	6.4	6.5	6.6	6.7	6.7	6.8	6.8	6.7
保加利亞	0.5	4.3	4.4	4.5	4.6	4.7	4.8	4.9	4.9	4.9	4.9	4.8
捷克	1.7	6.9	7.1	7.3	7.5	7.8	8.0	8.1	8.3	8.4	8.5	8.5
丹麥	0.9	7.4	7.6	7.8	8.0	8.1	8.2	8.3	8.3	8.4	8.4	8.4
德國	1.4	8.0	8.4	8.6	8.8	9.0	9.1	9.3	9.5	9.5	9.5	9.4
愛沙尼亞	1.1	5.2	5.3	5.4	5.5	5.6	5.8	5.9	6.0	6.1	6.2	6.2
愛爾蘭	1.1	7.3	7.1	7.2	7.5	7.7	7.9	8.1	8.2	8.2	8.3	8.3
希臘	0.9	6.5	6.2	6.3	6.5	6.7	6.9	7.0	7.2	7.3	7.4	7.4
西班牙	1.3	6.5	6.3	6.5	6.7	7.0	7.2	7.4	7.6	7.7	7.8	7.8

表4-6-5(續)

國別	增幅	2010年	2015年	2020年	2025年	2030年	2035年	2040年	2045年	2050年	2055年	2060年
法國	1.4	8.0	8.3	8.5	8.7	8.9	9.1	9.3	9.4	9.4	9.4	9.4
義大利	0.6	6.6	6.4	6.6	6.7	6.8	7.0	7.1	7.2	7.2	7.2	7.2
塞浦路斯	0.4	2.6	2.6	2.6	2.6	2.7	2.7	2.8	2.8	2.9	2.9	2.9
拉脫維亞	0.5	3.7	3.8	3.8	3.9	4.0	4.1	4.1	4.2	4.2	4.2	4.3
立陶宛	0.7	4.9	5.1	5.2	5.3	5.3	5.4	5.5	5.6	5.6	5.6	5.6
盧森堡	0.7	3.8	3.6	3.7	3.8	3.9	4.1	4.2	4.3	4.4	4.4	4.5
匈牙利	1.1	4.9	5.0	5.1	5.3	5.4	5.5	5.6	5.8	6.0	6.0	6.1
馬耳他	2.9	5.4	5.8	6.2	6.6	7.0	7.3	7.6	7.7	7.8	8.0	8.3
荷蘭	1.0	7.0	7.2	7.5	7.7	7.9	8.0	8.1	8.1	8.1	8.1	8.0
奧地利	1.6	7.4	7.7	8.0	8.2	8.4	8.6	6.8	9.0	9.1	9.1	9.0
波蘭	1.9	4.9	5.2	5.4	5.6	5.8	6.0	6.2	6.4	6.5	6.7	6.8
葡萄牙	1.1	7.2	6.5	6.7	7.0	7.2	7.5	7.7	7.9	8.1	8.2	8.3
羅馬尼亞	1.0	3.7	3.6	3.7	3.8	3.9	4.1	4.2	4.3	4.5	4.6	4.6
斯洛文尼亞	1.1	6.1	6.3	6.4	6.6	6.8	6.9	7.0	7.0	7.0	7.0	7.0
斯洛伐克	2.1	6.2	6.5	6.8	7.0	7.3	7.6	7.8	8.0	8.1	8.2	8.3
芬蘭	1.0	6.0	6.3	6.4	6.6	6.8	7.0	7.0	7.0	7.0	7.0	7.0
瑞典	0.7	7.5	7.5	7.7	7.8	7.9	8.0	8.0	8.1	8.1	8.1	8.1
英國	1.1	7.2	7.4	7.5	7.5	7.6	7.7	7.9	8.1	8.2	8.3	8.3
歐盟27國	1.1	7.3	7.4	7.6	7.8	7.9	8.1	8.3	8.4	8.4	8.4	8.4

資料來源：Commission services, EPC. 這裡「增幅」指的是2060年與2010年醫療保健支出占GDP比例之差。

3. 長期照料支出

從長期照料支出占比的預測（見表4-6-6）來看，歐盟國家在2010—2060年會增長1.5個百分點，歐元區國家增幅為1.7個百分點，略高於歐盟國家。長期照料支出屬於對公共財政支出增長有較大影響的因素，特別是比利時（2.7%）、德國（3.5%）、法國（2.1%）、荷蘭（4.1%）等國家。使長期照料支出增長的主要因素有人口變化、傷殘率和政策規定等。而人口老齡化與人口變化和傷殘率這兩項因素緊密相關，老年人口越多，特別是高齡老人占比增加，需要護理的人數就會急遽上漲，並且老年人傷殘的概率會高於年輕人。事實上，從各國人口發展演變的實際情況來看，人口老齡化通常伴隨著人口高齡化。因此，從這兩項看，人口老齡化會對長期照料費用支出產生較大的影響，從而使公共財政支出壓力增大。

表 4-6-6　歐盟國家長期照料支出占 GDP 的比例預測　　　　　　單位：%

國別	增幅	2010年	2015年	2020年	2025年	2030年	2035年	2040年	2045年	2050年	2055年	2060年
比利時	2.7	2.3	2.6	2.8	3.0	3.2	3.5	4.0	4.3	4.7	5.0	5.0
保加利亞	0.3	0.5	0.5	0.5	0.5	0.6	0.6	0.7	0.7	0.7	0.8	0.8
捷克	0.7	0.8	0.8	0.9	1.0	1.1	1.1	1.2	1.2	1.3	1.4	1.5
丹麥	3.5	4.5	4.6	4.8	5.2	5.8	6.4	6.7	7.0	7.4	7.8	8.0
德國	1.7	1.4	1.6	1.7	1.9	2.0	2.2	2.4	2.7	3.0	3.1	3.1
愛沙尼亞	0.3	0.5	0.5	0.6	0.6	0.6	0.6	0.7	0.7	0.7	0.8	0.8
愛爾蘭	1.5	1.1	1.2	1.3	1.3	1.5	1.6	1.9	2.1	2.3	2.5	2.6
希臘	1.2	1.4	1.5	1.5	1.6	1.7	1.8	1.9	2.1	2.3	2.5	2.6
西班牙	0.7	0.8	0.8	0.9	0.9	0.9	1.0	1.2	1.3	1.4	1.5	
法國	2.1	2.2	2.4	2.5	2.6	2.8	3.2	3.6	3.8	4.0	4.2	4.2
義大利	0.9	1.9	2.0	2.0	2.1	2.1	2.3	2.4	2.6	2.7	2.8	2.8
塞浦路斯	0.1	0.2	0.2	0.2	0.2	0.2	0.2	0.2	0.2	0.2	0.2	0.3
拉脫維亞	0.4	0.7	0.7	0.7	0.7	0.7	0.8	0.8	0.9	0.9	1.0	1.0
立陶宛	1.1	1.2	1.3	1.3	1.4	1.4	1.6	1.7	1.9	2.0	2.2	2.3
盧森堡	2.1	1.0	1.1	1.2	1.3	1.5	1.7	1.9	2.2	2.6	2.9	3.1
匈牙利	0.6	0.8	0.9	0.9	1.0	12.0	1.1	1.1	1.2	1.3	1.3	1.4
馬耳他	0.9	1.0	1.1	1.1	1.2	1.2	1.2	1.2	1.2	1.2	1.3	1.5
荷蘭	4.1	3.8	4.1	4.4	4.9	5.4	6.1	6.7	7.2	7.6	7.9	7.9
奧地利	1.2	1.6	1.7	1.8	1.9	2.1	2.2	2.4	2.6	2.8	2.9	2.9
波蘭	1.0	0.7	0.8	0.8	0.9	1.0	1.1	1.3	1.4	1.5	1.6	1.7
葡萄牙	0.3	0.3	0.3	0.3	0.3	0.4	0.4	0.4	0.5	0.5	0.6	0.6
羅馬尼亞	1.1	0.6	0.6	0.7	0.7	0.8	0.9	1.0	1.2	1.3	1.5	1.7
斯洛文尼亞	1.6	1.4	1.6	1.7	1.8	1.9	2.1	2.4	2.6	2.8	2.9	3.0
斯洛伐克	0.4	0.3	0.3	0.3	0.3	0.4	0.4	0.5	0.5	0.6	0.7	0.7
芬蘭	2.6	2.5	2.8	3.1	3.4	3.9	4.4	4.7	4.9	4.9	5.0	5.1
瑞典	2.5	3.9	3.9	4.1	4.4	4.8	5.2	5.5	5.6	5.9	6.2	6.4
英國	0.7	2.0	2.1	2.2	2.3	2.5	2.5	2.5	2.5	2.6	2.6	2.7
歐盟 27 國	1.5	1.8	2.0	2.1	2.2	2.3	2.6	2.8	3.0	3.2	3.3	3.4

資料來源：Commission services, EPC. 這裡「增幅」指的是 2060 年與 2010 年長期照料支出占 GDP 比例之差。

綜合以上論述，我們可以發現「歐債危機」的形成並不是沒有原因的。債務危機最嚴重的國家，其養老金慷慨程度都很高，暫且不說人口老齡化的影響，其養老金制度本身就不具有可持續性，是對下一代資源的過度消費，形成了不公平的代際養老問題。另外，不合理的、無效率的醫療保險制度對公共財政支出也有一定的影響，造成了不必要的開支。最後，長期照料方面的支出也占 GDP 較大的比例，給政府公共財政支出帶來

了沉重負擔。這些因素結合起來，特別是在經濟基礎薄弱的國家，加之人口老齡化的影響，債務危機便一發而不可收拾。這些國家需要更多地思考如何建立可持續的養老金制度以應對人口老齡化帶來的影響，如何建立科學、合理、高效的醫療保險和長期照料支出預算體制。此後，一些國家開始大刀闊斧地進行養老金制度改革，削減養老金支出，使養老金制度更可持續；對醫療保險制度進行改革，減輕財政支出的壓力。

4.6.5 歐洲國家應對人口老齡化的措施

（一）提高總和生育率

對歐洲國家的人口老齡化預測分析發現，總和生育率低是導致人口老齡化的一個重要原因。雖然到2060年，總和生育率會有一個緩慢上升，但始終顯著低於更替水準。提高總和生育率就能維持後續年份的扶養比，減輕養老負擔。因此，為緩解人口老齡化問題，歐洲部分國家採取了「人口復興」戰略。人口復興最主要的體現就是國家採取一些政策鼓勵婦女生育，這些政策主要有經濟支持、兒童照料服務、彈性工作時間和工作形式。經濟支持往往有津貼支付和稅收補貼的形式，以彌補家庭撫養孩子的費用。歐盟國家內部用於支持家庭的現金補貼和實物補貼比例都不一樣，如在德國和法國，其稅收減免所占比重較大。另外，兒童照料服務的家庭支持政策在許多國家也具有重要的作用。除養育成本居高不下之外，很多家庭不願意生育孩子的原因就是照料孩子將占用太多的時間、耗費太多的精力，對於自己來講生活體驗不是很好。因此，在這一方面政府必須有所作為，也就是提供相應的兒童照料服務，減輕家庭的照料壓力。最後，對於家庭生活和工作的權衡。企業招聘時會考慮性別因素和婚姻狀況，考慮女性生育問題，這樣會給企業帶來相應的不便和成本。因此，政府應出抬一些政策，有利於婦女生育、照料兒童、從事兼職工作或讓婦女選擇靈活的工作時間，既能讓婦女有一定時間工作，又能兼顧家庭，照料孩子。這些措施當然會有助於提高總和生育率。

（二）促進就業

老年人口的數量取決於過去的生育狀況和平均預期壽命。為了緩解老齡化危機，國家應該重點促進就業。就長期而言應該降低自然失業率，在短期內應該降低摩擦失業率。比如歐洲國家在教育和培訓方面有很大的支出。教育和培訓可以幫助適齡勞動人口獲得相應的技能，快速進入工作崗位。一般情況下，受教育水準越高、獲得的培訓越多，平均就業率就越高。以前女性受教育的機會少於男性，因此，在今後一段時間內應加強女性的教育可獲得性，從而整體提高就業率。就業是最好的保障，不僅可以增加個人的收入，增加對社會保險基金的貢獻，同時減少了支出，也有利於社會保險基金的可持續運行。

（三）建立可持續的養老金制度

1. 延遲退休

通過促進延遲退休來提高退休年齡是建立可持續養老金制度的重要措施。在人口老

齡化程度不斷加深的背景下，養老金缺口呈現越來越大的演變趨勢。為緩解這一壓力，就需要開源節流、增收節支。提高退休年齡不僅可以在當前情形下較少地支出養老金，還能從擴大就業中獲得一定的稅收。在歐盟國家，養老金與退休政策改革中已經實施了延遲退休這一政策。德國在 2012 前的退休年齡為 65 週歲，在 2012—2029 年期間將實現退休年齡漸次提高到 67 週歲。義大利則通過長久的考慮，在 2012 年先將男性和在公共部門的女性退休年齡提高到 66 週歲，而在私人部門工作的女性其退休年齡為 65 週歲，而且計劃在 2018—2019 年期間，將退休年齡都提高到 67 週歲。歐盟成員國通過延遲退休使 55~64 週歲的群體的就業率顯著地提高，這充分說明延遲退休的措施頗有成效。

2. 削減養老金待遇

公共財政支出的壓力主要來源於公共養老金支出。「歐債危機」的形成無不與慷慨的養老金制度有關係，如果不對養老金制度進行改革，勢必會使養老基金被「坐吃山空」。為了削減養老金待遇，西班牙降低了收入替代率，讓退休後獲得養老金待遇與繳費年限、繳費水準成比例。義大利取消了養老金的工資指數化，引入物價指數化，同時引入了名義帳戶，將參考工資的年份由職業生涯的最後幾年或最高幾年修改為將整個職業生涯考慮進來或者提高計發待遇所參考的平均工資所涉及的時間，為懲罰提前退休而引入了轉換系數，並要求每十年修訂一次，這些措施無疑會減少養老金支出。當然，強行規定削減養老金也是一種措施，主要有減發、扣稅、退休金封頂和凍結養老金指數化機制等。

4.6.6 歐洲國家應對經驗對中國的啟示

面對中國極具特色的人口老齡化問題，應當採取適合中國國情的本土化措施。中國仍屬發展中家，雖然 GDP 總量很大，但人均 GDP 還很低，顯著落後於世界平均水準，具有「未富先老」的特徵。首先，針對「提高總和生育率」這一措施，由於中國人口基數大，因而我們不能照搬照抄歐洲國家的方法，而應審視中國的計劃生育政策，鼓勵生二孩，從而緩解人口老齡化的壓力。其次，對於促進就業，中國可以積極學習歐洲國家的改革措施，加強教育和培訓，比如將九年義務教育變為十二年義務教育，組建青年失業「救濟」站，培訓相關職業技能。中國現階段的教育支出雖然逐年增長，但平均水準與發達國家相比還相差甚遠。在養老金制度改革方面還應加大力度，實現養老金制度的可持續發展，採取一定措施補足或緩解養老金缺口。可適度提高退休年齡，在一定期間內每幾年提高一年，切不可一步到位，也不可「一刀切」，應分崗位、分行業妥善實施這一政策。在完善中國社會養老保險制度的過程中，應動員社會各方力量，大力發展企業年金、職業年金與商業養老保險，合理設定基本養老保險的保障水準，堅持公平與效率相結合的原則，堅持量力而行、保障基本的原則，在努力發展經濟的同時，提高養老金水準，避免重蹈西方福利國家的覆轍。總之，中國面臨著嚴重的人口老齡化問題。我們應當努力研究應對措施，結合中國國情，積極學習其他國家的解決措施，並將其本土化，解決中國極具特色的人口老齡化問題。

5 中國人口老齡化高峰期養老金缺口形成的原因與應對措施

為了應對人口老齡化帶來的挑戰，我們首先必須認清中國人口老齡化的發展形勢。中國人口老齡化開始於20世紀60年代末期，於世紀之交成為老年型國家。隨著時間的推移，中國老齡化在加速發展。根據第一章的研究，我們得出如下結論：從發展速度來看，中國人口老齡化在2005年前屬於慢速增長時期，2005—2015年為快速增長時期，2015—2025年為高速增長時期、2025—2035年為超高速增長時期或高峰時期，2035—2045年為快速增長時期，2045—2055年為高速增長時期，2055年以後為振蕩調整期。從發展水準來看，中國人口老齡化水準最高程度或最高絕對水準大約出現在21世紀80年代或90年代，60週歲老齡化系數在40%附近波動，65週歲老齡化系數在35%附近波動。從老年人口規模的發展來看，60週歲及以上老年人口規模在1995年突破1億人，2015年突破2億人，預計將在2026年、2035年、2055年分別突破3億人、4億人、5億人大關，在2055年達到峰值5.07億人，然後緩慢下降，但到21世紀末仍然有接近4億人的規模。65週歲及以上老年人口規模在2010年突破1億人。預計將在2025年、2036年、2055年分別突破2億人、3億人、4億人大關，在2060年達到峰值4.20億人，然後緩慢下降，到21世紀末仍然有3.38億人的規模。根據第三章的結論，中國人口老齡化在2060年前後老齡化系數達到峰值。綜上所述，中國目前已處於老齡化高速增長時期，即將進入老齡化高峰時期。從第三章的預測結果來看，中國養老保險基金將會很快由結餘轉化為缺口，養老金缺口伴隨老齡化程度的加深而不斷擴大。同時，中國養老保險制度尚存在諸多問題，尤其是多層次的養老保險體系還沒有真正發展起來，本質上仍然是單一支柱的養老保險模式。現階段是經濟健康發展的大好時期，「人口紅利」還未完全耗盡，因此，應抓緊時間對中國養老保險體系進行改革和完善，以應對人口老齡化所帶來的巨大挑戰。為了使提出的措施更具有針對性，我們需要對中國養老金缺口形成的主要原因做系統性的分析，最後再提出相關的對策。

5.1 中國人口老齡化高峰期養老金缺口形成的原因

中國人口老齡化高峰期養老金缺口形成的原因概括起來主要有養老保險制度轉軌、

老齡化加劇而導致勞動人口下降、養老金雙軌制遺留問題、養老金待遇水準不斷提高、第二和第三支柱養老保險發展不足、養老保險繳費標準難以提高、養老保險基金保值增值困難等。這些原因中有些是歷史因素造成的，有些是未來新增因素造成的，有些因素未來會持續一段時間而弱化甚至消失，另一些因素則會在未來不斷強化，同時，也會新增一些因素（如養老金調整政策不確定性），這些因素綜合作用造成未來人口老齡化高峰期養老金的缺口。

5.1.1 養老保險制度轉軌

養老保險基金籌資模式改革使養老金產生了缺口[①]。由於中國養老金制度經歷了由現收現付制到社會統籌帳戶和個人帳戶相結合的混合型部分累積制，使得養老金的隱性債務問題逐漸顯現出來。中國採用「老人老辦法、新人新辦法、中人過渡辦法」計發養老金待遇。在新的養老保險制度中，「老人」完全沒有任何繳費或儲備，而對「中人」來說，在新制度實施之前的工作年限中也沒有繳費或儲備，但按規定又必須向他們支付養老金。本質上這兩部分養老金是政府對「老人」和「中人」之前勞動貢獻的承認而做出的養老金給付承諾，是對「老人」和「中人」的隱性債務，即養老保險制度改革過程中的「歷史欠帳」。然而，政府並沒有明確表示自己是歷史欠帳的承擔者，也沒有為這一歷史欠帳確立合理的融資渠道，只能向個人帳戶透支，於是就形成了個人帳戶「空帳」的問題或者收不抵支出現養老金缺口，或者表現為財政補貼持續增大。

5.1.2 中國人口老齡化加劇與勞動人口比例下降

由於中國近年來老齡化速度不斷加快，再加上中國是人口數量龐大的發展中國家，人口老齡化具有規模大、速度快、未富先老等特點。人口老齡化導致中國勞動年齡人口逐漸減少，中國自2012年首次出現勞動年齡人口的淨減少。2012年中國15~59週歲占總人口的比重為69.2%，比2011年減少345萬人，比2011年末下降0.6%，系中國勞動年齡人口數量首次下降。2016年全國勞動年齡人口為90,747萬人，占總人口的比重為65.6%；2017年全國勞動年齡人口為90,199萬人，占總人口的比重為64.9%[②]。這表明中國勞動年齡人口2017年比2016年減少了548萬人，這是中國勞動年齡人口自2012年連續第六年淨減少。儘管中國勞動年齡人口在減少，但從總體上講，中國勞動力數量還是比較充裕的。中國的勞動生產率僅為歐美發達國家的1/8[③]，通過產業升級和技術創新提高勞動生產率的空間還很大。人口老齡化將導致養老基金支出不斷加重，而勞動人口比例的下降導致養老基金收入增長放緩甚至下降，導致中國的養老金缺口不斷擴大，尤其是人口老齡化高峰期到來時，養老保險基金支出急遽增加而收入相對減少，養老金支付將面臨更加嚴峻的形勢，這也是造成巨大的養老金缺口的主要因素。在人口老齡化

---

① 張霞. 中國養老金缺口問題及對策研究 [J]. 中國集體經濟，2017 (5).
② http://www.gov.cn/xinwen/2018-02/28/content_5269506.htm.
③ http://www.cs.com.cn/xwzx/ms/201701/t20170120_5162058.html.

高峰時期，由於老齡化速度快，老年人口規模大，老齡化程度高，必將加劇勞動力市場供需矛盾、養老保險基金供需矛盾，從而形成養老金缺口持續擴大的主要原因。

5.1.3　中國養老金「雙軌制」遺留問題

在 2015 年之前，中國一直對企業員工和國家機關事業單位的員工實行不同的養老保險制度，國家機關和事業單位的員工無須個人繳納養老保險費即可在退休後享受由國家財政撥款的養老金，而且待遇還比較豐厚。企業則實行的是「統帳結合」的養老保險制度，待遇相對比較低。在養老保險制度轉軌時，中國規定了國家機關和事業單位員工之前沒有繳費的工作年限視同已經繳費。這部分年限裡並沒有繳費，或者說並沒有對養老保險基金做出貢獻，其統籌帳戶與個人帳戶沒有形成任何累積，從而在退休時形成現實的支付壓力，這必將導致養老金缺口的出現與擴大。如果遺留問題沒有得到及時解決，那麼就會消耗掉當前養老保險基金的結餘，進而增加未來養老保險基金的缺口。

5.1.4　中國養老金支付水準不斷提高

中國養老金制度設計的目標替代率是 60% 左右，然而 2016 年中國機關事業單位職工養老金替代率超過 80%，個別甚至達到 100%[①]，遠高於目標水準。另外，中國城鎮企業職工基本養老保險制度設計的目標替代率約為 59.2%，但目前平均替代率為 65% 左右。較高的替代率需要較高的保險費率來維持，從而加重了在職員工的負擔。最近十餘年來，中國養老金增長率一直維持在較高水準，顯著超過了消費者價格指數增長率。當然，高增長率與企業職工初始養老金待遇較低有關，也考慮到在職職工收入增長較快這一事實，這也與過去工資水準較低有關。然而，中國的養老金替代率卻呈現出不斷下滑的趨勢。儘管養老金絕對水準保持增長態勢，但相對於在職職工工資增長、相對於 GDP 的增長、相對於財政收入的增長而言，養老金還有繼續增長的必要。為了提高養老金替代率，就必須提高養老金的增長率。養老金支付水準的不斷提高必將增大支付壓力，縮減近期養老金結餘，擴大遠期養老金缺口的規模。而且，考慮到物價與幣值因素、養老金待遇的剛性特徵，以及隨著中國「兩個一百年」偉大復興中國夢的實現，人民的物質文化需要將逐步增加，養老金待遇水準將會繼續提高，這也是未來養老金缺口持續擴大的重要因素。但必須正面看待這一因素，老年人應當分享也必須分享社會物質文化發展成果。

5.1.5　養老保險第二、三支柱尚未充分發揮作用

中國的企業年金與職業年金、商業養老保險還沒有發展起來，三大支柱保障體系尚未充分形成，這無疑會導致政府承擔責任過多，導致養老保險基金支付壓力與缺口的形

[①]　董克用. 重構中國養老體系的戰略構想 [R/OL]. 中國養老金融 50 人論壇，2016-2-27. https://www.doc88.com/p-9445262169271.html.

成並擴大。根據《2016年度人力資源和社會保障事業發展統計公報》提供的統計數據，2016年末，中國城鎮職工參加基本養老保險的比率達到91.56%；而城鎮職工參加企業年金計劃的人數只有2,325萬人，繳費參保率僅為5.61%。2016年參加企業年金的企業數有7.63萬個，僅占全部企業法人數的0.52%。與此同時，企業年金發放待遇260.57億元，僅占養老金支出的0.9%，而基本養老金占比97.02%。美國絕大多數職工可以從企業獲得50%~60%替代率的養老金，英國近年來第二、三支柱所提供的養老金接近全部養老金的50%。由此可見，中國企業年金制度的覆蓋面還十分小，企業年金制度發展還任重而道遠。2016年，中國具備養老功能的人身保險保費收入為8,600億元，在人身保險保費收入中的占比為25%，退休後分期領取養老金的養老年金保險的保費收入為1,500億元，在人身保險保費收入中的占比僅為4.4%。顯然，中國商業養老保險所提供的養老金待遇還不到1%，而英國、美國、加拿大等國的這一比例可以達到35%。總之，中國退休人員的主要收入來自國家基本養老保險，在保障層次單一的背景下，隨著人口老齡化程度的加深，未來基本養老保險基金將逐漸由結餘轉為缺口，並且缺口還將逐步擴大。

5.1.6 養老保險管理不夠規範

在養老保險基金徵繳方面，中國養老基金籌資機制不夠健全，缺乏宏觀調控和監督的機制。繳費基數失真、徵繳率過低，使養老保險基金運行雪上加霜。退休行為不規範，一些公司實行「提前退休」，將其作為「減員增效」的重要手段。不少企業存在故意降低繳費基數的行為。當前，一些企業和職工為了少繳費，經常合謀縮小工資基數，導致實際繳費基顯著低於真實費基。社保經辦機構、稅務系統和地方政府等監管不到位。中國養老保險實際費率普遍偏低，因為一些地方出於對局部利益的考慮，有意降低費率以招商引資，這使得實際費率低於規定費率。中國的養老保險還未實現全國統籌，各地政策不盡相同。由於中國勞動人口流動性很大，從而導致那些經濟發達、勞動力密集的省份養老基金收入更多而支付更少。由於養老金管理分散和監管不力，導致養老金不繳、漏繳及少繳事件時有發生，從而增加了養老保險基金的負擔。在養老金撥付方面，缺乏完善的撥付管理制度，各地區的撥付額度標準也不一樣，存在多撥、亂撥現象。總之，養老保險管理不夠規範，導致養老保險運行效率偏低，養老金開支增大，從而使養老保險基金近期結餘減少而未來缺口擴大。

5.1.7 養老保險繳費標準難以提高

養老保險的參保繳費標準難以提高，而退休人員的養老金標準難以降低。如果大幅度提升繳費標準以彌補缺口，一方面會加重參保人員和企業的負擔，另一方面會削弱企業發展的活力，最終還是降低了企業的繳費能力。而且，企業還有其他諸如醫療、失業、工傷、企業年金等社會保險方面的繳費負擔，因此，應從長遠的角度考慮企業的繳費負擔。另外，如若降低退休人員的養老金領取額，會引發一系列的社會問題，造成社

會不穩定。中國現行養老保險費率已經偏高，不大可能再提高，也就是說養老保險金缺口有擴大的壓力。

5.1.8 養老保險基金保值增值困難

首先，中國養老保險基金投資多元化的經驗不足，存在政府對養老保險基金的營運嚴格限制的障礙，加上通貨膨脹因素，中國養老保險基金的保值增值很難實現。這主要是由於養老金是退休人員的「保命錢」，其安全性必須放在首位。這也容易理解，當然這也降低了其投資收益率。其次，中國與養老保險基金相關的法律還不夠完善，基金在營運過程中易受到政府部門的干預，因此，養老保險基金存在透支、擠占等風險。最後，目前中國金融市場在法律法規方面還不是十分健全，金融市場還不夠發達，因此，如何防範投資風險將一直是困擾我們的難題。2015年4月，國務院常務會議決定：擴大養老保險基金的投資渠道，允許將企業債和地方政府債投資比例從10%提高到20%；將基金直接股權投資的範圍擴大到中央企業及其子公司等；將基金的信託貸款投資比例上限由5%提高到10%；允許基金按規定在全國銀行間一級市場直接投資同業存單。即便如此，同國外相比，投資渠道仍然較為單一，投資去向仍然主要集中在國債和銀行存款等低風險領域。在養老保險基金增值方面，過於追求基金的安全性，使得基金的收益率較低，甚至低於物價指數。如果追求過高收益率，那麼就會面臨更高的風險。必須權衡風險與收益的關係。從利率或投資收益率演變趨勢來看，借鑑國際經驗，目前我們已進入低利率或低收益率時期，未來還將持續相當長一段時間，總體上收益率呈現波動式遞減趨勢。這顯然對未來人口老齡化高峰期養老金缺口的擴大帶來了很大的影響。

5.2 中國應對人口老齡化高峰期養老金缺口的主要措施

結合發達國家應對養老金缺口給我們的啟示，汲取「歐債危機」給我們的教訓，充分考慮到中國國情，筆者提出以下一些應對措施：

5.2.1 漸進式延遲退休

中國當前實行的退休政策源於1951年的《中華人民共和國勞動保險條例》。由於當時生活水準較低，平均預期壽命短，實行男性60週歲退休、女工人50週歲退休、女幹部55週歲退休的退休政策，並允許一些特殊行業、特殊工種適度提前退休。但是隨著中國進入老年型社會，人口老齡化步伐加快，老年人口數量急遽增加，繼續實行原來的退休政策必將給社保基金帶來極大的壓力，使其面臨巨大的支付風險。延遲退休一方面能增加養老保險基金收入，另一方面能縮短養老金領取的年數從而達到增收節支的效果，顯然有利於個體養老保險基金平衡，從而改善養老保險基金總體平穩。因此，中國退休政策改革勢在必行。據測算，每延遲一年退休，就可使養老基金多籌資40億元人

民幣，減少 160 億元人民幣的養老金支出①，一加一減極大地緩解了社會養老基金的壓力。在第三章關於中國養老金缺口對退休年齡敏感性分析中我們得出了結論：提高退休年齡對減少整體性養老保險基金當期缺口和累計缺口都有較為顯著的效果，提高退休年齡使得累計缺口出現的年度延遲了 7 年，到 2100 年時可以縮小累計缺口 22.47%。延遲退休還可以使個人養老金待遇與個人繳費更好地匹配。在第四章關於應對養老金缺口的國際經驗中我們得到啟示，即發達國家在面臨日益嚴峻的人口老齡化挑戰時，都多次對養老金制度進行改革，其中多次漸進式地提高退休年齡，大多都已提高到 65 週歲，有些國家正在向 67 週歲甚至向 68 週歲推進，提高退休年齡似乎沒有盡頭。

2015 年，經中央批准後，人力資源和社會保障部向社會公開延遲退休改革方案，通過小步慢走，即每年延遲一兩個月，逐步延遲到合理的退休年齡。此外，由於行業的不同，對勞動者的要求也不盡相同，應建立彈性退休政策，除個別特殊行業不必延遲退休外，應根據所在行業的實際情況合理延遲退休。在保證公民身心健康的前提下，體現社會公平與代際公平，減輕社保壓力，實現和諧養老。

在提高退休年齡時還應結合繳費年數。當養老保險繳費滿一定年數並且達到一定年齡時可以退休，不應將年齡作為唯一的參照物。中國現行規定是繳費滿 15 年就可以領取基本養老保險的基礎養老金，而且基礎養老金還不低，並隨著物價、工資指數變動而經常上調；同時根據第三章的預測結果，我們應注意到 2020 年 60 週歲男性、65 週歲男性的平均預期餘命將分別達到 22.86 週歲、19.26 週歲；而 60 週歲女性、65 週歲女性的平均預期餘命將分別達到 26.01 週歲、22.10 週歲。而目前女性平均退休年齡還不到 55 週歲，她們的平均預期餘命比男性更長。同時，注意到發達國家在養老金改革過程中，不斷提高領取全額養老金的繳費年限，大多已提高到 40 年，有些國家正在向 42.5 年推進，甚至向 43.5 年邁進，這種推進還沒有停止的跡象。很明顯，發達國家繳費年限已超過領取養老金待遇年限，而中國則相反，出現了倒掛現象。而且，我們還應注意到，由於中國過去人工成本低，改革開放前實行的是「低工資、高福利」政策，改革開放後，隨著經濟體制改革與經濟的不斷發展，職工工資收入不斷增長，2016 年職工年平均工資為 57,394 元，而 1978 年為 615 元，年平均增長 12.68%；而城鎮非私營單位職工年平均工資為 74,318 元，年均增長 13.08%，而且近年來增幅放緩，說明以前的增長率更高一些。高工資增長率意味著維持養老金的高替代率的成本更高，也意味著過去的繳費對於當今的支付來說已經微不足道，今後工資對養老金待遇維持的作用將會增強一些，因為工資收入增長開始放緩。而且，轉軌前沒有建立養老保險基金，這就意味著養老金支付的巨大壓力。綜上所述，在延遲退休的同時，也需要實施漸進式提高領取全額養老金的繳費年限，近期目標為 35 年（2025 年前完成），中期目標為 38 年（2040 年前完成），遠期目標為 40~42 年（2060 年前完成）。

---

① 「中國人口老齡化宏觀對策研究」課題組. 中國人口老齡化宏觀對策研究 [J]. 宏觀經濟研究，2003（6）.

5.2.2 積極消化養老保險轉制成本

養老保險隱性債務指的是在養老保險制度轉軌過程中，政府對養老金權益受到調整的對象償還在舊制度下已經承諾但新制度下沒有對應資金來源的尚未實現的養老金權益的價值總和（張運剛，2005）。在中國養老保險制度改革過程中，為了應對人口老齡化的挑戰，將養老保險現收現付模式轉化為部分累積模式，採用了「社會統籌」與「個人帳戶」相結合的方式。在這種制度轉軌過程中存在著隱性債務，主要表現為對「老人」與「中人」的債務，也就是轉制成本或歷史欠債。在對養老金制度進行改革的過程中，涉及對利益主體進行調整的問題，因而也存在轉制成本或隱性債務。中國於 2015 年廢除了雙軌制，機關事業單位職工的養老保險制度也採用「統帳結合」的模式，這也存在隱性債務或轉制成本。因此，解決養老金雙軌制遺留問題，對於中國養老金制度的改革和養老金缺口的縮小都有著一定的作用。

在改革過程中，如果政府將這種隱性債務貨幣化或用貨幣計量出來，隱性債務就成為顯性債務，也就明確了償還的方式與規模。否則就只有到養老金權益受到調整的人在退休後要求支付養老金的時候，對他們的隱性債務才能逐步顯性化，這就表現為養老金支付的擴大，從而形成養老基金收不抵支的壓力，進而發展為日益擴大的養老金缺口。因此，解決了這部分人的隱性債務問題，也就解決了由此形成的那部分養老金缺口問題。

在中國養老金制度從現收現付制轉向社會統籌帳戶和個人帳戶相結合的混合型養老保險制度過程中，「老人」和「中人」的個人帳戶都處於有帳無錢的狀態。出於歷史原因，對勞動者實行低工資制，沒有專門形成養老保險基金累積，他們在工作時應該繳納的養老保險費實際上已經納入過去的政府收入並凝固在國有資產之中，並被用於擴大再生產。因此，劃撥一部分國有資產或運用財政資金去彌補養老保險制度改革過程中造成的養老金缺口是具有可行性和合理性的。2017 年 11 月 9 日，國務院發布了《關於印發劃轉部分國有資本充實社保基金實施方案的通知》，這標誌著中國已經著手開展國有資產劃撥給社保基金的工作了①，這對中國社會養老保險平穩運行和可持續發展提供了保障。

做實個人帳戶，解決個人帳戶空帳問題，也是在償還隱性債務。我們也可以調整政府支出結構，向社會保險項目傾斜，加大政府補貼力度，逐漸增大前期養老保險基金結餘，縮小後期養老保險基金缺口，在隱性債務顯性化之前化解養老保險的轉制成本。以名義帳戶模式作為過渡，逐步做實個人帳戶，這實際也是在償還隱性債務，有利於緩解未來養老金缺口進一步擴大的壓力。由於統籌帳戶和個人帳戶實行「混帳管理」，個人帳戶資金經常被挪用，致使個人帳戶「空帳」運行。這些「空帳」一方面影響養老基金的保值增值，另一方面增大了未來養老金的支付壓力。做實個人帳戶是基本養老保險體系健康運行的重要保證。但是，目前中國「空帳」金額過大，一次性補齊會嚴重影響

---

① www.gov.cn/zhengce/content/2017-11/18/content_5240652.htm.

經濟發展，因此建議以名義帳戶模式過渡，逐步做實個人帳戶，即已經「空帳」的個人帳戶先按名義帳戶模式運行，然後每年通過政府補貼等途徑籌資，以逐步做實部分個人帳戶，積少成多，步步為營，在不影響經濟發展的同時，逐步解決「空帳」難題。

5.2.3 大力發展企業（職業）年金與商業養老保險

中國的養老保險體系由基本養老保險、企業補充養老保險和個人儲蓄性養老保險構成，或者說中國養老保險體系是由三大支柱構成的。目前，中國養老保險三大支柱的比例嚴重失調，退休人員的絕大部分收入來自國家基本養老保險，近3年來大約占比97%，而企業年金或職業年金、商業養老保險所提供的替代率相當低，它們各自在養老金待遇中所占比例一般在1%左右。在美國，補充養老保險基金總資產是其公共養老金總資產的10倍左右。在大部分發達國家的養老保險體系中，商業養老保險一直都占據著主導地位或相當大的比例。而中國的補充養老保險基金只有社保基金的1/5，因此，中國應大力發展補充養老保險和個人儲蓄性養老保險。

借鑑日本、美國通過稅收優惠措施大力發展企業年金、商業養老保險的經驗，應盡快出抬中國稅收優惠實施細則，擴大參保養老保險的稅收優惠比例，提高稅收優惠額度，防止優惠額度過低造成政策效果打折。同時，適當降低第一支柱國家基本養老保險的替代率，為私人年金或補充養老保險的發展留下足夠的空間。當然，這裡的降低替代率是從總體意義上而言的，結構上應按收入進行區分，低收入者基本養老保險要保持較高的替代率，而高收入者則應相反。當然，國家對中高收入群體實施稅收優惠並加大優惠力度，允許較大比例工資投保企業年金或商業養老保險，對這部分收入允許稅前扣除，這實際上調動了中高收入自我保障的積極性，為後期減少政府對這部分人群的基本養老金支出創造了條件；對低收入群體，就像支持農業保險發展一樣，應實施政府補貼參保，但個人也必須相應適當繳費。對發展企業年金的企業，允許更大比例稅前扣除。這樣，政府雖然減少了當前財政收入，但更大程度地減少了未來的養老金開支，因為個人、企業的積極性被調動起來了，他們適當地抑制了當前消費，實際上為保障後期或老年階段的消費提前做出了準備。同時，通過保險將零散小額的資金聚集起來，可以用於發展國民經濟，也可以更大限度地發展中國的保險業。總之，這樣可以實現良性循環，避免政府包攬過多，促使個人承擔更多的自我養老責任。在實現「兩個一百年」奮鬥目標，實現中華民族偉大復興的過程中，由於政府採取積極措施減少貧困人口以及未來國民收入將大幅度增加，將更有利於第二、三支柱的健康發展。

進一步完善中國的基本養老保險制度，適度降低政府在基本養老保險制度中的責任或者轉換補貼方式，建議提高個人繳費或優化個人繳費結構，從個人繳費中將2%的繳費計入統籌基金中，目的是增強統籌基金的互濟性，更好應對長壽風險。適當降低企業繳費費率，擴大參保面；改革、強化徵繳制度，統一徵收機構，加大徵繳力度，打擊逃費等詐欺現象，等等。

今後，隨著住房問題的逐步解決，可以考慮將一部分住房公積金轉化為養老保險

費，從而也可以降低現有的養老保險費率，甚至隨著年齡的增長，這種劃轉比例可以適當提高。根據1999年4月頒布、2002年3月修訂的《住房公積金管理條例》的規定，職工與單位按不低於上一年職工月平均工資的5%繳費；2018年5月，住房和城鄉建設部、財政部、中國人民銀行發布《關於改進住房公積金繳存機制 進一步降低企業成本的通知》，規定繳存比例不能超過12%。職工個人與單位合計繳費比例為職工個人工資的10%~24%。近20年來，住房公積金制度極大地推動了商品房市場的發展，使中國住房擁有率顯著提高。2015年12月，中國社會科學院社會學研究所社會發展研究室發布2015年《社會藍皮書》，對當前中國社會質量狀況進行報告。該報告顯示：就家庭住房自有率來看，當前受訪家庭居民自有率為95.4%，比2013年上升1.9%。19.7%的家庭擁有兩套以上的住房，較2013年增加了1.1%。受訪居民家庭人均建築面積為50平方米，而2013年的面積為47.3平方米。城鎮居民家庭住房自有率為91.2%，比2013年上升1.6%。2015年，對於第一套房產的自我估值為平均每戶房產31.4萬元，其中城鎮居民房產估值為46.7萬元，農村居民房產估值為20.7萬元①。由此可見，中國住房問題已基本解決，剩下的就是結構問題，即低收入群體住房問題。近年來推行的精準扶貧政策，正在逐步解決這個問題。也就是說：我們完全可以逐步將住房公積金繳存比率轉存為養老保險繳費，同時也可總體上降低雙方繳存比率（或在總體減負的條件下），既可以減輕企業負擔，還可以引導企業與職工參加企業年金或職業年金、商業養老保險。根據第三章的研究結論，將公積金繳費轉化為養老保險繳費，如果能轉化8%的繳費，那麼中國未來養老保險當期缺口與累計缺口就基本上可以消除。當然，轉化比率要考慮年齡、住房擁有率等因素。隨著年齡逐漸增大，收入會逐步提高。當住房問題解決後，就可將其全部或部分轉移為養老保險繳費，或者作為企業年金或職業年金或商業養老保險的繳費。

　　開發更多的企業（職業）年金產品、商業養老保險產品，國家對相應的經辦機構、保險公司給予相應的扶持，尤其是在第二、三支柱發展初期。像美國那樣，加強養老保險立法，加強政府監管力度，讓參保人員、參保企業對未來能獲得的待遇有清楚明確的預期。也就是說做到透明經營，每季或每年要對參保個人、參保企業提供有關資金運行報告與對應的待遇累積情況，加強對參保人員、參保企業的技術指導，以便能為他們量身定制保險產品。

　　在中國尚處於養老保險第二、三支柱發展的初級階段之時，政府的支持作用是非常重要的。第三章的預測結果表明：雖然在現行機制下中國養老保險基金在10年左右會出現當期缺口，但未來20~30年內才會出現累計缺口，因此，應充分利用這一寶貴的時間窗口，大力發展企業年金與商業養老保險，同時對基本養老保險制度進行徹底的改革。在改革過程中，政府應將眼前利益與長遠利益結合起來、局部利益與整體利益結合起來。只有這樣，我們才能充分應對人口老齡化高峰期中國養老金缺口日益擴大所帶來的挑戰。

---

① http://money.163.com/15/1224/15/BBK1P2QF00253B0H.html.

5.2.4 加強養老保險基金的投資運用

為了使中國社會養老保險制度可持續發展，必須拓寬養老保險基金投資渠道，提高養老保險基金投資收益率。近年來，中國養老保險基金結餘中的一部分基金一直閒置不動，另一部分則一直處於低收益的狀態，使得年均投資收益率在近幾年一直有著下滑的趨勢，有時還出現了負的收益率。因此，我們應該建立專門的養老保險基金投資營運機構或委託全國社會保障基金理事會，對各地各類結餘養老基金進行專業化管理，或者提高統籌層次，調劑各地養老保險基金餘缺。

出於對保障養老保險基金安全的考慮，國家對養老保險基金的投資渠道進行了嚴格的規定，大部分的資金存入銀行或購買國債。但是，在通貨膨脹的影響下，這些養老保險基金極易貶值，難以實現保值增值的資金運行目標。政府應逐漸放寬政策限制，引進市場機制，建立多元化養老保險基金投資機制以分散投資風險，在充分保障養老保險基金安全的前提下，提高養老基金投資報酬率，實現養老基金保值增值的目標，從而縮小未來養老保險基金的缺口。

利息理論告訴我們，當年利率或年收益率為1%時，1萬元的本金投資要實現翻倍目標，大約需要70年；當年利率或收益率為2%時，大約需要35年；當年利率或收益率為5%時，大約需要14年；而當年利率或收益率為8%時，大約只需9年的時間就可實現投資翻倍。這表明投資收益率越高，基金保值增值越快。當養老保險基金處於結餘狀態時，實際上就相當於投資，這時投資收益率的高低對基金增值的影響就相當明顯。當養老保險基金處於缺口狀態，意味著養老保險依靠財政補貼或舉債運行，如果是舉債，那麼借貸利率越低，成本就越低，否則就會導致缺口越大，而且在複利的作用下，隨著時間的推移，養老保險基金缺口的累積效果是非常大的。

從第三章對中國養老保險基金測算結果來看，前期是有結餘的，而後期是有缺口的，而且隨著中國人口老齡化速度高峰期的日益臨近，養老金缺口會越來越大；當老齡化速度高峰期過後，人口老齡化程度還在繼續加深，再過相當長一段時間後，大約在21世紀後期才達到人口老齡化程度的高峰期，中國養老保險金的支出將持續增大，養老金缺口將繼續增大到21世紀末。為了確保保險基金平穩運行，在前期應該改革完善社會養老保險制度，加大政府補貼力度，保持較大規模的結餘，而不僅僅是滿足當前的支付，同時加大社保基金的投資運用力度，隨著基金規模的逐步增大，可以通過組合投資以分散風險，同時實現較高的投資收益率。中國於2008年8月設立的全國社會保障基金就有擔保全國社會保障資金運行的功能。全國社會保障基金是國家社會保障儲備基金，由中央財政預算撥款、國有資本劃轉、基金投資收益和國務院批准的其他方式籌集的資金構成，專門用於人口老齡化高峰時期的養老保險等社會保障支出的補充、調劑，由全國社會保障基金理事會負責管理營運①。2016年末，社保基金資產總額為20,423.28億

---

① http://www.ssf.gov.cn/jj/qgsbjj/201501/t20150121_6316.html.

元，社保基金負債餘額 935.21 億元，社保基金權益總額為 19,488.07 億元，其中全國社保基金權益為 16,042.58 億元，累計財政性淨撥入 7,959.61 億元，累計投資增值額為 8,082.97 億元。社保基金自成立以來的年均投資收益率達到了 8.37%，累計投資收益額為 8,227.31 億元①。由此可見，全國社會保障基金已取得了可喜的成績，但是相對於未來養老金的巨大缺口而言，仍然規模偏小，因此，應繼續增大對全國社會保障基金的投入。

5.2.5 加強養老保險基金的管理

　　首先，應加強社會養老金基金管理，盡快實現全國統籌。目前中國的養老金是由各省、自治區和直轄市各自管理，各自的具體情況不一樣，基金結餘狀況不一樣，管理水準差異也很大。實現養老保險基金的全國統籌可以在各省份養老保險基金結餘情況不一致時進行合理的調劑，並改善中國養老保險制度碎片化管理的現狀，實現養老金的集中管理，擴大投資規模。同時，應加強養老金的管理，避免養老金的「亂發」「多發」現象。近期，中國建立的養老保險中央調劑金制度就是一個很好的舉措。

　　其次，完善養老保險基金監管制度，實現對養老保險基金的籌集、運行和支付三大環節的有效監管。加強養老保險基金籌集監管，減少養老保險基金不繳、漏繳及少繳事件的發生，並建立相應的處罰機制，保障養老保險基金的資金來源穩定；加強養老保險基金的運行監管，制定多元化的投資策略，在保值的基礎上，最大限度地實現養老保險基金的增值，提高報酬率；加強對養老金支付的監管，制定動態的支付機制，對於不繳、少繳養老保險保費者，實行不支付或少支付養老金的策略，對於提前退休者、不滿應繳費期限者，應減少養老金支付。總之，應該堅持待遇與繳費匹配的原則。

　　再次，應合理設定養老金替代率。養老金替代率是反應養老保險保障程度的一個基本指標，它不僅對養老保險基金的收支平衡有重要影響，而且與退休金數額有著密切聯繫。替代率過高會增大養老金支付壓力，但是，過低的替代率會使退休人員的基本生活得不到足夠的保障，很可能造成老年貧困，引起社會不安定。所以，相關部門應在保證養老保險基金收支平衡的同時，兼顧對退休人員的基本生活提供充足保障的初衷，全面考慮經濟發展狀況等因素，設定合理的養老金替代率。

　　最後，繼續擴大養老保險制度的覆蓋面。國內許多學者提出過提高養老保險覆蓋面來應對養老保險基金缺口的建議，政府部門對此做法非常認可，並已運用於實踐中。2017 年 7 月召開的中央全面深化改革領導小組會議中指出，黨的十八大召開以來，以建立更加公平更可持續的社會保障制度為目標，統籌推進養老保險制度改革已取得明顯進展，下一步工作部署要針對發現的問題搞好整改、擴大養老保險制度覆蓋面，更好地保障人民群眾的養老權益。在擴大養老保險制度覆蓋面的實際操作方面，一方面，激發就業者自願加入養老金計劃的積極性，即增強養老保險制度的激勵性；另一方面，逐步吸納農村人口參加養老保險，擴大農村養老保險制度的覆蓋面。雖然擴大養老保險制度覆蓋面能在一定程度上縮小養老保險基金缺口，但是鑒於中國養老保險社會統籌部分依然實行現收現付制，一味地追求養老保險覆蓋率的提高，可能會適得其反，存在使中國養

---

① http://www.ssf.gov.cn/cwsj/ndbg/201706/t20170612_7277.html.

老保險基金缺口未來越變越大的風險。擴大覆蓋面肯定有利於近期養老保險基金的平衡，但是如果沒能實現個體養老保險基金的收支平衡，就很難實現整體的養老保險基金的平衡，對於新增個體更應注意這一點，以免造成新的遺留問題。因此，擴大養老保險制度覆蓋面的確是縮小養老保險基金缺口的一個解決方法，但政府在運用此方法時應當平衡公平與效率、成本與收益之間的關係，結合其他養老保險基金缺口解決途徑，為緩解養老保險基金缺口做出貢獻。鑒於養老保險是廣大勞動者的一項基本權利，理應實現全覆蓋，但要堅持公平與效率相結合。

5.2.6 加大財政補貼力度

中國在社會保障方面的財政支出水準與世界發達國家相比，仍處於較低水準。過去幾十年為了大力發展中國經濟，政府財政大部分都被用於基礎設施建設，對於民生方面的支出相對較少。根據國際貨幣基金組織統計，發達國家的社會保障支出占國家財政支出的平均水準在30%左右，發展中國家的社會保障支出占國家財政支出的平均水準在25%左右，然而中國的社會保障支出占國家財政支出的比例只有10%左右。因此，應該適當加大對中國基本養老保險的財政支出力度，以緩解養老保險基金的支付壓力。隨著大規模基本建設的陸續完成，隨著經濟的健康持續發展，政府更有能力支持社會保障事業的運行，事實上政府已經著手加大財政向社會保障方面支持的傾斜力度了。

要提高政府養老保險財政補貼的力度和效率。一方面，政府作為養老保險制度的發起者，基本養老保險基金的平衡問題是政府財政收支需要考慮的一部分，通過財政補貼彌補養老保險基金缺口已成為世界上各市場經濟國家解決養老保險基金缺口的重要手段之一。中國政府應建立並落實明確的財政補貼機制，逐步提高財政預算中社會保障支出所占比例，形成真正意義上的公共財政體系。另一方面，財政補貼是城鄉居民基本養老保險的主要收入來源，政府將城鄉居民養老保險並軌且進行財政補貼，旨在為城鄉居民提供優質的養老保障服務，但是從全國各省份城鄉居民養老保險的實際運行來看，城鄉居民保險基礎養老金並不高。比如四川省，城鄉居民養老金2017年從每月55元上漲至每月75元，但同年，四川省城市低保對象人均補助為每月287元，農村低保對象人均補助為每月162元。養老金待遇水準是參照低保標準制定的，而且低保標準逐年上調，城鄉居民養老金水準卻上升緩慢，長期大幅低於最低生活保障水準，這與養老保險制度保障全體社會成員基本生活權利的建設目標相差較大。值得注意的是財政補貼效率問題。城鄉居民收入差異是很大的，在國家提供最基本保障的情況下，對有條件的居民，應注意引導與支持其參加第二、三支柱的養老保險，從而實現整體效益的最大化。因此，隨著經濟的發展，國家應逐步增加城鄉居民基礎養老保險金，這也需要政府加大財政補貼的力度，並注意提高補貼效率。

5.2.7 提高婦女生育率

逐步完善「全面二孩」後續配套政策，落實鼓勵生育政策。「全面二孩」政策自

2016 年實施以來，2017 年上半年二孩生育數增加明顯，但這並不等同於新生人口總數增加，這是因為一孩生育數在下降。所以，完善「全面二孩」配套政策，改善人口出生率下降的現狀，能夠有效緩解養老保險基金缺口增大的趨勢。放開並落實二孩生育不會改變基本人口形勢，但有利於緩解人口老齡化和改善未來勞動力供給結構。落實鼓勵生育政策能帶來一定生育水準回升和出生人口增加，將有利於改善人口結構，促進人口長期均衡發展，減輕養老金支付壓力。

中國總和生育率下降、生育模式轉型與中國社會經濟發展進入到新階段有關。一是女性能接受更多更高層次的教育，婦女就業率提高，婦女追求事業意識以及收入獨立性的增強，導致其生育意願下降，生育觀念發生轉變。二是從成本—收益角度來看，生育行為的投入與產出不匹配，投入巨大的精力、時間、財力，養育成本持續增大，而收益卻具有不確定性。三是隨著包括社會養老保險制度在內的社會保障制度的不斷完善，社會化服務的普遍化、便利化、智能化，人們更傾向於社會化養老，而家庭養老觀念有所淡化。

在第四章所分析的德國應對人口老齡化的經驗值得我們借鑑。德國人口老齡化發展迅速，總和生育率下降很快，並維持在低水準上，政府通過「母親年金」「兒童撫育津貼」來提高總和生育率，緩解人口老齡化提升速度。法國的經驗也值得借鑑。法國人口老齡化非常漫長，老齡化程度也不太高，主要原因就是總和生育率雖然在更替水準下，但並不太低。因此，適當提高中國總和生育率是非常有必要的。至於如何操作，我們認為最重要的是解決婦女生育的後顧之憂。一方面，嚴厲打擊就業性別歧視，創造有利於育齡婦女的就業環境，特別是對處於生育期哺乳期的婦女實施就業、津貼等特別照顧，同時對用人單位承擔的生育成本給予一定的分攤；完善中國的生育保險制度，提高生育保險待遇，發揮生育保險對均衡用人單位生育成本分攤的作用，以有利於女職工生育與就業。另一方面，國家應大力發展托兒幼教事業，降低入園入托費用，因為人們普遍認為這些費用已大大超過中小學、大學的費用開支；將幼兒教育納入義務教育體系，以解決人們生育的後顧之憂。

5.2.8 完善養老保險制度

一方面，要加強養老保險立法建設。中國於 2010 年 10 月 28 日通過並於 2018 年 12 月 29 日修正的《中華人民共和國社會保險法》是中國對各類社會保險的統一立法，是一部綜合立法，該法規範各類社會保險事務，養老保險制度也被包含在其中。但是，專門立法方面一直存在空缺，一直由政府出抬的各項政策進行代替，法律效力低，法律責任認定不明確，違規制裁措施不完善，嚴重影響養老保險制度的發展，不利於保障各利益方的利益。為保障中國養老保險制度改革的順利進行，應加快養老保險制度立法工作，建立完備的養老保險法律體系。在《中華人民共和國社會保險法》的基礎上，不斷進行完善工作，依據社會經濟發展所遇到的新情境不斷進行調整。加快養老保險制度專門立法工作，建立基本養老保險、企業年金及個人商業保險專門法律，細化政府、企業和個

人的責任，明確各利益主體的權利和義務，同時對政府的監管手段、方式和目標進行規定，對違規的制裁進行詳細規範。

另一方面，要加大對基本養老保險制度進行改革完善的力度。比如，中國基本養老保險個人繳費為繳費工資的8%，全部進入個人帳戶。這一規定我們認為極為不合理，因為這已經違背保險的運行原理。保險從本質上講就是一種互助模式，是一種風險分攤機制。養老保險或年金保險的實質也是一種互助機制，由壽命較短的人幫助壽命較長的人規避長壽風險，由於個人帳戶餘額完全繼承，不承擔互助互濟功能，而且它還面臨因被保險人壽命不斷延長而不夠支付或縮減支付額度而導致保障不足進而消耗統籌基金的風險。因此，筆者建議將個人繳費率提高2個百分點，或從現行繳費中將2個百分點的個人繳費納入統籌基金。根據第三章的測算結果，繳費率上調2個百分點能夠顯著地縮小養老保險基金的當期缺口與累計缺口，使當期缺口下降24.71%，使調整後整體性養老保險基金累計缺口減少41.63%。另外，繳費率的提高使首次出現養老保險基金當期缺口和累計缺口的年份分別推遲了16年、9年。更重要的是個人部分繳費進入統籌帳戶有利於發揚中華民族的傳統美德，真正體現保險的「一人為眾、眾為一人」（「人人為我，我為人人」）的互助精神。又比如，應提高領取全額基本養老保險金的繳費年限，將與退休年齡的改革結合起來，合理設置提前退休領取減額養老金所減少的額度（顯然政策規定提前一年縮減2%的養老金額度太低）以及延遲退休所領取增額養老金所增加的額度。

5.2.9 促進國民經濟健康發展

經濟基礎決定上層建築，人口老齡化問題的解決歸根到底還是需要有一個堅實的經濟基礎。只有經濟健康可持續發展，人民收入不斷提高，財政收入持續增加，老齡問題的解決才會變得比較容易，否則就會成為無源之水、無本之木。經濟發展、市場繁榮、物資豐富、服務健全、人民安居樂業，這些都是老齡社會發展的重要保障。有關研究表明，在2020—2030年之間，中國人口的總供養系數在0.6以內，存在明顯的「人口紅利」期。要牢牢抓住這一經濟發展的黃金時期，促進經濟快速發展，不斷提高國民經濟承載力，為應對未來的老齡高峰和高齡社會打下堅實的物質基礎；同時，也要利用這段時期，對現有的養老保險制度進行完善，使經濟發展與社會保障相互協調、相互促進。要充分注意到中國是在人均收入還比較低的情況下迎來了人口老齡化的不斷加深，同時還應注意到中國是人口大國，也是老年人口大國，包括養老保險在內的社會保障水準不能太高，尤其是國家只應提供最基本的保障。要充分調動各方積極性發展企業年金與職業年金、發展商業養老保險以提高保障水準；在發展養老保險時，要兼顧局部利益與整體利益、眼前利益與長遠利益，同時堅持公平與效率的充分結合；要汲取福利國家發展社會保障的教訓，不能以犧牲經濟發展為代價去提高保障。考慮到中國勞動年齡人口逐年下降的現實，可以通過產業升級和技術創新提高勞動生產率的方式提高人口紅利，以應對未來中國人口老齡化程度不斷加深對養老保險制度帶來的挑戰。

參考文獻

［1］「中國人口老齡化宏觀對策研究」課題組. 中國人口老齡化宏觀對策研究［J］. 宏觀經濟研究, 2003（1）.

［2］阿爾弗雷·索維. 人口通論［M］. 北京經濟學院經濟研究所人口研究室, 譯. 北京：商務印書館, 1982.

［3］保監會. 2017年保險業發展穩中向好, 行業加快迴歸本源, 服務能力明顯提升［EB/OL］. http://www.circ.gov.cn/web/site0/tab5207/info4096744.htm.

［4］保監會. 商業養老保險還處於起步發展階段［EB/OL］. http://www.circ.gov.cn/web/site0/tab7926/info4076942.htm.

［5］本尼迪克特·克萊門茨, 等. 發達經濟體與新興市場經濟體公共養老金改革的挑戰［M］. 王佐發, 譯. 北京：中國金融出版社, 2015.

［6］伯托奇, 等. 人口老齡化、退休安排與養老金困境的優化［M］. 趙建國, 李佳, 譯. 大連：東北財經大學出版社, 2015.

［7］博時基金. 英國養老金改革介紹及其對中國的借鑑［J/OL］. 中國基金業協會. ［2015-04-02］. http://www.21ccom.net/articles/world/bjzd/20150402123015_all.html.

［8］布萊克. 養老金經濟學［M］. 王莉莉, 等譯. 北京：機械工業出版社, 2014.

［9］陳凱. 個人商業養老年金：主要問題與發展方向［J］. 中國保險, 2014（11）.

［10］陳雷, 汪連新. 法國養老金制度改革及其啟示［J］. 唯實, 2011（4）.

［11］陳萍. 也談中國養老金隱性債務的解決方法［J］. 鄖陽師範高等專科學校學報, 2012（1）.

［12］陳星. 美國養老金制度的改革與創新［J］. 經濟導刊, 2005（10）.

［13］陳星. 英美養老金制度及其對中國的啟示［D］. 武漢：武漢大學, 2005.

［14］池元吉, 張賢淳. 日本經濟［M］. 北京：人民出版社, 1989.

［15］丁純. 從希臘債務危機看後危機時代歐盟的經濟社會狀況［J］. 求是, 2010（7）.

［16］董才生, 陳靜. 美國養老金制度對中國企業職工養老金制度改革的啟示［J］. 社會科學戰線, 2014（9）.

［17］杜軍, 任景波. 日本年金制度及其改革［J］. 現代日本經濟, 2004（6）.

［18］杜守東. 試論中國人口老齡化問題的特殊性及其對策［J］. 齊魯學刊, 1995（4）.

［19］範榮欣. 芻議中國基本養老保險資金缺口問題［J］. 商業經濟, 2013（15）.

[20] 馮祺. 養老金缺口的成因及其對策 [J]. 企業改革與管理, 2015 (2).

[21] 付軍輝, 付國浩. 美國如何應對人口老齡化 [J]. 中國社會工作, 2012 (8).

[22] 辜子寅. 中國總和生育率重估計及其影響分析 [J]. 統計與決策, 2015 (23).

[23] 顧宸. 老齡化背景下的中國養老保險現狀與對策 [J]. 時代金融, 2016 (14).

[24] 顧錦林. 中國養老金缺口原因及對策分析 [J]. 改革與戰略, 2012 (12).

[25] 郭永斌. 中國養老保險資金缺口的評估和可持續性分析 [J]. 南方金融, 2013 (4).

[26] 郭志剛. 對中國1990年代生育水準的研究與討論 [J]. 人口研究, 2004 (3).

[27] 國家統計局國民經濟綜合統計司. 統計分析報告選編 (1986—1987) [M]. 北京: 中國統計出版社, 1989.

[28] 國家衛計委. 中國流動人口發展報告2017 [M]. 北京: 中國人口出版社, 2017.

[29] 韓偉, 穆懷中. 德國公共養老金調整指數改革研究 [J]. 市場與人口分析, 2007, 13 (4).

[30] 郝向東. 關於中國人口老齡化及養老保險的思考 [J]. 特區經濟, 2006 (1).

[31] 胡泊, 任德曦. 論發展的、積極的老齡化戰略 [J]. 南華大學學報 (社會科學版), 2004 (3).

[32] 胡繼曄. 美國養老金保值增值的法律保障及其經驗借鑒 [J]. 保險研究, 2012 (5).

[33] 胡淼. 美國「三支柱」模式對中國養老保障制度的啟示 [D]. 鄭州: 河南大學, 2012.

[34] 華穎. 德國2014年法定養老保險改革及其效應與啟示 [J]. 國家行政學院學報, 2016 (2).

[35] 黃宇紅. 希臘債務危機的原因及其影響 [J]. 中國證券期貨, 2010 (4).

[36] 解靜, 閆琳琳. 中國養老保險省際分配差距綜合指標研究 [J]. 商業研究, 2013 (5).

[37] 荊濤, 張一帆, 謝遠濤, 寇琳. 老齡化、延遲退休與「統帳結合養老模式」分析 [J]. 社會保障研究, 2016 (1).

[38] 李芳. 人口老齡化背景下中國城鎮養老金收支缺口問題及對策研究 [D]. 上海: 上海師範大學, 2014.

[39] 李貴強. 英國重塑國家養老金體制的舉措及啟示 [J]. 經濟縱橫, 2014 (3).

[40] 李紅嵐, 武玉寧. 應對人口老齡化的養老保險對策研究 [J]. 老齡科學研究, 2013 (7).

[41] 李今. 長壽日本人的養老困局 (二) [J]. 金融博覽: 財富, 2016 (6).

[42] 李樹業. 關於中國人口老齡化問題及其對策的研究 [J]. 社會科學戰線, 2000 (2).

[43] 李雪. 延長退休年齡解決養老金「空帳」問題的可行性研究 [J]. 長春市委黨

校學報，2008（2）．

[44] 李勇，王一峰．戰後德國養老金制度變遷對中國的啟示［J］．行政與法，2013（6）．

[45] 李忠．發展生命週期基金，促進養老金增值管理［J］．上海證券交易所研究報告，2015（88）．

[46] 林冰．基於隨機人口預測的基本養老金資金缺口研究［D］．天津：南開大學，2013．

[47] 林治芬，範榮欣．中國養老保險改革20年回望與思考［J］．社會保障研究，2013（4）．

[48] 林梓約，梁友佳．提高中國城鎮養老保險統籌層次的思考［J］．經濟研究導刊，2013（31）．

[49] 劉桂蓮．日本基礎年金制度的發展和營運經驗［J］．日本研究，2015（2）．

[50] 劉海寧．美國養老金制度改革：權變而非顛覆［J］．老齡科學研究，2016（2）．

[51] 劉佩．人口老齡化背景下中國企業職工養老金缺口問題研究［J］．保險職業學院學報，2017（2）．

[52] 劉祁，王宣植，劉源．解決養老金缺口的國際比較與經驗啟示：以俄、日、加、美為例［J］．地方財政研究，2012，1（1）．

[53] 劉清芝．美國、日本、韓國應對人口老齡化的經驗及其啟示［J］．西北人口，2009，30（4）．

[54] 劉曉燕．人口老齡化背景下中國的養老金缺口問題探析［J］．科技創業（月刊），2013（11）．

[55] 劉昕，劉薇．全面二孩政策下城鎮職工養老保險缺口的研究［J］．財政科學，2017（5）．

[56] 劉學良．中國養老保險的收支缺口和可持續性研究［J］．中國工業經濟，2014（9）．

[57] 劉錚，鄔滄萍，林富德．對控制中國人口增長的五點建議［J］．人口研究，1980（3）．

[58] 劉錚．衡量人口年齡構成類型的基本指標［J］．人口研究，1980（2）．

[59] 柳如眉，赫國勝．養老金支出水準變動趨勢和影響因素分析［J］．人口與發展，2017（23）．

[60] 柳如眉，柳清瑞．人口老齡化、老年貧困與養老保障——基於德國的數據和經驗［J］．人口與經濟，2016（2）．

[61] 盧仿先，尹莎．Lee-Carter方法在預測中國人口死亡率中的應用［J］．保險職業學院學報，2005（6）：9-11．

[62] 羅淳．從老齡化到高齡化：基於人口學視角的一項探索性研究［M］．北京：中國社會科學出版社，2001．

［63］羅想平. 中國社會基本養老保險基金缺口問題初探［J］. 大眾科技，2013（12）.

［64］呂瑩，董增媛. 城鎮職工養老保險基金缺口問題研究［J］. 經濟研究導刊，2014（26）.

［65］馬凱旋，侯風雲. 美國養老保險制度演進及其啟示［J］. 山東大學學報（哲學社會科學版），2014（3）.

［66］馬林. 全球養老金危機：「空帳」及其填補方式［M］. 萬誼娜，等譯. 大連：東北財經大學出版社，2014.

［67］毛慧紅，戴維週日. 日本企業年金制度及其對中國的啟示［J］. 日本研究，2004（4）.

［68］梅瓊，遲文鐵. 中國養老金缺口成因及對策分析［J］. 經濟論壇，2010（9）.

［69］苗鑫. 對人口老齡化背景下中國社會保障制度的分析［J］. 科技風，2008（9）.

［70］穆光宗. 美國應對人口老齡化的政策啟示［N］. 中國社會報，2013-11-11（4）.

［71］彭姊祎. 法國退休制度的改革歷程和特點［J］. 法國研究，2014（4）.

［72］錢運春. 法國社會保障體制的行業特點、形成原因和改革困境［J］. 區域與國際研究，2004（10）.

［73］邱艷娟，李亦珠. 淺析英國養老保險制度發展史［J］. 勞動保障世界（理論版），2013（8）.

［74］屈毅博. 逐步加劇的美國人口老齡化問題探析［J］. 社會學研究，2012，5（334）.

［75］曲海波. 中國人口老齡化問題［M］. 長春：吉林大學出版社，1990.

［76］任季萍. 人口老齡化問題：挑戰及其應對［J］. 理論探索，2009（1）.

［77］任曉鴻. 試論中國人口老齡化的影響及對策［J］. 河北大學成人教育學院學報，2005（1）.

［78］芮偉. 基於 Lee-Carter 模型預測中國人口死亡率［D］. 成都：西南財經大學，2011.

［79］若林健吾. 日本養老保險制度的特徵和面臨的問題［J］. 陳小梅，等譯. 中國康復理論與實踐，2013（6）.

［80］申策. 美國的社會保險制度對中國養老制度改革的啟示［J］. 吉林大學社會科學學報，2013（2）.

［81］沈之驄. 老齡化同社會發展的影響與對策［J］. 知識經濟，2009（1）.

［82］史青宇. 人口老齡化背景下英國福利制度研究［D］. 鄭州：鄭州大學，2015.

［83］四川省老齡問題委員會秘書處. 老人與社會［M］. 成都：非公開出版物，1986. http://img. sslibrary. com/n/slib/book/slib/12481983/f7ada99dcf9c4c8aa30db2f99912568c/7d0679114f04a 867cc6c675dced2f3b1. shtml? dxbaoku = false&deptid = 224&fav = http% 3A% 2F%2Fwww. sslibrary. com% 2Freader% 2Fpdg% 2Fpdgreader% 3Fd% 3D2de0957329ae9e862178 a6eee163d28a%26ssid%3D12481983&fenlei＝03100406&spage＝1&t＝5&username＝202.115. 121.161&view＝-1.

［84］宋巍巍. 試談中國養老保險的收支缺口和可持續性解決措施［J］. 中國集體經濟，2016（19）.

［85］蘇春紅，李松. 養老金支付風險預測及延遲退休作用評估：以 S 省為例［J］. 財政研究，2016（7）.

［86］睢黨臣，吳雪. 老齡化背景下日本公共養老金信用危機及對中國的啟示［J］. 經濟問題探索，2012（6）.

［87］孫博. 市場化改革促進可持續發展：近期英國養老金改革對中國啟示［J/OL］. 中國證監會．［2015-05-14］. http：//www.csrc.gov.cn/pub/newsite/yjzx/sjdjt/yltxyzbscxtfz/ 201505/t20150514_276919.html.

［88］孫立堅. 希臘的債務危機與歐元區的缺陷［N］. 上海商報，2010-05-13.

［89］孫祥棟，王涵. 2000 年以來中國流動人口分佈特徵演變［J］. 人口發展與研究，2016（1）.

［90］唐鈞. 對中國養老保險制度問題的思考［N］. 社會科學報，2013-08-27.

［91］王成. 中國養老金缺口的成因、風險及對策研究［J］. 財經理論研究，2015（2）.

［92］王春蘭，葉尚斌. 中國城鎮居民養老金缺口建模及預測［J］. 統計與決策，2015（8）.

［93］王桂新，林志宗.「人口老齡化」挑戰下國外養老金制度改革模式及其借鑑［J］. 人口學刊，2005（2）.

［94］王宏杰，佟昕. 人口老齡化背景下山西省養老金缺口測算［J］. 西部經濟管理論壇，2017（1）.

［95］王煥清. 中國養老保險的模式選擇與基金缺口預測［J］. 統計與決策，2012（19）.

［96］王娟. 國際養老金制度對中國的啟示［J］. 經濟體制改革，2014（3）

［97］王軍，溫鵬莉. 德國公共養老金改革歷史沿革［J］. 中國物價，2015，（11）.

［98］王玲，張紅，苗潤蓮. 英國的老齡化問題及應對措施［J］. 管理觀察，2015（24）.

［99］王鵬. 日本養老保險基金超 7 萬億，計劃擴大投資渠道［EB/OL］. http：//news.xinhuanet.com/world/2014-03/07/c_126235608.htm，2014-03-07.

［100］王鵬程，王星.「歐債危機」中的老齡化問題探析［J］. 金融市場，2011（7）.

［101］王偉. 日本公共養老金制度改革評析［J］. 日本學刊，2007（4）.

［102］王曉軍，蔡正高. 死亡率預測模型的新進展［J］. 統計研究，2008，25（9）.

［103］王曉軍，韓猛. Lee-Carter 模型在中國城市人口死亡率預測中的應用與改進［J］. 保險研究，2010（10）.

［104］王曉軍，米海杰. 養老金支付缺口：口徑、方法與測算分析［J］. 數量經濟技術經濟研究，2013（10）.

[105] 王智斌. 中國養老保險制度改革與政策建議 [D]. 成都：西南財經大學, 2007.

[106] 鄔滄萍, 姚遠. 老齡社會的一項重大戰略選擇 [J]. 求是, 2002 (2).

[107] 鄔滄萍. 把實行計劃生育的認識提到理論高度 [J]. 西北人口, 1983 (1).

[108] 鄔滄萍. 老齡問題和我們的對策 [N]. 人民日報, 1984-08-20.

[109] 吳帆. 基於人口視角對「歐債危機」的社會觀察：對中國的警示和啟示 [J]. 人口與經濟, 2013 (3).

[110] 吳華, 劉婷婷. 中國人口老齡化問題的辯證思考 [J]. 調查研究, 2011 (9).

[111] 吳江. 中國養老保險制度問題研究 [D]. 長春：吉林大學, 2015.

[112] 吳雪. 老齡化背景下日本公共養老金制度信用危機問題研究 [D]. 西安：陝西師範大學, 2014.

[113] 席衛群. 日本養老保險的稅收政策及啟示 [J]. 國際稅收, 2007 (8).

[114] 肖德楨. 世界與中國人口的老齡化及其預測 [M] //胡煥庸, 等. 人口研究論文集 (第 2 輯). 上海：華東師範大學出版社, 1983.

[115] 肖方婭. 養老保險全國統籌的內涵及策略探析 [J]. 企業導報, 2016 (10).

[116] 肖嚴華, 左學金. 中國養老保險個人帳戶制度的改革及其風險轉移 [J]. 學術月刊, 2008 (12).

[117] 謝鑫. 特徵與經驗借鑑：論法國養老保險制度改革 [J]. 商業經濟, 2016 (4).

[118] 熊志國. 發揮商業保險作用，建立可持續的養老體系 [J]. 清華金融評論, 2014 (8).

[119] 徐聰. 德國公共養老金體系的現狀與改革 [C] //上海市社會科學界聯合會. 2008 年度上海市社會科學界第六屆學術年會文集 (經濟·管理學科卷). 上海：上海人民出版社, 2008：634-640.

[120] 徐宏偉. 中國養老保障制度改革研究 [D]. 北京：中共中央黨校, 2009.

[121] 徐明棋. 「歐債危機」的理論評述與觀點辨析 [J]. 國際金融研究, 2013 (6).

[122] 徐雲鵬. 人口老齡化和老年人問題研究 [M]. 武漢：武漢大學出版社, 1991.

[123] 楊斌, 王三秀. 日本養老保險制度的變遷及其對中國的啟示 [J]. 西安財經學院學報, 2016 (10).

[124] 楊歡, 袁磊. 養老保險資金缺口的測度與解決方案——基於延遲退休年齡視角 [J]. 保險職業學院學報, 2014 (3).

[125] 楊建海. 西方國家養老金制度的起源及影響因素 [J]. 蘭州學刊, 2012 (2).

[126] 姚玲珍. 德國社會保障制度 [M]. 上海：上海人民出版社, 2011.

[127] 姚遠, 原新. 退休年齡調整：為何如此糾結 [J]. 人口研究, 2012 (6).

[128] 尹志宏. 雇主養老金在養老保障體系中的作用——美國的經驗及啟示 [J]. 財貿經濟, 2005 (11).

[129] 袁濤, 仇雨臨. 從城鄉統籌到制度融合：中國養老保險實踐經驗與啟示 [J]. 海南大學學報 (人文社會科學版), 2016 (3).

[130] 袁小舒. 老齡化背景下中國養老金缺口研究 [D]. 鄭州：河南財經政法大學, 2016.

[131] 岳公正, 王俊停. 中國城鎮養老保險基金收支平衡的預測分析 [J]. 統計與決策, 2016 (20).

[132] 張雪娥. 中國人口老齡化問題的特點及對策思考 [J]. 市場論壇, 2013 (11).

[133] 張超, 譚春彥. 對希臘主權債務危機的思考 [J]. 時代金融, 2011 (3).

[134] 張超欣. 基於 Lee-Carter 模型的男性人口長壽風險分析 [D]. 成都：西南財經大學, 2011.

[135] 張秋蕓. 基於 Lee-Carter 模型的生存年金精算現值研究 [D]. 廣州：廣州大學, 2016.

[136] 張霞, 劉黛莉, 梁心怡. 中國養老金缺口問題及對策研究 [J]. 中國集體經濟, 2017 (13).

[137] 張燕. 基於延緩退休年齡與解決養老金缺口的關係的探討 [J]. 經營管理者, 2014 (7).

[138] 張運剛. 人口老齡化背景下的中國養老保險制度 [M]. 成都：西南財經大學出版社, 2005.

[139] 趙武, 趙安娜. 中國養老保險的代際利益關係研究 [J]. 金融經濟學研究, 2014 (3).

[140] 趙藝. 改進的 GM (1, 1) 模型在基本養老金缺口預測中的應用 [J]. 統計與決策, 2014 (19).

[141] 趙珍. 淺析希臘主權債務危機的原因 [J]. 知識經濟, 2010 (11).

[142] 鄭秉文. 「歐債危機」下的養老金制度改革——從福利國家到高債務國家的教訓 [J]. 中國人口科學, 2011 (5).

[143] 鄭秉文. 國際應對人口老齡化戰略研究 [M]. 北京：華齡出版社, 2014.

[144] 鄭秉文. 建立養老基金管理公司是社會保障全面深化改革的「牛鼻子」 [J]. 全球化, 2014 (12).

[145] 鄭秉文. 中國養老金發展報告 2014——向名義帳戶制轉型 [M]. 北京：經濟管理出版社, 2014.

[146] 鄭秉文. 中國養老金發展報告 2015——「第三支柱」商業養老保險頂層設計 [M]. 北京：經濟管理出版社, 2015.

[147] 鄭秉文. 中國養老金發展報告 2016——「第二支柱」年金制度全面深化改革 [M]. 北京：經濟管理出版社, 2016.

[148] 鄭春榮. 德國養老保險體制現狀、改革方案及其籌資模式 [J]. 德國研究, 1998, 13 (2).

[149] 鄭飛北. 歐債危機重壓下的養老金改革：以南歐四國為例 [J]. 社會保障研究, 2015 (1).

[150] 鄭功成. 深化中國養老保險制度改革頂層設計 [J]. 教學與研究, 2013 (12).

[151] 鄭偉, 袁新釗. 名義帳戶制與中國養老保險改革: 路徑選擇和挑戰 [J]. 經濟社會體制比較, 2010 (2).

[152] 鄭哲. 四川省養老金收支不平衡影響因素分析 [D]. 成都: 西南交通大學, 2013.

[153] 曾念華, 李虹. 美國人口老齡化及相關社會福利政策 [N]. 人口與經濟報, 1991-06-18 (3).

[154] 曾益. 中國養老保險基金支付缺口及應對策略 [M]. 北京: 對外經濟貿易大學出版社, 2016.

[155] 中國保險監督管理委員會. 養老保險國別研究及對中國的啟示 [M]. 北京: 中國財政經濟出版社, 2007.

[156] 中國國家統計局. 中國人口與就業統計年鑒 [M]. 北京: 中國統計出版社, 1995—2016 各年.

[157] 中國老齡問題全國委員會辦公室. 國外老齡問題 [M]. 蘭州: 甘肅人民出版社, 1987.

[158] 鐘偉, 鄭英, 張明. 主權債重組機制研究: 國家破產 [M]. 上海: 上海財經大學出版社, 2013.

[159] 週日本慶, 柳文才, 朱揚. 中國社會保障體制存在問題及對策思考 [J]. 中國經濟快訊, 2002 (15).

[160] 週日光霞, 沈政. 中國基本養老保險空帳問題分析 [J]. 湖北函授大學學報, 2012 (1).

[161] 週日弘. 法國的社會保障制度: 危機與改革 [J]. 世界經濟, 1997 (11).

[162] 週日欣. 日本養老金制度的變遷 [J]. 商場現代化, 2005 (21).

[163] 朱步樓. 人口老齡化問題及其對策研究 [J]. 人口與計劃生育, 2005 (7).

[164] (UN) DEPARTMENT OF ECONOMIC AND SOCIAL AFFAIRS. World Population Prospects 2017 [R]. New York: United Nations, 2017.

[165] (UN) DEPARTMENT OF ECONOMIC AND SOCIAL AFFAIRS. World Population Ageing 2015 [R]. New York: United Nations, 2015.

[166] ANNE SONNET, HILDE OLSEN, THOMAS MANFREDI. Towards More Inclusive Aging and Employment Policies: The Lessons from France, The Netherlands, Norway and Switzerland [J]. De Economist, 2014 (162): 315.

[167] ANONYMOUS. Pension Reform Continues [J]. Government Finance Review, 2015 (31): 6-7.

[168] ANOTINE BOZIO, ROWENA CRAWFORD, GEMMA TETLOW. The History of State Pension in the UK: 1948 to 2010 [J]. Institute for Fiscal Studies, 2010.

[169] AVIVA. Mind the Gap: Quantifying the pension savings gap in Europe [R/OL]. http://edepositireland.ie/bitstream/handle/2262/77313/Pensions_Gap_Country_Report_Europe.pdf?sequence=1&isAllowed=y.

[170] AYMEN AJINA, FATEN LAKHAL, DANIELLE SOUGNE. Institutional investors, information asymmetry and stock market liquidity in France [J]. International Journal of Managerial Finance, 2015, 11 (1): 44-59.

[171] BANJO, SHELLY. Teachers' Pension Gap At Issue in Connecticut [J/OL]. Wall Street Journal, Eastern edition, 2011: 7-25.

[172] BOERSCH-SUPAN AXEL, WILKE CHRISTINA. The German Public Pension System: How it was, how it will be [R]. Cambridge, MA: National Bureau of Economic Research, 2004.

[173] BOSWORTH BARRY, BURTLESS GARY. Budget crunch: Population aging in rich countries [J]. The Brookings Review, Summer 1997 (15): 3-10.

[174] BREYER F, HUPFELD S. On the Fairness of Early Retirement Provisions [J]. German Economic Review, 2010 (11): 66-77.

[175] CAI FANG. Rethinking China's pension reform—The relevance of international experiences [J]. China Economist, 2008 (6): 44-53.

[176] CARNEGY HUGH. France faces growing pension deficit [EB/OL]. FT.com, Dec, 19, 2012.

[177] CHARLIE BERGER, ANNE LAVIGNE. A model of the French pension reserve fund: what could be the optimal contribution path rate? [J]. Journal of Pension Economic and Finance, 2007, 6 (3): 233-250.

[178] CHRISTEL GILLES, ANTOINE PARENT. Active Aging and Pension Reform: The Gender Implications in France [J]. Gender Issues, Winter 2006: 65-86.

[179] CHRISTINE LAGOUTTE, ANNE REIMAT. Pension Systems after the Storm: France and the United Kingdom in a Comparative Analysis [J]. The European Journal of Comparative Economics, 2012, 9 (2): 305-330.

[180] CHRISTOPHER CLAYTON. The EU's proposed Tobin tax will raid pension funds. But not in France and Germany. City AM, Feb 2012: 22.

[181] DAVID MILES, ALES CERNY. Managing Japanese pension and debt liabilities: Reform with and without the use of fiscal deficits [J]. Discover the world's research, 2003.

[182] DIDIER BLANCHET. Pension Reform in France: Where Do We Stand? [J]. Intereconomics, Sep/Oct 2005, 40 (5): 244-248.

[183] DISNEY, RICHARD. The United Kingdom's Pension Programme: Structure, Problems and Reforms [J]. Intereconomics, 2005 (4): 257-262.

[184] DURAND MARTINE. French pension pickle: Organization for Economic Cooperation and Development [J]. The OECD Observer, Jul 2003: 238.

[185] EUROPEAN COMMISSION, ECONOMIC POLICY COMMITTEE. The 2009 Ageing Report: Economic and budgetary projections for the 27 EU Member States (2008-2060) [J]. European Economy, Apr 2009.

[186] EUROPEAN COMMISSION, ECONOMIC POLICY COMMITTEE. The 2012 Ageing Report: Economic and budgetary projections for the 27 EU Member States (2010-2060) [J]. European Economy, 2012 (2).

[187] EUROPEAN COMMISSION. Demography Report 2008: Meeting Social Needs in an Ageing Society [R]. Commission Staff Working Document, Jan 2009: 47.

[188] GORDON ALEX, MATHERS ANDY. State restructuring and trade union realignment: The pension struggle in France [J]. Capital & Class, Summer 2004, 83: 9-16.

[189] HINZ, RICHARD P. Matching Contributions for Pensions: A review of international experience [R]. Washington DC: World Bank, 2013.

[190] INNA STECENKO. The Assessment of the Impact of an Aging Population of China on the Country's Economy [J]. Journal of US-China Public Administration, 2013 (11): 1061-1069.

[191] JASON EBER. How Pensions Are Changing [J]. The Actuarial Watt, 2015 (2).

[192] JENNIFER M ORTMAN, VICTORIA A VELKOFF, HOWARD HOGAN. An Aging Nation: The Older Population in the United States, Population Estimates and Projections [J]. Population Estimates and Projections, 2014 (5): 25-1140.

[193] JEROME BOURDIEU, LIONEL KESZTENBAUM, GILLES POSTEL-VINAY. Thrifty Pension: Pension and Savings in France at the Turn of the Twentieth Century [J]. The Journal of Economic History, June 2011, 71 (2).

[194] JEROME BOURDIEU, LIONEL KESZTENBAUM. Surviving Old Age in an Aging World Old People in France, 1820-1940 [J]. Population-E, 2007, 62 (2): 183-212.

[195] JOHN JONES. Public pensions and labor supply over the life cycle [J]. Tax Public Finance, 2012 (19): 268-287.

[196] K N KOTECHA. The United Kingdom State Pension System: Analysis of Proposed Reforms and The Viability of Immigration-Based Policies in Response to Demographic Ageing [J]. A.A.S., 2007 (2): 233-270.

[197] KAZUO YOSHIDA, YUTAKA HORIBA. Determinants of Defined-Contribution Japanese Corporate Pension Coverage [J]. World Journal of Surgery, 2012 (2): 2263-2263.

[198] KEVIN FEATHERSTONE. The Greek Sovereign Debt Crisis and EMU: A Failing State in a Skewed Regime [J]. Journal of Common Market Studies, 2011: 12.

[199] KUNIEDA SHIGEKI. Japanese Pension Reform: Can we get out of intergenerational exploitation? [J]. Hitotsubashi Journal of Economics, 2002, 43 (2): 57-72.

[200] LEE R D, CARTER L R. Modeling and forecasting U. S. mortality [J]. Journal of the American Statistical Association, 1992, 87 (419): 659-671.

[201] MAGALI MAZUY, MAGALI BARBIERI, HIPPOLYTE D'ALBIS. Recent demographic trends in France: fertility remains stable [J]. Population-E, 2013, 68 (3): 329-374.

[202] MANOW PHILIP. Globalization, corporate finance, and coordinated capitalism: Pension finance in Germany and Japan [J]. European Physical Journal A, 2001, 27 (1): 75-78.

[203] MAREK NACZYK. Creating French-style pension funds: Business, labor and the battle over patient capital [J]. Journal of European Social Policy, 2016, 26 (3): 205-218.

[204] MAX HORLICK. The Pension Mountain: Impact of an Aging Population on Social Security [M]. Vantage Press Inc., 2007: 162.

[205] MICHAEL MURPHY, PEKKA MARTIKAINEN, SOPHIC PENNEC. Demographic change and the supply of potential family supporters in Britain, Finland and France in the period 1911-2050. Eur J Population, 2006 (22): 219-240.

[206] MITHCHELL O, FIELDS G. The Effects of Pensions and Earnings on Retirement: A Review Essay [R]. NBER Working Paper, NO. 722, 1981.

[207] MUHAMMAD AKRAM, LIAQAT ALI, HAFSA NOREEN, et al. The Greek Sovereign Debt Crisis: Antecedents, Consequences and Reforms Capacity [J]. Journal of Economics and Behavioral Studies, 2011: 61.

[208] NAN L, LEE R D, TULJAPURKAR S. Using the Lee-Carter Method to Forecast Mortality for Population with Limited Data [J]. International Statistical Review, 2004 (1): 19-36.

[209] NANCY CHENG, RACHEL LIAO. An analysis of UK social welfare system [J]. The Actuarial Watt, 2015 (1).

[210] NORIYUKI TAKAYAMA. The Japanese Pension System: How It Was and What It Will Be [J]. Discussion Paper, 2004 (2).

[211] OECD. Pensions at a Glance 2015: OECD and G20 indicators [M]. OECD Publishing, Paris, 2015. http://dx.doi.org/10.1787/pension_glance-2015-en.

[212] OSHIO TAKASHI, NAOHIRO YASHIRO. Social Security and Retirement in Japan, NBER Working Papers [M]. Chicago: University of Chicago Press, 1997: 239-267.

[213] RENSHAW A E, HABERMAN S. Lee-Carter mortality forecasting with age-specific enhancement [J]. Insurance: Mathematics and Economics, 2003, 33 (2): 255-272.

[214] SAGIRI KITAO. Pension reform and individual retirement accounts in Japan [J]. Journal of the Japanese & International Economies, 2015 (38): 111-126.

[215] STANISLAVA SETNIKAR CANKAR, VERONIKA RETKOVSEK. Austerity Measures in the Public Sector in Slovenia and Other Selected European Countries [J]. HKJU-CCPA, 2013 (13): 1093-1114.

[216] TSUNAO OKUMURA, EMIKO USUI. The effect of pension reform on pension-benefit expectations and savings decisions in Japan [J]. Applied Economics, 2012, 46 (14): 1677-1691.

[217] WE GEGE, FENG SHUAI. Study on the alternative rate of rural residents' pension and the mechanism of financial allocation [J]. International English Education Research, 2015, 32 (6): 28-31.

[218] YVONNE SIN. China-pension liabilities and reform options for old age insurance [R]. Washington DC, The World Bank, 2005.

致謝

　　由本人主持的國家社科基金課題「中國人口老齡化高峰期養老金缺口的測算與應對研究」經過近6年時間的奮鬥，終於全部完成。本課題研究的完成得益於不少專家學者、研究生的大力支持與無私的指導和幫助，最終於2018年12月以「良好」結項。感謝全國哲學社會科學工作辦公室及國家社科基金項目給我提供的課題研究的寶貴機會。

　　課題組成員楊成鋼教授、李強副局長、胡秋明教授、彭雪梅教授、陳志國教授、吳曉東副教授、博士研究生韓曉峰、碩士研究生冉立為課題的申報、課題的研究提供了寶貴的意見。

　　在研究過程中，碩士研究生蔣鑫、高銘、鄧靜、段蕾、李月紅、駱怡、祖紀越、何軍、苗強、藍旋、劉玉君、鐘楚龍、於倩倩、許巧珍等同學搜集了一些資料，參與了課題的一些研究。

　　在課題研究過程中參與資料搜集、書稿撰寫，並且其辛勤勞動被納入課題最終成果的研究生同學有：冉立、馮力、苟照雄、吳超、孫梓涵、薛智雯、程蘭琪、葉雨昊、鐘美玲、陳鈺瀅等。

　　在課題研究過程中，深圳品酷信諮詢有限公司宋世斌先生提供了部分研究數據，並參與了部分研究，提出了寶貴建議。

　　在課題成果預鑒定過程中，全國政協常委、副秘書長劉家強教授，西南財經大學校長卓志教授，西南財經大學林義教授，中國人民大學王曉軍教授，南開大學李冰清教授給予了中肯的評價，提出了寶貴的修改建議。

　　在課題成果提交全國哲學社會科學工作辦公室進行結項鑒定審查時，獲得了評審專家的不少寶貴而中肯的修改意見，使成果質量得到了進一步的提升，使我們更能積極地看待中國人口老齡化與未來養老金缺口問題。

　　在課題研究過程中，西南財經大學科研處的刁薇老師、趙倩老師等，西南財經大學財務處工作人員等給予了相應的幫助。

在課題研究成果出版過程中，得到了西南財經大學出版社的大力支持，使課題研究成果得以高質量出版。

　　在此，向為本課題研究與出版提供各種幫助與建議的各位專家、學者、老師、同學一併致以崇高的敬意和真誠的感謝。

　　雖然我們在研究過程中付出了巨大的努力，力求使成果更具有說服力與實用價值，但由於筆者知識、能力與資料來源的限制，一定會存在不少缺陷與不足，懇請廣大讀者不吝賜教。

張運剛

於西南財經大學保險學院

2020 年 7 月

後記

　　經過多年的課題研究，終於完成了全部工作，此刻感覺比較輕鬆。但是課題所涉及的有關中國的人口老齡化、中國的養老金缺口的話題卻是非常沉重的。中國的人口老齡化是一個漸進的過程，目前已進入高速發展時期，即將進入老齡化發展速度的高峰時期，大約在21世紀後期進入老齡化水準高峰時期，這時老年人口規模也達到高峰，60週歲及以上老年人口超過5億人。65週歲及以上老年人口達到4.2億人，而中國多層次的養老保險體系尚未真正建立起來，養老保險制度本身還有不少問題，未來養老金缺口是非常巨大的，這表明未來中國養老保險將面臨嚴峻的挑戰。不過，我們也應當保持樂觀的態度。一是我們有中國共產黨的堅強領導，中國政局穩定、經濟持續健康發展；二是中國人口老齡化雖然來勢凶猛，卻是一個漸進的發展過程；三是離中國養老金出現當期缺口還有一段時間，離出現累計缺口還有較長的一段時間，也就是說我們還有足夠時間對中國的養老保險制度進行改革與完善。但現在是時候抓緊時間積極應對了。

　　通過對本課題的研究，有如下一些問題引起我們的思考：

　　（1）關於享受基礎養老金待遇的15年最低繳費年限的規定。15年的繳費要求是嚴重偏低的，它是20世紀90年代中期規定的，當時主要是針對臨近退休的人員設計的。目前已經過去了20餘年，這一規定理應調整為35年，在2050年前應逐漸調整到40年。這一調整，一方面可以增加養老保險基金的收入，另一方面可以減少養老保險基金的支出，同時有也助於提高養老金的待遇水準。因為，最低繳費年限提高後，必然會促使參保人員及早繳費，而不是臨近退休才繳費或補費參保；由於15年的繳費年限很容易滿足，即使補費參保，補費的壓力也不會太大。當前，60週歲時的平均預期餘命或65週歲時的平均預期餘命已大大超過15年，形成繳費期與待遇期倒掛現象。根據第六次全國人口普查數據，60週歲男性與女性平均預期餘命已分別達到20.82週歲、23.95週歲。15年的繳費期比較短，而且中國職工工資年均增長率比較高，繳費滿15年後隔一段時間才到退休年齡。這種情形對養老保險基金危害更大，或者說對養老保險基金平衡的影響比較大。在前面有關國際經驗的借鑑研究中，可以看到有些國家已將領取全額養老金的年限調整到40年，甚至更高。

　　（2）必須加大稅收優惠力度，大力發展企業（職業）年金與商業養老保險。只有第二支柱與第三支柱都發展起來了，才能減輕政府第一支柱填補缺口的壓力。而且，這樣也能更好地保障退休人員基本生活需要。不難發現，出現養老金缺口時政府運用財政資金去填補，這是事後被動的填補，其效果遠不如事前主動去填補。對中高收入者可以

採用稅收優惠措施，而對低收入者應實行補貼參保方式，這也可動員一部分低收入者以有限的資金去謀劃未來。政府更應側重於關注低收入群體的養老保障問題，用有限的資金去「雪中送炭」，而不是「錦上添花」。這樣可以顯著地提升資金的使用效率，激發國民的自我保障意識。

（3）養老保險基金必須實行全國統籌。中國人口老齡化呈現出較明顯的地域差異、城鄉差異，其中很大一部分原因是人口遷移流動。養老保險負擔、基金結餘與虧損差異也很大，未來遷移的自由性日益增強，從基金平衡與加強服務管理角度考慮，也要求養老保險基金全國統籌。

（4）中國未來的養老金缺口雖然很大，但相對於那時的 GDP 來說仍然在可以承受的範圍之內；而且，這裡沒有考慮第二、三支柱的替代作用。因此，要提高養老金缺口的調整效果，需要多管齊下，尤其要大力發展第二、三支柱，特別應關注稅收優惠政策的實施效果，並及時調整修正，以便第二、三支柱養老保險能迅速發展壯大。

（5）研究養老金缺口問題本質上就是研究基金平衡問題。當期基金支出大於收入而導致當期基金缺口，長此以往會導致基金累積缺口。個體基金平衡有利於總體基金平衡，大量個體收支失衡必將導致總體收支失衡。就個體而言，當然希望自己一生所獲得的養老金待遇大於自己所繳納的養老保險費，但這會減少總體養老保險基金的結餘或增大其缺口。顯然，這會對未來退休人員產生不同程度的影響，必須考慮歷史遺留問題的影響。目前已經享受養老金待遇的退休人員大多屬於這種情況，即繳費較少但領取的待遇又比較多，當然這也有歷史原因，不能責怪退休人員。

從理論上講，為了使養老金替代率保持穩定，需要工資增長率保持穩定（低水準意義上的，西方發達國家情形）；要工資增長率穩定，就必須物價與幣值穩定，生活成本較低或穩定。現在我們考慮一種模型：目前一個20週歲的年輕人就業，第一年的年工資總額為 60,000 元，繳納 20% 的養老保險費（相當於企業繳費進入統籌帳戶）。該職工平均每年工資增長率為 10%，年利率為 3%，就平均情形而言，假設60週歲退休，80週歲死亡。為便於計算，再假設所有繳費都在年初進行，所有待遇也在年初發放，養老金年增長率為工資增長率的一半。更一般地，第一年工資為 W 元，以後工資年平均增長率為 k，按工資的比例 c 繳納養老保險費，平均繳費 m 年，繳費期結束後立即開始待遇發放期。第一年待遇為 R 元，以後每年增長率為 j，假設整個繳費期與待遇期的年利率均為 i，平均領取待遇為 n 年。於是，由收支平衡原則有

$$[Wc + W(1+k)cv + \cdots + W(1+k)^{m-1}cv^{m-1}](1+i)^m$$
$$= R + R(1+j)v + \cdots + R(1+j)^{n-1}v^{n-1}$$

解之，得

$$R = Wc \cdot \frac{(1+k)^m - (1+i)^m}{k-i} \cdot \frac{i-j}{1-(1+j)^n v^n}, \quad 其中 v = (1+i)^{-1}。$$

退休時的養老金替代率為

$$Q = \frac{R}{W(1+k)^{m-1}} = c \cdot \frac{(1+k)^m - (1+i)^m}{(k-i)(1+k)^{m-1}} \cdot \frac{i-j}{1-(1+j)^n v^n}$$

運用上述公式可計算出該職工退休時的養老保險基金總額為 741.55 萬元，第一年

領取的養老金總額為 30.70 萬元，但只有退休前一年工資的 12.43%，即替代率為 12.43%，這相當於基礎養老金的替代率，相對於退休前的收入而言，顯然很低。自改革開放以來，中國的年均工資增長率超過 10%，也就是說要保持基金平衡，替代率會更低。但是，如果年工資增長率降為 5%，其餘假設條件不變，那麼替代率就提升到 30.38%。如果年工資增長率進一步降為 2%，其餘假設條件保持不變，那麼替代率就提升到 60.03%。其實，這很容易理解，當工資年增長率很低時，比如 2%，最後一年工資約為第一年工資的 2.2 倍，第一年繳費與最後一年繳費相差不大，說明經濟運行平穩，養老金替代率能夠保持較高的水準。但是，當工資年增長率很高時（比如 10%），後期工資將是前期工資的若干倍（這裡最後一年工資約為第一年工資的 41 倍），前期繳費相對於後期來說已顯得微不足道，就本例來說第一年繳費也就只有最後一年繳費的 1/41，或者說最後一年繳費是第一年工資的 8 倍，這實際上相當於變相縮短了繳費期，從而導致養老金替代率很低。如果要維持較高的替代率，那麼費率就得提高很多。就本例而言，當工資年增長率為 10% 時，如果要維持 40% 的替代率，費率就接近 64.34%；如果費率為 80%，替代率也才接近 50%。很顯然，這是不可思議的。這也充分表明要維持適當的替代率，政府需要補貼相當數量的資金來填補養老金的巨大缺口。中國改革開放以來的 1978—2016 年城鎮單位在崗職工年平均工資增長率為 13.22%；如果按照此增長率進行下去，替代率約為 7.88%；如果費率為 51%，那麼替代率也就只有 20.1%。2000—2016 年城鎮單位在崗職工年平均工資增長率為 13.29%，2006—2016 年城鎮單位在崗職工年平均工資增長率為 12.63%。這實際上反應了職工工資增長率還是處於相當高的狀態，也從某種角度反應了中國養老金支付的壓力是非常巨大的。人們盯住的往往是自己退休時的待遇與退休前最後一年工資之間的關係，而不是與第一年參加工作時的工資相比較。而 1973—2016 年，別除通貨膨脹因素，美國工人實際收入年均增長 0.2 個百分點[1]；英國工資增長率在 2016 年為 2.7%，2017 年已經降到 2.2%[2]；日本的勞動力工資水準一直比較穩定，2000—2016 年的 17 年之間，日本年度的工資增長率除了 2002 年和 2009 年兩年低於-2% 的增長，其他年份基本上在-2% 到+2% 之間波動[3]。不難看出，歐美、日本等發達國家和地區經濟幾乎處於停滯狀態，職工工資增長率、通貨膨脹率都比較低。從上述分析容易看出，這些國家和地區要維持既定的養老金替代率是非常容易的。而中國的國情與它們有較大的差異，中國經濟還在高速增長，職工工資收入還在繼續以較大幅度增長，這當然與我們過去的工資基數較低有關。未來隨著經濟轉型，增長速度將有所放緩，工資增長率也會呈現下降趨勢，也就是說未來中國的養老金替代率維持既定水準會更容易一些；而且，由於經濟高速增長，過去的養老保險隱性債務相對於未來的財政收入、國民收入來說的份額會遞減；過去或現階段享受養老金待遇的人數與資金規模相對於未來而言還是比較小的。換言之，我們對中國的養老保險制度的可持續性是充滿信心的。通過上面的分析我們發現，控制工資增長率有利於養老金替代率的維持，但工資增長率關係到國民生活水準與質量的高低，在收入增長放緩之時，如果支出

---

[1] http://finance.people.com.cn/n1/2017/1012/c1004-29582033.html.
[2] http://forex.hexun.com/2017-02-09/188048737.html.
[3] http://www.sohu.com/a/141809577_537115.

增長能夠放緩，那也有利於平衡。因此，控制生活成本增長應是一個非常重要的手段。如果生活成本降低，就意味著養老金水準可以降低，這也有利於養老保險基金的平衡。

上面是以確定年金方式討論「平均人」的情況而得出的結論。下面我們將以生存年金方式繼續加以討論，這時的收支平衡方程變為

$$Wc[1+(1+k)vp_{20}+\cdots+(1+k)^{m-1}v_{39}^{39}p_{20}]$$
$$=R[1+(1+j)vp_{60}+(1+j)^2v_2^2p_{60}+\cdots]v_{40}^{40}p_{20}$$

解之，得

$$R=\frac{Wc[1+(1+k)vp_{20}+\cdots+(1+k)^{m-1}v_{39}^{39}p_{20}]}{[1+(1+j)vp_{60}+(1+j)^2v_2^2p_{60}+\cdots]v_{40}^{40}p_{20}}$$

上式中，$_kp_{20}$、$_kp_{60}$ 分別為 20 週歲的人、60 週歲的人活滿 k 年的概率（$k=1,2,\cdots$），退休時的養老金替代率為

$$Q=\frac{R}{W(1+k)^{39}}=\frac{c[1+(1+k)vp_{20}+\cdots+(1+k)^{m-1}v_{39}^{39}p_{20}]}{[1+(1+j)vp_{60}+(1+j)^2v_2^2p_{60}+\cdots]v_{40}^{40}p_{20}(1+k)^{39}}$$

下面以中國人身保險業經驗生命表 CL5（2010—2013 年）3% 或 CL6（2010—2013 年）3% 為例研究養老金替代率問題。假設目前一個 20 週歲的年輕人參加了養老保險，當年工資為 60,000 元，費率為 20%。為了計算簡便起見，假設每年初領取工資與繳納養老保險費，60 週歲開始領取養老金，每年初領取養老金，養老金年增長率為在職職工工資增長率的一半。對於男性來說，當每年工資增長率分別為 10%、5%、2% 時，退休時的養老金替代率分別為 9.01%、24.93%、52.34%；如果每年工資增長率為 13.22%，那麼替代率將降為 5.19%，這比較符合現實情況。對於女性來講，當每年工資增長率分別為 10%、5%、2% 時，退休時的養老金替代率分別為 7.38%、21.37%、45.86%；如果每年工資增長率為 13.22%，那麼替代率將降為 4.10%，這反應了現階段的現實情況。在年工資增長率為 5% 的情況下，要使男性養老金替代率達到 50%，費率必須達到 40.12%；對於女性來講，此時費率必須達到 46.79%。通過上述分析我們不難發現，按照保險公司經驗生命表來考慮與按「平均人」情況來考慮，在同等繳費條件下，前者養老金替代率較低，主要原因是實際享受待遇的年限超過 20 年，同時繳費不足 40 年。如果在 60 週歲前死亡，那麼後續繳費就終止了，但其已繳保費已對基金平衡做出了貢獻。

現在考慮使用中國人壽保險業經驗生命表 CL3（2000—2003 年）3% 或 CL4（2000—2003 年）3%，仍然對上述問題進行研究。對於男性來說，當每年工資增長率分別為 10%、5%、2% 時，退休時的替代率分別為 10.32%、27.94%、58.02%；如果每年工資增長率為 13.22%，那麼替代率將降為 6.03%。對於女性來說，當每年工資增長率分別為 10%、5%、2% 時，退休時的養老金替代率分別為 8.86%、24.62%、51.74%；如果每年工資增長率為 13.22%，那麼替代率將降為 5.08%。

從第二套經驗生命表到第三套經驗生命表，時間經過了 10 年，就養老金業務而言，新生男嬰平均預期壽命由 79.74 週歲增長到 83.13 週歲，增加了 3.39 週歲；60 週歲男子平均預期餘命由 22.70 週歲增長到 25.34 週歲，增加了 2.64 週歲。就養老金業務而言，新生女嬰平均預期壽命由 83.67 週歲增長到 88.13 週歲，增加了 4.46 週歲；60 週歲女子平均預期餘命由 25.44 週歲增長到 29.30 週歲，增加了 3.86 週歲。從上面的分析可以看出，由於死亡率降低，10 年來養老金業務中的新生嬰兒的平均預期壽命、60 週歲時的

平均預期餘命都在延長，從而導致同等繳費情況下的養老金替代率下降。未來人口死亡率下降、平均預期壽命與平均預期餘命都會逐漸延長，從而導致替代率持續下降。但是，工資增長率具有走低趨勢，這是提高養老金替代率的因素之一。

由於保險公司的經驗生命表往往含有體檢因素，因而死亡率較國民生命表要低一些。下面考慮用第六次全國人口普查數據編製的生命表重新解讀上述問題，並與第三套經驗生命表進行對比。新生男嬰、新生女嬰的平均預期壽命分別為 76.13 週歲、81.01 週歲；60 週日歲時男子與女子的平均預期餘命分別為 20.82 週歲、23.95 週歲。很明顯，經驗生命表大約比國民生命表領先 10 年，平均預期壽命多了 7~8 週歲；60 週歲時平均預期餘命多了 4~6 週歲。就國民生命表而言，假設年利率仍為 3%，並在上述假設條件不變的情況下，對於男性來說，當每年工資增長率分別為 10%、5%、2% 時，退休時的替代率分別為 11.66%、31.12%、64.14%；如果每年工資增長率為 13.22%，那麼替代率將降為 6.89%。對於女性來說，當每年工資增長率分別為 10%、5%、2% 時，退休時的替代率分別為 9.60%、26.31%、54.91%；如果每年工資增長率為 13.22%，那麼替代率將降為 5.56%。

總結上面的分析，我們可以看出保險公司養老金業務經驗生命表死亡率低於同期國民生命表死亡率，因而導致保險公司經辦的養老金替代率較低。這一結論適用於企業年金與商業養老保險。在其他條件不變時，隨著時間的推移，死亡率降低、平均預期壽命延長，導致養老金替代率降低。但未來隨著工資水準的提高、經濟增長率的降低，工資增長率有降低的趨勢與動力，這是提升養老金替代率的因素。不過，死亡率的下降與工資增長率的上升在未來都有放緩的趨勢。

（6）關於個人帳戶「空帳」問題。本書在測算養老金缺口問題時，沒有考慮這一部分。這一部分對應的繳費率為個人基本工資的 8%，占城鎮職工基本養老保險企業繳費額的 40%，由此可見，個人帳戶「空帳」規模是不小的。如果考慮到這個部分的缺口，那麼中國養老保險基金缺口風險與基金平衡的壓力會加大。之所以不考慮這一部分，是因為這一部分個人繳費沒有消耗完畢，可以繼承；如果提前消耗完畢，就會對基本養老保險有一定的影響，但這個影響是很小的。

（7）理性認識預測結果的可信度問題。本課題的預測屬於長期預測，涉及的因素眾多，未來的養老保險政策也將不斷調整與完善，因而預測結果近期可信度較高，遠期可信度較低。但有一個基本事實是確實無疑的：中國人口老齡化正在加速發展，無論老年人口規模還是老齡化程度都將進一步發展，在世界上將處於非常突出的地位；對中國任何問題的考慮與解決都離不開基本國情——人口眾多，因而養老保障問題更是與之密切相關，養老保險基金前期尚有結餘，後期支付將面臨巨大的壓力。我們必須用改革的手段，通過發展的路徑，動員各方力量，提早佈局養老保險基金缺口問題的解決。

總之，我們要正確面對人口老齡化問題，要積極應對人口老齡化，有步驟有計劃地改革和完善中國的養老保險體系，提前做好應對準備，尤其是要大力發展經濟，增加國民收入。只有廣大人民群眾都富裕起來了，才能從根本上減輕中國養老保障的壓力。

張運剛

2020 年 7 月

中國人口老齡化高峰期養老金缺口的測算與應對研究

作　　者：	張運剛，冉立 著
發 行 人：	黃振庭
出 版 者：	財經錢線文化事業有限公司
發 行 者：	財經錢線文化事業有限公司
E - m a i l：	sonbookservice@gmail.com
粉 絲 頁：	https://www.facebook.com/sonbookss/
網　　址：	https://sonbook.net/
地　　址：	台北市中正區重慶南路一段六十一號八樓 815 室 Rm. 815, 8F., No.61, Sec. 1, Chongqing S. Rd., Zhongzheng Dist., Taipei City 100, Taiwan (R.O.C)
電　　話：	(02)2370-3310
傳　　真：	(02) 2388-1990
總 經 銷：	紅螞蟻圖書有限公司
地　　址：	台北市內湖區舊宗路二段 121 巷 19 號
電　　話：	02-2795-3656
傳　　真：	02-2795-4100
印　　刷：	京峯彩色印刷有限公司（京峰數位）

國家圖書館出版品預行編目資料

中國人口老齡化高峰期養老金缺口的測算與應對研究 / 張運剛，冉立著 . -- 第一版 . -- 臺北市：財經錢線文化，2020.11
　　面；　公分
POD 版
ISBN 978-957-680-469-4(平裝)
1. 年金保險 2. 中國
563.748　109016629

官網

臉書

- 版權聲明 -

本書版權為西南財經大學出版社所有授權崧博出版事業有限公司獨家發行電子書及繁體書繁體字版。若有其他相關權利及授權需求請與本公司聯繫。

定　　價：650 元
發行日期：2020 年 11 月第一版
◎本書以 POD 印製

提升實力 ONE STEP GO-AHED

會計人員提升成本會計實戰能力

透過 Excel 進行成本結算定序的實用工具

您有看過成本會計理論，卻不知道如何實務應用嗎？

您知道如何依產品製程順序，由低階製程至高階製程採堆疊累加方式計算產品成本？

【成本結算工具軟體】是一套輕巧易學的成本會計實務工具，搭配既有的 Excel 資料表，透過軟體設定的定序工具，使成本結轉由低製程向高製程堆疊累加。《結構順序》由本工具軟體賦予，讓您容易依既定《結轉順序》計算產品成本，輕鬆完成當期檔案編製、產生報表、完成結帳分錄。

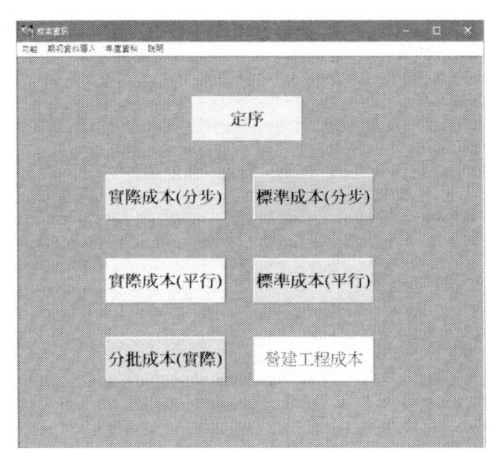

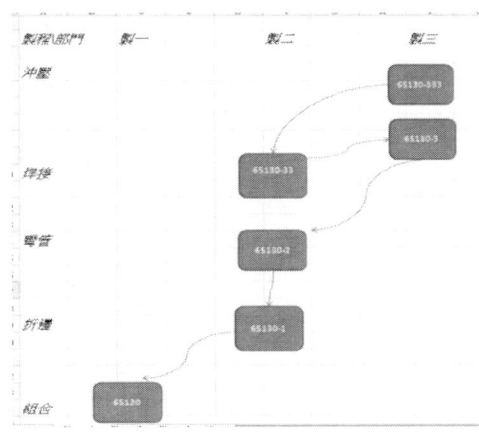

【成本結算工具軟體】試用版免費下載：http://cosd.com.tw/

訂購資訊：

成本資訊企業社 統編 01586521

EL 03-4774236 手機 0975166923　游先生

EMAIL　y4081992@gmail.com